GÉOPOLITIQUE DES ÉMIRATS ARABES UNIS

KARTHALA sur internet:
www.karthala.com
(paiement sécurisé)

ISBN : 978-2-8111-1805-1

Sous la direction de
Charles Saint-Prot

Géopolitique des Émirats arabes unis

Éditions Karthala
22-24, boulevard Arago
75013 Paris

Collection *Études géopolitiques*

La collection *Études géopolitiques* est publiée aux éditions Karthala sous l'égide de l'Observatoire d'études géopolitiques (OEG, www.etudes-geopolitique.com), elle est axée sur la géopolitique et l'étude des relations internationales. La collection est dirigée par Charles Saint-Prot, directeur général de l'Observatoire d'études géopolitiques et Zeina el Tibi, docteur en droit public, avec une équipe d'universitaires, de chercheurs et d'experts de plusieurs disciplines.

Ouvrages disponibles

- *Quelle Union pour quelle Méditerranée ?*
- *L'enjeu du dialogue des civilisations.*
- *La finance islamique et la crise de l'économie contemporaine.*
- *L'évolution constitutionnelle de l'Égypte.*
- *Les constitutions arabes.*
- *Les femmes des deux rives de la Méditerranée face à l'extrémisme.*
- *Géopolitique des Émirats arabes unis.*

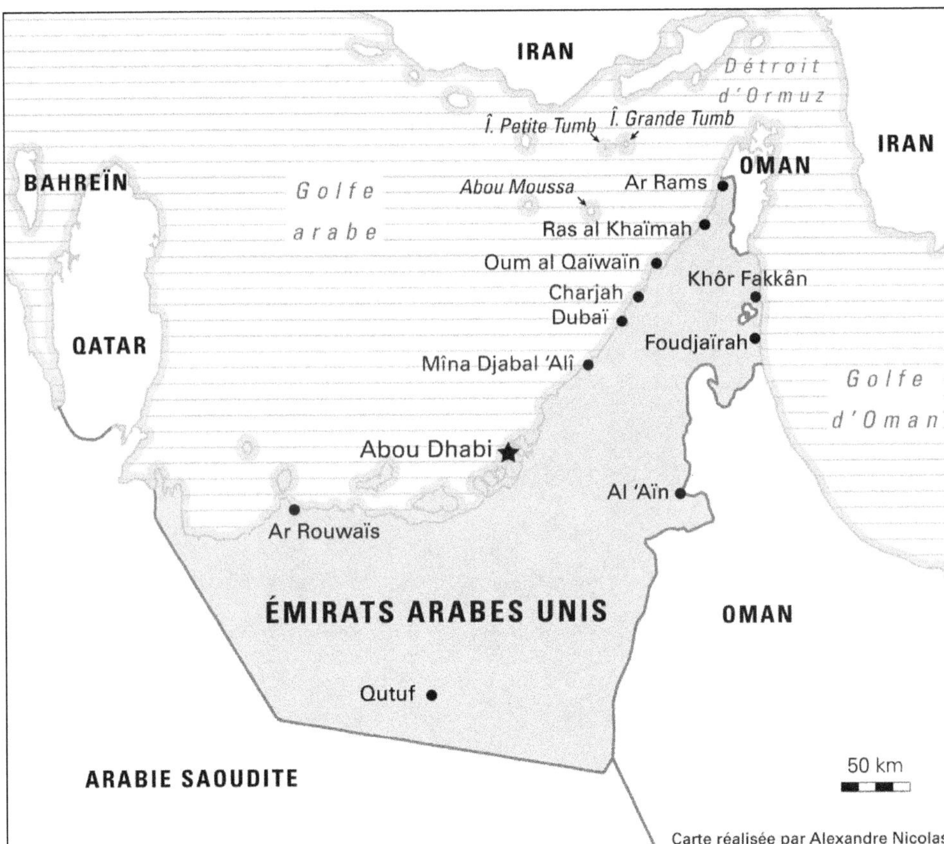
IRAN
Détroit d'Ormuz
Î. Petite Tumb
Î. Grande Tumb
IRAN
OMAN
BAHREÏN
Golfe arabe
Abou Moussa
Ar Rams
Ras al Khaïmah
Oum al Qaïwaïn
Khôr Fakkân
Charjah
Dubaï
QATAR
Foudjaïrah
Mîna Djabal 'Alî
Golfe d'Oman
Abou Dhabi
Al 'Aïn
Ar Rouwaïs
ÉMIRATS ARABES UNIS
OMAN
Qutuf
50 km
ARABIE SAOUDITE
Carte réalisée par Alexandre Nicolas

Avant-propos

Charles Saint-Prot

Créé en 1971, grâce à la volonté tenace de Feu Cheikh Zayed Ibn Sultan el Nahyan (m. 2004), l'État des Émirats arabes unis a réussi à acquérir une place de poids dans le Golfe arabe et dans la géopolitique régionale. Bâtisseur de l'État unitaire qui a réuni sept émirats, Cheikh Zayed conçut cette fédération comme un moteur de l'évolution et un levier de la transition vers la modernisation. Il est remarquable que le charisme, la détermination et la sagesse du père-fondateur ont assuré la réussite du projet et permis des progrès considérables en l'espace de quelques décennies, sans provoquer la moindre déstabilisation d'une société qui a su concilier tradition et modernité[1].

Avec des institutions fortes et solides bénéficiant d'un large consensus populaire, une diplomatie dynamique et une politique de défense d'envergure, une force économique et financière importante, des avancées significatives sur les droits civiques et politiques des femmes ou en matière de la tolérance ou de respect de la diversité religieuse, la Fédération des Émirats arabes unis est devenue une puissance dans une région du monde qui reste un centre névralgique de la stabilité internationale.

Grâce à la vision à long terme et avant-gardiste impulsée par Cheikh Zayed qui sut concevoir le projet de cette unité et le faire accepter par les autres principautés tout en acquérant un précieux soutien populaire, la création de l'État fédéral des Émirats arabes unis fut une réussite d'autant plus que le successeur du fondateur, Cheikh Khalifa Ibn Zayed el Nahyan[2], a consolidé les acquis de son père et, avec l'aide des autres dirigeants dont le Prince héritier Mohammed Ibn Zayed el Nahyan, a eu la capacité d'anticiper les évolutions et de regarder vers l'avenir dans l'intérêt des générations futures. De ce fait, l'État des Émirats arabes unis a développé une économie diversifiée qui ne dépend plus

1. Voir *La force de l'union. Son Altesse Cheikh Zayed Ben Sultan al Nahyan, le leader et la nation*, Abou Dhabi, ECSSR, 2016, en français.

2. Cheikh Khalifa a dû réduire ses activités à la suite d'un accident vasculaire cérébral en 2014, conférant une partie de ses responsabilités à son frère, le Prince héritier Mohammed.

de la seule rente pétrolière et gazière, il a investi dans les nouvelles technologies et mis en place d'ambitieux programmes en matière de recherche, de sécurité, d'innovation[3]. Les Émirats sont devenus pionniers dans plusieurs secteurs, notamment pour ce qui concerne les énergies renouvelables. Une place de choix a été réservée à la haute technologie afin de faire du pays un chef de file dans ce domaine. À cet égard, le pays s'est ouvert à la coopération avec l'étranger et s'est inspiré des expériences réussies et des modèles de croissance pour améliorer ses propres performances. En outre, l'incontestable stabilité des Émirats, due à la fois à l'autorité de l'État et la solidité de ses institutions[4], à la sagesse prudente des dirigeants et à la forte cohésion de la société émiratie[5], attire l'investissement étranger qui bénéficie par surcroit d'une législation favorable et d'une sécurité juridique indéniable[6]. Dans un discours prononcé à l'occasion de la Fête nationale, le 1er décembre 2015, le Prince héritier insistait sur la capacité de résilience de l'économie des Émirats et constatait que la baisse des prix du pétrole et l'incertitude financière mondiale ont relativement peu affecté le pays qui a su diversifier son économie pour assurer un développement durable. Il notait avec satisfaction que l'ensemble des réalisations spectaculaires du pays « ont recueilli les éloges des organisations et des institutions internationales de premier plan, qui ont reconnu que les Émirats sont parmi les nations les plus avancés. Cela confirme la solidité et le bien fondé de notre approche de développement »[7].

En outre, le pays investit dans le facteur humain en considérant que c'est la principale richesse de la nation. C'est pourquoi une priorité a été accordée à l'éducation, qui doit répondre aux besoins du marché du travail, avec le souci de renforcer la qualité et l'expertise des enseignants et de mettre les programmes universitaires en mesure de répondre aux meilleurs standards internationaux en exploitant au mieux les nouvelles technologies de l'information. Les autorités des Émirats ont la volonté de favoriser l'émergence d'une culture de l'excellence conduisant à une société de la connaissance. Ainsi l'éducation est au service du développement et de la modernisation. Cela conduit les autorités à accorder plus d'attention à la profession d'enseignant afin de la rendre plus attrayante. Selon le Prince héritier « l'enseignement doit être conçu comme est un investissement indispensable pour l'avenir. Il doit aider à la réalisation de nos aspirations pour notre nation et pour cela nous devons consacrer nos efforts à son amélioration sous

---

3. Voir la contribution d'Henri Védie dans cet ouvrage.
4. Voir la contribution de Jean-Yves de Cara.
5. Voir la contribution de Zeina el Tibi.
6. Voir la contribution de Thierry Rambaud.
7. Déclaration prononcée pour le 44e anniversaire de la fondation de la Fédération, le 1er décembre 2015 (source WAM)

toutes ses formes ». Cet effort est complété par une politique visant à s'ouvrir à des instituts et des universités étrangères de haut niveau en ouvrant des branches de certaines d'entre elles dans le pays (Massachusetts Institute of Technology, MIT, à l'Institut de Masdar[8], la Sorbonne à Abou Dhabi, Harvard Medical à Dubaï, École polytechnique de Lausanne, EPFL à Ras al Khaïmah, etc.) dans le but de faciliter, d'une part, l'acquisition des connaissances, et, d'autre part, l'ouverture aux autres cultures. C'est d'ailleurs dans cet esprit que l'accord intergouvernemental, signé le 6 mars 2007 entre la France et les Émirats arabes unis, a créé le Louvre Abou Dhabi, inauguré fin 2017 lors d'une visite du président Emmanuel Macron, afin de permettre aux Émirats arabes unis de se doter d'un établissement muséal de niveau international, tout en s'affirmant comme centre du dialogue entre les civilisations[9].

Les Émirats arabes unis occupent une place stratégique dans la péninsule Arabe et sur un passage maritime essentiel du commerce mondial. Cette position géopolitique détermine la priorité du gouvernement de lutter contre toutes les formes d'instabilité et d'insécurité.

Les dirigeants émiratis ont développé une pensée stratégique globale, sur le plan intérieur et extérieur. En effet, le développement sous toutes ses formes doit pouvoir s'appuyer que la stabilité et la sécurité dans une région du monde particulièrement tourmentée. Un combat a donc été mené sur deux fronts, celui, d'une part, de l'évolution planifiée vers une société moderne et performante et, d'autre part, celui d'une stratégie sécuritaire qui peut s'appuyer sur des moyens considérables, sur des instruments d'expertise de tout premier ordre et sur des réalisations incontestables, notamment sur le plan technologique. C'est ainsi que le Prince héritier d'Abou Dhabi et commandant suprême adjoint des Forces armées, Cheikh Mohammed Ibn Zayed, qui dirige notamment les programmes militaires, veille à équiper l'armée émiratie de drones d'observation et de combat, par l'intermédiaire de l'entreprise nationale spécialisée dans l'acquisition et le développement de drones (*Abu Dhabi Autonomous Systems Investments*, ADASI)

Les Émirats arabes unis ont leur propre approche diplomatique qui marque bien la spécificité du pays[10]. Sur le plan régional, ils font face à un contexte rendu difficile par la menace iranienne – toujours inquiétante et accentuée par l'ambiguïté de la politique de l'administration Obama (janvier 2009-janvier 2017) – et les crises qui ravagent une partie du Proche-Orient, notamment en Irak et en Syrie. Dans le cadre de la force « Bouclier de la Péninsule » mise en place par les États

8. Voir dans cet ouvrage : Zeina el Tibi, « Une société en pleine mutation ».
9. Voir sur le site du Musée du Louvre [http: //www.louvre.fr/louvre-abu-dhabi].
10. Voir la contribution de Christophe Boutin.

membres du Conseil de coopération du Golfe arabe, Abou Dhabi a apporté un ferme soutien au Royaume de Bahreïn menacé par un complot étranger. Les autorités des Émirats ont également une position très claire contre les menaces de déstabilisation régionales, notamment au Yémen qui, depuis 2015, fait face, d'une part, à une rébellion soutenue par l'Iran cherchant à nuire à ses voisins arabes et à étendre son influence vers le détroit du Bâb el Mandeb et la mer Rouge, et, d'autre part, à la menace persistante de groupes terroristes se réclamant d'al Qaïda, de Daech ou proches des Frères musulmans. C'est cet engagement résolu qui a conduit les Émirats arabes unis, alliés au Royaume d'Arabie saoudite, à l'Égypte et au Royaume de Bahreïn, à prendre leurs distances avec l'État de Qatar, en juin 2017, en reprochant à Doha de ne pas faire montre de solidarité arabe face à un Iran menaçant la stabilité régionale.

En outre, il faut signaler les Émirats ont mis en place une politique portuaire d'envergure. Djebel Ali est l'un des dix ports les plus actifs au monde. Après Port Khalifa, inauguré en 2012 pour gérer le trafic de conteneurs, situé à Tawilah à mi-chemin entre Abou Dhabi Dubaï, et le renforcement du port de Fujaïrah ouvert sur l'Océan Indien, le pays a entrepris de mener une politique maritime qui en fait désormais une puissance maritime de premier ordre. Ainsi, grâce aux efforts de la multinationale portuaire, Dubaï Port World (DP World), bras économique de la diplomatie maritime, les Émirats arabes unis ont des bases à Assab en Érythrée, à Berbera au Somaliland, et dans l'île yéménite de Socotra. L'objectif des Émirats est d'acquérir « une profondeur stratégique maritime pour assurer leur sécurité, en mettant en œuvre une diplomatie des comptoirs afin de disposer de relais commerciaux et militaires dans l'océan Indien, les côtes africaines et la mer Rouge »[11]. C'est en application de cette stratégie que les Émirats arabes unis ont contribué à fixer parmi les objectifs de la coalition qui intervient au Yémen depuis 2015, la libération des côtes du Yémen et la garantie de la liberté de navigation dans la région, notamment dans le détroit de Bâb el Mandeb.

Fermement opposés aux extrémistes déviants qui ont pris la religion en otage, les Émirats prônent la défense d'une vision de l'Islam du juste milieu et sont de ce fait un acteur de premier ordre contre les menées des groupes politico-religieux dans le monde arabo-musulman[12]. C'est dans ce contexte qu'Abou Dhabi s'est engagé aux côtés du président Abdel Fattah el Sissi en Égypte et contre les groupes terroristes en Libye ou ailleurs. Face à ces groupes qui utilisent la religion pour leurs

11. Laurence Daziano, *Le Figaro Vox*, 8 juillet 2018.

12. Sur les groupes politico-religieux dans le monde musulman, voir Jamal Sanad el Suwaidi, *Le Mirage*, Abou Dhabi, ECSSR, 2015, en arabe, anglais et français.

propres visées et adoptent des thèses haineuses alimentant le fanatisme religieux et les divisions confessionnelles entre les peuples, la position des Émirats arabes unis est ferme et sans équivoque. Elle consiste à combattre les déviations extrémistes, à dénoncer leur supercherie et à encourager activement le renouveau d'un discours religieux du juste milieu mettant en exergue le dialogue, la tolérance et la bonne coexistence avec les autres religions et civilisations dans l'intérêt de toute l'humanité.

Les Émirats arabes unis sont particulièrement impliqués dans la lutte contre l'extrémisme et le terrorisme. Ils considèrent que cette lutte sur le plan mondial est un impératif. C'est pourquoi, face aux multiples dangers régionaux, l'État des Émirats est passé, depuis le début du XXIe siècle, d'une stratégie de *soft power* à celle d'un *hard power*, c'est à dire une ingérence constructive visant à renforcer les alliances, intensifier une diplomatie dynamique, accordant la priorité nécessaire à une politique de sécurité interne et régionale dont le maitre d'œuvre est Cheikh Mohammed Ibn Zayed el Nahyan.

L'intervention positive des Émirats arabes unis a pour objet de protéger la propre souveraineté du pays, la sécurité des alliés arabes, conformément aux dispositions de la Constitution affirmant que la Fédération est « partie intégrante de la nation arabe »[13], et la stabilité mondiale. Comme l'a souligné le Prince héritier, l'État des Émirats « ne bradera jamais sa sécurité et sa souveraineté nationale ni la sécurité des pays frères arabes », il œuvre à renforcer la solidarité arabe, amplifiant la concertation avec les pays arabes et leurs alliés sur les défis auxquels la région se trouve confrontée.

Selon Cheikh Mohammed :

> « Plus que jamais, la région arabe est confrontée à des défis graves liés au terrorisme, aux tensions sectaires, raciales et religieuses, à des tentatives d'interventions extérieures dans les affaires intérieures des États, à la détérioration des conditions humanitaires, en particulier la crise des réfugiés, et à de plus en plus de menaces contre la sécurité, l'unité et la stabilité de certains pays arabes. Contre tous ces dangers, les Émirats arabes unis font face à leurs responsabilités. Ils soutiennent toutes les initiatives pouvant renforcer le rôle du Conseil de coopération du Golfe arabe pour la protection de la sécurité dans notre région. Ils prônent une coordination des pays arabes et sont à l'avant-garde des initiatives visant à protéger la sécurité nationale arabe et à la défendre contre les menaces, comme l'attestent notre participation effective à la Coalition arabe pour rétablir la légitimité au Yémen. Les Émirats collaborent également avec leurs alliés de la communauté internationale afin de renforcer les fondements de la

13. Art. 6 de la Constitution (voir Christophe Boutin, Jean-Yves de Cara, Charles Saint-Prot, *Les constitutions arabes*, Paris, Karthala, coll. « études géopolitiques », 2016.

> paix, la stabilité et le développement dans la région. Notre sens des responsabilités et notre détermination nous ont valu le respect de tous nos partenaires »[14].

C'est dans ce contexte que les Émirats arabes unis ont consolidé des partenariats avec les puissances régionales et internationales. Ils ont construit un fort réseau de solidarités concrètes, tout en intensifiant la coopération militaire avec de grandes puissances amies, en particulier les États-Unis ou la France qui a très vite compris la spécificité et la pertinence du modèle émirati[15].

Les Émirats arabes unis méritent donc d'être mieux connus et il faut les étudier en faisant abstraction des clichés et des raccourcis qui en donnent une image inexacte et incomplète. Une réflexion prospective sur le rôle de ce pays dans le nouvel équilibre du monde et sur ses projets de développement futuriste est nécessaire.

Cet ouvrage a pour objet de présenter d'une manière objective et complète les grands aspects de la géopolitique des Émirats arabes unis : histoire, institutions, société, lutte sans merci contre l'extrémisme religieux, développement économique, politique étrangère et enjeux régionaux, questions de défense et de sécurité.

---

14. Discours prononcé le 1er décembre 2016 pour la célébration de la Fête nationale (source WAM).

15. Voir la contribution de Frédéric Pons.

1

Une puissance régionale, histoire et caractéristiques

Charles SAINT-PROT

Les Émirats arabes unis sont situés dans la péninsule Arabe, sur la rive occidentale du Golfe arabe, entre Oman et l'Arabie saoudite. Le pays a une côte de plus de 700 kilomètres sur le Golfe arabe, avec plus de 200 îles, et 75 kilomètres de côtes sur la mer d'Oman.

D'emblée une précision s'impose. Le Golfe n'a jamais été un « lac persan ». Les plus anciens habitants de la région, ceux qui furent à l'origine de la civilisation, les Suméro-Babyloniens, c'est-à-dire les Mésopotamiens qui étaient des marins commerçant avec l'Inde, le nommaient la Mer Inférieure ou la Mer du Soleil Levant. Au IVe siècle av. J.-C., des géographes grecs l'appelèrent persique car à l'époque l'empire perse avait envahi la Mésopotamie et se confrontait aux Grecs. Mais après la Renaissance arabe qui suit le message de l'Islam et la constitution du grand empire abbasside (au VIIIe siècle), dont la capitale est l'Irak, le Golfe redevient arabe. Dans le port de Bassora arrivent les épices et les pierres précieuses de l'Inde, les ivoires, les jades et la porcelaine de Chine. Le commerce devient alors une vocation, et Sindbad, personnage des Contes des *Mille et une nuits*, en est l'illustration. Dans le texte il est dit que Sindbad habite le port de Bassora, tout au fond du Golfe d'Arabie. Les cartes du XVIe et XVIIe siècle mentionnent fréquemment le Golfe arabique ou, parfois, Golfe de Bassora. Ce n'est qu'à la fin du XIXe siècle et surtout au XXe siècle, qu'on retrouvera sous l'influence anglo-saxonne le terme de Golfe persique. Les Arabes continuent à l'appeler Golfe arabique et il est vrai que la majorité des peuples qui bordent ses rives sont arabes : Oman, Émirats arabes unis, Arabie saoudite, Bahreïn, Koweït, Irak et Arabistan[1] (région constituée en émirat arabe jusqu'en 1925 puis

1. Région de 375 000 km, peuplée d'environ 4,5 millions d'habitants, principalement arabes.

occupée par l'Iran – avec la complicité des Britanniques – qui l'appelle Khouzistan). Le père du nationalisme arabe moderne, le philosophe Michel Aflak fixe les limites de la nation arabe « de l'Atlantique au Golfe »[2]. Le Golfe est effectivement la ligne de démarcation entre les Arabes et les Perses, c'est la frontière orientale de la Nation arabe. En 1971, l'Iran a occupé par la force les trois îles arabes stratégiques du détroit d'Ormuz: la grande et la petite Toumb (appartenant à Ras al Khaïmah) et Abou Moussa (Charjah).

L'histoire des émirats du Golfe, singulièrement de ceux qui forment aujourd'hui la Fédération des Émirats arabes unis, se confond avec celle de la région et des tentatives hégémoniques qui s'y sont développées jusqu'à la domination britannique. Elle est également marquée par la découverte et l'exploitation du pétrole. Dans ce contexte, il fallait beaucoup d'audace et de détermination pour imposer la création d'un nouvel État, fédéral, qui allait devenir une puissance régionale et arabe dont la montée en puissance s'est affirmée depuis le début du XXIe siècle.

Une région convoitée

La région qui compose aujourd'hui la Fédération des Émirats arabes unis a toujours été liée à son environnement sémite, donc pré-arabique. Dans l'Antiquité, les tribus qui vivaient sur la côte entretenaient des relations avec la civilisation mésopotamienne (Irak moderne) et leur côte servait de relais au trafic vers l'Inde, elle était le trait d'union entre les civilisations de la Mésopotamie et l'Asie.

En 630 ap. J.-C., les prédicateurs musulmans convertirent la population à l'Islam. Julfar – aujourd'hui Ras el Khaïmah – devint un avant-poste pour islamiser l'Iran et la zone correspondant au Pakistan actuel. Vivant dans le giron du Royaume abbasside, dont la capitale était Bagdad, Julfar fut un centre perlier et un port important pour le commerce dans l'océan Indien. Au début du XVIIIe siècle, le cheikh Rachid Ibn Matar Ibn Rahman el Qassimi, chef des Qawassim de la tribu des Huwayla, fonda Charjah et les Qawassim s'installèrent à Julfar (Ras al Khaïmah). Ils donnèrent un nouvel essor à la région et au début du XIXe siècle, les Qawassim dominaient la navigation dans le Golfe arabe et contrôlaient le passage de part et d'autre du détroit d'Ormuz. Sur terre, leur État englobait les actuels émirats de Charjah, d'Ajman et

2. Michel Aflak, *Fi Sabil al-Ba'th* [Sur le chemin du renouveau, 1959], Beyrouth, Dar al Ṭalī'a li-l-Ṭibā'a wa al Nasser, 20e éd., 1978.

d'Oum al Qaïwaïn, et plusieurs îles du Golfe dont Kish en face de Bandar Abbas, l'ancien Porto Comorão des Portugais. Cette situation contrariait fort les Britanniques qui avaient déjà des visées sur cette zone importante pour leur route des Indes.

Par ailleurs, au XVIIIe siècle, vers 1760, la tribu des Abou Falah qui vivait de la pêche perlière en été et de l'agriculture, du commerce des épices et de l'encens et de l'élevage le reste de l'année, membre de la confédération des Béni Yas résidant dans l'oasis de Liwa, en bordure du grand désert du Rub al Khali, et l'oasis d'al Aïn dans la région de Buraymi, fonda Abou Dhabi, « le père de la gazelle », dans une île côtière où la tribu avait découvert du sel et surtout de l'eau douce en surveillant les troupeaux de gazelles. L'émirat se constitua sous l'autorité de la famille Nahyan qui dirigeait les Abou Falah. Les Nahyan avaient construit dès 1761 le premier fort d'Abou Dhabi, Qasr al Hosn, afin de protéger la bourgade[3]. À la fin du XVIIIe siècle, Qasr al Hosn, qui symbolise la montée en puissance de l'émirat[4], devint la résidence officielle des émirs d'Abou Dhabi et le resta durant près de 200 ans. La famille des Nahyan s'était peu à peu imposée par ses qualités et son habileté à trouver un consensus entre les tribus et à se concilier l'alliance des principales d'entre elles, en particulier les Manasir de la région de Dhafrah, une tribu nomade réputée pour ses qualités guerrières, et les Dhawahir, une tribu sédentaire influente dans la région de l'oasis de Buraymi.

Parallèlement, une autre branche de la tribu Beni Yas, les Abu Falasah, qui avait fait dissidence sous la conduite de Maktoum Ibn Bouti (m. 1852), avait quitté l'émirat d'Abou Dhabi pour s'installer à Chindagha, un petit village de pêcheurs à l'embouchure de la crique de ce qui allait devenir Dubaï. En 1833, la famille de Maktoum proclama l'indépendance de l'émirat détaché d'Abou Dhabi et finit par se faire une place entre le grand émirat d'Abou Dhabi et les terres des Qawassim (Ras al Khaïmah, Charjah) qui étaient les grands rivaux des Beni Yas. Grâce à son port naturel favorisant le trafic de la perle et à sa situation géographique, Dubaï, qui sut se concilier la protection des Britanniques, deviendra une place de commerce, attirant très vite une population cosmopolite d'Arabes du Golfe, de Perses, de Baloutches[5] et d'Indiens[6].

3. Jayanti Maitra, Afra al Hajji, *Qasr Al Hosn : The History of the Rulers of Abu Dhabi : 1793-1966*, Abou Dhabi, Centre for Documentation and Research, 2001.

4. Le Festival annuel Qasr al-Hosn, qui se tient à l'emplacement du fort, a pour objet de célébrer l'histoire de l'émirat.

5. Le Baloutchistan – qui déborde sur l'Iran et l'Afghanistan – est de nos jours une province du Pakistan.

6. Frauke Heard-Bey, *Les Émirats arabes unis*, Paris, Karthala, 1999, p.266.

Une tradition maritime

On voit donc que ces émirats (Abou Dhabi, les Qawassim, puis Dubaï) avaient leur propre identité[7] malgré leurs dimensions modestes. Ils étaient plus tournés vers la mer que leurs voisins de la Péninsule, ils vivaient à la fois de l'économie pastorale, de la pêche et de la récolte perlière, laquelle se faisait selon les rites ancestraux que l'on retrouvait aussi en mer Rouge[8]. Ils avaient une tradition commerçante puisqu'ils étaient sur la route reliant les ports du Golfe (notamment le port de Bassora) aux Indes ou à l'Afrique. Mais la forte identité de ces émirats tournés vers la mer, n'empêchait pas qu'ils fussent aussi liés à leur environnement péninsulaire. Ainsi, plusieurs d'entre eux furent séduits par le grand mouvement d'unification de la péninsule impulsé par la famille des Saoud qui régnait à Diriyah dans le Nedjd et qui avait passé un pacte avec le prédicateur religieux réformiste, le cheikh Abdel Wahhab (1703-1792), vers la fin de l'année 1744 (1157 H.)[9].

En 1773, la petite cité de Riyad était conquise par l'émir Abdel Aziz el Saoud ouvrant la voie à l'avance vers le Hasa et le golfe Arabe. Abdel Aziz, qui avait également pris le Hedjaz et les Lieux Saints de La Mecque et de Médine, étendit ensuite son pouvoir sur la péninsule de Qatar et l'archipel de Bahreïn. Son successeur Saoud Le Grand était à la tête d'un vaste royaume qui comprenait, outre le Nedjd et le Hedjaz, l'archipel de Bahreïn, les provinces du Hasa, du Djebel Chammar, de l'Asir, de la côte du golfe Arabe jusqu'à Ras al Khaïmah et Charjah, où les Qawassim, dirigés par la dynastie des Qassimi, avaient adhéré à sa cause[10].

Englobant alors les actuels émirats de Charjah, d'Ajman et d'Oum al Qaïwaïn, la principauté des Qawassim, une tribu venue du Nedjd après la naissance de l'Islam était principalement une puissance maritime[11] avec 65 grands vaisseaux, 800 embarcations et 19000 hommes[12]. Contrôlant le détroit d'Ormuz, cet émirat détenait également plusieurs

---

7. Voir Jean-Jacques Tur, *Les Émirats du Golfe arabe*, Paris, coll. « Que Sais-je ? », PUF, 1976.

8. Voir Albert Londres, *Pêcheurs de perles*, Paris, Albin Michel, 1931.

9. Voir notre ouvrage *Islam. L'avenir de la Tradition Islam : l'avenir de la Tradition entre révolution et occidentalisation*, Paris-Monaco, Le Rocher, 2008, trad. en arabe et en anglais, éditions de la Bibliothèque du Roi Abdelaziz, Riyad, 2010.

10. Il est notable que les habitants de Ras al Khaïmah sont restés de rite hanbalite, proche de l'interprétation d'Abdel Wahhab (qualifiée à tort de wahhabisme, sur ce point voir notre *Islam. L'avenir de la Tradition entre révolution et occidentalisation*, *op.cit.)*.

11. Voir Saleh Mohammed el Abid, *Daouar al Qawasim fi al Khalij al Arabi*, 1747-1830 [La puissance des Qawassim dans le Golfe arabe], Bagdad, Matba'at al Ani, 1976.

12. Monique Jegou, *Les Émirats arabes unis*, Paris, Albin Michel, 1983, p.92.

îles du Golfe dont Kish, face à Bandar Abbas, sur la côte de l'Iran actuel où une partie des Qawassim avait fait souche dès le VIIe siècle, d'autres s'étant établi en Arabistan dans le prolongement de la Mésopotamie, et d'autres enfin dans la région de Julfar. Au XVIIIe siècle, les Qawassim constituaient donc le plus important groupe tribal de la région avec les Béni Yas d'Abou Dhabi. Ils s'opposaient à la fois aux sultans d'Oman, aux Perses et aux Britanniques. Cette influence des Qawassim n'allait pas sans inquiéter les intérêts de Londres. En outre, les Britanniques voyaient d'un très mauvais œil l'alliance entre les Qawassim et le Royaume des Saoud, lequel avançait dans la région du Golfe et, à l'autre extrémité de la Péninsule, tenait les ports de Yambu, Djedda et Hodeïda sur la mer Rouge. En 1810, l'armée de Saoud prit l'Hadramaout, atteignant ainsi les rives de l'océan Indien. Il s'en fallut de peu que le Royaume saoudite, allié aux Qawassim, s'étendît jusqu'à la Méditerranée puisque ses troupes étaient parvenues jusqu'en Palestine.

Dans ces conditions, les Ottomans, qui occupaient la Syrie, le nord du Hedjaz et, tant bien que mal, l'Irak, étaient comme les Britanniques fort hostiles à la montée en puissance de ce nouvel ensemble arabe qui risquait, en parvenant à son unité, de modifier profondément le paysage géopolitique de la région. Alors que les Ottomans, avec leur vassal Mohammed Ali qui était gouverneur d'Égypte, allaient déclencher une vaste opération militaire contre le royaume des Saoud, la Grande-Bretagne entreprit de réduire les Qawassim qui constituaient le principal obstacle à leurs visées dans le Golfe arabe. Du coup, les Britanniques qualifièrent les Qawassim de « pirates » pour les discréditer et justifier les opérations militaires qui allaient être menées contre la « côte des pirates » à partir de la fin du XVIIIe siècle[13]. On voit ici que la mauvaise foi anglo-saxonne n'a pas changé depuis des siècles.

La domination britannique

Plus encore que le simple dessein d'assurer la sécurité de la route des Indes, les Britanniques avaient pour objectifs d'établir des bases commerciales et militaires dans le Golfe, à la fois pour concurrencer les Ottomans, occupant l'Irak, et les Perses, mais aussi éviter que le mouvement arabe initié par les Saoud – qui avaient reçu l'appui de la France[14] –

---

13. Sultan Ibn Mohammed el Qasimi, *The Myth of Arab Piracy in the Gulf*, Charjah, 1986. Également *Les Qawassim et l'agression britannique (1797-1820)*, en arabe, Charjah, 2012.

14. En 1811, Napoléon Bonaparte avait envoyé en Arabie un émissaire, le chevalier Paul de Lascaris, pour s'entretint avec l'émir Saoud d'une alliance contre les Ottomans et les Britanniques.

ne prît trop d'influence. La défaite des Saoudiens face aux Ottomans qui détruisirent leur capitale en 1818, d'une part, l'écroulement de la France de Napoléon Bonaparte en 1814-1815 – mettant fin à la rivalité franco-britannique dans le Golfe arabe –, d'autre part, allaient servir le jeu britannique contre les Qawassim[15].

En 1820, les Britanniques remportent une victoire décisive sur les Qawassim et détruisent Ras al Khaïmah, forçant le gouvernement des Qassimi à se replier sur Charjah. Profitant de l'écroulement du premier État saoudien face aux Ottomans, de l'amorce du déclin de la Porte et des guerres entre la Russie et la Perse, ils imposent une série d'accords et de traités avec les cheikhs de chaque émirat de la côte du Golfe arabe. Pour les petites principautés locales, il s'agissait surtout de choisir le moindre mal. Menacées par les empires Ottoman et Perse, puis par les puissances européennes – les Portugais qui occupèrent la région d'Oman aux XVe et XVIe siècles, les Britanniques à partir du XVIIIe siècle –, ayant vu la destruction du Royaume des Saoud, les émirs locaux avaient appris à composer et à louvoyer pour sauvegarder leur existence. Dans le cas d'espèce, il leur paraissait plus prudent de céder à la Grande-Bretagne qui, de toute façon, était plus lointaine et moins menaçante.

En 1835, les Britanniques imposent aux cheikhs de la région une série de traités et, finalement, le traité général de 1853 assurera la suprématie aux navires britanniques en établissant une trêve, d'où le nom des États de la Trêve (*Trucial States*) qui sera désormais donné à la région[16]. Ce traité concrétise la présence britannique qui est qualifiée de « protection ». Il est évident que la politique de Londres ne vise en aucun cas à aider ces principautés à progresser et n'a pour but que le seul intérêt britannique et les intérêts impériaux aux Indes et dans la région[17]. Les Britanniques s'emploient donc à diviser cette région arabe en de multiples petits États, favorisant la dissidence d'Ajman et d'Oum al Qaïwaïn, et, à partir des années 1878-1880, de Charjah qui allait devenir un point d'appui de la présence anglaise. En 1892, un nouveau traité érigera les États de la Trêve en protectorat. Un agent britannique était responsable des émirats de la côte d'Oman. Fort de cette situation, Londres imposera, en 1905, l'obligation aux émirats d'exporter les perles – leur principale richesse – uniquement à destination du dominion britannique des Indes.

Parallèlement, l'empire Ottoman avait entamé un long processus de déclin. Partout il était sur la défensive, y compris dans la péninsule

15. V. Moubarak el-Otabi, *The Qawasim and British Control of the Arabian Gulf*, Thesis presented for the degree of Doctor of Philosophy, University of Salford, 1989.

16. V. Donald Hawley, *The Trucial States*, Londres, George Allen and Unwin Ltd, 1970.

17. Jayanti Maitra, Afra al Hajji, *Qasr Al Hosn : The History of the Rulers of Abu Dhabi*, *op.cit.*, p. XIX.

Arabe où les Saoud continuaient à revendiquer leurs droits. Un second État saoudien se reconstitua avec l'émir Fayçal, entre 1843 et 1865. En 1889, le plus jeune fils du feu roi Fayçal, Abdul Rahman ibn Fayçal el Saoud réussit à rétablir l'unité dans la famille et à se faire reconnaître comme souverain. Il put restaurer son pouvoir dans la région de Riad mais les Ottomans et leur allié Mohammed el Rachid, le chef de la puissante tribu des Chammars, présente dans le Hail et au sud de l'Irak, ne lui laissèrent pas le temps de consolider son pouvoir. En 1891, Abdul Rahman dut s'exiler à Bahreïn puis à Koweït, accompagné de son fils, Abdul Aziz. Neveu de Saoud le Grand, descendant direct de Mohamed Ibn Saoud et de la fille d'Abdul Wahab, Abdul Aziz reprit Riad en janvier 1902. Proclamé émir, il reçut l'épée de Saoud le Grand et les oulémas et les notables le reconnurent comme le souverain légitime. C'est ainsi que naquit le troisième État saoudite qui allait devenir l'Arabie saoudite moderne. L'État ottoman reconnut le gouvernement saoudite en 1912 et la Grande-Bretagne, qui était installée sur une partie de la côte du Golfe arabe, dut faire de même. Pourtant, Londres et Constantinople ne voyaient pas d'un bon œil la montée en puissance de cette nouvelle puissance arabe. En 1914, Turcs et Britanniques concluent un traité secret visant à se partager la Péninsule et à briser l'ascension du Saoud. La guerre mondiale qui éclate quelques mois plus tard, rend le traité anglo-turc obsolète. C'est en se souvenant de ce complot et de la perfidie britannique que, bien des années après, Abdul Aziz conclura une alliance avec les États-Unis.

Après la Première Guerre mondiale et l'effondrement de l'Empire ottoman, Abdul Aziz conçut le projet géopolitique de réunifier la Péninsule arabe, du Golfe à la mer Rouge, du Nord à l'océan Indien. En 1921, il envoya son fils Fayçal rétablir l'ordre dans l'Asir qu'il finit par annexer (1924). En même temps, il conquit le Haïl mettant fin au pouvoir de son vieil adversaire Rachid el Chammar (1921). Surtout, il entama sa marche vers Hedjaz où le pouvoir des Hachémites était en déliquescence. En septembre 1925, La Mecque fut prise ainsi que Djedda. Ali, le dernier Hachémite ayant abdiqué[18], Abdul Aziz reçut l'allégeance des habitants du Hedjaz qui le reconnurent comme roi. L'intégration du Hedjaz changea considérablement la donne puisque le prince saoudien prenait à sa charge la garde des Lieux Saints de l'Islam, La Mecque et Médine. Les Britanniques – qui contrôlaient au nord la Jordanie et l'Irak et au sud le Yémen méridional et Oman ainsi que les principales routes maritimes – observaient les événements avec inquiétude, bien déterminés à tout faire pour conserver leur protectorat sur les États de la Trêve qui menaient une vie paisible mais peu prospère.

18. Ses frères, Abdallah et Fayçal régnaient en Jordanie et en Irak.

C'est dans ce contexte, qu'un événement considérable allait modifier le cours des choses dans la région.

La révolution pétrolière

L'histoire de la région proche-orientale au XXe siècle est marquée par la découverte et l'exploitation du pétrole, notamment dans la région du Golfe arabe, où certains émirats allaient se hisser aux premiers rangs mondiaux, à commencer par l'émirat d'Abou Dhabi qui avait pourtant pris du retard.

Le pétrole devient un enjeu stratégique

Le pétrole (ou huile de pierre) était connu depuis la haute Antiquité. Il y a 8000 ans, en Irak, les Sumériens s'en servaient pour étanchéifier leurs barques et fabriquer toutes sortes d'huiles. Plus tard, lors de la fondation de Babylone (1894 av. J.-C.), les murs de cette cité furent cimentés avec de l'asphalte. Mais ce n'est qu'au milieu du XIXe siècle que l'on découvrit que le naphte représentait une source d'énergie primordiale. Les Russes firent l'expérience que le mazout pouvait se substituer au charbon pour actionner les chaudières des locomotives et des bateaux, puis le pétrole commença à être utilisé pour l'éclairage. En 1859, Edwin Drake, un conducteur de train, fit jaillir du pétrole à Titusville, en Pennsylvanie, ce qui provoqua la première ruée vers l'or noir. C'est donc aux États-Unis que se développa l'industrie pétrolière. Entre 1863 et 1885, John D. Rockefeller édifia la puissante *Standard Oil* (actuelle *Exxon*), puis la *Standard Oil of California* (devenue *Chevron*), et s'assura 95 % du marché mondial du pétrole.

Depuis la fin du XIXe siècle, le pétrole est devenu l'un des principaux enjeux stratégiques internationaux. L'industrie du pétrole est au centre des relations internationales dans la mesure où les pays producteurs ne sont pas les plus grands consommateurs, à l'exception des États-Unis. La maîtrise de cette source d'énergie essentielle explique souvent le jeu des grandes puissances, en particulier les États-Unis qui pèsent sur la question pétrolière de tout leur poids. Plus encore, la lutte pour le pétrole a conduit à plusieurs guerres aux quatre coins de la planète.

Très vite, le premier enjeu consista à s'assurer de la maîtrise des principales zones productrices. Les États-Unis souhaitèrent ménager leurs propres réserves en puisant dans celles des pays producteurs. Les pays d'Europe occidentale, dépourvus de réserves, entrèrent dans la course. Après avoir rencontré le Sultan Abdul Hamid, en 1889, et signé un accord pour la construction d'une voie de chemin de fer Berlin-Bagdad-Bassora, connue sous le nom de *Bagdadbahn*, le Kaiser Guillaume II exigea, en 1903, une concession pour la recherche du pétrole de part et d'autre du tracé mésopotamien de la voie de chemin de fer, notamment dans la région de Mossoul. Parallèlement, l'homme d'affaires anglo-hollandais Henry Deterding développa la Royal Dutch (future *Shell*) à partir de productions dans la région de Sumatra en Indonésie tandis que, en 1901, l'anglo-australien William Knox d'Arcy obtint du Chah la concession exclusive du pétrole perse découvert, en 1890, par deux Français: l'archéologue Jacques de Morgan et le géologue Édouard Corte. En 1907, la Grande-Bretagne reprend à son compte les concessions pour fonder l'*Anglo-Persian Oil Company*, dont le siège est à Abadan, sur la rive perse du Golfe arabo-persique. Rebaptisée *Anglo-Iranian Oil Company* en 1935, cette société deviendra la *British Petroleum* en 1954.

Le premier conflit mondial, durant lequel l'approvisionnement en pétrole pour les chars, les navires, les avions, s'est révélé une arme de première importance, a vu s'envoler la production de l'or noir. En même temps, les dividendes des compagnies pétrolières ont été multipliés par quatre entre 1914 et 1919. Le contrôle des ressources pétrolières paraît donc vital sur le plan stratégique et économique. Tous les yeux se tournent vers le Proche-Orient qui détient les plus grandes réserves du monde, d'autant plus que la Russie, l'un des principaux producteurs, est tombée sous un régime bolchevique peu enclin à commercer avec les puissances capitalistes et que l'Amérique latine semble la chasse gardée des États-Unis. Après la Première Guerre mondiale, les cartes furent redistribuées au Proche-Orient. La France et la Grande-Bretagne s'installèrent au Levant et en Irak. Conformément aux accords Sykes-Picot de 1916, Paris obtint le Liban et la Syrie, la Grande-Bretagne la Palestine et l'Irak. Après un long marchandage la zone de Mossoul fut attribuée aux Anglais mais les Français se virent concéder 25 % des droits pétroliers. En avril 1920, lors de la conférence de San Remo, les puissances occidentales se partagèrent la *Turkish Petroleum* qui deviendra l'*Irak Petroleum Company*: 23,75 % à *Anglo-Persian* (B.P.), 23,75 % à *Royal Dutch-Shell*, 23,75 % aux sociétés américaines (*Standard* de New Jersey, *Standard* d'Indiana, *Sinclair* et *Texaco*), 23,75 % à la France et 5 % à Callouste Gulbenkian.

L'évolution la plus importante dans le jeu pétrolier, est celle qui intervient à la fin des années 1930 au Proche-Orient après la formation de l'Arabie saoudite par Ibn Saoud. En effet, le roi Ibn Saoud, soucieux de contrebalancer l'influence britannique dans le Golfe et de trouver un allié de poids pour asseoir son royaume sur la scène régionale, se rapproche des États-Unis. Le Roi souhaite que les géologues américains découvrent de l'eau dans son pays. Ils trouveront du pétrole, et à profusion ! C'est ainsi qu'en 1936, la *Standard Oil of California* acquiert la concession sur le pétrole saoudien. Des prospections sont engagées dans le Hasa, sur la côte occidentale du Golfe. Le pétrole y jaillit en quantité près du Djebel Dahran à hauteur de Damman, le 4 mars 1938. Dès l'année suivante, plus de cinq cent mille tonnes peuvent être transportées par oléoduc et embarquées dans le port de Ras Tanura. En 1944, la *Standard Oil of California* s'est alliée à la *Texaco* pour constituer en 1944 un consortium baptisé Aramco (*Arabian American Oil Company*). L'entente américano-saoudienne sera renforcée après la seconde guerre mondiale lors de la rencontre du *Quincy*. Le 14 février 1945, de retour de Yalta, Franklin Roosevelt reçoit le roi d'Arabie Saoudite, à bord du croiseur *Quincy*. Les deux chefs d'État concluent un accord appelé « pacte du *Quincy* » qui assure aux États-Unis l'essentiel de ses ressources énergétiques pour les soixante années à venir. Ce pacte, qui installe les États-Unis dans une position dominante au détriment des États européens, fixe quelques principes fondamentaux comme la garantie de la stabilité du royaume saoudien et la stabilité de la péninsule Arabe.

La percée des États-Unis conduit au déclin de la position des Britanniques dans une région qu'ils pensaient pouvoir contrôler à leur seul profit. Écartés en Arabie saoudite, menacés en Iran, ils s'accrochent aux émirats du Golfe (Koweït, Bahreïn, Qatar, Côte de la Trêve) et à l'Irak.

En 1922, Londres avait imposé aux émirats un accord par lequel les concessions pétrolières devaient être accordées uniquement à des sujets ou compagnies britanniques. Fort de cette position privilégiée, les Britanniques allaient commencer les recherches. Dans le Golfe, le premier pays à avoir découvert le pétrole, fut Bahreïn en 1932. Dès les années 1930, l'*Irak Petroleum Company* obtient des concessions pour des forages d'exploration à Dubaï, et à Charjah, qui était le point fort de la présence britannique dans les émirats de la Trêve, mais à Abou Dhabi le cheikh Chakhbout restait réticent.

Abou Dhabi prend du retard

L'émirat d'Abou Dhabi avait connu son heure de gloire sous le règne de Zayed Ibn Khalifa el Nahyan, dit Zayed le Grand, qui gouverna l'émirat d'Abou Dhabi de 1855 à 1909, laissant le souvenir d'un dirigeant sage et subtil qui sut fédérer les tribus, étendre les frontières de sa principauté et faire d'Abou Dhabi l'émirat le plus puissant de la région[19]. Sultan Ibn Zayed, qui avait succédé à son père, fut poignardé en 1926. Cet assassinat ouvrit une période de désordre et de

19. Jayanti Maitra, Afra al Hajji, *Qasr Al Hosn…, op.cit.*

querelles dynastique qui prit fin en 1928 avec l'accession au pouvoir de Chakhbout Ibn Sultan el Nahyan, fils aîné de Sultan. Chakhbout eut le mérite de rétablir l'ordre et la stabilité de l'émirat en rassemblant habilement les tribus autour de lui. Mais ce chef bédouin attaché aux codes tribaux avait une méfiance viscérale envers les évolutions modernes. Il était en outre très méfiant, autoritaire et avare, en tout cas peu concerné par les dépenses[20], ce qui ne favorisait pas la bonne entente avec les tribus dont certaines lui reprochaient de ne pas accorder assez d'importance au vieux système de la consultation (*choura*).

Or, le cheikh Chakhbout s'était retrouvé à la tête de l'émirat à une période où celui-ci devait face à des problèmes économiques d'envergure du fait du déclin du commerce de la perle. En effet, la crise économique mondiale d'une part, la fameuse « crise de 1929 », et la découverte par les Japonais de la technique de la perle industrielle allait porter un coup fatal à la culture perlière traditionnelle. En même temps, le port de Dubaï avait acquis une certaine suprématie régionale et l'aéroport de Charjah, où les Britanniques avaient installé leur base, rapportait des royalties à cet émirat qui allait bientôt être imité par l'aéroport de Dubaï. Ces deux émirats avaient également négocié des droits de recherche pétrolière avec la compagnie britannique *Iraqi Petroleum Company* (IPC), *Trucial Coast Development Company* qui allait devenir *Abu Dhabi Petroleum Company* en 1962, qui deviendra actionnaire majoritaire après l'indépendance. Ce n'est qu'en 1939, que Chakhbout accepta de céder aux sollicitations britanniques. Mais la guerre mondiale interrompit toutes les activités puis, dans les années 1950, l'émir signa des contrats plus prometteurs avec *Standard Oil of California* (SOCAL[21]) et la société de William Knox D'Arcy créant en 1953 *Abu Dhabi Marine Areas Ltd* (ADMA)[22]. En 1958, du pétrole allait être découvert à Abou Dhabi, dont le gisement le plus important est celui de Murban. Les premières exploitations pétrolières, à partir de 1962, permirent de faire quelques réformes et quelques investissements, notamment dans une usine de désalinisation, et de créer une force armée indépendante en 1965.

Pendant que Dubaï et Charjah se développaient, le cheikh Chakhbout restait d'une extrême prudence. De fait, il craignait que le progrès ait des conséquences socio-culturelles négatives pour Abu Dhabi, en particulier sur le mode de vie traditionnelle. Il ne voulait donc pas projeter son émirat dans l'inconnu. En outre, il n'aimait pas les Britan-

20. Jayanti Maitra, Afra al Hajji, *Qasr Al Hosn…*, p.236.

21. Devenue Chevron.

22. Christopher Davidson, *Abu Dhabi : Oil and Beyond*, New York, Oxford University Press, 2009, p.25 *sq*. Également Jayanti Maitra, Afra al Hajji, *Qasr Al Hosn…*, *op.cit.*, p.240.

niques et avait le plus grand mal à traiter avec eux[23]. Alors que son frère, Zayed, né en 1918, qui avait été nommé gouverneur de la province orientale (région d'al Aïn) avait profondément transformé celle-ci, le reste de l'émirat stagnait car son émir ne faisait pas confiance aux compagnies et aux banques étrangères. Il se méfiait aussi de l'éducation moderne et hésitait à permettre à des professeurs venus des pays arabes (Égypte, Syrie, Palestine) de s'installer dans son émirat car il ne souhaitait pas que ceux-ci y introduisissent des idées nouvelles comme celles du nationalisme arabe ou du socialisme et encore moins l'idéologie des Frères musulmans.

De ce fait, l'émirat prenait du retard dans la région au grand dam de certaines tribus qui auraient voulu qu'il tirât un meilleur profit de ses ressources pétrolières. En outre, les Britanniques et les compagnies anglo-saxonnes commençaient à trouver bien gênant cet émir qui ne favorisait pas leur commerce. Le sage Cheikh Zayed commença à craindre pour la vie de son frère[24]. C'est dans ces conditions, que le conseil de famille décida de confier la responsabilité de la direction de l'émirat à Zayed. Celui-ci, qui avait acquis une grande expérience en gouvernant la province orientale était réputé pour sa capacité de travail, sa force de caractère et ses talents de conciliateur, notamment avec les tribus bédouines, reçut l'allégeance (*bay'a*) des tribus et succéda à son frère à la tête de l'émirat d'Abou Dhabi en août 1966. Chakhbout se retira à al Aïn où Zayed allait fréquemment le voir et le consulter, jusqu'à sa mort en 1989.

Ainsi, en 1966, une ère nouvelle s'ouvrit pour l'émirat d'Abou Dhabi et pour toute la région de la côte de la Trêve.

La vision de Cheikh Zayed

La fin des années 1960 et le début des années 1970 marquent un moment historique considérable pour les émirats du Golfe. C'est dans un contexte agité que sera créée la fédération qui allait devenir une puissance régionale.

Un contexte agité

L'année 1970 est une année tournante dans la politique pétrolière[25]. À la suite du ralentissement de la production libyenne, de la fermeture

23. Jayanti Maitra, Afra al Hajji, *Qasr Al Hosn*..., p.237.
24. Christopher Davidson, *Abu Dhabi*..., p.43.
25. Jean-Marie Chevallier, *Le nouvel enjeu pétrolier*, Paris, Calmann-Lévy, 1973.

de l'oléoduc syrien et du blocage du canal de Suez, l'offre diminue alors que la demande augmente. Les prix s'envolent. Membre de l'Organisation des pays exportateurs de pétrole (OPEP), créée en 1960 à Bagdad, l'État des Émirats arabes unis est devenu un producteur de premier plan puisqu'il détient plus de 9 % des réserves mondiales prouvées. Les réserves de gaz sont également importantes. L'augmentation des cours du brut fera les beaux jours des pays du Golfe arabe producteurs de pétrole, notamment des Émirats arabes unis qui verront leurs richesses s'accroître considérablement. En 1974, *Abu Dhabi National Oil Company* (ADNOC), créée en 1971, va acquérir 60 % des parts de toutes les concessions détenues par les sociétés étrangères.

Forts de leurs ressources en hydrocarbures et d'une ferme volonté politique, les Émirats verront leur rôle géopolitique se renforcer au fil des ans. Mais avant d'en arriver à la création de cette fédération, il fallait triompher de nombreux obstacles.

En janvier 1968, le Premier ministre travailliste de Grande-Bretagne, Harold Wilson, avait annoncé, l'intention de Londres d'accélérer son désengagement de la région, confirmant les dispositions figurant dans le *Livre blanc* de 1967 du gouvernement travailliste qui évoquait la fermeture des bases britanniques à « l'est de Suez » (notamment à Singapour, en Malaisie et dans le Golfe arabe). Cette nouvelle devait conduire les dirigeants des pays du Golfe arabe à une intense activité diplomatique. L'Iran souhaitait profiter de la situation pour exercer son hégémonie locale, l'Arabie saoudite voulait renforcer ses positions, l'Irak, dirigée par le parti nationaliste arabe, Bass, qui avait pris le pouvoir en 1968, souhaitait jouer sa carte et, surtout, éviter toute ingérence iranienne dans le Golfe. Entre le jeu de ces trois grandes puissances, les émirats devaient essayer d'imaginer un avenir garantissant autant que faire se pourrait leur indépendance tout en restant solidaires du camp arabe contre le danger iranien. En cela, les émirats du Golfe continuaient un jeu diplomatique propre. En effet, il faut se souvenir que les traités passés avec Londres avaient surtout pour objectif d'échapper aux convoitises des grands empires locaux, les Ottomans et, déjà, les Perses.

C'est dans ce contexte que sera constituée la fédération des Émirats arabes unis. Dès janvier 1968, Cheikh Zayed Ibn Sultan Al Nahyan comprend qu'il faut anticiper le départ britannique en organisant les émirats du Golfe. Son idée est de les réunir au sein d'un État fédéral car selon lui l'union fait la force et cette force est nécessaire pour préserver l'identité des émirats. Le 18 février 1968, cheikh Zayed rencontre son homologue de Dubaï, cheikh Rachid el Maktoum, à la frontière des deux émirats. Les deux dirigeants décident immédiatement de résoudre leurs problèmes frontaliers et de s'engager ensemble pour un projet d'avenir, la création d'une fédération qui aura une politique commune en matière diplomatique, militaire, monétaire, de sécurité, d'éducation, de santé, etc. Le 25 février suivant, ils se réunissent avec les dirigeants des émirats de Charjah, de Ras al Khaïmah, de Foujairah, d'Oum al Quwain, d'Ajman ainsi que ceux de Bahreïn et de Qatar. Les Bahreïnis sont particulièrement inquiets du désengagement britannique car ils craignent par-dessus tout les visées expansionnistes de l'Iran qui a des prétentions sur leur pays. Rejoindre la fédération constituerait pour eux une garantie. Pour sa part, l'émir de Qatar ne veut pas se retrouver seul, d'autant qu'il nourrit un contentieux territorial sur l'archipel des îles Hawar avec Bahreïn qui pourrait être renforcé en adhérant à la fédération.

Le 27 février 1968, les émirs des neuf principautés décident la création d'une Fédération des émirats arabes. L'accord précise l'objet de cette Fédération :

> « Le but de la Fédération est de renforcer les liens entre les émirats membres, de promouvoir une coopération entre eux dans tous les domaines, de coordonner leurs plans de développement, de respecter l'indépendance et la souveraineté de chacun d'eux, d'unifier leur politique étrangère, de régler leur défense collective afin de protéger leur peuple et de préserver leur sécurité, de prendre en considération en général leurs intérêts communs d'une façon qui conviennent à leurs aspirations, et de réaliser l'espoir de la Grande Nation arabe »[26].

L'accord prévoit que les affaires de la Fédération seront gérées par un Conseil suprême constitué par les émirs des principautés signataires. Ce conseil devra rédiger une charte constitutionnelle de la Fédération.

Conformément aux dispositions de l'accord, le Conseil suprême allait se réunir à plusieurs reprises pour tenter de prendre les mesures permettant d'appliquer l'accord. Lors de la conférence qui se déroula du 21 au 25 octobre 1969, les émirs approuvèrent l'installation d'un siège intérimaire de la fédération à Abou Dhabi. L'émir Zayed d'Abou Dhabi fut élu à l'unanimité président pour deux ans, le cheik Rachid de Dubaï fut élu vice-président pour deux ans et le prince héritier du Qatar, Khalifa Ibn Hamad el Thani, devait être le président d'un conseil des ministres qui regrouperait trois membres de chaque émirat. Il fut également décidé de créer une commission chargée de rédiger le texte de la constitution fédérale.

Mais, cet accord prit du retard en raison de manœuvres maladroites de l'agent britannique dans la région, laissant penser que Londres avait la volonté de s'ingérer dans la création de la fédération, et, surtout, il fut remis en question en 1970 par toute une série d'événements.

---

26. D'après Salem al Jabir al Sabah, *Les émirats du Golfe*, Paris, Fayard, 1980, p.220.

En effet, l'année 1970 est marquée par trois événements majeurs pour la région. D'abord, le Chah d'Iran renonce officiellement à toute prétention sur Bahreïn à la suite d'une mission exploratoire des Nations unies qui s'est rendue place et a conclu que les Bahreïnis ne voulaient pas être soumis à l'Iran et qu'ils voulaient un État arabe indépendant. Sous la pression des Occidentaux, le Chah, avait donc renoncé à ses revendications sur Bahreïn et en mai 1970, le parlement iranien avait entériné cette décision. Or, l'émirat[27], héritier de l'antique civilisation de Dilmun, est un État-nation, gouverné, depuis le XVIIIe siècle, par la dynastie des Khalifa qui a mis fin à l'occupation perse en 1783. Le choix d'intégrer la Fédération était uniquement dicté par la crainte de se retrouver seul face aux Iraniens, après le départ des Britanniques. Dès lors que le Chah renonçait à toute ingérence, l'émir de Bahreïn préférait conserver son indépendance. Du coup, Qatar qui avait voulu rejoindre la fédération pour ne pas se trouver isolé dans le cadre de son contentieux avec Bahreïn, n'avait plus aucune raison de joindre un mouvement que son protecteur saoudien n'approuvait pas. Il est en effet notable que Qatar est, avec Ras al Khaïmah, l'un des rares émirats dont la population est de rite hanbalite comme les Saoudiens dont la dynastie des Thani était alors très proche[28].

Le deuxième événement affectant la région est la victoire électorale des conservateurs en Grande-Bretagne, le 18 juin 1970, et la défaite inattendue des travaillistes d'Harold Wilson. Naïvement, certains émirs pensent que le gouvernement d'Edward Heath reviendra sur les décisions de Wilson pour ce qui concerne le désengagement dans le Golfe, d'autant plus que les conservateurs avaient beaucoup critiqué le retrait britannique à l'est de Suez.

Par ailleurs, le coup d'État, le 23 juillet 1970, de Qabous contre son père Saïd Ibn Timour, sultan d'Oman, conduisit à un rapprochement entre Mascate et Téhéran sur le dossier de la lutte contre les menées révolutionnaires du régime marxiste du Yémen du Sud, notamment au Dhofar. Comme il était de notoriété publique que Qabous avait bénéficié d'un soutien très actif de Londres, cet événement acheva de convaincre ceux qui ne demandaient qu'à y croire que la Grande-Bretagne était de retour. Du coup, l'idée de la fédération parut moins attractive aux yeux de ceux qui, à Manama ou à Doha, ne raisonnaient qu'à court terme et pensaient que Londres continuerait à assurer la stabilité dans la région.

La réalisation de la Fédération semblait donc compromise mais c'était sans compter sur la détermination de cheikh Zayed. Celui-ci

27. Bahreïn est devenu un royaume en 2002.

28. Les choses ont changé après le coup d'État de 1995 qui vit Hamad déposer son père l'émir Khalifa Ibn Hamad el Thani.

était convaincu qu'il fallait s'adapter ou disparaître. Il persévéra dans son idée de créer une fédération et le fait que le gouvernement conservateur de Grande-Bretagne renonçât à maintenir une présence dans le Golfe et annonçât que les traités passés entre Londres et les émirats du Golfe cesseraient d'être en vigueur à la fin de l'année 1971, renforça la position de l'émir d'Abou Dhabi qui finit par convaincre les six autres émirs de passer à l'acte, étant entendu que Qatar et Bahreïn voleraient de leurs propres ailes. D'ailleurs Bahreïn proclama son indépendance le 15 août 1971 et conclut un traité d'amitié avec Londres. Pour sa part l'émirat de Qatar se proclama indépendant le 1er septembre.

Le 18 juillet, les émirs de six des sept émirats de la côte d'Oman annoncèrent qu'ils allaient créer une fédération avec une constitution provisoire et dirigée par un conseil suprême. Seul Ras al Khaïmah refusa d'abord de se joindre au groupe au motif que l'émirat, faisant valoir son passé prestigieux dans la région, voulait avoir les mêmes privilèges que ceux d'Abou Dhabi et de Dubaï et faisait valoir qu'il ne lui semblait pas qu'on prenait en considération le rôle qui avait été le sien jadis[29]. Il fut décidé que l'indépendance et la création de la fédération des Émirats arabes unis seraient proclamées le 2 septembre 1971, sous la présidence du cheikh Zayed d'Abou Dhabi, l'émir de Dubaï exerçant la fonction de vice-président. En réaction, le 30 novembre, l'Iran occupa militairement les îles d'Abou Moussa, de la Grande et de la Petite Tomb. Le coup de force de Téhéran finit par convaincre l'émir de Ras al Khaïmah, qui avait les droits sur les deux Tombs, de rallier la fédération arabe, ce qui fut chose faite en février 1972.

La fédération des Émirats arabes unis

La fédération des Émirats arabes unis (*Al Imarat al ´Arabiyah al Mouttahidah*) a été créée le 2 décembre 1971, à l'initiative de l'émir d'Abou Dhabi Cheikh Zayed Ibn Sultan Al Nahyan, à la suite du retrait des Britanniques de la région du Golfe arabe. La charte constitutionnelle provisoire est adoptée par le Conseil suprême. Son préambule expose les points suivants :

> « Nous, souverains des Émirats d'Abou Dhabi, Dubaï, Ras el Khaïmah, Charjah, Ajman, Oum Al-Qaïwaïn et Foujairah, vu la concordance entre notre volonté et celle du peuple de nos Émirats pour l'établissement d'une Fédération entre ces Émirats, afin d'assurer une vie meilleure, une stabilité plus solide et un rang international plus élevé pour eux et pour l'ensemble de leur peuple.

29. Frauke Heard-Bey, *Les Émirats arabes unis*, *op.cit.*

Dans le but de créer des liens plus étroits entre les Émirats arabes, qui se concrétisent par un État fédéral, indépendant et souverain ; celui-ci sera capable de sauvegarder son entité et celle de ses membres, coopérera avec les États arabes frères, avec tous les autres États amis membres de l'Organisation des Nations unies, et de la communauté internationale en général, sur la base du respect mutuel et des intérêts et avantages réciproques.

Dans le but également d'asseoir les fondements du régime fédéral au cours des prochaines années sur des bases saines, qui soient conformes à la réalité des Émirats et à leurs capacités à l'heure actuelle ; celles-ci donnent les moyens à la Fédération de réaliser ses objectifs, de renforcer l'entité propre de chacun de ses membres sans que cela soit en contradiction avec ces objectifs, de préparer en même temps le peuple de la Fédération à une vie constitutionnelle libre et digne, et le guident résolument vers un régime démocratique parlementaire pleinement achevé, dans le cadre d'une société arabe et islamique libérée de la peur et de l'inquiétude.

Et comme la réalisation de ces objectifs faisait partie de nos vœux les plus chers et de notre détermination la plus grande, attachés que nous sommes à conduire notre pays et son peuple afin de leur permettre d'occuper une place de choix parmi les États et les nations les plus civilisés.

Pour toutes ces considérations et en attendant de mettre au point la Constitution permanente de la Fédération, nous proclamons devant Dieu tout-puissant, et devant l'opinion publique dans son ensemble, notre approbation de la présente Constitution provisoire, comportant nos signatures, durant la phase transitoire mentionnée dans la présente Constitution. »

Il est notable que le nouvel État s'inscrit résolument dans l'ensemble arabe. La Constitution proclame : « L'Union fait partie de la grande nation arabe à laquelle elle est liée par la religion, la langue, l'histoire et un destin commun. Le peuple de l'Union est unique et fait partie de la nation arabe ». C'est donc tout naturellement que la Fédération sera admise au sein de la Ligue des États arabes, le 6 décembre 1971. Le 9 décembre, elle rejoignait l'Organisation des Nations-Unies.

La Fédération regroupera d'abord six émirats qui seront rejoints au début de l'année suivante par un septième, Ras al Khaïmah. Les sept émirats étaient de taille et de richesse fort inégales.

L'émirat d'Abou Dhabi est le plus grand des émirats, avec 67 340 km^2, il représente plus de 86 % de l'ensemble du territoire de la Fédération (84 000 km^2). C'est aussi le plus riche et celui où les réserves d'hydrocarbures sont les plus abondantes. La ville d'Abou Dhabi est la capitale de la Fédération

Dubaï avec 4 114 km^2 représente 5 % du territoire fédéral. Depuis l'installation de la tribu de Beni Yas et surtout avec les Maktoum qui ont pris le pouvoir en 1833, l'émirat a développé son activité de commerce, d'abord grâce à son port naturel puis grâce à l'un des plus grands aéroports du monde. L'émirat a bénéficié de la décision des Britanniques d'installer leur administration à Dubaï au détriment de Charjah, en 1955. L'adhésion de Dubaï au projet de fédération, grâce à la clairvoyance de l'émir Rachid el Maktoum (m. 1990[30]) qui accepta de mettre fin à d'anciennes et stériles querelles, a permis de lui donner plus de consistance et c'est pourquoi l'émir de Dubaï est traditionnellement vice-président et premier ministre de la fédération.

L'émirat de Charjah, dirigé par la famille des Qassimi de la grande tribu des Qawassim, est au troisième rang, avec une superficie de 2650 km² (3,3 % de la superficie des Émirats). La ville capitale est ouverte sur le Golfe arabe, et l'émirat dispose d'un territoire sur le Golfe d'Oman, ouvert vers l'océan Indien, avec le grand port de Khor Fakkan. Outre la ville capitale de Charjah et Khor Fakkan, l'émirat compte plusieurs municipalités: Al Madam, al Bata'ih, Al Dhaid, Maliha, Kalba... Depuis la fin du XIXe siècle, l'émirat a connu des hauts et des bas, il a d'abord profité du déclin de Ras al Khaïmah, mais l'ensablement entraîna, au profit de Dubaï, le déclin de son port qui avait été prospère. Longtemps point d'appui de la présence britannique (aéroport pour la RAF, casernement des troupes), son rôle s'effaça également au profit de Dubaï. Mais, la Fédération a donné à l'émirat une nouvelle vigueur ainsi que la découverte de réserves de pétrole dans la région d'al Sajaa en 1980, qui a permis d'assurer des revenus plus conséquents même si cette production, relativement modeste, est très inférieure à celle du géant abou dhabien. En outre, l'émirat de Charjah, aujourd'hui dirigé par l'émir Sultan Ibn Mohammed el Qassimi, a une réputation universitaire et culturelle, il a su mettre à profit ses réalisations en la matière et son patrimoine, au point d'être désignée en 1998 par l'UNESCO comme « capitale culturelle du Monde arabe » et, en 2014, « capitale culturelle du monde islamique ».

L'émirat de Ras Al Khaïmah (ancien Julfar), réputé pour avoir été fondé par la Reine de Saba, Balkis, qui régnait au Yémen, a un territoire de 1684 km² situé à l'extrême nord des territoires émirati. Dirigé par Saoud Ibn Saqr el Qassimi, de la branche historique de la famille des Qassimi, cet émirat a la particularité d'avoir une population appartenant au rite hanbalite[31] qui est celui de l'Arabie saoudite. Comme à Charjah, qui s'est détaché de Ras al Khaïmah au XIXe siècle, les Qawassim qui régnèrent sur les mers dans la zone d'Ormuz jusqu'à la colonisation britannique, ont une solide tradition maritime qu'ils

---

30. Son fils Maktoum Ibn Rachid el Maktoum lui succéda puis, à sa mort, en 2006, son frère Mohammed Ibn Rachid el Maktoum.

31. Sur le hanbalisme, V. Henri Laoust, *Pluralismes dans l'Islam* 1) Le Hanbalisme sous le califat de Bagdad (241/855-656/1258), Paris, Geuthner, REI, Hors-série 15, 1983.

perpétuent avec la construction navale et la pêche. En outre, l'émirat bénéficie des pluies de la mousson et de ressources en eau souterraine qui lui assurent un bon rendement agricole.

L'émirat de Foujairah a une superficie de 1 450 km² et est dirigé par l'émir Hamad bin Mohammed el Charqi. C'est le seul à ne pas avoir de territoire ouvert sur le Golfe arabe, étant entièrement situé dans la zone côtière de la Chamaliyah et tourné vers le Golfe d'Oman et l'océan Indien.

Enfin, Oum al Qaïwaïn, 755 km², qui est un chef de file en matière de pêche et d'élevage de poissons et de crevettes autour du Centre de recherche pour les ressources marines créé en 1984, et Ajman avec seulement 260 km² sont les deux plus petits des émirats et ceux pour lesquels l'aide fédérale est vitale.

Si le plus grand des émirats – celui d'Abou Dhabi – montre une cohérence territoriale, comme celui, plus petit, de l'émirat de Dubaï, les cinq autres émirats sont une sorte d'enchevêtrement territorial traduisant les anciennes rivalités ou les différences entre les tribus, les accords entre les clans sur l'accès aux pâturages et aux points d'eau, ou encore l'adhésion à l'une des quatre écoles religieuses de l'Islam orthodoxes[32], sans compter la différence avec le sultanat d'Oman, dont une majorité de la population (environ 70 %) est traditionnellement ralliée à l'ibadisme, une secte descendant des kharidjites. Ainsi, Ras al Khaïmah reste majoritairement hanbalite, ainsi que des minorités à Charjah et à Oum al Qaïwaïn, tandis que les autres émirats, notamment les tribus Beni Yas, Manasir, Naim, Awamir, Dhawahir, sont majoritairement de rite malikite et qu'il existe quelques minorités chafiites à Charjah. Ces distinctions sont très mineures sur le plan religieux et il est admis qu'il est possible de se référer indifféremment à la doctrine d'une école sur tel point et à la doctrine d'une école différente sur tel autre point. En réalité, dans le cas d'espèce, l'adhésion à telle ou telle école a relevé de solidarités tribales ou de choix politiques (par exemple les Qawassim ralliant le projet des Saoud).

Certains émirats se constituèrent à la suite de querelles internes, par exemple Charjah qui s'émancipa de Ras al Khaïmah dans la seconde moitié du XIXᵉ siècle, mais en restant dirigé par un membre de la dynastie des Qassimi. D'autres, profitèrent tout simplement du déclin de rivaux, par exemple en 1901 quand un chef de la tribu des Charqiya de Foujairah Ahmed Ibn Abdallah el Charqi profita du déclin de Charjah pour se proclamer émir et constituer l'émirat de Foujairah

32. Les quatre grandes écoles juridiques (*al madhâhib*) de l'Islam orthodoxe (sunnite) portent le nom des savants dont elles sont issues : hanafite (Abou Hanifa, m.766), malikite (Malik Ibn Anas, m. 796), chafiite (Mohammed Ibn Idris al Chafi'i, m. 820), hanbalite (Ahmed Ibn Hanbal, m. 855). Elles sont toutes également légitimes.

tandis que certaines villes de la côte (Khor Fakkan, Kalba) restaient fidèles aux Qassimi.

Depuis le début du xxe siècle, les divergences entre les émirats furent rarement graves, mais chacun était attaché à ses prérogatives. C'est en tenant compte de cette réalité, que les promoteurs du projet fédéral durent faire montre de la plus extrême prudence.

Une constitution ne crée pas un pays d'un coup de baguette magique, elle ne suffit même pas à fonder un État. Il faut une volonté ferme et un projet précis. Il n'y a pas de fédération sans fédérateur. L'émir Zayed Ibn Sultan el Nahyan fut ce fédérateur qui rendit l'union possible et lui assura la prospérité. Il fut, comme le déclarait le président Giscard d'Estaing lors de la visite de Cheikh Zayed à Paris, en juillet 1975, « l'artisan tenace de la Fédération ». Et il le fut avec patience et habileté, consacrant toute son énergie à convaincre les uns et les autres, sachant combiner la modernité et la tradition en utilisant remarquablement le principe traditionnel du droit public musulman de la *choura* (consultation) et la recherche du consensus (*ijma*), avec les tribus, veillant à ne jamais précipiter les choses et préférant toujours régler les problèmes au sein de son *majliss*[33], selon les modes ancestraux qu'il sut combiner avec les institutions plus modernes prévues par le texte constitutionnel.

Zayed, dont l'émirat finançait plus de 90 % du budget fédéral, avait pour objectif clair de consolider la Fédération, en particulier en abolissant les frontières entre les émirats membres, en créant une armée fédérale et des services de sécurité communs, en adoptant une constitution définitive. Mais il savait qu'il ne fallait brusquer personne qu'il convenait de prendre le temps nécessaire, de convaincre patiemment. C'est pourquoi, la constitution resta longtemps provisoire et ce n'est qu'après un renforcement des structures fédérales en 1976 que Zayed obtint le feu vert pour qu'une armée fédérale vît le jour, et, finalement que l'unification de toutes les forces armées fut prononcée en 1978. Entretemps, l'émir Zayed avait réussi, dès 1973, à faire adopter une monnaie unique de la Fédération, le dirham, en lieu et place du dinar de Bahreïn, qui avait plutôt cours dans l'émirat d'Abou Dhabi et du rial Qatar-Dubaï, utilisé à Dubaï.

En 1974, à la suite de la guerre israélo-arabe qui fut le premier grand engagement diplomatique de la jeune Fédération, le prix du pétrole a été multiplié par quatre, permettant à la Fédération de lancer un vaste programme d'aménagement des infrastructures et de moder-

33. Conseil. Ici le *majliss* indique le conseil de l'émir où se pratique la consultation (*choura*).

La consultation est ouverte à tous les citoyens. C'est ainsi que le cheikh Zayed recevait tous ceux qui avaient des griefs ou des demandes à faire valoir deux fois par semaine dans son *majliss* du palais d'al Manhal.

nisation, tout en veillant à subventionner les émirats les moins favorisés.

Parallèlement, l'émir Zayed s'employa à désamorcer les crises externes, par exemple le différend sur l'oasis de Buraymi avec l'Arabie saoudite et Oman, et internes, notamment celle de 1978-1979 qui menaça la Fédération d'éclatement parce que quelques émirs (notamment celui de Dubaï) ne voulaient pas accepter la fusion de certaines institutions en interprétant mal les dispositions de la constitution. Mais à cette occasion, le cheikh Zayed reçut, en mars 1979, le soutien massif de la population qui, venue de tous les coins du pays, afflua vers la capitale en scandant des slogans favorables à l'unité (*Itihad*). Ce soutien populaire permit à Zayed de faire prévaloir l'intégrité de la Fédération et de poursuivre la construction d'un État unitaire moderne. Répondant aux attentes populaires, le cheikh Zayed pouvait déclarer que « s'il n'y avait pas eu la Fédération, les citoyens ne seraient pas devenus ce qu'ils sont aujourd'hui ». Il ajoutait :

> « Tous les grands espoirs que vous avez mis en nous serons réalisés... Le travail de construction se poursuivra et il sera renforcé... Notre destin est le même... Nous avons eu le même rêve... nous le construisons et nous continuerons à travailler dur afin que l'édifice continue à prospérer pour le bien des générations futures qui hériteront de notre travail et de nos efforts actuels »[34].

En fin de compte la raison l'emporta, les réticences s'estompèrent et la Fédération poursuivit sa marche en avant. En vingt ans, de 1971 au milieu des années 1990, le budget de la Fédération a été multiplié par 80 et le nombre de fonctionnaires fédéraux, au service des citoyens, est passé de quelques centaines à près de 55 000. Dans ces conditions, quand le bon moment fut venu, la constitution provisoire devint définitive, grâce à un amendement constitutionnel du 2 décembre 1996.

La prospérité et le développement moderne que connaissent les Émirats arabes unis depuis les années 1980, avec la mise en place d'une ambitieuse planification quinquennale destinée à renforcer les bases de la Fédération[35], sont en grande partie le fruit des efforts et du discernement de celui qui fut le premier président. En effet, l'émir Zayed forgea une vision précise de l'avenir du jeune État dont il voulait faire un pays moderne, conciliant tradition et progrès, et comprit la nécessité pour réaliser un consensus national de faire profiter tous les citoyens de tous les émirats de la Fédération des considérables richesses

34. Cité par Sultan Ibn Muhammad al Qasimi, *Les années de consolidation*, Charjah, Al Qasimi Publications, 2014, trad. française, p. 40.

35. Le premier Plan de cinq ans a porté sur les années 1981-1986. De nos jours le Plan est triennal.

pétrolières qui sont principalement concentrées à Abou Dhabi. Cette solidarité, dont bénéficièrent d'abord les émirats membres de la Fédération, s'étendit à tous les pays arabes car Zayed avait une haute idée des responsabilités des plus riches à l'égard des moins favorisés. Il était également déterminé à conduire une diplomatie dynamique, bien servie par son ministre des affaires étrangères, Ahmed Khalifa Suwaidi, ayant pour but d'asseoir les Émirats arabes unis sur la scène arabe et internationale et d'assurer leur sécurité par un réseau étroit d'alliance avec les principales puissances occidentales (États-Unis, France, Grande-Bretagne).

C'est aussi dans cet esprit de rayonnement diplomatique que l'aide au développement devint une véritable ligne de conduite permettant à Abou Dhabi d'en être un acteur majeur. Le Fonds d'Abou Dhabi pour le développement économique arabe (ADFAED), créé en 1971, « est le témoin de cette générosité »[36] non seulement à l'égard des pays arabes (Palestine, Jordanie, Maroc, etc.) mais encore de tous les pays en développement auxquels sont consentis des prêts destinés au financement de projets de développement. Parmi les bénéficiaires, le Royaume du Maroc occupe une place de choix en raison des relations privilégiées entre les deux pays. En effet, grâce à la politique éclairée du roi Mahommed VI, le Maroc contribue d'une façon décisive à la sécurité des Émirats, à la formation et à la gestion du champ religieux face à l'extrémisme.

Par ailleurs, il s'agissait de passer de la condition de tribus qui avaient longtemps vécu modestement d'une économie de subsistance avant de se trouver projetées dans le monde moderne et la richesse, à celle d'une nation qui gérerait au mieux ses nouvelles richesses et saurait élaborer un véritable projet créateur garantissant les intérêts des générations futures.

Les défis étaient tout aussi considérables que les revenus des hydrocarbures. Le premier consistait à garder la garder la tête froide et cela Zayed fut suffisamment sage pour le faire. Mais il y avait bien d'autres défis à surmonter. Le pays manquait de cadres compétents, il manquait d'infrastructures, il manquait d'eau et les conditions climatiques étaient très difficiles. En une dizaine d'années, de 1971 à 1981, les institutions bancaires (Conseil de la monnaie/Banque centrale, National Bank of Abu Dhabi) furent créées et les infrastructures – routes, ports (à commencer par Mina Zayed), aéroports, usines de désalinisation, écoles, hôpitaux, hôtels, etc. – furent construites et le pays devint un immense chantier. Du coup, la démographie allait évoluer d'une manière spectaculaire. De meilleures conditions de santé favorisèrent la croissance de la population des nationaux mais, surtout, les besoins en cadres et en

36. Monique Jegou, *Les Émirats…*, *op . cit.*, p. 106.

main-d'œuvre attirent de plus en plus d'étrangers de tous les coins du monde; D'abord des Arabes, Libanais, Palestiniens, Syriens, Égyptiens, puis des Occidentaux, et, pour les tâches, plus humbles des ressortissants des pays asiatiques: Pakistan, Bengladesh, Inde, Sri Lanka, Philippines... En moins de dix ans la population totale allait être multipliée par plus de six, passant de 170 000 à près d'1,1 million d'habitants. La progression fut particulièrement foudroyante à Dubaï et, dans une moindre mesure, à Abou Dhabi.

Pour faire face aux problèmes nouveaux, il fallait une ligne ferme, une autorité sans faille alliée à un pragmatisme patient. Il fallait aussi savoir manœuvrer dans un contexte géopolitique particulièrement délicat.

L'impact de la révolution iranienne et la montée en puissance du radicalisme politico-religieux

Le premier coup de semonce vint, une fois encore, de l'Iran, où une révolution encadrée par le clergé chiite renversa la monarchie en février 1979. Le nouveau régime, une prétendue république islamique mais qui était surtout un État mêlant théocratie et chauvinisme perse, allait bientôt devenir une menace redoutable pour les pays arabes. Le régime de Khomeiny reprit à son compte les anciennes revendications hégémoniques du Chah, et alla plus loin en revendiquant, outre Bahreïn, des territoires irakiens, koweitiens et saoudiens. Il ne faisait pas mystère de vouloir exporter sa révolution par tous les moyens, y compris par le terrorisme et toutes sortes d'intimidation. Y compris aussi en ressuscitant le vieil antagonisme entre les Perses et les Arabes et en créant des risques nouveaux d'affrontements et de déstabilisation au Proche-Orient. En même temps des groupes terroristes à la solde de Téhéran provoquent des attentats ou sèment l'agitation parmi des opposants chiites. À Riad, Abou Dhabi, Qatar, Bahreïn, on découvre qu'il n'y a qu'un seul rempart arabe. Ce bouclier c'est l'Irak dirigé d'une main ferme par le président Saddam Hussein qui avait fait de son pays une nation moderne, avec des citoyens bien éduqués, des techniciens et des chercheurs de premiers ordre, une armée efficace[37].

De son côté, le régime de Khomeiny avait compris que l'Irak du Baas était l'obstacle qui devait être renversé pour réaliser son ambition messianique de régner sur la région. En mars 1980, Khomeiny commença à se livrer à des attaques verbales contre l'Irak. Le 15, il déclara: « Tous les efforts doivent être accomplis pour que l'Islam triomphe dans le monde. Irakiens soulevez-vous contre le Baas impie.

37. Voir notre *Histoire de l'Irak*, Paris, Ellipses, 1999.

Faites la révolution! » Le 23 mars, c'est au tour d'un comparse de l'ayatollah d'affirmer que le régime de Bagdad doit être renversé. Il ajoute qu'Abou Dhabi, l'émirat de Koweït, le Bahreïn et le sud de l'Irak constituent des territoires de la République islamique d'Iran. Ce genre de déclarations se multiplie durant tout le printemps. Bientôt des faits encore plus graves doivent être relevés. Des agents iraniens sèment l'agitation à Bahreïn et dans des régions de l'Arabie saoudite, ils encouragent des groupes d'opposants terroristes, mettent sur pied des réseaux. Le 1er avril, un attentat a lieu à l'Université al Moustansary'a de Bagdad au cours d'un discours du vice-Premier ministre Tarek Aziz. Plusieurs étudiants sont tués. L'auteur de l'attentat, arrêté par la police, est un Iranien dénommé Ghalam Ali. Cinq jours plus tard, un autre Iranien lance une bombe contre un cortège funéraire. Et ce n'est pas tout, l'Iran se livre à de véritables agressions militaires contre des villes irakiennes proches de la frontière. D'avril à juillet, Bagdad transmettra près de cent cinquante notes de protestations à Téhéran et aux Nations unies. En août, les services de renseignement irakiens font état de concentration de troupes iraniennes à la frontière. Le 4 septembre, une attaque aérienne et des bombardements terrestres visent les villes irakiennes de Kanaqin et Mandali, à l'est de Bagdad, ainsi que des installations pétrolières. Des infiltrations de commandos iraniens sont constatées dans la région de Bassora. Le 7, les bombardements se répètent et de petites unités iraniennes franchissent la frontière à plusieurs endroits. Le 17 septembre, la radio iranienne commence même à publier des communiqués militaires! Le 22 septembre l'Irak prend officiellement acte de la transformation graduelle des combats en une guerre ouverte. L'armée irakienne se lance à l'assaut[38].

Seule la France prendra la mesure exacte de l'enjeu. Elle sera rappelée à maintes reprises par le président Giscard d'Estaing, le Premier ministre Raymond Barre et tous les membres du gouvernement, puis, avec quasiment la même détermination, sous la présidence de François Mitterrand. Ce dernier déclare fermement: « la France ne souhaite pas que l'Irak soit vaincu. Il faut maintenir l'équilibre millénaire entre le monde arabe et le monde perse ». Le chef de la diplomatie française, Claude Cheysson, affine l'analyse en précisant que: « la révolution iranienne est particulièrement inquiétante: toute la région du Proche-Orient peut être entraînée dans une déstabilisation conduite par le régime de Khomeiny et un conflit généralisé. Face à l'expansionnisme fanatique de l'Iran qui vise à s'étendre dans tout le monde musulman, la France soutient l'Irak. Elle soutient du même

---

38. Sur la, guerre Irak-Iran, Paul Balta, *Iran-Irak : une guerre de 5000 ans*, Paris, Anthropos, 1987. Charles Saint-Prot, *Saddam Hussein, Un gaullisme arabe?* Paris, Albin Michel, 1987.

coup toute la nation arabe qui est menacée par la déferlante de l'intégrisme fanatique »[39].

Dans leur majorité les États arabes – à l'exception du régime d'Assad en Syrie et de l'Algérie – vont apporter leur soutien à l'Irak, d'autant que les nouveaux dirigeants de l'Iran ont réactivé les revendications iraniennes sur plusieurs pays du Golfe dont Bahreïn. D'ailleurs, les services de sécurité de Bahreïn, alertés par ceux de l'Irak et d'Arabie saoudite, déjoueront plusieurs tentatives iraniennes de coups d'État cherchant à instaurer dans l'archipel une république islamique. Les monarchies du Golfe comprennent aussi qu'elles doivent davantage unir leurs forces. C'est dans ce contexte que le 25 mai 1981, les Émirats arabes unis, Bahreïn, l'Arabie saoudite, le Sultanat d'Oman, Qatar et Koweït ont signé la Charte du Conseil de coopération du Golfe (CCG).

La charte du Conseil de coopération du Golfe précise les points suivants: « pleinement conscients des liens mutuels qui les unissent, de leurs caractéristiques communes et leur même croyance en l'islam, ayant foi en l'identité de destin qui unit leurs peuples; désireux de parvenir à l'intégration et à la coordination dans tous les domaines dans le but de servir les intérêts supérieurs de la nation arabe... en conformité avec les principes de la Charte de la Ligue des États arabes qui appellent à l'établissement de relations plus étroites entre les États membres, les États signataires décident la création d'un Conseil de coopération du Golfe ». Il s'agit donc d'une organisation régionale créée avant tout pour, d'une part, coordonner les politiques de sécurité et de défense de ses membres face à la guerre entre l'Irak et l'Iran et, d'autre part, développer une action commune en matière de sécurité. En 1984, le CCG créera une force de défense commune, *Dira al Jazeera* (Bouclier de la Péninsule).

Après la victoire de l'Irak sur l'Iran, contraint à demander un cessez-le-feu, la région ne connaîtra qu'un court répit. En mai 1990, le Sommet arabe réuni à Bagdad constitue un succès pour l'Irak et le président Saddam Hussein qui incarnent le rêve d'un réveil arabe. Les chefs d'État arabes adoptent une résolution visant à bannir les flottes étrangères, notamment celle des États-Unis, du Golfe arabe et à renforcer le soutien à la cause palestinienne. La puissance irakienne était insupportable aux États-Unis dont la politique au Proche-Orient consiste à réduire les Arabes plus bas que l'herbe et empêcher l'émergence d'une puissance arabe. En vérité, le président Saddam Hussein était le principal obstacle à leur jeu anti-arabe et Washington était bien décidé à l'éliminer. Ce fut le piège de l'affaire de Koweït, permettant la première guerre américaine contre l'Irak (1991) puis l'invasion de l'Irak par les

39. Entretien avec l'auteur en 1983.

États-Unis en 2003 et le démantèlement de l'État irakien au profit des milices chiites pro-iraniennes. Du coup les États-Unis ont créé une situation de dangereux déséquilibre régional au profit de Téhéran alors que, par ailleurs, des groupes politico-religieux prolifèrent un peu partout dans la région à la faveur des désordres et des chaos. Ainsi, à côté du radicalisme religieux extrême dont l'Iran est le porte-drapeau, on trouve également certaines sectes radicales – Frères musulmans, en Égypte, al Qaïda et autres – qui s'inscrivent dans la ligne révolutionnaire de l'un des pères de l'idéologie politico-religieuse, l'ancien marxiste égyptien passé au radicalisme pseudo-religieux, Sayyid Qutb[40].

Avec la menace iranienne, toujours présente, le radicalisme et l'instrumentalisation de la religion à des fins politiques vont devenir l'une des principales inquiétudes des pays du Golfe arabe, en particulier des Émirats arabes unis qui vont être parmi les chefs de file de la lutte contre l'extrémisme des groupes politico-religieux[41].

Si le front géopolitique était compliqué et monopolisait une partie des efforts des dirigeants d'Abou Dhabi, ceux-ci n'en négligèrent pas pour autant le développement économique. Le Cheikh Zayed ne voulait pas que le pays s'installât dans la logique d'une économie de rente, avec tous les dangers que représente une mono-économie tributaire d'une seule ressource dont les prix sont d'ailleurs très fluctuants[42]. Dans les années 1990, la relative stagnation des prix du pétrole fit que les recettes pétrolières cessèrent de progresser et cette situation renforça le processus de diversification engagé par les dirigeants émiratis.

Au début du XXIe siècle, le Cheikh Zayed avait largement gagné son pari de faire des Émirats un pays prospère et solide. Au fil des années, son rêve était devenu réalité, ce qui permettait à Jamal Sanad el Suwaidi, directeur général du Centre émirati des études et de la recherche stratégique (ECSSR), d'affirmer lors d'un séminaire tenu à la fin novembre 2015 : « Nous sommes très fiers de célébrer toutes les réalisations des Émirats arabes unis au cours des 40 dernières années et cela permet non seulement de mettre en évidence notre évolution mais aussi la continuation de l'héritage du regretté Cheikh Zayed Bin Sultan Al Nahyan dans le cadre de sa grande vision pour les Émirats arabes unis ».

---

40. Voir notre ouvrage *Islam. L'avenir de la Tradition... op.cit.*

Également Michel Mathieu, « Les origines idéologiques de l'islamisme révolutionnaire », in *L'Arabie saoudite face au terrorisme*, Paris, OEG, « études géopolitiques », Karthala, 2008.

41. Voir Jamal Sanad al Suwaidi, *Al-Sarab* (Le Mirage), Abu Dhabi, ECCSR, trad. en anglais (*The Mirage*) et en français (*Le Mirage*), Abu Dhabi, Emirates Center for Strategic Studies and Research (ECSSR), 2015.

42. L'exemple de l'Algérie, gravement affectée par l'effondrement des cours des hydrocarbures depuis 2015, montre en effet les méfaits de l'économie de rente.

Les nouveaux défis d'une puissance régionale

Le Cheikh Zayed est mort le 2 novembre 2004. Il est enterré dans une simple tombe près d'un petit mausolée à côté de la belle mosquée Zayed qu'il fit construire à partir de 1995 et ne fut terminé qu'en 2007. La modestie de la tombe s'inscrit à la fois dans la tradition musulmane et dans l'esprit de ce dirigeant qui fut toute sa vie un homme pieux et réaliste, sachant que seul Dieu est grand.

Son fils Khalifa Ibn Zayed lui succéda à la tête de l'émirat d'Abou Dhabi et, le 3 novembre, il fut élu président des Émirats arabes unis par le Conseil suprême, composé des émirs des sept principautés qui forment la Fédération. Son frère Mohammed Ibn Zayed el Nahyan fut nommé Prince héritier d'Abou Dhabi et ministre de la Défense, commandant suprême adjoint des Forces armées de la Fédération. C'est lui qui assume l'essentiel de la charge du pouvoir depuis que Khalifa a subi un accident vasculaire cérébral en janvier 2014.

Les nouveaux défis géopolitiques pour les Émirats arabes unis sont nombreux et complexes en raison de la position stratégique du pays dans le Golfe arabe qui reste l'une des régions du monde où les tensions sont les plus intenses. La richesse économique permet de financer un effort de sécurité important face à la menace iranienne, en liaison avec ses partenaires du Conseil de coopération du Golfe arabe, et appuyé par des alliées fidèles comme la France.

Un partenariat stratégique avec la France

Maintenir l'équilibre entre les puissances, chercher des alliances pour préserver son indépendance, avoir une diplomatie active et rusée, telle a toujours été la ligne de conduite d'Abou Dhabi depuis le XVIIIe siècle. Cette ligne est illustrée par les relations d'envergure nouée avec Paris. En effet, la diversification des partenaires s'est manifestée par une intensification des relations avec la France dont la politique arabe est fort appréciée à Abou Dhabi. L'amitié entre les deux pays est d'ailleurs fort ancienne puisqu'elle date de l'invitation lancée à Cheikh Zayed de venir à Paris, en juillet 1975. Le président Valéry Giscard d'Estaing saluera « un homme respirant le calme, un conciliateur, réservé, observateur » qui deviendra son ami. Dès 1977, un accord de coopération militaire est conclu entre les deux pays et des équipements français (chars, avions) seront livrés aux Émirats.

Depuis la révolution iranienne, la France a clairement apporté son soutien à un équilibre des forces dans le Golfe arabe et insisté sur la nécessité de faire obstacle à la menace hégémonique iranienne. En 1979, le président Giscard d'Estaing s'était rendu dans le Golfe, notamment à Abu Dhabi, pour rassurer les amis arabes de la France. Après avoir pris la décision d'apporter un ferme soutien de la France à l'Irak dans la guerre contre l'Iran, il devait y revenir en mars 1980. L'engagement français pour un équilibre des forces dans le Golfe ne s'est jamais démenti et Paris a été l'une des capitales occidentales les plus en pointe pour que soit mis en place un contrôle effectif des activités nucléaires de l'Iran, qui ont inquiété la communauté internationale à partir de 2002[43].

Outre le dossier iranien, Paris et Abou Dhabi ont des vues communes sur de très nombreux sujets. On peut rappeler que les Émirats arabes unis ont toujours apprécié l'engagement de Paris pour un règlement juste et durable de la question palestinienne, qu'ils ont soutenu le dialogue euro-arabe impulsé par la France à partir de décembre 1973. C'est d'ailleurs à la suite du voyage du président Giscard d'Estaing dans le Golfe arabe (mars 1980), que la France lança l'initiative qui allait conduire le Conseil européen à adopter la déclaration de Venise du 13 juin 1980, laquelle marque une prise de position politiquement forte des pays européens en faveur de la reconnaissance des droits nationaux du peuple palestinien. En outre, le cheikh Zayed avait appuyé sans ambiguïté le projet français de Trilogue, lancé en 1979 pour appeler à une coopération avancée entre pays européens, Monde arabe et Afrique[44]. Plus récemment la France et les Émirats se sont retrouvés sur la même ligne pour appuyer l'action du président Sissi en Égypte, pour mettre en valeur l'Islam modéré face à l'extrémisme, pour plaider en faveur du nécessaire dialogue des cultures, etc. Le partenariat stratégique en matière de défense est désormais de première importance. Le premier accord de défense entre Paris et Abou Dhabi remonte à 1995, mais c'est en 2009, lors d'une visite du président Nicolas Sarkozy, que cette coopération est devenue un véritable partenariat stratégique, avec la base navale française de Mina Zayed (Port Zayed) et la présence de militaires français sur la base aérienne d'al Dhafra[45]. En outre, la coopération culturelle est de qualité avec le musée du Louvre Abou Dhabi, initié sous la présidence de Jacques Chirac et inauguré en 2015 avec une ouverture officielle fin 2017, ou l'Université Paris-Sorbonne Abou Dhabi, inaugurée en octobre 2006.

---

43. À cette époque un dissident iranien a révélé la construction, dissimulée par Téhéran, d'un site d'enrichissement d'uranium à Natanz et d'une installation d'eau lourde à Arak.

44. Voir « Le Trilogue », dossier dans *Revue d'études des relations internationales*, n° 28, Juillet 1980.

45. Pour ce qui concerne les États-Unis, l'état-major de la Ve flotte est installé à Manama, à Bahreïn, et la base d'al Oudeid, à Qatar, est l'une des plus grandes bases militaires aériennes au monde (V. David Mack, « From the Cold War to the War on Terror: A US perspective on Gulf security », *Arabian Gulf Security Internal and External Challenges*, Abou Dhabi, ECSSR, 2008).

À tous égards, le partenariat stratégique entre la France et les Émirats concourt à renforcer la stabilité de la Fédération dans une région agitée.

Un pays stable dans une région agitée

Au fil des années, la Fédération s'est renforcée et l'unité est devenue une aspiration populaire forte. Les réticences ont disparu ou ont été effacées par les réalités. Ainsi, la crise financière qui a frappé Dubaï en 2009 a sans doute contribué à réduire les anciennes velléités centrifuges des dirigeants de Dubaï et démontré l'intérêt de la solidarité fédérale. En effet, Dubaï a pu surmonter la crise grâce à l'aide massive apportée, d'une part, par l'émirat d'Abou Dhabi, qui a offert une aide d'urgence de dix milliards de dollars en décembre 2009, et d'autre part par la Banque centrale des Émirats arabes unis qui a consacré dix autres milliards de dollars pour soutenir les banques locales, sauvant de la faillite l'émirat de Dubaï qui avait sans doute fait des choix hasardeux en raison d'une certaine « folie des grandeurs »[46] bien éloignée de la sage gestion et de la légendaire prudence d'Abou Dhabi

Suivant l'impulsion donnée par Cheikh Zayed, les Émirats arabes unis ont misé sur un développement global bien pensé en consolidant un État qui est aujourd'hui un acteur de la stabilité dans le Golfe arabe et sur la scène arabe. Parallèlement, les dirigeants mènent une intense politique de sécurité interne comme régionale dans une zone d'instabilité permanente. C'est cette politique qui, au fil des ans, a permis à la Fédération de s'imposer comme une puissance régionale d'équilibre et de stabilité. Par ailleurs, les Émirats, sont dans une dynamique de croissance sur tous les plans.

Dès 1976, Cheikh Zayed créait un fonds souverain, *Abu Dhabi Investment Authority* (ADIA) dont l'objectif était de diversifier les ressources et de se préoccuper de l'avenir en d'investissant les revenus du pétrole[47]. Cette première initiative démontre que les Émirats ont su mieux que d'autres diversifier leur économie, comme ils diversifient leurs partenariats stratégiques. Ils accordent également une attention spéciale à l'innovation technologique qui, selon eux, peut jouer un rôle majeur dans le développement et la croissance socio-économique. Les sociétés et industries de technologie de pointe ont d'ailleurs compris l'intérêt d'ouvrir des pôles de recherche et d'innovation aux Émirats et il est notable que l'Institut de technologie installé à Masdar, la ville du futur, a une collaboration très étroite avec Massachusetts Institute of Technology (MIT).

---

46. Delphine Minoui, *Le Figaro* du 27 novembre 2009.
47. Frauke Heard-Bey, *Les Émirats arabes unis*, *op.cit.*, p.443.

Le Sommet gouvernemental consacré à la technologie et à l'innovation au sein des gouvernements futurs qui s'est réuni à Dubaï, du 9 au 11 février 2015, en présence de nombreuses personnalités internationales, a permis aux dirigeants émiratis de réaffirmer que les Émirats arabes unis sont engagés dans un processus d'intense modernisation. Lors de son discours d'inauguration du Sommet, le 9 février, le Cheikh Mohammed Ibn Zayed el Nahyan a rendu hommage à la clairvoyance de Cheikh Zayed qui a permis au pays d'anticiper les grands défis économiques et énergétiques. Il a évoqué le succès de la diversification de l'économie des Émirats, le développement industriel du pays et son investissement dans les énergies renouvelables pour affirmer que, grâce à leur anticipation, les Émirats ont évité de subir les contrecoups des fluctuations du prix du pétrole et peuvent progresser tranquillement dans le sens d'un développement global.

Il est également remarquable que les Émirats arabes unis font de la promotion de l'enseignement moderne et du progrès de la condition de la femme des axes majeurs du développement global. Surtout, l'ambition des Émirats est de devenir l'un des pays les plus innovants du monde en 2021. Lors du Sommet du gouvernement de Dubaï, Cheikh Mansour Ibn Zayed el Nahyan, vice-Premier ministre et ministre des affaires présidentielles, a annoncé la création d'un poste de chef de la direction de l'Innovation pour chaque ministère. Lancée en octobre 2014, la stratégie nationale de l'innovation sera axée sur sept secteurs principaux : l'énergie renouvelable, les transports, l'éducation, la santé, la recherche et la technologie, l'eau et l'espace. Parallèlement, les Émirats vont lancer sept nouvelles initiatives éducatives dans les écoles et les universités, dans le but de promouvoir l'innovation et la placer au cœur du processus d'une éducation efficace et futuriste.

Outre un remarquable dynamisme en matière de diversification économique et d'investissements dans l'innovation, la priorité de la vision politique des Émirats concerne leur rôle sur le plan stratégique et géopolitique. Abou Dhabi conduit une politique dynamique visant à garantir la stabilité dans le Golfe arabe, en premier lieu contre l'Iran – qui occupe toujours les îles des Grande et Petite Tomb et d'Abou Moussa où les miliciens Pasdarans (la garde prétorienne du régime de Téhéran) ont installé des batteries de missiles constituant une menace directe pour les émirats arabes – et à combattre fermement l'extrémisme et les groupes activistes politico-religieux[48], notamment en apportant un soutien actif aux pays engagés dans ce combat, par exemple l'Égypte. Les Émirats arabes unis sont désormais en pointe dans la lutte contre les activistes extrémistes en Libye et dans plusieurs pays, souvent en coopération avec leurs alliés du Golfe, le Maroc ou l'Égypte. Cette

48. Voir Jamal Sanad al Suwaidi, *Al-Sarab* (Le Mirage), *op.cit.*

implication permet aux Émirats de prendre position dans des régions d'où ils étaient absents, par exemple en mer Rouge (Yémen, Soudan, Égypte). Soutiens du président Sissi, qu'ils ont aidé à s'installer au pouvoir après son élection en juin 2014, les Émirats ont joué un rôle actif dans la construction des aménagements du Canal. Lors de l'inauguration, le 6 août 2015, les Émirats arabes unis étaient d'ailleurs représentés par l'émir de Dubail Mohammed Ibn Rachid, vice-président des EAU, et par Cheikh Mohammed Ibn Zayed el Nahyan, Prince héritier d'Abou Dhabi et véritable chef des forces armées émiriennes.

À vrai dire, les Émirats semblent de plus en plus déterminés à délaisser leur *soft power* traditionnel pour s'impliquer dans des opérations militaires d'envergure avec leurs alliés arabes. Pour atteindre l'objectif d'assurer leur sécurité et de mener les missions nécessaires à l'extérieur, les Émirats arabes unis consacrent des efforts considérables à leur défense (environ 2,3 % de leur PIB). La tenue régulière (tous les deux ans) à Abou Dhabi de l'un des principaux salons de l'armement au monde consacré aux technologies modernes en matière de défense (Terre, Air, Mer), *International Défense exhibition and conference* (IDEX) témoigne de cette implication[49]. L'effort dans la haute technologie militaire est particulièrement remarquable. Il suffit de rappeler que les Émirats arabes unis sont le premier pays arabe à se doter de drones militaires. Craignant que l'Iran et les États-Unis d'Obama – qui ne sont pas à une bévue près dans cette partie du monde comme partout ailleurs – se réconcilient à leurs dépens et connaissant bien la duplicité et la volonté hégémoniques des dirigeants de Téhéran[50], l'Arabie saoudite et les Émirats arabes unis ont uni leurs efforts pour se doter de drones armés capables d'assurer leur défense et celle des autres monarchies arabes du Golfe, en cas d'attaque iranienne. Si les équipements sont surtout défensifs la doctrine stratégique des Émirats n'écarte pas la possibilité frappe en territoire ennemi grâce à une aviation moderne servie par des pilotes de qualité formés au Pakistan ou en France.

Impulsée par Cheikh Mohammed, la vision stratégique moderne des Émirats est désormais très claire et elle peut s'appuyer sur des instruments d'expertise de tout premier ordre, sur des réalisations incontestables et sur les moyens mis en place en matière de recherche, de sécurité, d'innovation.

---

49. IDEX 2015 a réuni plus de 1 000 sociétés représentant 52 États.

50. L'élection de Donald Trump, en novembre 2016, qui s'est engagé à dénoncer l'accord sur le nucléaire iranien, le qualifiant de « désastre », pourrait cependant freiner le rapprochement avec l'Iran, imprudemment amorcé par l'administration Obama alors que les États-Unis devraient au contraire toute mettre en œuvre pour affaiblir et isoler cet État dangereux qui a déjà planté son drapeau à Bagdad, à Damas et à Beyrouth grâce à la pusillanimité de Washington et de ses alliés occidentaux.

Conclusion

Avec un État fort et solide bénéficiant d'un large consensus, une Fédération dont les liens se sont renforcés, une force économique et financière importante, les Émirats arabes unis sont devenus une puissance régionale dans une région qui reste un centre névralgique de la stabilité internationale.

Pays stable et prospère, les Émirats doivent faire face à des enjeux géopolitiques de plus en plus délicats qui les contraignent à sortir de leur légendaire prudence pour s'engager dans une politique plus dynamique et plus interventionniste tout en gérant un développement qui a pris un nouveau tournant avec la diversification de l'économie et l'ouverture aux nouvelles technologies et en contrôlant avec la plus grande vigilance les risques internes causés, d'une part par un déséquilibre démographique au profit d'une population cosmopolite[51] et, d'autre part, par le danger d'une importation de l'extrémisme religieux et du terrorisme, sans compter la tension permanente avec un Iran hégémonique et menaçant. À cet égard, il faut rappeler que Téhéran envoie des miliciens pasdarans et des conseillers militaires pour alimenter la guerre en Syrie et la crise en Irak, sans compter sa main mise sur le Hezbollah libanais et son soutien aux rebelles houthistes au Yémen. En outre, l'Iran continue à faire montre de duplicité sur le dossier nucléaire. En effet, l'accord conclu le 14 juillet 2015, sous la pression des États-Unis qui veulent reprendre pied en Iran, et entériné par la résolution n° 2231 votée par le Conseil de sécurité le 20 juillet suivant, prévoyait une limitation du programme nucléaire iranien pendant au moins une décennie et un renforcement des contrôles. Comme il fallait s'y attendre, l'Iran n'a pas tenu ses engagements au point que le rapport d'étape des Nations unies publié le 18 juillet 2016 a été critiqué à l'égard de Téhéran, constatant par exemple que les Iraniens continuent à mener des tirs balistiques au mépris de la résolution 2231.

Plus que le développement économique qui est d'ailleurs bien lancé, la lutte contre toutes les formes d'instabilité est la priorité du gouvernement. Les Émirats arabes unis font montre d'une totale implication et d'une grande compétence en renforçant les alliances, en intensifiant une diplomatie dynamique, en accordant la priorité nécessaire à une politique de sécurité interne et régionale, et même, le cas échéant, en prenant les choses en main militairement avec leurs alliés égyptien, saoudien et marocain (Libye, Yémen, lutte contre Daech, etc.). Dans ces conditions, il est possible d'affirmer que les Émirats arabes unis sont passés, depuis le début du XXIe siècle, d'une stratégie de *soft power*

---

51. Voir la contribution de Zeina el Tibi dans cet ouvrage.

à celle d'une *hard power* sans doute plus risquée mais conforme à leurs intérêts stratégiques et, finalement, à la préservation de leur sécurité. C'est ainsi que les Émirats arabes unis ont désormais acquis le statut d'une puissance régionale.

2

La politique étrangère des Émirats arabes unis

Christophe BOUTIN

Deux éléments sont à considérer lorsque l'on tente d'évaluer la géopolitique d'un État, qui va conditionner sa politique étrangère. Le premier résulte d'un ensemble de données structurelles qui le définissent: sa géographie, le poids de son histoire, les contraintes économiques ou sociales auxquelles il est confronté. En découlent une adaptation qui passe par un outil de défense et des alliances adaptés aux menaces qu'il définit. C'est ce qui permet à cet État de persévérer dans son être, de conserver son identité au sein d'un monde souvent conflictuel. Nous traiterons dans une première partie de cette place des Émirats arabes unis.

Mais un État ne se contente pas de durer, il peut aussi chercher à jouer un rôle sur la scène internationale, et les Émirats entendent bien en être un acteur important, non seulement dans le Golfe mais aussi au-delà, notamment au sein du monde arabo-musulman. C'est cette volonté que nous suivrons dans une seconde partie.

La place des Émirats arabes unis

Les données géopolitiques

Les Émirats arabes unis sont encadrés au nord par le Golfe arabe, à l'est et au sud par le sultanat d'Oman et à l'ouest par l'Arabie saoudite et l'immense désert du Rub al Khali[1]. Cet État fédéral de 82 880 km² est

1. Sur l'histoire des Émirats on renverra à l'article de Jean-Jacques Berreby, « La situation politique des émirats du golfe Persique », *Politique étrangère* n° 6, 1962,

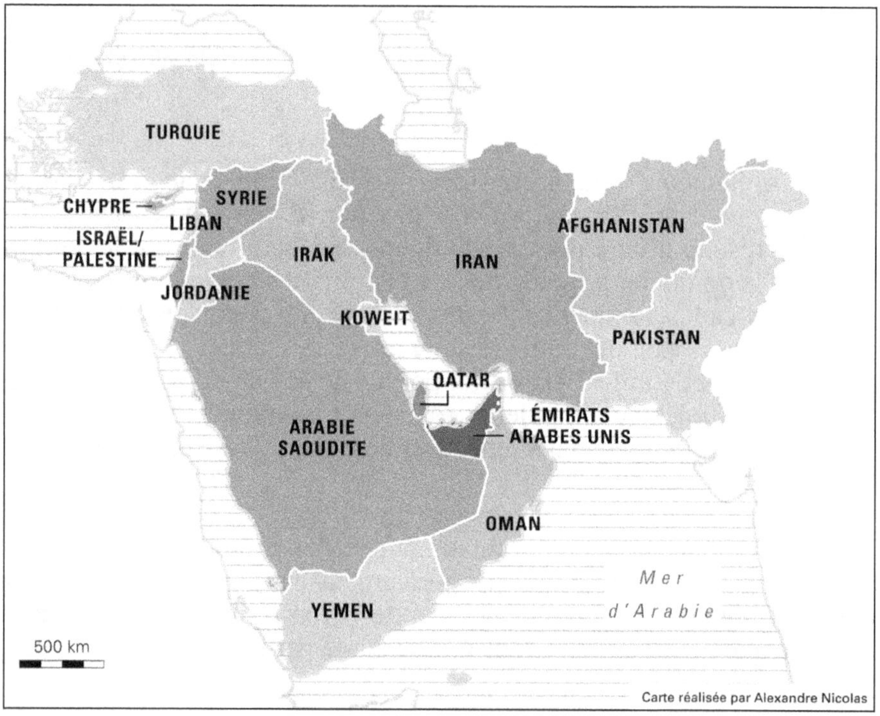
TURQUIE
CHYPRE
SYRIE
LIBAN
ISRAËL/
PALESTINE
IRAK
IRAN
AFGHANISTAN
JORDANIE
KOWEIT
PAKISTAN
QATAR
ÉMIRATS
ARABES UNIS
ARABIE
SAOUDITE
OMAN
Mer
d'Arabie
YEMEN
500 km
Carte réalisée par Alexandre Nicolas

constitué par l'union de sept émirats très disparates qui sont, par ordre décroissant de superficie: Abou Dhabi (Abu-Dhabi) (67000 km²), Dubaï (3885 km²), Charjah (2590 km²) Ras al Khaïmah (1700 km²), Fujaïrah (1 170 km²), Oum al Qaïwaïn (780 km²) et Ajman (460 km²). Sept émirats qui sont tout aussi disparates en ressources. Dans cette deuxième économie du Golfe derrière l'Arabie saoudite, avec un PIB nominal estimé à 416 Mds $ pour 2014, l'émirat d'Abou Dhabi représente à lui seul un peu plus de 60% du PIB total, contrôlant plus de 90% du total de la production d'hydrocarbures de la fédération. C'est cet émirat aussi qui gère la quasi-totalité de l'épargne accumulée dans les fonds souverains fédéraux, parmi les plus importants au monde (près de 800 Mds $ sous gestion pour *ADIA*, et 55 Mds$ pour *Mubadala*).

Il est courant d'opposer Abou Dhabi, plus grand, plus riche, mais aussi plus ancré dans la tradition bédouine, et le second émirat important sur le plan économique, politique et géopolitique, celui de Dubaï, plus cosmopolite et plus urbain[2]. William Guéraiche a ainsi analysé, dans son ouvrage sur la géopolitique des Émirats, une stratégie dubaïote qu'il lie au concept de *Nation Branding*[3]. Dans cette approche, venue du monde de la communication, mais aussi de la finance, l'important est de créer un concept fort qui s'impose sur la scène nationale – ici fédérale – mais aussi et surtout internationale, autour de quelques symboles repris dans le monde entier, et qui ne connaît en effet les tours de Dubaï ou ses marinas en palmiers ? De cette image internationale naît une légitimité économique qui attire les investisseurs et qui, dans un monde culturellement globalisé, peut aussi permettre d'acquérir une légitimité politique voire d'imposer sa propre stratégie diplomatico-commerciale. Encore faut-il avoir les reins solides. Dubaï, ce port cosmopolite, peut se rêver en nouvelle Singapour, mais il ne doit pas oublier qu'il fait partie d'une fédération... et qu'il a été bien heureux, lors de la crise de 2008-2009, de pouvoir compter sur les ressources pétrolières de son sage voisin d'Abou Dhabi pour se sauver financièrement[4]. Les choses doivent donc rester équilibrées. À l'émir

---

p.567-580; Frauke Head-Bey, *Les Émirats arabes unis*, Paris, Karthala, 1999; M. Al Fahim M., *De la pauvreté à la richesse, l'histoire d'Abu Dhabi*, Dubaï, Gulf Book Center, 1999; Victor Gervais, *Du pétrole à l'armée: les stratégies de construction de l'État aux Émirats arabes unis*, Études de l'IRSEM n° 8, 201. Très détaillée, cette dernière thèse montre bien comment l'armée a contribué et contribue encore à structurer les Émirats, à la fois initialement entre tribus d'Abou Dhabi puis au sein de la Fédération.

2. Cf. Bernard El-Ghoul, *De la cité marchande à la cité globale. Pouvoir et société à Doubaï*, Thèse, Institut d'Études Politiques de Paris, 2003.

3. William Gueraiche, *Géopolitique de Dubaï et des Émirats arabes unis*, Nancy, Éditions Arbre bleu, 2014.

4. On estime l'aide apportée par Abou Dhabi à Dubaï à près de 20 milliards de dollars. Ce sauvetage a un symbole: la plus haute tour du monde, qui devait s'appeler

issu de la famille des Nahyan d'Abou Dhabi, la présidence de la Fédération et le rôle de chef des armées, et au Prince héritier du même émirat le commandement de l'armée nationale ; à l'émir des Maktoum, de Dubaï, les postes de vice-président et de premier ministre de la fédération[5].

La seconde caractéristique géopolitique importante de cet État, après son caractère fédéral, est le caractère maritime de son territoire, puisque les Émirats possèdent 1 328 kilomètres de côtes, soit sensiblement le tiers de la côte ouest du Golfe. De plus, leur territoire divise en deux celui du sultanat d'Oman, entre la péninsule de Mousandam et la partie principale de cet État voisin, et les Émirats ont aussi 90 kilomètres de côtes sur le Golfe d'Oman. L'émirat de Fujaïrah, montagneux, sans ressources pétrolières et habité par 130 000 personnes seulement, dispose ainsi d'un port situé au-delà du détroit d'Ormuz et en eaux profondes, pouvant accueillir de gros navires marchands, pétroliers ou militaires. Cette situation de part et d'autre du détroit d'Ormuz est donc aussi l'une des particularités géostratégiques des Émirats arabes unis. Le détroit, point de passage obligé entre Golfe arabe et Océan Indien, large de 37 kilomètres seulement, est organisée selon un Dispositif de Séparation du Trafic en deux voies de navigation larges de moins de trois kilomètres chacune, la ligne montante au Nord et la descendante au Sud. Au plus fort du trafic, un navire pétrolier ou gazier y passe toutes les six minutes, et son blocage aurait des conséquences sur toute l'économie mondiale. Or ces deux rives opposent, à l'est, la puissance perse, iranienne, chiite, et, à l'ouest, celle des monarchies arabes sunnites réunies dans le Conseil de Coopération du Golfe (CCG).

La troisième caractéristique géopolitique des Émirats, commune à d'autres monarchies du Golfe arabe est le faible poids des autochtones dans la population totale. Ces derniers ne comptent en effet qu'entre 15 et 20 % des quelques 9 millions d'habitants résidant sur leur territoire. Les autres Arabes représentent eux autour de 20 %, les autres résidents venant prioritairement du sous-continent indien, d'Inde (autour de 30 %, 1,7 million) et du Pakistan (près de 20 %, 0,8 millions), avant quelques pays asiatiques (essentiellement Philippines), l'Iran et l'Occident (5 %)[6]. Moins de 20 % de la population est donc citoyenne des Émirats et peut participer à la vie politique du pays. Si le système du *Kafalah*, particulièrement rigide, qui impose à chaque immigré un

---

Burj Dubai, est devenue *Burj Khalifa*, du nom de l'Émir d'Abou Dhabi, Khalifa ben Zayed al Nahyan...

5. Pour les approches des relations avec l'Iran de ces deux émirats, cf. *infra*.

6. Dont près de 22 000 Français, la troisième communauté de ce pays au Moyen Orient, après le Liban et Israël, essentiellement concentrée à Dubaï (2/3) et Abou Dhabi (1/3).

représentant local, est une garantie de stabilité, et si les pays du Golfe ne se font pas faute de renvoyer chez eux tous les fauteurs de troubles potentiels, on voit apparaître des revendications quant aux droits à accorder aux populations étrangères, sans doute plus timidement qu'ailleurs et sans déboucher sur de véritables contestations politiques. Notons enfin que cette population est essentiellement urbaine, les trois principales villes étant Dubaï (2,33 millions d'habitants), Charjah (1,22 million) et Abou Dhabi (1,11 million), ce qui a, nous le verrons, des implications stratégiques.

Quatrième caractéristique géopolitique, nous sonnes dans un État islamique : l'Islam est donc « la religion de l'État »[7] et la *Chari'a* « une source de législation majeure »[8]. Environ 80 % de la population est musulmane, très majoritairement sunnite mais avec quelques chiites notamment d'origine iranienne. On compte également 8 % d'hindous, environ 5 % de chrétiens et de très minoritaires bouddhistes ou sikhs. Comme à Bahreïn, du fait de l'ouverture du pays sur d'autres horizons, l'Islam qui se pratique aux Émirats est un Islam modéré, suivant le rite malikite, et l'on y tolère l'expression d'autres religions.

La coopération géopolitique

Ces liens entre les Émirats arabes unis et l'Arabie saoudite nous amènent à examiner la coopération internationale des premiers, qui s'inscrit dans quatre cercles concentriques, ceux du Conseil de Coopération du Golfe, du monde arabe, du monde islamique et de la scène internationale.

• Le Conseil de Coopération du Golfe

La charte constitutive du Conseil de Coopération des États arabes du Golfe arabe (CCG) a été signée le 25 mai 1981 par les chefs d'État de l'Arabie saoudite, du Koweït, des Émirats arabes unis, du Qatar, du Bahreïn et d'Oman. Les questions de délimitation territoriales qui ont pu opposer ces monarchies entre elles à la suite des indépendances des années 1970 semblent alors réglées. Pour ce qui est des Émirats, c'est le cas pour les rapports à Oman ou au Qatar. Avec l'Arabie Saoudite, l'accord de 1974 entre le sultan émirati Zayed et le roi saoudien Fayçal règle la question de l'oasis de Buraimi, qui devint définitivement possession des Émirats. Mais il accorde en échange aux Saoudiens un débouché sur le Golfe avec la crique de Khor Odeid, située entre le Qatar et les Émirats, où l'Arabie construira une base militaire.

7. Art.7 de la Constitution des Émirats arabes unis.
8. *Idem*.

Le fonctionnement du CCG repose sur trois structures. Un Conseil suprême, d'abord, constitué des chefs d'État, se réunit une fois par an et détermine, sous une présidence tournante, la politique générale à suivre. Il peut tenir en cas de crise des réunions extraordinaires et un Comité de Conciliation lui est rattaché, pour servir de médiateur en cas de désaccord, car le CCG décide à l'unanimité. Un Conseil des ministres, ensuite, réunit tous les deux mois les ministres des Affaires étrangères. Il surveille l'exécution des décisions du Conseil suprême mais peut aussi lui faire des recommandations. Un Secrétariat général, enfin, dont le secrétaire-général est nommé par le Conseil suprême et qui est basé à Riyad, est chargé de l'exécution et du suivi des projets. Des comités spéciaux s'y greffent en matière de coopérations économique, sociale et culturelle, ainsi que pour les questions de sécurité intérieure et extérieure.

Le but de la nouvelle structure, très général, est en 1981 de mettre en place une coopération dans les domaines économique, social et culturel. Sur le plan économique, les pays membres se sont d'abord entendus en 1983 sur une gamme de tarifs extérieurs communs, avant d'approuver, en septembre 1998, un projet d'union douanière, soumis à l'OMC et mis en place en 2008. En janvier 2016, le CCG annonçait la création d'une nouvelle instance destinée à renforcer la coopération économique entre ses six pays membres, l'Autorité des affaires économiques et de développement, qui, selon le communiqué, « cherchera notamment à réaliser l'union douanière et le marché commun des États du CCG ». La chute des recettes pétrolières et la perspective d'un nouveau dialogue avec les États-Unis ont sans doute joué un rôle dans cette récente évolution.

On notera l'absence initiale de la défense collective, mais dès 1982 le CCG décide qu'une attaque contre l'un de ses membres serait considérée comme une attaque contre tous les autres et, de fait, c'est dans le domaine de la sécurité collective que le CCG va vraiment faire parler de lui. En 1984, le Conseil suprême approuve la création de la Force Bouclier de la Péninsule (*Dira al Jazeera*[9]), une force terrestre comprise en théorie entre 5 000 et 7 000 hommes – mais qui est en deçà, autour de 4 000 hommes. Cette force est un peu plus structurée en décembre 2000, lorsque la clause d'assistance mutuelle en cas d'agression de 1982 est précisée dans un pacte de défense commune signé par les chefs d'État du CCG, tandis qu'un comité des chefs d'état-major est mis en place. Mais sa mise en œuvre est délicate, puisqu'elle suppose une décision prise à l'unanimité des chefs d'État et, malgré les annonces régulières sur son développement, on reste sur le même volume – limité – de forces. Bouclier de la Péninsule concerne

9. En anglais *Peninsula Shield Force*.

ainsi deux brigades mécanisées saoudiennes et des bataillons venant des autres pays membres du CCG, et est stationné sur la base du roi Khalid, à Hafr-Al-Batin, en Arabie saoudite. La Force a été déployée en 2011 au Bahreïn pour mettre fin aux troubles dans cet État, considérant qu'il y avait une manipulation extérieure iranienne[10].

En décembre 2013, les États du CCG ont mis en place un commandement militaire unifié, avec des sous-commandements opérationnels des forces terrestre, aérienne et navale, une structure commune de renseignement et 100000 hommes. Contrairement à la Force Bouclier, cette structure peut intervenir en dehors des cas d'agression d'un des membres. Il reste que l'Arabie saoudite, qui a promis de fournir la moitié des effectifs, a déjà des troupes engagées dans la Force Bouclier, à la frontière de l'Irak, au Yémen et au Bahreïn. De plus cette initiative a perturbé celle de la Ligue arabe qui, à la même époque, envisageait de créer une force militaire chargée notamment de lutter contre les extrémistes islamistes en Syrie, en Irak et en Libye (on parlait de 40000 hommes), initiative pour l'instant suspendue. Le CCG a aussi mis en place en 2014 le « groupe de sécurité maritime 81 », sa force navale commune. Quant aux services de renseignements des différents pays du Golfe, ils collaborent de manière efficace contre le risque terroriste et les ingérences hostiles. Le CCG a en effet aussi un volet qui concerne la sécurité intérieure des États membres, avec une approche, datant de 1982, rappelant celle qui existe en termes de défense extérieure, selon laquelle « l'interférence d'une entité quelconque » dans les affaires d'un État membre vaut interférence dans celles des autres membres. Cela permet entre autres un accord sécuritaire qui s'est vraiment concrétisé en 2013 et facilite les poursuites.

Dans les dix dernières années, les monarchies du Golfe arabe ont développé l'idée qu'existe une identité culturelle spécifique commune, celle des *khaliji*, les habitants du Golfe. Effectivement, valoriser une identité commune pourrait permettre de renforcer la solidarité entre les différents États membres du CCG, de dépasser certains différends stratégiques et d'oublier quelques problèmes de frontières. En ce sens, les Émirats arabes unis, État fédéral, dans lequel, nous l'avons vu, des identités réelles distinctes existent bel et bien, celles par exemple d'Abou Dhabi et de Dubaï, mais sont intégrées dans un même esprit national, ont bien évidemment un rôle à jouer.

L'une des questions du fonctionnement du CCG est celle du rapport de ses membres à l'Arabie saoudite et du *leadership* de cette dernière. Quelle est la place de chacun dans une structure dominée économiquement – et plus encore pour certains États, comme Bahreïn, qui n'a que

10. L'intervention a principalement concerné des éléments saoudiens mais les Émirats arabes unis y sont intervenus avec 500 policiers.

peu de ressources en pétrole et en gaz –, démographiquement (avec plus de 28 millions d'habitants sur les 43 millions des six États du CCG) et géographiquement (près de 2 millions de mètres carrés) par le royaume des Saoud ? Or au sein du CCG, les Émiratis sont quasiment les seuls, par la qualité de leurs forces militaires et de sécurité – mais aussi par la détermination de leurs dirigeants –, à pouvoir équilibrer l'influence de cette dernière.

Des divergences existent cependant sur la politique étrangère à mener. En décembre 2011, le roi Abdallah d'Arabie saoudite évoquait la transformation du CCG en une Union, mais Oman exprimait très clairement en 2013 ses plus extrêmes réserves sur une transformation qui aurait pesé sur sa politique extérieure. Les Émirats ont aussi leur propre agenda diplomatique. Si le but de la création du CCG, consistant à permettre une défense collective face à l'Iran, est toujours d'actualité, et fédère encore l'ensemble, si, comme les autres monarchies arabes, les Émirats s'inquiètent de l'avancée du dossier nucléaire iranien et de la place nouvelle de l'Iran sur la scène internationale après la signature des accords de 2015, s'ils apprécient le soutien des autres membres du Conseil à l'appui de leurs revendications sur les îles occupées par l'Iran[11], et s'ils se montrent de plus en plus méfiants à l'égard d'une diplomatie américaine peu claire dans la région, comme d'ailleurs les autres États du Golfe, leur approche reste guidée par leur propre vision des évolutions à venir.

• La dimension arabe et islamique

Membres du Conseil de coopération du Golfe, les Émirats sont ensuite une nation arabe et islamique. Sur le plan des relations internationales « la politique étrangère de la Fédération vise à soutenir les causes et les intérêts arabes » et « les causes et les intérêts islamiques »[12]. Mais dans quel cadre institutionnel mettre en œuvre ces solidarités ?

Les Émirats sont membre de la Ligue arabe depuis 1971, et leur propre conception des enjeux pour le monde arabe les conduit de multiples entreprises. Depuis 2011, ils ont intensifié leurs interventions et ils accordent une aide importante à plusieurs pays arabes, dont la Palestine ou l'Égypte, engagée dans un effort de redressement national sous l'impulsion du président Sissi, ils coopèrent avec certains pays arabes – notamment le Royaume du Maroc – sur les plans économique,

11. Les manœuvres organisées dans le cadre de la force Bouclier de la Péninsule les 29 et 30 avril 2012, baptisées clairement « *Islands of Loyalty* », étaient partiellement navales, en réaction à la visite du président iranien Ahmadinejad sur Abou Moussa. Cf. *infra*.

12. Art. 12 de la Constitution des Émirats arabes unis.

sécuritaire et militaire et s'engagent militairement dans la lutte contre l'OEI en Syrie et en Irak mais aussi en Libye, et contre le mouvement houthi pro-iranien au Yémen[13].

Sur le plan de la solidarité islamique cette fois, les Émirats sont membre fondateur de l'Organisation de la Conférence Islamique (OCI), créée en 1972, et dont ils ont longtemps regretté le manque d'efficacité diplomatique. Lors de la guerre Iran-Irak, le cheikh Zayed demanda ainsi plusieurs fois, entre 1981 et 1984, que l'OCI devienne une véritable instance de débat et de négociation pour arriver à mettre fin aux combats, toujours sans effet.

En dehors de l'OCI, il faut noter que lorsque les Émirats ont déployé leurs forces à l'extérieur de leur territoire, cela s'est fait dans le cadre de conflits où des musulmans étaient concernés : au Liban dès 1977, au Koweït en 1991, en Somalie en 1993, au Kosovo en 1996, puis de nos jours, on l'a dit, dans la lutte contre l'État islamique, en Syrie et en Irak mais aussi en Libye, et contre le mouvement houthi pro-iranien au Yémen.

Ces luttes diverses se font pour défendre un islam malékite modéré et son esprit d'ouverture. La tolérance religieuse existe en effet aux Émirats, où l'on trouve, comme au Bahreïn par exemple, des lieux de culte pour les croyants des autres religions, des églises au temple hindou. Les Émirats ont pris pleinement conscience de la nécessité de lutter contre l'extrémisme, et notamment cet islamisme politique représenté par l'OEI ou par les Frères musulmans et que dénonce en 2015 dans son ouvrage au titre évocateur, *Le Mirage*[14], le docteur Jamal Sanad el Suwaidi, directeur général du Centre Émirati d'Études et de Recherche Stratégique (ECSSR). Les groupes politico-religieux y sont perçus comme doublement dangereux : pour le « vivre-ensemble » de la société émiratie d'une part, mais aussi, comme dans nombre de monarchies du Golfe, pour la stabilité du régime, en ce qu'ils sapent la légitimité des institutions en place. Samuel el Suwaidi distingue quatre facettes principales de ces groupes politico-religieux qui structurent l'Islam politique : les Frères musulmans, les « salafistes », les suroutistes[15] et les organisations « jihadistes », qu'il considère toutes, à des titres divers, comme menaçant la stabilité de la région.

C'est pourquoi l'État émirati contrôle le champ religieux : mosquées financées par l'État, fonctionnarisation de presque tous les imams sunnites auprès de l'Autorité Générale des Affaires Islamiques, et à

13. Sur la politique d'aide et les interventions militaires cf. *infra*.

14. Jamal Sanad Al-Suwaidi, *Le Mirage*, Abou Dhabi, ECSSR, 2015.

15. Du courant *Surrouriyya*, du nom de son fondateur, le syrien Mohammed Ben Surour, un courant intermédiaire entre les salafistes et les Frères musulmans (cf. Jamal Sanad Al-Suwaidi, *Le Mirage*, *op.cit.*, p.429-471).

Dubaï, où la proportion de chiites est plus importante que dans le reste du pays, les imams chiites sont eux aussi nommés par l'État. Pour contrer les discours extrémistes, les Émirats ont aussi créé en 2014 le programme *Hedayah*, qui propose des méthodes pour contrer la propagande extrémiste dans l'enseignement ou sur les réseaux sociaux. Ils ont enfin mis en place en juillet 2014 le Conseil des Sages musulmans, présidé par le cheikh Ahmed el Tayeb, imam d'Al-Azhar au Caire[16]. Il a par exemple envoyé des représentants pour appeler au dialogue entre communautés religieuses dans plusieurs pays européens, en Centrafrique, et a participé à l'élaboration de la Déclaration de Marrakech de janvier 2016[17].

Le principal problème politico-religieux des Émirats concerne actuellement le groupe des Frères Musulmans. Principalement venus d'Égypte, les premiers sont arrivés dans les États du Golfe dans les années 1950 et 1960, au moment où le régime laïque de leur pays d'origine luttait contre leur emprise. Ils ont trouvé refuge dans les monarchies locales, qui avaient besoin de cadres, d'enseignants ou de médecins. Une deuxième vague suivra dans les années 1980, venant toujours d'Égypte mais aussi du Soudan. Ces émigrés s'installèrent principalement au Koweït ou à Dubaï[18], obtenant des fonctions dans l'administration et notamment dans l'enseignement, ce qui leur a permis de diffuser leurs idées.

Assez rapidement, les Frères musulmans sont perçus par ces mêmes monarchies du Golfe comme une source de déstabilisation potentielle, cherchant à promouvoir une révolution politique qui remplacerait les dynasties nationales par un néo-califat supranational. Alors que le Qatar faisait figure de trublion en soutenant, chez lui mais aussi dans le Golfe et ailleurs, tous les groupes ou partis liés aux Frères, qui vont trouver à s'exprimer lors des révolutions de ce si mal nommé « printemps arabe » des années 2011-2012[19], les Émirats arabes unis furent particulièrement conscients de la menace. Le mouvement *Al-Islah*, la branche des Frères dans le Golfe, créé dans les années 1970, y est toléré jusqu'en 2011, puis dissout en raison de ses prises de position par rapport justement au contexte des révolutions des pays arabes. Fin

16. Une institution qui permet de contrer les discours diffusés par l'Union internationale des oulémas, dirigée par Youssef Al-Qaradawi, ce proche des Frères musulmans qui officie sur *Al-Jazeera* au Qatar.

17. Signée le 27 janvier 2016 à l'issue d'une réunion de plusieurs dizaines de représentants musulmans venus du monde entier à l'initiative du roi Mohammed VI, cette déclaration pose notamment la question de la protection des droits des minorités religieuses en terre d'Islam.

18. Les Égyptiens, qui ne sont bien sûr pas tous Frères musulmans, sont la troisième communauté d'expatriés aux EAU, avec plus de 400000 ressortissants.

19. Cf. *infra*.

2012, près d'une centaine de ses militants, accusés d'avoir formé une organisation secrète complotant pour renverser le régime, sont arrêtés et condamnés (il y eut deux procès de Frères aux Émirats, dans l'été 2013 et en janvier 2014). L'Arabie Saoudite d'abord, les Émirats ensuite, ont dans cette même logique adopté en 2014 de nouvelles lois sécuritaires désignant de la manière la plus claire les Frères musulmans et les diverses organisations qui leur sont liées dans le monde comme organisations terroristes.

Ces deux États tentent de convaincre du bien-fondé de leur approche les pays occidentaux, pour leur demander au minimum de surveiller les organisations liées aux Frères sur leurs territoires, voire de les interdire. C'est ce cas pour la Grande-Bretagne ou la France. Début 2015, lors de sa rencontre avec le ministre de l'Intérieur Bernard Cazeneuve, son homologue émirati (et Vice-Premier ministre), Saïf Ibn Zayed el Nahyan, lui a détaillé les réseaux des Frères musulmans en Europe et lui a transmis le lourd rapport, émanant de la Sûreté de l'État émiratie, établissant la liste des 83 organisations terroristes recensées par Abou Dhabi en novembre 2014[20].

• La dimension internationale.

Dernier cercle, celui de la communauté internationale. Gros consommateurs en termes d'armements[21], les États du CCG ont compris après la Guerre du Golfe l'utilité de passer des accords de défense qui impliquent l'intervention armée de leurs partenaires, celle des États-Unis pour l'Arabie saoudite, fruit du « Pacte du Quincy » de 1945 ou celles résultats d'accords bilatéraux avec la Grande-Bretagne (Bahreïn) ou la France (Émirats arabes unis).

Lorsqu'en 1971 les Britanniques se retirent du Golfe arabe, les Américains les y remplacent et après la guerre du Golfe mettent en place dans les années 2000 des collaborations militaires avec tous les pays du CCG. Au Qatar, US CENTCOM, le centre de commandement responsable des opérations militaires au Moyen-Orient et en Asie centrale a son quartier-général. L'émirat a laissé s'installer en 1996 sur son territoire la plus grande base militaire américaine implantée hors des États-Unis, *Al-Udeid* (Oudeïd), dans laquelle les États-Unis ont transféré les hommes et équipements placés en Arabie Saoudite à l'époque de la Guerre du Golfe, laissant dans ce dernier pays quelques militaires et des drones. Au Bahreïn on trouve la base de commandement de la Ve Flotte, même si les Émirats arabes unis jouent le rôle de

20. La liste saoudienne présentée un peu avant en comportait 9.

21. Dans les années 1990 le CCG représente 40 % du marché mondial de l'armement.

port d'attache pour les unités navales importantes. Les ports émiratis sont en effet les plus utilisés par les forces américaines après ceux des États-Unis, et Jebel Ali, le plus grand port du Moyen-Orient par la taille, situé à 35 kilomètres de Dubaï, est le seul du Golfe à pouvoir accueillir les porte-avions américains. Des facilités sont offertes aux forces américaines dans trois bases aériennes à Oman, mais à la base aérienne émiratie de Dhafra, à 80 km au sud-ouest d'Abou Dhabi, accueille les avions gros porteurs de reconnaissance, de ravitaillement et de logistique, et un centre de surveillance et de renseignement. En ce sens, les Émirats offrent plus de facilités aux États-Unis pour l'utilisation de leurs propres infrastructures que d'autres États du CCG, mais, contrairement à Bahreïn, au Qatar ou au Koweït, ils n'ont pas de base américaine permanente implantée sur leur territoire. US CENTCOM organise chaque année un exercice militaire conjoint États-Unis/CCG, *Eagle Resolve*, mais les Émirats participent eux chaque année à des exercices plus nombreux. Les Émiratis sont aussi plus nombreux que les autres ressortissants du CCG (entre 600 et 800 militaires chaque année contre 250 environ pour Bahreïn ou le Koweït) à aller se former chaque année dans les écoles militaires américaines.

En 2008, c'est pourtant à la France qu'ils permettent d'implanter une base, à Mina Zayed (Port Zayed). Il est vrai que la France et les Émirats ont une longue histoire de coopération dans le domaine de la fourniture d'armement. De plus, le troisième accord de coopération en matière de défense, signé le 18 janvier 1995, prévoirait, en cas d'agression étrangère des Émirats, un soutien français de rien moins que 85 000 hommes, 130 avions de chasse et un porte-avions[22].

Tout n'est pas bilatéral. Au sommet d'Istanbul de juin 2004, le Koweït, le Qatar, les Émirats et le Bahreïn ont rejoint l'Initiative de Coopération d'Istanbul (ICI) avec l'OTAN. Qatar et Émirats ont aussi participé à l'intervention de la coalition internationale en Libye en 2011, les Émirats ayant peu communiqué sur le sujet[23]. Si les Émirats arabes unis ont condamné l'attaque irakienne contre le Koweït en 1991 et apporté une contribution financière, ils se sont ensuite montrés beaucoup plus réticents à suivre le plan américain visant à la chute du régime du président Saddam Hussein en 2003. Après le 11 septembre 2001, les pays du Golfe ont cessé toute relation avec certains mouvements islamistes et se sont contentés de développer une aide uniquement humanitaire, par exemple en Afghanistan. Mais il a fallu lever le doute planant sur l'action des nombreuses ONG islamiques et clarifier

---

22. Ce qui semble pour le moins difficile à réaliser dans la configuration actuelle d'une armée française employée sur de nombreux théâtres extérieurs et déployée sur le territoire national pour faire face à la menace terroriste.

23. Sur la politique en Libye, cf. *infra*.

l'action humanitaire des États. Les divers Croissant-Rouges sont alors montés en puissance et les organismes d'aide se sont rapprochés des instances internationales compétentes, les États intensifiant leurs relations avec les agences des Nations unies.

Conscient de possibles dérives, les Émirats veillent à favoriser la transparence. À partir de 2006, le département des Affaires islamiques pour les activités caritatives (*Islamic Affairs for Charitable Activities* IACAD) supervise l'aide charitable et les diverses ONG locales ou internationales qui interviennent. L'aide émiratie bénéficie ensuite de la création, en 2008, du Bureau de coordination des aides à l'étranger (*Office for the Coordination of Foreign Aid OCFA)*, qui coordonne les structures des différents émirats pour en accroître la cohérence et la visibilité. En 2013 enfin les Émirats créent un Ministère de la coopération internationale et du développement[24] – dirigé par une femme, Cheikha Lubna el Qasimi, ancienne ministre des finances –, une nouvelle structure qui intègre l'OCFA. Les Émirats ont enfin noué parallèlement depuis 2007 un dialogue avec l'OCDE et sont intégrés à son Comité d'Aide au Développement avec un statut d'observateur en 2014, un préalable avant un statut d'associé qui leur donnerait un droit de vote.

Le Ministère de la coopération internationale et du développement (MICAD) publie en février 2015 son rapport *United Arab Émirates Foreign Aid 2013*, rassemblant les données de plus de 38 structures d'aide internationale et montrant que les Émirats passent au premier rang des donateurs mondiaux en termes de pourcentage du RNB (0,33 % en 2012, 1,33 % en 2013, quand l'ONU attend des États 0,7 %), et sont le troisième donateur d'aide publique au développement après l'Arabie saoudite et la Chine. L'aide bilatérale des Émirats est principalement à destination de l'Égypte (4,63 milliards de dollars en 2013), suivie des quatre bénéficiaires « classiques » que sont le Pakistan, la Jordanie, l'Afghanistan et les territoires palestiniens, puis du Maroc, du Yémen et de l'Algérie. Devant la crise syrienne, l'aide a augmenté pour les pays concernés par les réfugiés, Jordanie, Liban, Irak et Turquie. En Afrique, on notera que les pays recevant l'aide la plus importante sont largement musulmans: Égypte, Maroc, Algérie, Tunisie, Soudan, Somalie, Tanzanie, Niger, Mali ou Mauritanie. Quant aux critères d'attribution de l'aide dans les pays du Golfe, on peut se reporter à l'analyse d'Éric Neumayer[25] qui montre l'imbrication entre les facteurs nationaux (la solidarité arabe), religieux (la solidarité musulmane), géographiques (les liens avec l'Afrique), politiques (les

24. *Ministry of International Cooperation and Development (MICAD)*.

25. Éric Neumayer, « *What factors determine the allocation of aid by Arab countries and multilatéral agencies?* », *The Journal of development studies*, 39 (4), p.134-147, Routledge, 2003.

choix faits par les États concernés par l'aide par rapport aux questions internationales), économiques (leurs niveaux de revenu) ou touchant aux liens spécifiques entre les pays du Golfe et les pays d'origine de leur main-d'œuvre immigrée (par exemple le Pakistan).

Le Croissant-Rouge émirati est actuellement le quatrième bailleur d'aides après le gouvernement, l'*Abu Dhabi Funds for Development*, et la *Khalifa Foundation*. En 2013, avec près de 150 millions de dollars, son budget était presque le triple de celui de la Croix-Rouge française, ses premiers bénéficiaires étant les territoires palestiniens, le Yémen, la Jordanie et la Somalie. Par ailleurs, selon Virginie Troit, « les fondations en nom propre, appartenant à des membres de la famille royale ou des familles influentes représentent des montants équivalents à des ONG françaises de taille moyenne »[26]. « Aux Émirats – écrit en conclusion Virginie Troit –, il faut distinguer les ONG nationales, majoritairement islamiques, pour lesquelles le MICAD jouera de plus en plus un rôle de planificateur et de guide, et les ONG internationales désireuses de s'implanter aux Émirats et dont l'accueil et la gestion a été déléguée à la zone franche humanitaire IHC (*International Humanitarian City*) à Dubaï »[27]. Car ce dernier Émirat fait de l'aide un élément son *soft power*: l'ONG islamique de l'émirat de Dubaï, créée en 1978, *Dar el-Ber Society*, distribue son aide via des organisations locales en Afrique du Nord, au Soudan et en Somalie, et cet émirat organise surtout depuis 2002 DIHAD (*Dubaï International Humanitarian Aid & Development conference & exhibition*), une conférence annuelle régionale sur l'aide humanitaire et le développement qui attire de plus en plus de monde, et auquel la France assistait en 2015.

La méfiance à l'égard de l'Iran

Entre les monarchies arabes et le régime des mollahs iraniens, la guerre fait rage dans tous les domaines, y compris les plus symboliques. Pas question pour les Arabes de parler d'autre chose que du « Golfe arabe » quand, pour les Iraniens, il ne saurait s'agir que du « Golfe persique ». La formule de « Golfe arabo-persique » elle-même semble aux deux parties une excessive concession, si bien que nombre

---

26. Virginie Troit, *Histoire et enjeux de l'aide internationale des Émirats arabes unis : une stratégie de bailleur fédérale, entre pluralité et unité*, IRIS, Observatoire des questions humanitaires, 10 juillet 2015, p. 14. L'auteur évoque « la Fondation Ahmed Ibn Zayed el Nahyan (21 millions USD pour 10 pays), la Fondation Ahmed Bin Zayed Al Nahyan (4,2 million USD pour 53 pays), la Fondation el Maktoum (15,3 millions USD pour 35 pays) et *Mohammed bin Rachid al Maktoum Establishement* (9,9 millions USD pour 35 pays) ».

27. *Idem*.

de documents ne mentionnent pudiquement que le seul « Golfe », laissant l'imagination de chacun libre de toute interprétation[28].

On a vu que le CCG (dont le nom complet est d'ailleurs « Conseil de Coopération *des États Arabes* du Golfe *Arabe* ») a été créé pour offrir un front commun des monarchies arabes face au régime de Téhéran. Certes, face au problème iranien, Oman est parvenu à préserver une relation politique particulière avec l'Iran, remontant à l'aide apportée par le Chah contre les séparatistes durant la guerre du Dhofar, mais tous les autres pays membres du CCG, à commencer par les Émirats arabes unis, considèrent la question de la menace iranienne comme prioritaire. Celle-ci est d'autant plus préoccupante que de nombreux Iraniens – et plusieurs sociétés de commerce – sont présents dans les Émirats, en particulier à Dubaï.

La première question qui se pose est bien évidemment celle de l'appréciation que l'État peut porter sur la loyauté de ces populations en cas de conflit ouvert avec l'Iran. Ces Perses représentent-ils une cinquième colonne, sont-ils des cellules dormantes prêtes à soutenir un assaut militaire iranien dirigé contre leur pays de résidence ? Quelle identité prévaudrait en cas de conflit : nationale, religieuse, communautaire ? Lors de la guerre Iran/Irak, les Irakiens de rite chiite sont restés fidèles à l'Irak, et leur appartenance nationale a donc prévalu sur leur appartenance religieuse ; mais ces chiites étaient précisément des Arabes et des Irakiens, alors que ce lien national n'existe pas chez les immigrés iraniens aux Émirats. Si Dubaï a longtemps profité d'être la destination où les Iraniens pouvaient venir respirer un peu de libertés, et, surtout, de la contrebande vers l'Iran sous embargo, à la suite de l'impact de la crise de 2008, révélant peut être aussi une reprise en main de la part d'Abou Dhabi, les liens économiques de Dubaï avec l'Iran ont diminué d'un tiers[29].

En tout cas, les points de discorde avec l'Iran ou de méfiance restent nombreux. Tandis que le président Rohani feint de tendre la main aux Émirats, les Gardiens de la révolution (miliciens Pasdarans) font de la provocation sur les îles que l'Iran a occupées au moment de l'indépendance de ces derniers et sur lesquelles ceux-ci continuent d'affirmer leur souveraineté : Moussa, Grande et Petite Tombs.

---

28. Ce qui surprend toujours les analystes étrangers issus des écoles pragmatiques anglo-saxonnes, et peu sensibles aux mythes et aux symboles. Ainsi Frederic Wehrey et Richard Sokolsky considèrent-ils cela comme un « obstacle des plus surprenants » (Frederic Wehrey et Richard Sokolsky, *Imagining a new security order in the Persian gulf*, Washington, Carnegie endowment for international peace, 2015, p. 13). Cf. aussi Philippe Boulanger, « Géostratégie du golfe Arabo-Persique », *Diplomatie Magazine*, n° 31, mars-avril 2008.

29. Ecaterina Cepoi, « Les relations Émirats arabes unis-Iran : un paradoxe géopolitique dans le Golfe ? », *Moyen Orient*, n° 19, juillet-septembre 2013, p. 74-79.

L'île d'Abou Moussa, de moins de 5 km de diamètre est située à l'entrée nord du détroit d'Ormuz, à 31 milles à l'est de l'île iranienne de Siri, à 42 milles au sud du port iranien de Lengeh et à 40 milles de la ville de Charjah, capitale de l'émirat dont elle relève. Disposant d'eau douce, et à cause de cela seule île habitée des trois territoires en litige, en dehors des forces armées qui peuvent y être positionnées, elle a une population de 6 à 700 personnes originaires de Charjah et, désormais, de 2000 Iraniens, tous militaires ou fonctionnaires. Pour les deux autres îles, Grande Tomb[30] est située à 17 milles au sud-est de l'île de Kish, à 30 milles de Lengeh et à 46 milles de l'émirat de Ras al-Khaïmah, et Petite Tomb à 8 milles au sud-ouest de Grande Tomb. Ce sont des îlots placés au centre des axes de navigation des navires qui franchissent par Ormuz, et Grande Tomb seule compte quelques centaines de personnes. Ces îles, comme beaucoup d'autres (notamment Kish qui fut jadis un territoire de Ras al Khaïmah), appartiennent depuis plusieurs siècles à l'émirat de Ras al Kahaïmah qui régna sur les mers de la région au XVIIIe siècle.

Les Iraniens, volontiers partisans d'une lecture mythifiée de leur histoire, prétendant à une antériorité de la souveraineté perse sur le Golfe. Au moment où l'envahisseur britannique, qui avait pris possession de ces trois territoires en même temps que son protectorat sur les émirats arabes de la côte d'Oman, s'en allait, l'Iran voulut en profiter pour faire main basse sur les îles. Au contraire, selon les Émiratis, d'une part ces territoires ne dépendaient pas de l'Iran avant l'arrivée des Anglais, mais de certains de leurs émirats (Charjah et Rais al Khaïmah) et il est indéniable que la population présente sur la seule île habitée, Abou Moussa, est arabe et relevait bien d'un des émirats de la Fédération. D'autre part, ces territoires devaient de toute manière revenir aux Émirats puisqu'ont été répartis entre les nouvelles nations du Golfe tous les territoires placés sous domination anglaise.

Lors de l'indépendance des États de la région, en 1971, l'Iran du Chah – dont on rappellera qu'il réclamait aussi à l'époque rien moins que la reconnaissance de sa souveraineté sur Bahreïn – aurait bénéficié de la part de la Grande-Bretagne d'une relative neutralité sur la question de ces îles qu'il envahit, le 30 novembre 1971, deux jours avant la déclaration officielle de l'indépendance des Émirats arabes unis[31].

La crise s'aggrave après la chute du Chah, notamment en mars 1992, quand l'Iran chasse une partie de la population arabe de l'île

---

30. Le mot *tomb* veut dire colline et vient d'un dialecte parlé sur la côte perse... ce que rappellent les revendications iraniennes.

31. Cf. Thomas R. Mattair, *The Three Occupied UAE Islands : The Tunbs and Abu Musa*, Abu Dhabi, The Émirates Center for Strategic Studies and Research, 2005. Cet ouvrage utilise des documents essentiels, dont certains confidentiels et déclassifiés entre 1979 et 2004, mais aussi le texte préparé en 1971 par Charjah.

d'Abou Moussa et proclame officiellement sa souveraineté sur l'ensemble. Pour les Émirats il s'agit d'une attaque dirigée contre la population émiratie qui réside sur place. En 2012, le président iranien Ahmadinejad se rend sur Abou Moussa, soulevant la colère des Émiratis. Actuellement, l'Iran refuse toujours le recours à l'arbitrage de la Cour Internationale de Justice (CIJ).

Ce conflit territorial n'est pas purement symbolique. Il y d'abord des richesses potentielles, en pétrole (ces îles sont situées près de l'énorme gisement pétrolifère de Mubarek), ou en minerais, qui reviendraient aux émirats de Ras el Khaïmah ou Charjah. Mais les trois îles chevauchent surtout l'entrée stratégique du détroit d'Ormuz. Leur possession a permis à l'Iran de construire une piste d'atterrissage sur Abou Moussa, ce porte avions fixe à l'entrée nord du détroit, et d'y placer des batteries de missiles non seulement sol-air et sol-mer, mais aussi sol-sol. Car si, pour bloquer le détroit, ces trois possessions sont des points d'appuis bien secondaires par rapport à d'autres territoires iraniens, comme Bandar Abbas ou l'île de Kish (Qeshm), elles pourraient apporter une aide importante à une attaque dirigée contre les pays du sud de la péninsule arabique. Inversement, contrôler ces îles serait pour les Émirats un moyen de pouvoir anticiper et éventuellement perturber cette éventuelle attaque iranienne qui reste l'une de leurs préoccupations stratégiques majeures.

Menace et adaptation des forces armées

En 2000, la population des six pays du CCG s'élevait à 25 millions d'habitants, contre 22 millions pour l'Irak, et près de 70 millions d'habitants pour l'Iran. En 2015, elle est de 43 millions pour le CCG – avec la part d'étrangers immigrés déjà évoquée –, 37 millions pour l'Irak, qui a entretemps partiellement basculé dans le camp irano-chiite, et presque 82 millions pour l'Iran. Avec un territoire de 1,6 millions de kilomètres carré, et plus de 2000 kilomètres de côtes faisant face à celles des monarchies du Golfe, avec une rhétorique agressive dès avant la révolution khomeyniste, mais largement amplifiée depuis, avec des achats de matériel de guerre de haut niveau, même si l'embargo occidental a pu apporter quelques correctifs, et le tout sans compter la rivalité géopolitique opposant historiquement Perses et Arabes autour de haines jamais oubliées, on comprend que l'Iran soit la menace principale et, par là même, la justification de l'effort militaire des États membres du CCG. L'éventualité de la création d'un « arc irano-chiite », qui irait de l'Iran au Liban en passant par l'Irak et la Syrie et couperait en deux le monde sunnite de la nation arabe inquiète les diplomaties du Golfe.

Deux principales menaces iraniennes sont à prendre en compte pour les Émirats. La première est la frappe de missiles sol-sol, et le pays s'est doté pour cela d'un système de défense anti-missiles[32]. La seconde est celle d'une invasion se faisant essentiellement par voie maritime. L'Iran aligne en effet une flotte importante de navires de surface, dragueurs de mines et sous-marins, mais aussi un grand nombre d'aéroglisseurs et de véhicules amphibies, et dispose par ailleurs d'unités aéroportées. Avec de tels moyens, une attaque peut concerner les plus de 800 plateformes pétrolières qui existent dans le Golfe, mais aussi, très directement, le territoire d'un État voisin. Certes, la présence permanente dans les eaux du Golfe de forces navales internationales, principalement américaines, a un effet dissuasif, mais est-ce suffisant ? Les experts en débattent, se demandant si une attaque de grande envergure est vraiment possible, ou si l'Iran ne serait pas, de toute manière, contraint à se limiter à des opérations de commando, à la rigueur à des opérations un peu plus importantes, mais en tout cas incomparables à ce qu'a pu être l'invasion irakienne du Koweït.

Or, s'il est difficile d'envisager une attaque des Émirats par la terre – y accéder par l'intérieur désertique de la péninsule arabique est délicat –, ils sont particulièrement vulnérables à une attaque aéro-maritime pour de multiples raisons. Leurs principales villes sont d'abord situées sur la côte, et plus des trois-quarts de la population résident autour d'Abou Dhabi et de Dubaï. Ils n'ont ensuite pas de profondeur stratégique sur laquelle se replier, si ce n'est un désert particulièrement inhospitalier. Ils ont encore un besoin vital de leurs usines de désalinisation d'eau de mer, pour l'irrigation mais aussi pour le simple approvisionnement en eau potable de leur population. Leur vulnérabilité par rapport aux liaisons maritimes est enfin cruciale, comme pour tous les pays du CCG, autant pour permettre ces exportations pétrolières dont ils ont besoin pour se financer que pour recevoir des biens de consommation et notamment une large part de leur alimentation. Notons cependant qu'ils se trouvent sur ce dernier point dans une situation plus favorable que nombre de leurs voisins, car ils ont, nous l'avons vu, un débouché direct sur le Golfe d'Oman et seraient donc un peu moins impactés par une éventuelle fermeture du détroit d'Ormuz.

C'est donc sur leurs côtes qu'il leur faudrait arrêter une éventuelle invasion. Cela implique une marine opérationnelle, la supériorité aérienne, et des réserves terrestres aptes à neutraliser les premiers points d'appui ennemis, et l'on comprend bien ici, d'une part, la

32. En septembre 2008 par exemple, les Émirats commandent à Lockheed Martin trois batteries THAAD (batteries *Terminal High Altitude Area Defense*, autrement dit missiles anti missiles), quatre radars et 147 missiles pour 7 milliards de dollars, et à Raytheon 33 missiles Patriot PAC-3 (autre type de missiles anti-missiles) pour 121 millions de dollars.

logique d'achat émiratie de ces vingt dernières années, et d'autre part les nouvelles perspectives qu'ils donnent à leur industrie de défense.

Les achats militaires des Émirats sont passés entre 1996 et 2000 de 1,8 milliards de dollars à 3,9 milliards par an. Ils consacrent actuellement 1,6 milliards de dollars de leur budget à la défense soit 2,25 % de leur PIB, et sont le deuxième acheteur du Golfe après l'Arabie Saoudite, le quatrième mondial derrière l'Inde et la Chine. Avant la première Guerre du Golfe (1991), les Émirats et le Qatar avaient fait le choix de matériels prioritairement français, et ce alors que les autres États du Golfe, soit restaient alimentés par l'ancien colonisateur britannique, soit, dans le cas par exemple des liens privilégiés établis entre la dynastie des Saoud et les États-Unis, par ces derniers[33]. Le Proche-Orient concentrant entre la moitié et les deux-tiers des livraisons d'armes de la France, le Golfe, dont les Émirats, en représente une bonne part. Mais l'invasion du Koweït et le déroulement de la première Guerre du Golfe ont conduit les Émirats à reconsidérer la situation pour maintenir un rapport de force militaire qui ne leur soit pas trop défavorable. Selon Nadim Hasbani, « le manque cruel de ressources humaines entraine un recours à la technologie comme vecteur de rééquilibrage »[34]. Sans profondeur stratégique, avec une faible population autochtone, et après avoir vu les troupes mercenaires pakistanaises de l'Arabie saoudite incapables d'intervenir sur un théâtre extérieur, les Émiratis vont faire le choix d'utiliser des armes très sophistiquées, à haut pouvoir de destruction et utilisant peu de personnel.

L'un des fleurons de leur équipement militaire est leur ensemble des 388 chars de combat français Leclerc ultrasophistiqués[35] qui sont destinés à une contre-attaque mobile contre des opérations amphibies iraniennes ou à la défense en force contre une éventuelle invasion terrestre au sud du pays[36]. Les Émirats arabes unis ont aussi créé en 2011 une Garde présidentielle estimée à 5000 hommes, dont des

33. Cf. Nadim Hasbani, « Les pays du Golfe, premiers acheteurs mondiaux d'armements », *Questions internationales*, n° 13, mai-juin 2006.

34. Nadim Hasbani, *La politique de défense des Émirats arabes unis au sein des enjeux géopolitiques du Golfe arabo-persique*, *op.cit.*, p.58.

35. Plus 2 chars école et 46 chars de dépannage. La France en a à peine plus de la moitié, la loi de programmation en prévoyant à terme 200. Avec les munitions, les pièces de rechange et l'instruction des personnels, c'était un contrat de 3,2 milliards de dollars. Notons que les chars Leclerc ont, à la suite de tests faits aux Émirats, été spécialement adaptés, au niveau de la motorisation et de la transmission. On retrouve cette adaptation avec les Mirage ou les F-16: les Émirats n'achètent pas « sur étagère » et veulent pouvoir vérifier que le matériel correspond à leurs attentes tactiques et notamment à leurs conditions d'emploi spécifiques. Ce sont les seuls Leclerc a avoir eu l'expérience du feu, au Yémen en 2015-2016.

36. Ils ne sont pas seuls puisque dans le même temps les véhicules blindés de combat d'infanterie, essentiellement des BMP-3 russes, sont passés de 15 en 1990 à 430 en 2006. 135 des 406 BMP-3 émiriens, porteurs de la caméra thermique Athos,

Forces spéciales très bien entraînées, et qui ont largement intégré l'usage des systèmes informatisés de commandement de type C4i[37].

Face à la menace iranienne, les Émirats engagent aussi un plan de rénovation et de développement d'une aviation de chasse, la grande priorité de la modernisation de leurs forces dans les années 1990, des chasseurs dont ils vont tenter d'augmenter au maximum le rayon d'action, car si ces équipements sont avant tout défensifs ils n'écartent pas l'idée de porter des frappes en profondeur en territoire iranien. Impressionnés lors de la guerre du Golfe par l'armement US, ils vont en acheter tout au long des années 1990, dont des F-16, et deviennent l'une des principales puissances aériennes de la région. Leur aviation comprend 142 chasseurs multi-rôles, dont 30 Mirage 2005, 32 Mirage 2000-9 (spécialement conçus pour eux), et 80 F-16 E/F, avec plus de 400 pilotes.

La marine émirienne s'est également équipée, à partir de la fin des années 1990, de bâtiments de pointe, dont deux frégates de lutte anti-sous-marine auxquelles s'ajoutent cinq hélicoptères Super Puma de même spécialité et sept hélicoptères légers de combat Panther porteurs de missiles antinavires. Les Émirats ont enfin lourdement investi dans les moyens de détection et de surveillance et dans la défense sol-air[38].

La coopération entre acheteurs et vendeurs se traduit non seulement par la livraison des armements mais par tout un accompagnement : plan de formation des personnels destinés à les servir, manœuvres communes, avec des personnels étrangers ayant servi ces mêmes matériels dans leur armées d'origine et coopération technique poussée. Les Émirats font dans ce domaine tout ce qu'ils peuvent pour être opérationnels et même inter-opérationnels : leur aviation est régulièrement engagée en mission de combat au profit de coalitions (en Syrie, au Yémen) ou de manière plus indépendante (en Libye) et même leurs chars Leclerc ont été engagés sur le terrain, au Kosovo en 1996 et au Yémen en 2015-2016. Rappelons aussi qu'ils sont le seul pays arabe à avoir participé aux opérations de la coalition en Afghanistan, en 2009 et 2011.

Les forces armées des Émirats comptent actuellement 51 000 hommes, dont 44 000 au sein de l'armée de terre, le reste se partageant entre les forces aériennes (4 500) et la Marine (2 500). En ayant recours à des réservistes, ces effectifs pourraient être multipliés par deux. Près de 80 % des militaires émiratis locaux sont originaires

---

ont été revalorisés en BMP-3M à partir de 2011 – là encore avec des modifications spécifiques pour une adaptation au terrain sableux.

37. Acronyme américain pour *command, control, communication, computer & information*, soit commandement, contrôle, transmissions, informatique et renseignement.

38. En septembre 2008 par exemple ils commandent à Boeing/Raytheon 78 Avenger, 780 missiles Stinger et 16 radars pour 737 millions de dollars.

d'Abou Dhabi... mais l'ensemble des Émiratis ne représente cependant qu'une part de l'effectif total de leur armée, qui compterait au moins un tiers d'étrangers (40 % pour certaines sources). En effet, dans un monde riche, où la manne pétrolière est redistribuée en direction de la population autochtone, les citoyens des Émirats peuvent sans aucun problème trouver des emplois à la fois moins contraignants que l'appartenance aux forces armées, et, surtout, plus valorisants socialement que les fonctions de base de ces forces. On trouve donc les autochtones essentiellement au niveau du corps des officiers, et plus encore au sein de forces prestigieuses, pilotes de chasse, officiers des unités blindées de l'armée de terre, ou dans une marine qui s'est dotée d'équipements de pointe, mais même à ce niveau des étrangers, notamment pakistanais, servent dans les forces émiraties – certains étant parfois naturalisés. Quant à l'appui technique nécessaire pour la mise en œuvre de systèmes d'armes complexes, les Émirats arabes unis font appel à une main-d'œuvre étrangère spécialisée car ils ne disposent pas du volume suffisant de techniciens locaux.

Les choses évoluent puisqu'une loi de 2014 établit un service militaire, obligatoire pour les hommes, facultatif pour les femmes, qui concerne tous les jeunes âgés de 18 à 30 ans. La durée passée sous les drapeaux est fonction des diplômes : neuf mois pour ceux qui ont validé un cycle d'études secondaire, deux ans pour les autres. C'était une revendication datant de 1991, date à partir de laquelle Abou Dhabi avait demandé aux autres émirats une participation accrue – et notamment aux émirats du nord de la fédération, favorisant ainsi l'intégration de leurs ressortissants. En tout état de cause la participation des citoyens émiratis à leur défense est aujourd'hui supérieure à ce que l'on peut trouver dans les autres pays du CCG[39], ce qui ne peut que renforcer le sentiment de cohésion nationale. Mais le risque est celui de l'impact des pertes dans des pays peu peuplés, un impact rendu d'autant plus sensible s'il s'agit des nouveaux conscrits.

On notera aussi qu'en 2011 les Émirats ont demandés à Erik Prince, fondateur de la société de sécurité privée *Blackwater* (maintenant *Xe Services* et *Academi*) de former une unité privée de 800 hommes. Avec leur soutien financier, il a créé *R2* (*Réflex Responses*), société spécialisée dans la protection d'installations nucléaires (on sait que les Émirats veulent se doter d'un nucléaire civil) et la cybersécurité.

Mais, comme l'Égypte ou d'autres, les pays du Golfe acceptent de plus en plus mal certaines restrictions américaines en matière de fourniture d'armement. C'est ainsi que les Émirats ont récemment choisi

39. Seul le Qatar a mis en place une conscription en 2013, pour les hommes âgés de 18 à 35 ans, mais le temps de service est de trois mois pour les diplômés et de quatre pour les autres.

pour leurs avions des équipementiers nouveaux, dont l'italien ELT, estimant que les USA dégradaient volontairement les capacités des équipements vendus. L'objectif est aussi de s'affranchir des restrictions américaines à l'exportation, l'*International Traffic in Arms Regulation* (ITAR). Parallèlement, les Émirats travaillent à l'amélioration de leurs forces dans une logique de haute technicité mais aussi d'indépendance, bien décidés à bâtir leur propre industrie d'armement et à devenir un agent majeur d'une industrie de défense mondiale qui tient chaque année dans la fédération l'*International Defence Exhibition et Conference* (IDEX).

Pour cela, les entreprises du secteur de l'armement à capitaux publics ont été intégrés en décembre 2014 au sein d'*Émirates Defence Industries Co* (EDIC). Fusionnant ainsi plus d'une vingtaine de sociétés préexistantes et la branche dédiée du fonds souverain *Mubadala*, ce conglomérat met l'accent sur le développement des capacités dans le domaine de l'intégration des systèmes d'armes, autour de partenariats conclus avec l'industrie d'armement européenne[40]. Les entreprises retenues pour ces collaborations sont en effet capables de permettre des transferts de technologie pour des matériels qui ne comportent pas de composants produits par les États Unis, évitant la dégradation à l'exportation.

L'un des éléments sur lesquels les Émirats travaillent de manière privilégiée est la fabrication de drones de combat, ces nouveaux éléments indispensables des théâtres d'opération qui correspondent bien à ce qu'ils recherchent : un long rayon d'action, une haute technologie, et une efficacité certaine servie par un nombre réduit d'intervenants. Avec leurs sociétés *Adcom Systems* et *Abu Dhabi Autonomous Systems Intestisments* (ADASI), ils estiment avoir la base technologique construire des éléments performants. Pour cela ils ont notamment racheté *Piaggio Aerospace* – et donc leur drone – pour créer leur MALE (Moyenne Altitude Longue Endurance) *Hammerhead*, et piochent en Afrique du Sud, recrutant des ingénieurs ayant travaillé sur les programmes *Sekeer*. En novembre 2013 *Adcom Systems* a présenté un drone de type HALE (Haute Altitude et Longue Endurance), *Global Yabbhon*, capable d'emporter... des torpilles pour la lutte anti-sous-marine, et l'on retrouve ici leur tropisme de lutte contre une force navale[41].

Les Émirats sont particulièrement intéressés par les systèmes de communication entre avions et drones : pour lutter contre l'Iran et ses

40. On notera la présence chez EDIC de Français, comme l'ancien PDG de Thalès, Luc Vigneron, proche du prince héritier Mohamed bin Zayed, ou l'ancien ambassadeur de France aux Émirats, Alain Azouaou, lié lui au fonds *Mubadala*.

41. L'Algérie a manifesté son intérêt pour ce matériel, la Russie aussi.

missiles russes sol-air S-300 – et sans doute bientôt S-400 –, les drones permettraient de détruire les batteries de missiles avant l'arrivée des avions. Pour assurer la parfaite connaissance du champ de bataille nécessaire, la France leur fournit des satellites d'observation *Pléiades* de chez EADS et 17 radars GM 200 de chez Thales. Un débat est par ailleurs en cours sur l'achat de Rafale français (60 unités potentielles), mais ces avions ne les intéressent pas seuls. Derrière ce gros contrat, ils visent aussi l'accès aux technologies de Dassault en matière de drones de combat furtifs du type du prototype *nEUROn*. Ils réfléchissent par ailleurs au développement d'aérostats, plus adaptés à la surveillance aérienne dans la durée que les drones, ADASI préparant un modèle de 40 mètres (Aerostat-900).

L'action géopolitique des Émirats arabes unis

S'intéresser à l'action géopolitique des Émirats arabes unis impose de replacer celui-ci dans le cadre plus vaste d'un CCG dont le principal objectif diplomatico-militaire reste en 2016 la lutte contre l'ennemi iranien, pour empêcher la formation de cet « arc irano-chiite » que dénonce Ryad, allant de Téhéran à Beyrouth en passant par Damas. Par ailleurs, Abou Dhabi est particulièrement vigilant à contrer l'extrémisme religieux.

Les « printemps arabes »

Tout commence dans l'hiver 2010-2011 par la « Révolution de jasmin » dirigée contre Zine el-Abidine Ben Ali qui dirigeait la Tunisie depuis qu'en 1987 il avait écarté du pouvoir un Bourguiba malade. Quatre semaines de manifestations suffisent au départ de ce dernier vers l'Arabie Saoudite, où il réside toujours. Rentre alors au pays la direction du parti islamiste *An Nahda*, dirigé par Rached Gannouchi, qui se situe dans la droite ligne des Frères musulmans – et proche selon certains de certains services anglo-saxons – et devient la première force politique de l'assemblée constituante de 2011. S'il perd sa place de premier parti au profit de *Nidaa Tounes* en 2014, il reste dans le gouvernement de coalition avant de redevenir la première force politique après une scission au sein de *Nidaa Tounes*. L'effondrement économique du pays, dû notamment à celui du tourisme et au manque d'investissements, pourrait lui permettre de revenir au pouvoir en se posant en défenseur des pauvres et des politiques sociales, comme c'est la règle pour les Frères.

En Égypte, avec la révolution du 25 janvier qui met fin au pouvoir d'Hosni Moubarak, président depuis 1981, le Parti Liberté et Justice de Mohammed Morsi, figure des Frères musulmans, l'emporte en juin 2012 et reste au pouvoir jusqu'en juillet 2013.

C'est là qu'est apparue la plus grande divergence entre les intérêts des membres du CCG, opposant l'Arabie saoudite et les Émirats au Qatar. Initialement, à la chute de Moubarak, les trois pays agissent de concert pour proposer des aides financières de près de 17 milliards de dollars au Conseil Suprême des Forces Armées (CSFA) qui assure la transition en Égypte, avec d'ailleurs une répartition très inégale (4 milliards pour l'Arabie saoudite, 3 pour les Émirats et 10 pour le seul Qatar). Mais devant l'instabilité du pays – comme aussi à cause des choix qui sont faits par le CFSA, dont sa modération envers l'Iran ou le Hamas – ces promesses ne sont pas suivies d'effets, et un seul milliard est engagé, venant du Qatar et de l'Arabie saoudite.

Après la révolution, sous le mandat de Mahommed Morsi et le gouvernement des Frères musulmans, seul le Qatar continue son aide, annonçant 7 milliards de dollars de prêts d'urgence et d'aide financière directe et 18 milliards d'investissement dans les cinq ans. Pour l'Arabie Saoudite et les Émirats arabes unis, les Frères qui contrôlent le régime de Morsi déstabilisent l'Égypte mais peuvent aussi propager cette instabilité dans tout le monde arabe, en particulier dans les monarchies du Golfe. Lorsque la révolution qui porte au pouvoir Abdel Fattah el Sissi emporte le régime de Morsi, et que suivent l'interdiction des Frères musulmans en Égypte, leur qualification de « mouvement terroriste » et un procès contre l'équipe des journalistes d'*Al Jazeera* au Caire, c'en est fini du « moment » qatari[42]. L'Arabie Saoudite, le Koweït et les Émirats, qui ont considérablement soutenu ce changement de régime, portent alors à bout de bras une Égypte financièrement ruinée par les événements, avec une annonce de 12 milliards de dollars d'aides[43].

Les Émirats sont donc largement intervenus en Égypte (on parle de 9,5 milliards de dollars depuis juin 2013). C'est ainsi qu'ils ont soutenu financièrement les travaux de percement et de mise en eau de la nouvelle voie navigable de 72 kilomètres qui double partiellement le canal de Suez construit en 1869. L'objectif pour l'Égypte est de multiplier le nombre de navires transitant par le canal pour accroître ses revenus. Pour les Émirats, il s'agissait certes de faire travailler des

42. Certains ont évoqué, notamment après l'assassinat du colonel libyen Akila, chef du renseignement du CNT en Cyrénaïque, une tentative turco-qatarie pour créer en Libye une base d'entraînement pour des combattants étrangers et égyptiens au profit d'une hypothétique « Armée libre d'Égypte ».

43. Cf. Emma Soubrier, « Golfe Égypte : une *riyal politik* au service d'une plus grande autonomie stratégique ? », in coll. sd. Fatiha Dazi-Héni, *La diplomatie pro-active des pays du Conseil de coopération du Golfe au Moyen-Orient*, IRSEM, 2015.

entreprises émiraties mais aussi d'être de plus en plus présents en mer Rouge[44].

Placée entre Tunisie et Égypte sur la carte, voici ensuite la Libye du colonel Kadhafi, au pouvoir depuis 1969 et auquel cette année 2011 sera fatale. Les émeutes débutent en février, débouchant sur une guerre civile qui entraîne le vote de la résolution 1973 du Conseil de sécurité de l'ONU et l'intervention, au profit des combattants insurgés, d'une coalition internationale agissant notamment par des appuis aériens. Fait prisonnier, Kadhafi est tué en octobre, la première guerre civile s'arrêtant là.

Après la chute de Kadhafi le chaos continue de régner, les nouvelles autorités, Conseil national de Transition puis, après les élections de 2012, Congrès général national, ne parvenant pas à s'imposer face aux milices armées, qu'elles soient tribales, religieuses ou réunies derrière un leader comme le général Haftar[45]. Institutionnellement, le désordre est tout aussi grand. Deux gouvernements se prétendent légitimes, celui de la Chambre des représentants, siégeant à Tobrouk, issu des élections de 2012, reconnu par la plus grande partie de la communauté internationale, et celui du Congrès général national, puis de Salut national, siégeant à Tripoli, issu de celles de 2014, contrôlé notamment par les Frères musulmans des milices de Misrata. Un Gouvernement d'union nationale enfin a été constitué le 19 janvier 2016 sous la pression de l'ONU par un Conseil présidentiel de neuf membres mais a été rejeté par les deux parlements rivaux de Tobrouk et Tripoli[46]. En février 2016, une nouvelle tentative de Gouvernement d'unité nationale, mis en place grâce aux efforts du Maroc, qui a su réunir divers intervenants autour d'une même table, est saluée par les gouvernements de l'Allemagne, de l'Espagne, des États-Unis, de la France, de l'Italie, du Royaume-Uni et des Émirats arabes unis.

Car il n'est pas question pour les Émirats de rester en dehors de ce qui se passe. Les 17 et 23 août 2014, six Mirage F-2000 émiratis partant de bases égyptiennes bombardent des miliciens de *Fajr Libya*

44. François Jedaoui, « Les Émirats arabes unis, nouvel acteur régional en mer Rouge ? », site *Diploweb*, octobre 2015 [http://www.diploweb.com/Les-Émirats-Arabes-Unis-nouvel.html].

45. Ce général de Khadafi mène des offensives au Tchad. Fait prisonnier en 1987 par les Tchadiens, il est retourné par les services américains et placé à la tête d'une « Force Haftar » de 2000 hommes basée au Tchad et destinée à lutter contre le régime de Tripoli. Mais il s'exile en 1990 avec ses hommes aux USA, après l'arrivée au pouvoir d'Idriss Déby, et s'installe... à Langley, riante localité de Virginie qui abrite le siège de la CIA. Revenu en Syrie en 2011 il combat à Syrte, Brega et Benghazi.

46. L'une des questions qui bloquait était celle de l'attribution du portefeuille la Défense soit au général Haftar, soit à un ancien bras droit de Ben Laden, Abdelhakim Belhaj, qui dirige le Groupe islamiste de combat de la Libye (GICL), une des plus puissantes milices de Tripoli.

autour de l'aéroport de Tripoli, des raids revendiqués par le général Haftar au titre de l'*Opération dignité* dirigée contre les milices. En 2015, c'est l'achat de 100 millions de dollars d'armes pour les troupes de Khalifa Haftar. Mais en 2016, alors que l'État Islamique s'est implanté sur le territoire, la question est surtout celle d'une nouvelle intervention des puissances occidentales en Libye, à laquelle s'opposent, pour des raisons différentes, les deux voisins immédiats que sont l'Algérie et la Tunisie.

Si nous passons l'Égypte pour aller maintenant au Machrek, un certain nombre d'États du Golfe, comme l'Arabie saoudite ou les Émirats arabes unis, mais aussi d'autres États arabes, comme la Jordanie, ou le Maroc, ont rejoint la coalition dirigée contre l'Organisation État Islamique (OEI) en Irak et en Syrie. Les forces émiraties ont participé en 2014 aux raids aériens dirigés contre l'organisation État Islamique en Syrie (avec même un commandant de formation féminin de 35 ans, Mariam el Mansouri). En juin 2015, avant que ne s'ouvre le front yéménite, les forces aériennes émiraties assuraient 20 % des frappes de la coalition.

Mais c'est le rôle de l'islam politique, et notamment des Frères musulmans, qui va aboutir à une crise au sein du CCG en 2014. Le Qatar, dirigé entre 1995 et 2013 par Hamad ben Khalifa Al Thani, joue sa propre partition diplomatique à l'échelle régionale depuis une vingtaine d'années[47]. Il s'est surtout lancé dans un *soft power* dont l'instrument privilégié, depuis sa création en 1996, est la chaîne *Al Jazeera*[48]. C'est sur cette chaîne qatarie que le cheikh Youssef al-Qaradawi, un ouléma égyptien emprisonné sous Nasser et réfugié au Qatar en 1961 – il en a acquis la nationalité – a pu laisser libre cours à ses prêches enflammés dans son émission *al-Shari'a wa al-Hayat* (la Charia et la vie). Par ailleurs, le Qatar s'est mis à subventionner des mouvements proche des Frères dans le monde arabe. En juin 2013, l'émir Hamad est remplacé par le prince-héritier Tamim ben Hamad al-Thani, mais c'est trop tard, les oppositions frontales des printemps arabes menant à une crise. En février 2014, les Émirats arabes unis rappellent leur ambassadeur à Doha, et le 5 mars de la même année ce sont l'Arabie saoudite, les Émirats encore et le Bahreïn qui usent de la même arme, reprochant au Qatar des « ingérences directes et indirectes dans les affaires intérieures de ses voisins »[49]

C'est alors que s'ouvre un second front de lutte au sud, au Yémen.

47. Cf. Christian Chesnot et Georges Malbrunot, *Qatar, les secrets du coffre-fort*, Paris, Michel Lafon, 2013.

48. Il a aussi largement investi dans le sport et l'on suit dans la presse les rebondissements de l'attribution à Doha de la Coupe du monde de football de 2022...

49. Jean-Paul Burdy, « Le Qatar mis en accusation : une crise politique sans précédent au sein du Conseil de coopération du Golfe », Les clés du Moyen-Orient [http://www.lesclesdumoyenorient.com/5-mars-2014-Le-Qatar-mis-en.html].

Le front yéménite

Le Yémen avait souhaité rejoindre le CCG dès 1996 (déposant sa candidature officielle en 1999), mais n'avait pu le faire en raison de l'inadaptation de son économie mais aussi de conflits territoriaux. Il a cependant rapidement collaboré avec le CCG dans les domaines de l'éducation, de la santé ou du travail. Mais c'est un nouveau « front chiite » qui s'y ouvre avec le coup d'État des miliciens houthis[50] du groupe *Ansar Allah* le 6 février 2015. En mars 2015, une coalition arabe vient donc soutenir le gouvernement légal du président Hadi, contre les rebelles houthis soutenus par l'Iran: les États arabes ne peuvent accepter de voir ce dernier prendre pied dans ce pays et, surtout, de menacer de prendre le contrôle du détroit de Bab el Mandeb, entre Mer rouge et Golfe d'Aden, par où transitent les flottes à destination du canal de Suez.

C'est dans ce contexte qu'est décidée l'opération *Amaliyat `Āṣifat al-Ḥazm* (Tempête décisive) regroupant les forces loyalistes du gouvernement yéménite, tous les États du CCG – à l'exception d'Oman[51] – mais aussi, à des degrés divers, l'Égypte, le Soudan, la Jordanie, le Maroc et le Pakistan. Les Émirats arabes unis sont ici en première ligne avec des troupes au sol, leur aviation et leur marine. Ainsi, Abou Dhabi construit un véritable empire maritime[52]. Au sol, leurs forces spéciales ont encadré et formé les milices du président Hadi, mais ils ont surtout mis en œuvre une brigade blindée Leclerc[53], l'acheminant au Yémen par leurs seuls moyens. Dans le domaine aérien ils ont non seulement fourni des chasseurs efficaces et des drones, mais aussi créé pour cette force aérienne et leurs bâtiments de surface une base à Assab, en Érythrée – et pas à Djibouti, dont ils ont un temps géré le port grâce à l'opérateur Dubaï World avant de se brouiller avec ce pays. Enfin, ils ne se contentent pas d'intervenir militairement puisqu'ils sont aussi de gros bailleurs d'aide humanitaire au Yémen (31 % de l'aide 2015). Leurs troupes ont connu des pertes, faibles par rapport au volume des forces engagées (on parle de 1 500 hommes, sur les 10 000 de la coalition, et l'on aurait une cinquantaine de morts émiratis), mais qui sont les plus importantes depuis l'indépendance de la fédération.

Les Émirats sont particulièrement intéressés par la sécurisation des routes du pétrole. Non seulement, pas plus que l'Arabie saoudite et les

50. Les houtis, du nom de la famille de leurs dirigeants, les Al Houti, sont formés de zaïdites, une branche dissidente du chiisme qui s'est rapprochée du sunnisme, et sont principalement présents au Nord-Ouest du Yémen.

51. Le CCG n'a pas mis en œuvre « Bouclier de la péninsule » au Yémen notamment parce que cela aurait conduit à l'opposition d'Oman.

52. Cf. *Le Monde*, 3 et 4 juin 2018.

53. C'est-à-dire deux bataillons à 35 chars et un bataillon sur BMP3.

autres États du Golfe, ils ne veulent voir l'Iran s'arroger un droit de regard en la matière, mais ils considèrent encore que l'effondrement d'États comme la Somalie ou le Yémen empêche de mener une lutte efficace contre l'influence grandissante de la piraterie en mer d'Aden, alors que celle-ci pourrait se révéler très largement perturbatrice du trafic pétrolier au-delà d'Ormuz. La sécurité des États pétroliers demande donc ce contrôle maritime au sud, auquel les Émirats s'étaient déjà intéressés en accueillant de nombreuses conférences sur ce sujet et en envisageant sa prise en compte, au moins partiellement, avec l'Inde.

Notons ici que cette politique dirigée vers l'océan Indien peut également s'appuyer sur le port émirien de Fujaïrah, qui aurait vocation à être le débouché des produits pétroliers des États du CCG à destination de l'Asie[54], un axe essentiel.

Une économie qui regarde vers l'Est

Pour évaluer la géopolitique des États du Golfe et des Émirats arabes unis, gardons-nous de ne regarder que vers les pays arabes et l'Occident. On oublie souvent que le Golfe est à mi-chemin de l'Europe et de l'Asie – un élément qui a pourtant permis le développement des flottes aéronautiques civiles de la région –, et l'on est souvent surpris en s'apercevant que l'économie des membres du CCG se tourne de plus en plus vers cette Asie, du sous-continent indien à la Chine et au Japon, et que l'Occident, et notamment les États-Unis, ne sont plus leurs principaux partenaires: leur commerce avec l'Occident (pays de l'Union européenne et États-Unis) représentait 40 % du total dans les années 1990, mais 20 % de nos jours[55], et quand le marché asiatique représente près pour 40 % de la consommation d'énergie dans le monde il est logique que les réserves de pétrole et de gaz du Golfe arabe soient concernées.

54. Les USA ne s'y sont pas trompés et considèrent que Doqum est une base potentielle pour ses navires à propulsion nucléaire, navires de surface comme sous-marins (Cf. Pierre Razoux, *Oman : future pièce maîtresse de la stratégie américaine dans le Golfe et l'océan Indien*, IRSEM, Note de recherche stratégique n°15 – janvier 2015 ; Alexandre Mouthon, « Géopolitique d'Oman. Les choix d'une pétromonarchie discrète », *Diploweb*, samedi 5 mars 2016 [http://www.diploweb.com/Geopolitique-d-Oman.html]).

55. Le CCG représente le cinquième marché d'exportation de l'Union européenne, et cette dernière est le premier partenaire commercial du CCG. Les pays du Conseil de coopération du Golfe sont les premiers investisseurs dans les pays du voisinage sud méditerranéen de l'Union européenne. L'Union européenne (UE) a signé avec le CCG un accord de coopération en 1998, touchant notamment aux domaines de l'énergie, des transports, de la recherche et de l'économie.

Les relations commerciales entre la péninsule Arabique et le sous-continent indien, d'abord, sont plurimillénaires. On échangeait plus récemment les vêtements ou les épices venus d'Inde contre les perles et les dattes des États de la Trêve, Charjah et Dubaï principalement commerçant avec les ports de la côte de Malabar. Les relations diplomatiques, économiques et culturelles entre l'Inde et les Émirats arabes unis sont donc solides. Les deux pays collaborent dans le domaine de la défense, mais les Émirats représentent surtout le second marché le plus important pour les produits indiens, après les États-Unis, et sont notamment devenus le troisième centre de réexportation dans le monde, après Hong Kong et Singapour.

Les relations diplomatiques entre la Chine et les Émirats arabes unis, ensuite, se sont renforcées au milieu des années 1980, avec des accords de coopération économique, commerciale et technique (1985) ou de coopération culturelle (1989). En 2010, la Chine devient le premier consommateur d'énergie au monde ; en 2013 elle passe devant les États Unis en termes d'importation de pétrole et en 2015 70 % de sa consommation pétrolière vient du Golfe, avec comme principal partenaire l'Arabie saoudite, qui représentait en 2013 19 % de ses importations, mais elle importe aussi du pétrole venant des Émirats arabes unis et du gaz naturel liquéfié du Qatar. Les voies d'acheminement sont sécurisées : depuis 2012 l'oléoduc de 370 kilomètres de long qui part de l'émirat d'Abou Dhabi pour arriver à Fujairah permet d'éviter le détroit d'Ormuz. À terme, la « nouvelle route de la soie » pourrait être aussi une voie de transfert des hydrocarbures d'Ouest en Est.

La Chine est depuis 2014, en ayant localement dépassé l'Inde, le premier partenaire commercial de Dubaï, et le deuxième pour l'ensemble des Émirats arabes unis, après l'Inde. C'est aussi le troisième investisseur direct étranger du monde, investissant plus de 100 milliards de dollars par an, et 200 000 Chinois sont expatriés aux Émirats. La société d'investissement d'Abou Dhabi, *Mubadala*, a annoncé en janvier 2016 sa volonté de lancer un fonds commun d'une valeur de 10 milliards de dollars avec la Banque de développement chinoise, et la Chine a également renouvelé, début 2016, sa convention d'échange de devises avec les Émirats, qui permet à la Banque centrale de ces derniers de fournir jusqu'à 35 milliards de yuans en règlement d'échanges bilatéraux. Ajoutons qu'environ 241 000 touristes chinois ont visité Dubaï au premier semestre 2015, soit une augmentation de 25 % par rapport au premier semestre 2014, et que la marge de progression est immense (Dubaï a attiré 13 millions de visiteurs en 2014 et table sur 20 millions en 2020).

Plus globalement, dans son discours prononcé au siège de la Ligue arabe au Caire le 21 janvier 2016, le président chinois Xi Jinping évoquait quatre domaines de coopération entre la Chine et les pays arabes : la lutte contre le terrorisme et l'extrémisme ; les accords d'achat-vente à long terme et une stratégie énergétique innovante ; le développement d'industries performantes, comme l'automobile, le nucléaire civil et les énergies propres ; enfin la promotion d'échanges « civilisationnels » fondés sur un respect mutuel entre les cultures.

Au nord, la Russie, enfin, cherche elle aussi à accroître sa coopération avec les Émirats arabes unis. Elle exporte du diamant, de l'or, de l'acier, des équipements et du matériel de défense, et importe des produits alimentaires. Mais elle cherche aussi depuis quelques années à prendre pied dans le domaine de la finance islamique, y compris en coopérant avec des structures du Golfe. Enfin le Fonds russe des investissements directs et le fonds souverain *Mubadala* ont créé en 2015 une plateforme consacrée aux investissements communs à destination de projets situés en Russie.

Conclusion

L'effondrement de l'Égypte d'Hosni Moubarak en février 2011 a ouvert la voie à une diplomatie spécifique des États du Golfe arabe, seul espace stable dans la région.

Cela pose actuellement la question du rapport aux États-Unis[56]. Du côté des monarchies du Golfe, la faiblesse du soutien apporté par Washington au régime de Bahreïn en 2011, et ce alors même que cet État est la base de la flotte américaine, la signature avec l'Iran du traité 5 + 1 sur le nucléaire malgré toutes les mises en gardes saoudiennes, ou le refus d'en terminer militairement avec le régime syrien, comme cela avait été fait avec le libyen, les conduisent à émettre des doutes sur l'authenticité du soutien occidental en général, et sur celui des États-Unis en particulier même si Washington semble avoir révisé sa politique depuis l'élection de Trump. Ajoutons que certains analystes américains, partant de l'idée que la planète entière ou presque – en tout cas États-Unis, pays européens, Chine, Japon, Inde ou Russie – est maintenant concernée par le maintien de la paix dans le Golfe, n'hésitent d'ailleurs pas à envisager une internationalisation du CCG dans une sorte de conseil de commerce du Golfe où siégeraient, à côté des États du CCG, l'Iran, l'Irak, mais aussi « la Chine,

56. Cf. Mohammed El-Katiri, *United-States-Gulf cooperation council security cooperation in a multipolar world*, Us Army War College, Strategic Studies Institute, octobre 2014.

le Japon, la Russie, les États-Unis, et à un moindre degré, l'Union européenne »[57].

C'est une tout autre ouverture qui avait un temps été évoquée en 2011-2012, avec l'adhésion de la Jordanie et du Maroc, hypothèse ensuite écartée. Mais les liens sont forts en termes d'investissement économique comme de diplomatie – on rappellera que le Maroc, pour soutenir le Bahreïn, a rompu ses relations diplomatiques avec l'Iran – ou de sécurité commune. En mai 2015 le roi Mohammed VI a effectué sa première visite en Arabie Saoudite depuis l'intronisation du roi Salman, pour rappeler le rôle d'allié majeur du Royaume auprès des pays du CCG, et le souverain marocain a fait ensuite de nouvelles tournées dans le Golfe. Maroc et Jordanie participent par ailleurs, aux côtés des pays du CCG, aux coalitions dirigées contre l'EI ou contre les rebelles houthis yéménites.

Au sein du CCG, Abou Dhabi souhaite faire entendre sa propre voix et devenir l'un des principaux acteurs militaires de la région· car sur la scène internationale les Émirats veulent être non seulement, un agent d'influence, un élément du *soft power* du Golfe, mais aussi un élément-clef de son *hard power*[58]. Cela explique sans doute partiellement la participation de leurs forces aux opérations militaires en Libye, en Syrie et au Yémen, travaillant souvent pour cela dans le cadre de coalitions internationales.

Mais les Émirats arabes unis sont aussi pleinement impliqués dans la lutte contre le développement des idéologies et des groupes extrémistes, comme l'Organisation État Islamique, Al Qaïda dans la péninsule arabique (AQPA), Al Qaïda au Maghreb islamique (AQMI), Al-Shabbaab, (les shebab ou chebab) en Somalie ou la coalition *Fajr Libya*. Ils ont signé des accords avec l'Égypte, le Pakistan, et la Tunisie pour participer à la lutte contre les groupes terroristes islamistes, et interviennent aussi sur la diffusion de ces éléments terroristes en Europe[59]. Cet engagement n'est pas sans danger et nous avons dit que les mesures de sécurité intérieure des pays du Golfe ont été renforcées et leur droit modifié en tant que de besoin pour faire face aux menaces provoquées par cette lutte contre le terrorisme[60]. Les Émirats ont en la

57. Frederic Wehrey et Richard Sokolsky, *Imagining a new security order in the Persian gulf*, *op.cit.*, p.12.

58. Philippe Boulanger, « Les défis politiques d'une nouvelle puissance régionale : les Émirats arabes unis », *Hérodote*, 2009/2, n°133.

59. On a déjà évoqué leur information des pays occidentaux sur les réseaux liés au Frères musulmans, mais pour prendre un autre exemple, plusieurs conseillers de la *Bezbednosno Informativna Agencija* (BIA), le service de renseignement serbe, ont été détachés auprès de la Sûreté de l'État émiratie pour lutter contre l'islamisme dans les Balkans.

60. Cf. Dominique Thomas « Les impacts en matière de sécurité intérieure de l'engagement anti-jihadiste saoudien », in coll. sd. Fatiha Dazi-Héni, *La diplomatie*

matière trouvé un allé sûr, le Maroc, avec lequel ils partagent de nombreuses vues communes sur la sécurité, la lutte contre le terrorisme, ou les choix diplomatiques à faire.

Finalement, la situation géopolitique des Émirats est actuellement la plus cohérente des pays du CCG. Militairement d'abord, les Émirats semblent en phase avec les approches de la guerre moderne. S'assurer en premier lieu de l'indispensable maîtrise des airs, avec leur aviation pour la frappe et les drones pour le renseignement et la frappe ; disposer d'équipements blindés durcis et d'une force de frappe suffisante pour réduire une poche ou percer un front ; développer une stratégie maritime ; savoir travailler dans le cadre de coalitions multinationales. Sur le plan économique ensuite, l'énorme pouvoir que leur confèrent leurs fonds souverains n'est ni gaspillé en inutiles opérations de communication ni rendu trop présent au point d'indisposer les États dans lesquels se font leurs investissements. Leur influence sur le plan religieux enfin vise à une modération qui n'est pas sans rappeler, ici encore, l'approche marocaine. En mettant en garde depuis des années les diplomaties occidentales contre le risque de l'islamisme politique représenté par les Frères musulmans, et ce alors qu'une partie des chancelleries attendaient de leur arrivée au pouvoir la mise en place de démocraties « à l'occidentale » dans le monde arabe, ils ont démontré leurs capacités d'analyse. Les exemples tunisien et égyptien ou l'effondrement libyen prouvent tout l'intérêt qu'il y a être plus attentifs que jamais à ces analyses et à maintenir, voire renforcer, une collaboration avec un pays qui s'impose de plus en plus comme un acteur géopolitique important.

proactive des pays du Conseil de coopération du Golfe au Moyen-Orient, IRSEM, 2015.

3

Les défis de la défense et de la sécurité

Frédéric Pons

Du pétrole et du gaz en abondance (120 ans de réserves pétrolières et gazières à Abou Dhabi), le contrôle de la moitié de la rive occidentale du Golfe arabe – environ 500 kilomètres sur 1 000 kilomètres de longueur – et le voisinage immédiat de deux puissances régionales – l'Iran perse et chiite sur la rive nord, l'Arabie saoudite au sud – donnent aux Émirats arabes unis une dimension stratégique que n'expliquent ni leur histoire, assez récente, ni leur superficie plutôt réduite (88 800 kilomètres carrés), ni leur population (environ 9 millions d'habitants).

Hier très pauvres, aujourd'hui très riches, ces émirats construits sur du sable mais gavés en ressources énergétiques (9 % des réserves mondiales prouvées, dont 94,3 % sont à Abou Dhabi) se savent enviés, convoités, vulnérables. Dès leur constitution en État fédéral, en 1971, les Émirats arabes unis ont fait face à des défis de sécurité, autant internes qu'externes, allant bien au-delà de leurs capacités propres à pouvoir les traiter de façon autonome. Au problème jamais tout à fait réglé du tracé et de la surveillance de leurs frontières, se sont ajoutés bien d'autres tracas. C'est d'abord le voisinage sensible avec deux nations antagonistes : à l'est, la persane, berceau du chiisme depuis la fin du VIIe siècle ; à l'ouest, la saoudienne, propriétaire des lieux saints du sunnisme.

Les Émirats doivent aussi veiller à la sécurisation des impressionnants flux énergétiques et commerciaux transitant au large de leurs côtes. Ils ont aussi le souci de contrôler des populations de plus en plus cosmopolites, avec une proportion croissante de travailleurs immigrés appelés pour faire tourner ce nouveau pôle oriental de la mondialisation. Dubaï ne pourrait pas fonctionner sans son importante main-d'œuvre étrangère. En effet, ce petit émirat compte autour de 85 % de résidents étrangers, issus de plus de 90 nationalités : des Indiens (30 %

de la population), des Pakistanais (20 %), des Occidentaux (30 %). Au total, environ la moitié de la population des Émirats serait constituée de ressortissants étrangers. Cette forte présence de travailleurs immigrés, notamment asiatiques, pourrait, à terme, poser des problèmes de sécurité interne.

Avant même leur regroupement politique et économique, en décembre 1971, les sept émirats (Abou Dhabi, Ajman, Charjah, Dubaï, Fujaïrah, Ras el Khaïmah et Oum al Qaïwaïn) avaient cherché à garantir leur sécurité extérieure et intérieure par un réseau d'alliances régionales (avec l'Arabie saoudite) et internationales, sous le parapluie global de l'Amérique, avec des armements occidentaux fournis principalement par les États-Unis, la France et le Royaume-Uni.

Les fortes tensions entre l'Iran et la communauté internationale, la guerre au Yémen et les menaces de déstabilisation chronique dans certaines régions, comme les fièvres irako-syriennes à répétition, ont renforcée cette nécessité pour les deux Émirats de garantir en permanence leur sécurité et une défense robuste avec deux impératifs : des partenariats de confiance et des armes de qualité. C'est ce choix qu'analyse en profondeur Philippe Boulanger dans son étude très fouillée parue en 2009 dans la revue *Hérodote* (n° 133, « Les Émirats arabes unis – Les défis géopolitiques d'une nouvelle puissance régionale ») : « La recherche d'un ordre sécuritaire pour les Émirats arabes unis passe par le renforcement de trois orientations successives : la sécurité intérieure par la surveillance des frontières, le développement de la coopération régionale et la mise en place d'un système d'alliances avec les grandes puissances militaires mondiales. »

La stabilité du Golfe arabe est la première préoccupation des Émirats. Elle passe d'abord par le renforcement de la solidarité arabe, avec leur voisinage immédiat, malgré des différends frontaliers liés aux premières années de l'indépendance, et avec d'autres nations arabes ou musulmanes, puissantes mais plus lointaines. Les Émirats sont ainsi très engagés dans la politique et les actions du Conseil de Coopération des États du Golfe arabe (CCG, créé en 1981), dédié à la stabilité de la région. « Dans la charte fondatrice, explique Philippe Boulanger, sont prévus des mécanismes de sécurité collective : une coopération militaire grâce à la formation d'un Conseil de la planification de la défense, une union des forces face à l'Iran, une position commune en matière de sécurité nationale rappelée encore dans le programme en huit points du CCG de mai 1997, une politique de défense intégrée. »

Cette coopération militaire s'articule autour d'exercices militaires conjoints et d'une harmonisation progressive des politiques de défense : Depuis 1983, les forces armées des pays du CCG organisent des manœuvres communes baptisées « Bouclier de la péninsule ». Depuis les sommets de Koweït (1984) et de Mascate (1985), ces unités participantes forment une « force de déploiement conjointe » dont le quartier général se situe au nord-est de l'Arabie saoudite (Hafr el-Batin).

En retour, Abou Dhabi bénéficie du soutien actif du Conseil dans le différend frontalier persistant qui l'oppose à l'Iran sur les îles d'Abou Moussa, de la Petite et de la Grande Tomb. Ces deux archipels situés à l'entrée du détroit d'Ormuz sont minuscules mais d'une grande valeur militaire et économique. Ils contrôlent l'une des principales voies commerciales du monde, là où transitent chaque jour des dizaines de supertankers (pétroliers et gaziers) pour entrer et sortir de l'étroit Golfe arabe : près de 40 % du trafic pétrolier mondial passe à quelques encablures de ces « cailloux stratégiques. » Lors du retrait britannique, l'Iran s'empara des îles. En 1980, les Émirats arabes unis soumettaient le dossier aux Nations unies pour arbitrage, ce qui n'a jamais empêché l'Iran de renforcer sa présence et de continuer à iraniser ces bouts de terre.

Les Émirats arabes unis n'ont qu'une étroite marge de manœuvre. Grand et inquiétant voisin, l'Iran est peuplé de plus de 77,5 millions d'habitants (sur une superficie de 1,6 million de km^2). Sa façade maritime sur le Golfe arabe court sur plus de 2 200 kilomètres, jouxtant pas moins de sept États, du nord au sud : l'Irak, le Koweït, l'Arabie saoudite, Bahreïn, le Qatar, les Émirats arabes unis, Oman. De plus, la république islamique d'Iran n'est située qu'à quelques dizaines de kilomètres des Émirats, de l'autre côté des eaux chaudes du Golfe et de la presqu'île omanaise de Musandam, en promontoire sur le détroit d'Ormuz, large à cet endroit d'à peine une trentaine de kilomètres.

Cette proximité est bonne pour le commerce mais elle met les Émirats à portée direct des missiles et des canons de leur adversaire. L'Iran dispose d'une panoplie dissuasive de plus d'un millier de missiles balistiques et tactiques, la plupart pouvant être équipés de têtes chimiques, et de lanceurs, à la fois mobiles et discrets. La portée de ces armes va bien au-delà des États du Golfe, sous leur menace directe, y compris d'ailleurs les bases américaines de la région, dont celle d'Al Dhafra, au sud d'Abou Dhabi, où se trouvent aussi des avions français. La durée de vol des missiles iraniens pour atteindre le territoire des Émirats est estimée à deux minutes !

Cette menace de guerre totale n'est pas la plus probable. Les Émirats redoutent davantage le blocage de la navigation maritime dans le détroit d'Ormuz, verrou de l'accès au Golfe. En cas de grave crise internationale, l'Iran pourrait en effet fermer le passage à tout moment, avec un faible niveau d'engagement. Une série d'incidents ont montré dans un passé récent la capacité de nuisance des Iraniens dans ce domaine. Il suffit d'actions de harcèlement par des vedettes légères, du mouillage de quelques mines et cette guérilla navale de basse intensité serait suffisante pour gêner, voire geler, toutes les activités pétrolières et commerciales de la zone. Une telle fermeture porterait un coup terrible à l'économie des Émirats, à leur richesse et, au-delà bien sûr, au marché mondial des produits pétroliers : l'Europe dépend à près de 70 % de la région. Ce détroit est la « veine jugulaire » de l'Occident. Les Émirats en sont aussi les gardiens.

À Abou Dhabi, les observateurs optimistes estiment que l'Iran n'a aucun intérêt à frapper les Émirats arabes unis où réside une importante diaspora iranienne, dont les échanges avec le monde permettent à Téhéran de contourner en partie l'embargo occidental décidé depuis 1996.

Cette place majeure des Émirats dans l'économie iranienne semble éloigner le spectre d'une guerre mais cela n'empêche pas Abou Dhabi de se préparer au pire. La menace latente mais vitale de l'Iran justifie les très importants achats d'armements aéronavals effectués depuis trente ans par les Émirats arabes unis. Ils sont tous les deux ans au programme du marché IDEX, l'un des plus grands salons de l'armement au monde, où se pressent les industriels occidentaux de l'armement, très présents à Abou Dhabi.

Déployés sur leur littoral et dans la profondeur du désert, les moyens électroniques de surveillance, de détection et de riposte des Émirats sont sans doute parmi les plus sophistiqués au monde. Tous sont d'origine occidentale. Pour cadenasser leur espace aérien devant la menace des missiles iraniens, les Émirats arabes unis ont même récemment acheté un bijou de technologie militaire : des batteries mobiles de missiles anti-missiles THAAD, fabriqués par les Américains *Lockheed-Martin* et *Raytheon*. Jusque-là, ces armes ultra-modernes n'avaient été livrées qu'à l'armée américaine.

Le voisinage avec l'Arabie saoudite est de première importance. Pays immense (1,9 million de km^2), très peuplé (35 millions d'habitants, plus de trois fois les sept émirats des EAU), immensément riche, la grande puissance économique et militaire de la région est aussi la gardienne des Lieux saints de l'Islam. Son rayonnement et son leadership pèsent naturellement sur le monde arabo-sunnite. Les Émirats et l'Arabie – membres du Conseil de coopération du Golfe – entretiennent de solides relations dans tous les domaines.

L'histoire géopolitique et militaire des Émirats de ces trente dernières années est une quête permanente d'assurance, à travers des coopérations poussées, sans cesse révisées à la hausse, en direction de tous les pays susceptibles de garantir leur tranquillité. Le Conseil de coopération du Golfe forme le premier cercle de sécurité sur le plan régional. Au plus loin, ce sont les Nations unies et les partenariats avec l'Occident, qui permettent aux Émirats arabes unis de s'insérer dans des stratégies de vigilance et d'alliances.

Au-delà de leur posture purement militaire, les Émirats ont aussi déployé une véritable politique d'influence, au-delà du Golfe arabe, notamment vers la mer Rouge et l'est de l'Afrique où leur stratégie de sécurité globale passe par le commerce, la culture, le mécénat, les donations, les médias et l'installation de bases navales. Abou Dhabi TV est ainsi de plus en plus diffusée au Proche Orient, du canal de Suez au Golfe arabe.

Certains pays ont joué ou jouent encore un rôle majeur auprès des sept émirats. À l'ouest, c'est le cas de l'Égypte. Grande puissance arabo-musulmane par son histoire, son rayonnement, ses effectifs militaire et ses armements, elle est souvent perçue aux Émirats comme un pays frère qui sera toujours présent pour apporter sa puissance, en cas de coup dur. L'alliance avec ce pays est très ancienne. Parfois chaotique, elle a été renouvelée, en janvier 2015, lors de la première visite officielle aux Émirats arabes unis du président égyptien Abdel Fatah al Sissi : « La relation égypto-émirienne est excellente et restera toujours spéciale », confirmait le chef de l'État égyptien à la presse lors de ce déplacement.

Abou Dhabi n'avait pas accepté le renversement du régime d'Hosni Moubarak, en janvier 2011, ni, surtout, l'arrivée au pouvoir des Frères Musulmans, entre 2012 et juillet 2013. Cette confrérie politico-religieuse est particulièrement redoutée. Représentant une menace sérieuse pour la stabilité des pays de la zone, elle est sévèrement réprimée. Le coup d'État populaire de l'été 2013 contre les Frères, l'installation à la présidence d'Abdel Fattah el Sissi et la chasse aux islamistes en Égypte ont donc été salués avec soulagement à Abou Dhabi qui a encouragé le mouvement.

Joignant le soutien financier à leur appui politique, les autorités des Émirats arabes unis ont débloqué une enveloppe de près de 3 milliards de dollars de prêts (2 milliards à taux zéro) et de dons (1 milliard) en faveur de la nouvelle équipe au pouvoir au Caire. En consolidant ainsi el Sissi, le plus redoutable adversaire des Frères musulmans dans la région, cette générosité émirienne poursuit un objectif précis : ériger une nouvelle ligne de défense politique et religieuse pour l'avenir, comme une sorte d'investissement sur leur sécurité future.

Lors de l'inauguration de la nouvelle voie navigable du canal de Suez, le 6 août 2015, le Cheikh Mohammed Ibn Rashid el Maktoum, vice-président des Émirats arabes unis et émir de Dubaï, et le cheikh Mohammed Ibn Zayed el Nahyan, Prince héritier d'Abou Dhabi, vice commandant en chef des forces armées émiriennes, avaient fait le déplacement, pour bien marquer leur parrainage politique et financier du nouveau régime égyptien.

Cette présence des dirigeants émiriens est venue aussi confirmer l'intérêt stratégique nouveau des Émirats pour la mer Rouge, au-delà de Suez et de l'Égypte. Cette mer et cette région sont devenues leur hinterland, certes lointain, mais placé sous leur surveillance. L'activisme sécuritaire émirien s'étend désormais à des États faillis de la région, souvent en plein chaos, aux abords des importantes routes commerciales dont dépend une grande partie de la prospérité émirienne.

C'est le cas du Yémen : d'après le *Financial Tracking Service System*, outil de mesure de l'aide humanitaire des Nations unies, les Émirats arabes unis ont fourni, en 2015, 31 % de l'aide internationale envoyée au Yémen, contre 16 % pour les États-Unis et 10 % pour le Royaume Uni. En Somalie aussi, les Émirats sont actifs. Ils sont le dernier pays arabe à y avoir maintenu leur ambassade, malgré la guerre civile. Les Émirats s'intéressent aussi de plus en plus à l'Érythrée.

À l'est des Émirats, la grande puissance amie est le Pakistan. Souvent soutenu financièrement par la richesse émiratie, le « pays des hommes fiers » est, avec l'Égypte, cet autre partenaire musulman de poids sur lequel le Golfe peut compter. Allié économique de premier plan, le Pakistan avait été le premier pays à reconnaître officiellement la fédération des émirats. Il entretient près de 500 000 expatriés aux Émirats arabes unis, principalement à Dubaï. Cette force de travail soutient le développement économique (notamment immobilier et hôtelier) de Dubaï et d'Abou Dhabi, sous le double contrôle très strict d'Islamabad et des Émirats.

Richement dotées en armements grâce à un budget conséquent – 14,3 milliards de dollars, soit 5,34 % du PNB, un quasi record du monde –, les forces émiriennes ne comptent que 65 000 hommes, 388 chars AMX Leclerc, une centaine d'avions de combat. Sans l'assistance et la garantie de sécurité occidentales, son grand voisin iranien n'en ferait sans doute qu'une bouchée. L'instauration, en 2014, du service militaire pour les nationaux âgés de 18 à 30 ans, traduit la nécessité de créer un esprit de défense national ainsi que l'effort considérable sur le plan des hautes technologies de l'armement.

La vraie assurance-vie des Émirats arabes unis est leur partenariat robuste avec l'Occident. Dès l'origine, les Émirats ont voulu nouer des liens forts, presque amicaux, avec les Occidentaux, afin de garantir leur sécurité. Les relations militaires les plus évidentes et les plus solides sont celles nouées en premier lieu avec les États-Unis et la France. Le Royaume-Uni, ancienne puissance tutélaire, a perdu beaucoup de ses positions depuis son départ progressif de la région, en 1971. Son aura s'est dégradée aussi en s'alignant sans mesure sur l'Amérique.

Ce lien militaire et politique avec l'Occident s'est singulièrement renforcé au lendemain de l'invasion du Koweït par l'Irak et de la première Guerre du Golfe (1990-1991). Des troupes émiriennes avaient participé à la libération du Koweït au côté des forces occidentales. Des traités de défense et de coopération militaire ont été alors été signés avec la France et les États-Unis et un flux ininterrompu de livraisons de matériels militaires s'est mis en place.

À l'instar de l'Arabie saoudite, les Émirats arabes unis ont choisi de nouer une alliance politique et militaire forte avec les États-Unis. Quasiment sans accroc depuis trente-cinq ans, ce lien s'est tissé autour d'intérêts communs bien compris, qui sont ceux de tout l'Occident: assurer la stabilité dans le Golfe et garantir aux Occidentaux leur approvisionnement en énergie. Accessoirement, les Émirats arabes unis sont aussi devenus un partenaire commercial majeur de l'Amérique dans la région, son plus gros marché d'exportation au Proche Orient. Ce *hub* commercial sûr est prisé par les 750 entreprises américaines installées sur place.

Ce *business* soutenu et le voisinage immédiat de l'Iran justifient la vigilance militaire des États-Unis, les escales de bâtiments de la Ve Flotte (basée à Manama, la capitale du Bahreïn tout proche), les fréquentes grandes manœuvres communes et une coopération de Défense soutenue. Après un froid dû à l'ambiguïté de la diplomatie d'Obama, des relations plus confiantes se sont développées sous la présence de Trump.

Pour la France aussi, la relation est bonne. Elle reste le pays du général de Gaulle, porteuse d'une politique arabe indépendante de celle des États-Unis. Son image bénéficie de son empathie à l'égard des peuples arabes. La France est le pays qui s'est engagé sans états d'âme dans la guerre du Golfe, en 1990, mais qui a aussi refusé la funeste invasion américaine de l'Irak en 2003. À son crédit aussi, sa culture, un élément identitaire majeur pour des pays qui souffrent d'un déficit ou de supports dans ce domaine, et sa haute technologie, notamment dans le domaine militaire, ce que confirment les contrats successifs d'achats d'une centaine d'avions Mirage et Rafale et de leurs armements spécifiques depuis trente ans. Au meilleur de cette coopération militaire franco-émirienne, la France est allée jusqu'à assurer les trois quarts des équipements de l'armée des Émirats.

Tous les présidents de la République française sont allés visiter les Émirats, le plus souvent pour conclure des contrats ou des accords touchant en général à tous les domaines, politique, économique, culturel, militaire. En novembre 2017, inaugurant le Louvre Abou Dhabi, le président Macron saluait l'identité de vues entre Paris et Abou Dhabi et célébrait la force de la coopération entre les deux pays. Les visites des ministres de la Défense et des Affaires étrangères ne se comptent plus, sur fond de contrats à négocier. En retour, les responsables émiriens ne boudent jamais un déplacement à Paris. Forte de son rôle de contrepoids à l'omniprésence anglo-américaine, la France dispose aux Émirats d'un préjugé favorable.

Cette bonne entente s'est concrétisée, dès 1971, par une solide coopération de défense – pourtant nouée au cœur d'un pré-carré anglo-saxon, alors tout puissant. Elle s'est considérablement renforcée vingt ans plus tard, après la première guerre du Golfe. Aux premières missions généralistes de formation et d'assistance militaire, principalement dans le domaine aéronautique, se sont ajoutés bien d'autres secteurs. L'accord de coopération militaire et d'armement signé le 10 septembre 1991 a ainsi redéfini et complété le cadre des relations de défense franco-émiraties. Dès cette époque, des visites et des manœuvres communes interarmées font vivre ce partenariat.

Le 18 janvier 1995, un nouvel accord de coopération bilatéral de défense renforçait encore un peu plus ce lien, notamment en matière de renseignement, d'entraînement et de planification. Cette fois, la France s'engageait même à participer à la défense des Émirats, sur la base de plans de défense élaborés en commun. Ce traité de 1995 a souvent été présenté comme « l'accord de défense le plus étroit, le plus contraignant jamais signé par la France. » Il prévoirait même que Paris s'engage à déployer 85 000 hommes, 130 avions de chasse et un groupe aéronaval en cas d'attaque contre les Émirats arabes unis !

La modification de l'accord, effectuée en 2009 lors de la visite de Nicolas Sarkozy à Abou Dhabi, a permis de revenir à des objectifs plus réalistes. Le nouveau texte est resté secret mais il ne demanderait plus à la France que d'utiliser « tous les moyens militaires dont elle dispose ». Un haut comité franco-émirien présidé par les deux chefs d'état-major se réunit régulièrement, tantôt à Abou Dhabi, tantôt à Paris. Les exercices communs se sont multipliés.

Cette montée en puissance va bien sûr de pair avec d'importantes fournitures d'armement français aux Émirats, ce qui a renforcé le « *made in France* » dans l'arsenal émirien, avec de 60 à 70 % des équipements venant de France. Le premier symbole fort de ce partenariat est la vente, en avril 1993, de 436 chars Leclerc de Giat-Industries, pour un montant de 21 milliards de francs (3,2 milliards d'euros). Ce « contrat du siècle » sera suivi d'autres belles opérations, sur le marché des hélicoptères et de l'aviation de combat, malgré les retards successifs sur la vente du Rafale.

En 1999, quelques-uns des Leclerc émiriens seront déployés en condition opérationnelle au Kosovo par le bataillon des Émirats, voisin du contingent français. Bien plus tard encore, à partir de 2015, les Émirats engageront leurs Leclerc dans la guerre du Yémen, alliés aux Saoudiens contre les rebelles houtis proches de l'Iran. Aujourd'hui, la France s'est hissée au deuxième rang des partenaires des Émirats, avec une centaine d'actions menées chaque année et ce traité de défense militaire qui prévoit l'engagement français pour protéger ce pays en cas d'atteinte à sa souveraineté nationale.

La France peut se prévaloir de faire vivre une coopération très complète, et surtout fortement opérationnelle, depuis l'installation aux Émirats d'un dispositif prépositionné, les Forces française aux Émirats arabes unis (FFEAU), fortes de 650 à 700 militaires. Ouverte à la demande des Émirats, cette base – baptisée IMFEAU (Implantation militaire française aux Émirats arabes unis) –, a été inaugurée le 26 mai 2009 par le général d'armée Jean-Louis Georgelin, alors chef d'état-major des armées. La cérémonie fut présidée par Nicolas Sarkozy, Président de la République, pour bien signifier l'importance politique et stratégique de l'événement, en conformité avec les Livres blancs successifs définissant la politique française de Défense: tous ont en effet défini la région comme une zone d'intérêt majeure pour la France.

Cette IMFEAU est la première implantation militaire ouverte par les armées françaises en territoire étranger depuis plus de cinquante ans. Commandée à Abou Dhabi par un officier général portant la casquette de commandant des forces françaises aux Émirats arabes unis et de commandant de la zone maritime de l'océan Indien, cette implantation est articulée en trois composantes: une base navale et de soutien dans la capitale, Abou Dhabi, la base aérienne d'Al Dhafra, à 60 kilomètres d'Abou Dhabi, et un centre d'aguerrissement de l'armée de terre en zone urbaine et désertique. Sur place, l'armée française a recréé, le 2 juin 2016, une de ses unités récemment dissoutes en France: le 5e régiment de Cuirassiers, désormais implanté à la Cité militaire Zayed, à 65 kilomètres d'Abou Dhabi. Ses chars Leclerc s'entrainent dans le désert avec leurs camarades émiriens.

L'objectif de ce dispositif, explique l'état-major français, est « de soutenir le développement de la coopération militaire bilatérale, de constituer un point d'appui pour les forces françaises déployées dans le Golfe et le nord de l'océan Indien et de permettre l'aguerrissement et l'entraînement des forces par le biais d'activités menées en commun avec les émiriens. » Cette base aérienne a participé aux opérations de l'armée française contre l'État islamique en Irak.

L'État français – et Dassault Aviation – voient dans l'engagement des avions Rafale, à partir de la base émirienne, une chance de plus de placer le fleuron de l'aéronautique militaire française sur le marché émirien. Abou Dhabi avait ouvert la discussion en juin 2008 sur une éventuelle commande de 60 Rafale, destinés à remplacer leurs 62 Mirage 2000-9 livrés en 2009. De coups de chaud en périodes de refroidissement, marquées par l'échange d'exigences difficilement conciliables, de part et d'autre, et des visites répétées de ministres sur place, cette négociation dure interminablement.

La signature, en 2015 et 2016, des contrats Rafale avec l'Égypte (24 appareils vendus), le Qatar (24) puis l'Inde (36) ne pouvait que faciliter la finalisation de ce contrat émirien de près de 10 milliards d'euros. Paris misait beaucoup sur la reconnaissance des immenses capacités opérationnelles du Rafale, « testées au feu » à plusieurs reprises ces dernières années : en Libye, au Mali, en Irak. À la fin 2016, pour la première fois, 36 Rafale étaient simultanément engagés contre l'État islamique en Irak. Cette démonstration de force militaire – à visée aussi commerciale – a été sans précédent. Elle n'a pu que rassurer les Émirats dans leur alliance avec la France. Et emporter leur décision finale d'achat...

Sources

Entretiens

Nombreux entretiens privés avec des diplomates et des militaires français, à Paris et dans les pays de la région du Golfe.

Sites et organismes

Ministère français des Affaires étrangères et du Développement international [www.diplomatie.gouv.fr/fr].
Ministère français de la Défense [www.defense.gouv.fr/].
Émirates Center for Strategic Studies and Research [www.ecssr.com]
UAE Government & Politics [www.uaeinteract.com].
Institut français des relations internationales [www.ifri.org/].
Institut de Relations Internationales et Stratégiques [www.iris-france.org/].
Les Clés du Moyen-Orient [www.lesclesdumoyenorient.fr/emirats-arabes-unis.html].

Ouvrages

Allam F., *Impact of terrorism on Gulf societies and ways to fight it*, Arabian Gulf Security International and External Challenges, ECSSR, 5-7 mars 2007.
Boulanger P., *« Géostratégie du golfe Arabo-Persique », Diplomatie Magazine*, n° 31, mars-avril 2008.
– *Les défis géopolitiques d'une nouvelle puissance régionale : les Émirats arabes unis »,* Revue Hérodote n° 133, février 2009.
Garnham D., *UAE Security : proposals for the coming decade*, The Émirates Center for Strategic Studies and Research (ECSSR), n° 16, 1998
Gibert B., Maraut A., Telle B., *Enjeux et perspectives pour les Émirats arabes* unis, Karthala, 2005.

Guerache W., *Géopolitique de Dubaï et des Émirats arabes* unis, Éditions Arbre bleu, 2014.
Hasbani N., *Les pays du Golfe, premiers acheteurs mondiaux d'armements*, Questions internationales, n° 13, mai-juin 2006.
Mack D., "American perspective on Gulf security", *Arabian Gulf Security International and External Challenges*, ECSSR, 5-7 mars 2007.
Piquet C., *Les pays du Golfe – De la perle à l'économie de la connaissance*, Armand Colin, 2013.
Sicre F., "Gulf security challenges: a private sector perspective", *Arabian Gulf Security International and External Challenges*, ECSSR, 5-7 mars 2007.
Touazi F.-A., *Le ciel est leur limite*, Paris, Éditions du Moment, 2014.
– *De l'Arabie saoudite aux émirats, les monarchies mirages*, *Manière de voir*, n°147, juin-juillet 2016.
– *Les Émirats arabes unis, un nouveau tigre au Moyen-Orient?* Rapport du Sénat, mai 1998 [www.senat.fr/ga/ga-021/ga-021_mono.html].

Revues

Géoéconomie (Institut Choiseul), *Politique Internationale*, *Conflits*, *Manière de voir*.

4

Les institutions de la Fédération des Émirats arabes unis

Jean-Yves de CARA

Les Émirats arabes unis appartiennent au Proche Orient. Bien qu'ils soient séparés des principaux centres de cette région par de vastes espaces désertiques et qu'ils relèvent géographiquement de l'Asie, ils se situent à la charnière du monde euro-méditerranéen et de l'Asie. Cette position est stratégique. Sur la route de l'Inde, les émirats ne pouvaient qu'intéresser l'Empire britannique. Riverains du Golfe arabe qui ouvre par le détroit d'Ormuz par lequel passe un tiers de la production mondiale de pétrole, par leur richesse minérale et, désormais, leur puissance financière, ces principautés sont au cœur des affaires du monde. Leur histoire, leurs coutumes et leurs usages, leur système constitutionnel et juridique les placent entre tradition et modernité. De nos jours, les institutions du pays, uni en 1971, reflètent ce paradoxe.

Sous l'angle constitutionnel, le régime des Émirats arabes unis est souvent présenté comme une monarchie absolue. La réalité est nuancée. Par-delà le cadre fédéral qui trouve son fondement dans la société tribale, elle révèle une monarchie centralisée autour d'une famille, dans laquelle les équilibres sociaux – tribus, familles, clans, et même sectes – maintiennent les libertés et les équilibres traditionnels. Cela assure la légitimité du régime dans un contexte national et régional très particulier.

L'histoire diplomatique régionale a donné sa singularité au pays; elle a contribué à renforcer un sentiment d'unité dans la population qui s'exprime, outre la célébration annuelle, le 2 décembre, de la fête de l'Union, dans la vie institutionnelle et quotidienne de la population. L'esprit de l'Union est aussi illustré par le drapeau qui symbolise l'unité arabe autant que la spécificité des Émirats, par les quatre couleurs présentes sur chacune des bannières des sept émirats et sur la

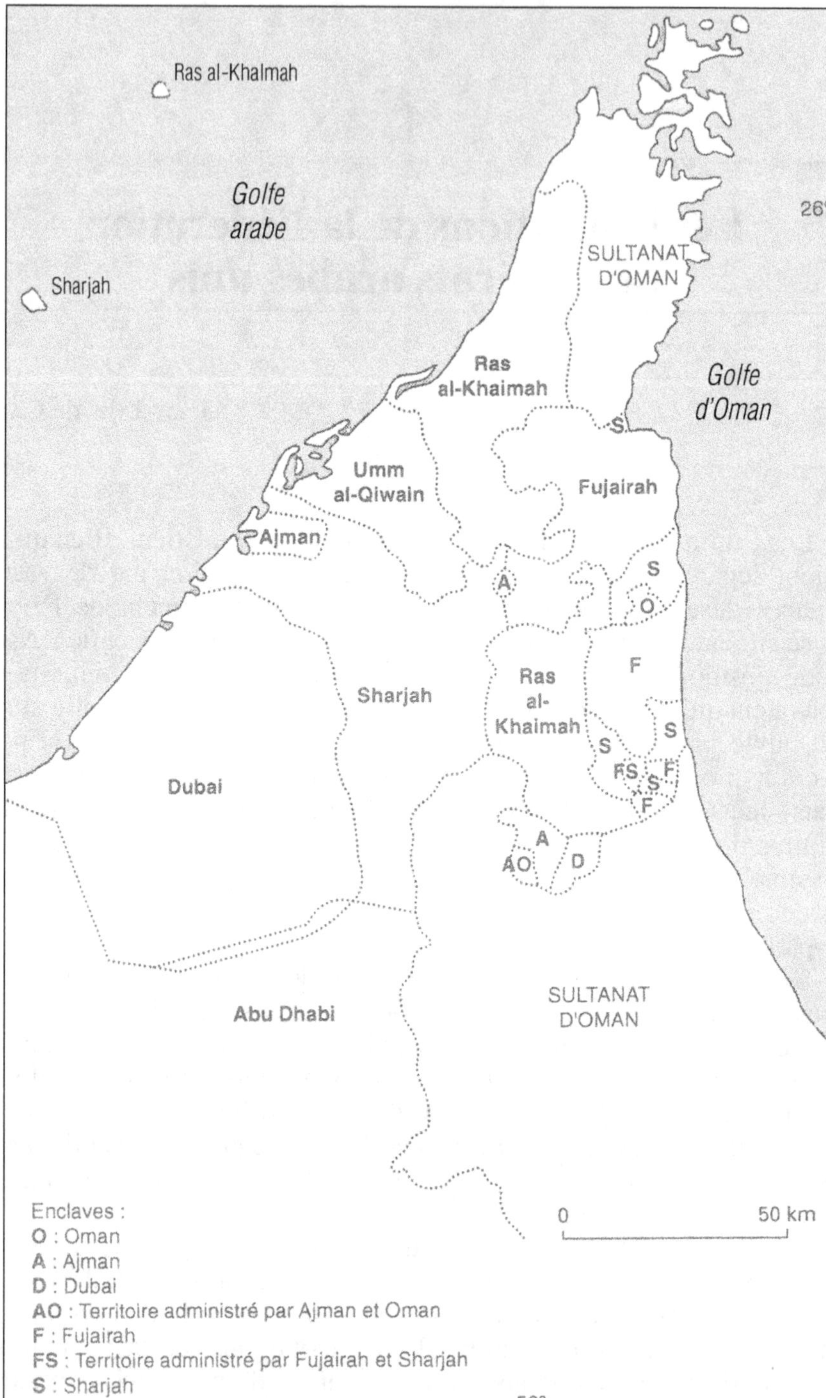

Carte des différents émirats de la Fédération tirée de l'ouvrage de Heard-Bey Frauke paru en 1999.

plupart des drapeaux des pays arabes[1]. L'hymne national exalte l'unité et l'arabisme ainsi que l'Islam[2], tandis que le faucon d'or, emblème de la branche Koraïchite à laquelle appartenait le Prophète Mohammed manifesterait l'attachement à l'islam et à l'union des anciens États de la côte de la Trêve : le faucon doré porte au centre un disque aux couleurs du drapeau national circonscrit par sept étoiles représentant les sept émirats[3].

L'exaltation de l'union et de l'identité nationale est d'autant plus forte que la composition actuelle de la population des Émirats peut apparaître déséquilibrée. Les nationaux représentent, en effet, une minorité de la population totale[4]. Certains immigrés, majoritairement de sexe masculin, ont passé la plus grande partie de leur existence dans le pays, sans que cela leur confère un titre à la citoyenneté ; néanmoins, cela implique un devoir d'allégeance. La nationalité est dominée par le principe du *jus sanguinis* mais la naturalisation est possible après une longue période de résidence ; toutefois la procédure est complexe et la double nationalité est interdite[5]. Par ailleurs, la configuration du territoire de la fédération présente des différences sensibles entre les émirats par le nombre d'habitants, la superficie du territoire et les ressources. L'émirat d'Abou Dhabi est cinq fois plus vaste que les six autres émirats ; il regroupe la plus grande partie de la population ; il détient les principales ressources minérales et des actifs financiers incomparables à ceux des autres émirats y compris Dubaï[6]. L'instabilité du monde arabe et les pressions diverses auxquelles les États arabes de la région sont soumis, les liens relativement lâches et les compétences limitées du Conseil de coopération du Golfe incitent à penser qu'une conception occidentale de la constitution et du régime politique est inadaptée à la situation présente de l'État des Émirats arabes unis.

1. Ces couleurs, reprenant les couleurs symbolisant l'unité arabe, auraient été inspirées par les vers de Safiyeddine el Hali « blancs sont nos bienfaits, noires sont nos batailles, verts sont nos pâturages, rouge est notre passé ». Les trois bandes horizontales symbolisant la richesse pétrolière (noir), la neutralité (blanc), la fertilité (vert) et la bande verticale rouge du côté de la hampe l'unité.

2. Composé en 1971 par Arif Al Skeikh Abdallah el Hassan (paroles) et Mohammed Abdel Wahhab mais les paroles n'ont été adoptées officiellement qu'en 1996.

3. Jusqu'à 2008, il s'agissait d'un disque de gueules au voilier arabe d'or appareillé d'argent navigant sur une mer d'azur.

4. En 2010, 8 264 070 habitants selon la *Federal Competitiveness and Statistics Authority* [http://www.fcsa.gov.ae]. Environ 9 millions en 2019.

5. Article 8 de la Constitution de 1996. Loi n°17 du 18 novembre 1972, révisée par la loi 10/1975 du 15 novembre 1975.

6. Brigitte Dumortier, Philippe Cadène, *Atlas des pays du Golfe*, Paris, 2011 ; « Les pays du Conseil de Coopération du Golfe, à nouvelles tendances migratoires, nouvelles politiques ? », *Maghreb-Machrek,* n°199, Printemps 2009.

Pourtant, les institutions et la pratique ont introduit une dimension moderne dans la tradition dominante. La Fédération des Émirats arabes unis est marquée par l'attachement de ses nationaux à leur héritage historique, à l'Union et aux institutions du pays.

L'héritage

Sous l'angle institutionnel et social, l'héritage des Émirats est triple : social, en raison de la structure d'une société tribale fondée sur l'Islam, diplomatique du fait de la marque durable de la tutelle britannique qui, par réaction, a éveillé un sentiment d'unité nationale, personnel en raison de l'attachement profond au fondateur de la Fédération Cheikh Zayed Ibn Sultan el Nahyan et à sa vision pragmatique de l'État.

La tradition se manifeste à travers la structure tribale de la société fondée sur l'Islam

Les premiers établissements humains ont été identifiés à l'âge de bronze, au troisième millénaire avant Jésus Christ, dans l'île d'Oum al Nar (Mère du feu) adjacente à l'île d'Abou Dhabi, près de l'oasis d'Al Aïn et sur certains sites montagneux. Les archéologues ont même trouvé des traces d'habitat qui remontent au millénaire précédent (3 800-5 000) dans la région de Ras al Khaïmah. Des restes d'anciennes civilisations ont subsisté dans certaines oasis et sur un îlot à l'Ouest et au Sud du Qatar. Ces découvertes révèlent sans doute un changement climatique progressif, mais l'aridité et la rigueur du climat ont constitué, par la suite, une défense pour les populations locales contre les intrusions extérieures, tout en les isolant dans leurs coutumes et leur organisation[7]. Selon les historiens, des tribus sédentaires existaient de longue date mais dès le IIe siècle après Jésus Christ, des membres des tribus azdite et qahtani (yamani) en provenance d'Arabie s'installèrent puis d'autres tribus descendirent du Nord (al-Bahreïn), suivies par d'autres, issues du groupe des Adnani (Nizari). Une grande migration secondaire se produisit. Les clans se répartirent sur l'ensemble des territoires mais les liens du sang qui avaient soudé les divers sous-groupes des tribus demeurèrent. Selon les circonstances ou les époques, le loyalisme géographique, généalogique ou autre prévalait[8]. La rareté

7. Frauke Heard Bey, *From Trucial States to United Arab Émirates*, Ajman, 2004, chap. 2, p. 18 *sq*.

8. *Ibidem*, p. 23 *sq*. (p. 38 *sq*. de l'édition française [Paris, 1999]).

des ressources et le partage des activités économiques contribuèrent à maintenir l'organisation tribale de la région de façon durable.

Les Bani Yas ont contribué au développement d'Abou Dhabi ; confédération subdivisée en de nombreux groupes (sections, sous sections et clans), ils constituèrent le système tribal dominant, même si des tribus alliées jouèrent un rôle non négligeable tels les Manasir, Awamir et les Dhawahir. Les Bani Yas, venus du Nedjd, à la recherche de points d'eau et de pâturages se stabilisèrent dans l'oasis de Liwa, région de la Dhafrah, à l'ouest de l'émirat d'Abou Dhabi, tout en s'installant aussi à l'intérieur et le long de la côte. Les oasis devinrent le point de rassemblement des Bédouins à la saison chaude, offrant une eau douce qui permet d'entretenir des palmeraies et d'abreuver les troupeaux. Progressivement les tribus nomades se reconnaissent par le rattachement à un espace territorial et se choisissent des chefs ; celui des Bani Yas est régulièrement choisi parmi les Nahyan du clan des Al Bu Falah.

La première mention des Bani Yas remonte à 1633 dans des documents omanais et leur origine est disputée, mais l'histoire commune, faite de loyautés croisées, d'appartenance sectaire et de solidarité territoriale, importe davantage que les liens de sang[9]. Ils ont alors formé le système tribal le plus puissant de l'Arabie du sud-est à partir du XVIIIe siècle, en particulier parce qu'ils ont su constituer une organisation caractérisée par l'ouverture et un sens aigu de l'adaptation. Leurs alliés et leurs soutiens ont été associés sur la base d'un intérêt et d'une dépendance mutuels, renforcés éventuellement par des liens matrimoniaux[10]. À l'inverse de la pratique remarquable au Nord et au Sud de la péninsule où les tribus nomadisent sur une espace déterminé dont ils possèdent les puits, dans la région d'Abou Dhabi les tribus alliées partagent les ressources et se protègent mutuellement. Cette conception originale tient sans doute au mode de vie divers lié aux activités de pêche de poissons et de perles, d'élevage ou de culture des palmiers dattiers : les tribus habitaient aussi bien la côte que le grand désert, les uns étaient sédentaires ou pêcheurs, les autres nomades. Cette structure sociale souple et ouverte, où la loyauté tient à la dépendance mutuelle,

9. Thierry Rambaud et Lynn Ammar, *Introduction au système juridique des Émirats arabes unis*, Jaris-Classeur, Lexis-Nexis, 2015. Andrea B. Rugh, *The Political Culture of Leadership in the United Arab* Émirates, New York, 2007 ; Christopher Davidson, *The United Arab Émirates : a study in survival*, Boulder, 2005, chapitre 1 ; Frauke Heard-Bey, *Les Émirats arabes unis*, Paris 1999 ; Jayantri Maitra, Afra Al Hajji, *Qasr Al-Hosn : the history and rulers of Abu Dhabi*, Abu Dhabi, Centre for Documentation and Research, 2001.

10. Outre le livre précité de Mme Heard-Bey, l'un des ouvrages de référence est : Hendrik van der Meulen, *The role of tribal and kinship ties in the politics of the United Arab Émirates*, Fletcher School of Law and Diplomacy, 1997, 928 pages.

suppose un chef qui symbolise l'unité du groupe et possède la capacité de maintenir à long terme le lien et l'équilibre entre les divers groupes. Pour savoir réagir habilement aux défections aussi bien qu'à l'intégration de nouveaux alliés, il faut joindre à l'autorité naturelle un certain pragmatisme. Ces qualités empiriques de chef caractérisent les Nahyan, elles se retrouveront chez Cheikh Zayed Ibn Khalifa dit le Grand (1855-1909), puis chez le fondateur des Émirats arabes unis, Cheikh Zayed Ibn Sultan.

Au XVIIIe siècle, Falah s'impose comme chef des tribus Bani Yas. Son fils, Cheikh Nahyan, lui succède et parvient à instituer l'ainé de ses enfants, Cheikh Issa el Nahyan, comme son successeur, fondant ainsi la dynastie des Nahyan. Établis dans le village d'Al Mariyah, les descendants étendent leur influence et leur territoire en s'installant sur l'île d'Abou Dhabi en 1761, à la suite de la découverte d'eau potable. Cet établissement offre aux Nahyan un accès à la mer et à des ressources nouvelles à travers la pêche et la récolte des perles. L'île de Dalma, contrôlée par les Bani Yas, devient le centre de cette activité. Bien que des membres de la tribu s'établissent de façon permanente à Abou Dhabi sous le règne du Cheikh Diyab Ibn Issa, il faut attendre celui de Cheikh Chakhbout Ibn Diyab (1793-1816) pour que le siège de l'autorité des Bani Yas soit transféré d'Al Mariyah à Abou Dhabi. Les Nahyan y construisent le premier fort pour protéger quelques centaines de maisons et un poste de guet à Maqta entre l'île et la côte. La pêche, la récolte des perles permettent à la dynastie de renforcer son influence à l'intérieur du territoire et sur la côte. Parallèlement à leur autorité personnelle sur les tribus et les clans, les cheikhs el Nahyan étendent leur domination par l'annexion et l'achat de terres. Elle s'affirme d'abord sur l'oasis de Buraymi et Al Aïn, à la faveur du déclin du Sultan de Mascate et de l'influence saoudienne, mais non sans mal face aux tribus locales semi-nomades ou sédentaires. Il fallut lutter contre les raids des *wahhabi* qui avaient entrepris d'infiltrer Al Dhafrah. Ces luttes contribuèrent au ralliement des tribus autour de leurs chefs successifs, tous issus de la même lignée et en dépit des tensions internes à la famille.

Les Cheikhs Chakhbout, Tahnoun (1818-1833), Khalifa (1833-1845), Saïd (1845-1855) joignent à l'exercice d'une autorité forte, l'habileté et une certaine souplesse. Cela dénote les subtilités du gouvernement des tribus au long du XIXe siècle. Ce gouvernement requérait alors la conduite des tribus d'une main ferme mais également une force de persuasion et une aptitude à négocier de façon permanente. Il importait de maintenir un pouvoir central nécessaire à la survie de la confédération sans s'aliéner les tribus qui la composaient, individualistes et jalouses de leur liberté. Les règles de succession n'étaient pas nettement établies, l'éviction des titulaires ou des héritiers était fréquente, certains cheikhs surent démissionner tout en maintenant leur contrôle sur l'administration des tribus (Cheikh Chakhbout Ibn Diyab), d'autres partirent en exil pour revenir au pouvoir (Cheikh Khalifa, Cheikh Zayed Ibn Khalifa 1855-1909), tous durent faire face aux intrigues internes et aux pressions extérieures. En 1869, Cheikh Zayed Ibn Khalifa parvient à éliminer les auteurs de raids ; il sait jouer des rivalités entre les principales tribus Dhawahir et Naim, pour acquérir des portions de territoire et établir de nouveaux liens d'allégeance. Les historiens s'accordent pour considérer que Cheikh Chakhbout Ibn Diyab et Cheikh Zayed Ibn Khalifa ont été les plus habiles dans l'exercice des qualités nécessaires à la conduite des tribus. Cheikh Zayed Ibn Sultan, le fondateur de la fédération s'est inscrit avec éclat dans cette tradition.

Aussi, la formation de la Fédération s'identifiera naturellement à l'histoire de cette famille bien que, parmi les Bani Yas, deux branches aient renforcé progressivement leur autorité sur la région et se soient implantées dans les deux principales cités, les Nahyan à Abou Dhabi et les Maktoum à Dubaï.

Cette société tribale a établi son fondement religieux dans l'Islam dès l'origine de son développement. Très tôt, l'enseignement du Prophète se répandit sur le territoire par l'intermédiaire des cheikhs d'Oman, soucieux d'obtenir le soutien des autorités de Médine pour chasser les Perses de leurs côtes. Les Omanais embrassèrent l'Islam avec un enthousiasme suscité par la personnalité du Prophète, une nouvelle vision de la religion et de l'État mais ils virent aussi dans la foi islamique une justification morale à la révolte contre les Sassanides perses. Les intérêts politiques des chefs locaux autant que la conviction religieuse facilitèrent l'expansion de la nouvelle foi, bien accueillie par le peuple qui y voyait une garantie de sécurité et de justice. Cela n'alla pas sans violence, comme l'illustre la bataille de Dibah, gagnée par les généraux du Calife et leurs troupes envoyées depuis Médine en Oman pour réduire l'insurrection conduite par un Azdite contre les princes musulmans de la famille des Julanda[11].

Toutefois, les historiens s'accordent pour constater que la foi nouvelle apporta progressivement un changement radical dans les mœurs et les coutumes de la région ; ce changement fut bien accepté car il substituait un certain ordre à la diversité et à l'incertitude des lois tribales et des cultes. En revanche, l'autorité du Calife demeurait suffisamment lointaine pour laisser subsister la structure tribale traditionnelle. Pendant quelques siècles l'école ibâdite[12] se développa en Oman

11. F. Heard-Bey, *op.cit.*, p. 128 de l'édition anglaise, p. 138 de l'édition française.

12. Les ibâdites descendent d'abord de la secte extrémiste des kharidjites (qui assassinèrent le Calife Ali), mais ils ont vite pris leurs distances avec ce courant

et se heurta au Califat. Cependant, en dehors de quelques poussées dans la région de Ras al Khaïmah (appelé alors port de Julfar) et l'oasis de Buraymi (Tu'am), l'ibâdisme ne s'implanta pas dans la région qui constituera les Émirats, en particulier en raison de l'arrivée, au XVIe siècle, des tribus Bani Yas, acquises à l'école traditionniste sunnite du malikisme[13]. Aussi les écoles traditionnelles du sunnisme se sont imposées de longue date sans que les tribus soient sensibles aux nuances entre ces différentes écoles. Ici encore, les distinctions entre tribus ont prévalu sur les divergences doctrinales. La plupart des tribus regroupées autour des Qassimi se sont ralliées aux Bani Ghafir (Ghafari) ; politiquement proches du « wahhabisme » saoudien, elles ont suivi plus volontiers l'école Hanbalite. Inversement, les tribus se rattachant aux Bani Hina (Hinawi), principalement les Bani Yas et leurs alliés, observaient le rite malikite. Dans ces conditions, l'Islam a constitué un puissant facteur d'unité sociale entre les tribus des États de la Trêve.

Il est pertinent que la Constitution des Émirats non seulement affirme que « la Fédération est partie intégrante de la grande patrie à laquelle la rattachent les liens de la religion, de la langue, de l'histoire et du sort commun », mais aussi que l'Islam est sa « religion officielle » et que « la Chari'a islamique y constitue une source de législation majeure »[14].

2. Le second élément de l'héritage des Émirats tient à l'histoire diplomatique, à la place qu'ils ont tenue dans les relations internationales à partir de l'établissement de la tutelle britannique. Celle-là s'explique par la situation géographique du pays à la jonction de l'Orient et de l'Asie, face à la Perse et sur la « route des Indes ».

Au XVIe siècle, alors que les puissances européennes rivalisent pour contrôler l'Océan Indien, les Portugais établissent leur domination sur le Golfe arabe, en particulier en luttant contre les tribus de Julfar (aujourd'hui Ras el Khaïmah) et de Fujaïrah et en s'imposant dans d'autres ports du golfe. Cette domination est doublement remise en cause par les Safavides et par l'influence ottomane. Les tribus et les grandes familles s'affirment, en particulier les Qawassim (Qassimi) qui, depuis Charjah et Ras el Khaïmah, contrôlent l'entrée et la sortie

« terroriste » et, depuis du VIIe siècle, l'ibâdisme est caractérisé par « la recherche d'une solution de compromis et de coexistence avec les autres courants de l'islam » (Cyrille Aillet, « L'ibâdisme une minorité au cœur de l'islam », *Revue des mondes musulmans et de la Méditerranée* [En ligne], n°132, décembre 2012 (*nde*).

13. Pierre Rondot, « L'Islam dans la péninsule arabique », *in* Paul Bonnenfant (dir.) *La Péninsule Arabique aujourd'hui*, Paris, CNRS, 1982 ; Virginie Prévost, *Les Ibâdites de Djerba à Oman*, la troisième voie de l'Islam, éd. Brepols, Turnhout, 2010.

14. Articles 6 et 7 de la Constitution de 1996.

du détroit d'Ormuz en percevant des droits de douane. Les Qawassim s'imposent au XVIIIe siècle à travers le contrôle du commerce et la pêche de la perle, ils connaissent leur apogée avec l'émir Sultan Ibn Saqr (1803-1866). Toutefois, le contrôle douanier exercé sur le détroit est considéré par les Britanniques comme acte de piraterie qui menace le commerce maritime et la route des Indes. La tentative des Qawassim, soutenus par des marchands et des marins de la région, de s'emparer de Dubaï pousse les Britanniques à intervenir par la force en 1819 sur « la côte des Pirates », à détruire Ras el Khaïmah puis à occuper la région. Par une série de traités de trêve[15], conclus avec les émirs et les chefs de tribus à partir de la défaite des Qawassim en 1820, les Britanniques s'assurent d'une certaine stabilité. Ils envoient un résident et une escadre et ils s'arrogent le droit de reconnaître, déposer ou changer les émirs chefs de tribus. Ainsi, en 1833, une querelle entre tribus dans l'oasis de Liwa, base des Bani Yas conduit huit cents bédouins de la famille Al Bu Falah à quitter l'oasis pour s'installer à Dubaï. Deux chefs s'imposent alors: Obaid Ibn Said et Maktoum Ibn Buti proclament le nouvel émirat de Dubaï, indépendant d'Abou Dhabi, émancipé de la direction des Nahyan. Les Britanniques reconnaissent l'autorité de la famille Maktoum qui depuis lors règne sur cet émirat. En 1835, ils concluent un traité de trêve perpétuelle avec Dubaï et les autres émirats de la côte des pirates puis, en 1853, ils signent avec les chefs locaux un traité de paix perpétuelle. Ces États deviennent les États de la Trêve, l'expression désignant les émirats actuels ainsi que Dibba, Hamriyah, Hira et Kalba. Bahreïn s'engage aussi à ne plus attaquer les navires anglais. Ces événements consacrent le déclin de l'influence des Qawassim au profit des Bani Yas et de leurs chefs de façon durable, notamment à Abou Dhabi et à Dubaï. En 1899, Koweït puis Qatar, en 1946, se joindront à la trêve au terme de laquelle les gouvernements renoncent à conduire la guerre sur mer en échange de la protection anglaise. En 1952, Fujairah se verra reconnaître le statut d'État de la Trêve.

En 1892, les États de la Trêve acceptent le protectorat qui accorde à la Grande-Bretagne des droits exclusifs, notamment pour la conduite de leurs relations extérieures et pour leur défense[16]. Certains émirats tels Al Hamriyah et Al Hira ne signèrent pas de traités et finirent par être incorporés à d'autres principautés, d'autres comme Kalba ont pu

---

15. Le Traité maritime général du 8 janvier 1820 est suivi de traités de trêve maritime avec Abou Dhabi, Dubaï, Ajman et les autres possessions Qawassim.

16. Alvin J Cottrell (ed.), *The Persian Gulf States : A general survey*, Baltimore, The John Hopkins Univ. Press, 1980 ; Gary Sick, Lawrence G. Potter (ed.) *Security in the Persian Gulf: Origins, obstacles and the search for consensus*, Basingstoke, Palgrave, 1997 ; James Onley, *The Arabian frontier of the British Raj. Merchants, Rulers and the British in the Nineteenth-Century Gulf*, Oxford, 2007.

conserver leur autonomie jusqu'à leur intégration dans un émirat à la mort de leur dirigeant.

La puissance maritime de l'Angleterre et le souhait des émirs d'équilibrer le poids de l'Empire ottoman expliquent sans doute la facilité avec laquelle le gouvernement anglais a pu établir ce réseau. Cela a été clairement exprimé lors de la signature du traité par Bahreïn et Koweït. L'intégration de Qatar dans la province ottomane d'al Hasâ en 1870 explique le retard avec lequel le protectorat a été établi, la garnison turque n'étant chassée qu'en 1916[17].

Dépendant du gouvernement britannique de l'Inde, ces États furent informellement intégrés à l'empire britannique et la roupie indienne fut durablement la monnaie des principautés du Golfe. Malgré des liens assez lâches, les Britanniques installent un résident (*Arab Residency Agent*) à Charjah jusqu'en 1954, année où il fut transféré à Dubaï.

La découverte des ressources pétrolières et les premiers revenus ont suscité le rapprochement des émirats. À l'origine, c'est la recherche de l'eau qui suscita l'intérêt de Cheikh Chakhbout d'Abou Dhabi pour les explorations géologiques. Néanmoins, peut-être par hasard, le territoire avait été placé par le *Red Line agreement* de 1928 dans la zone exclusive de l'IPC (*Iraq Petroleum Company*). D'âpres rivalités entre compagnies anglaises et étrangères se font jour. Les autorités britanniques interviennent alors davantage dans les affaires des États de la Trêve pour garantir les intérêts anglais dans le développement de la prospection et l'octroi des concessions. Des « *option agreements* » sont conclus avec les émirs, une société est créée, *Petroleum Concessions Limited* (PCL), pour négocier les concessions en 1935[18]. À cet égard, les négociations avec les émirs et en particulier Cheikh Chakhbout vont se poursuivre jusqu'à la guerre. Sous l'angle géopolitique, la mise à jour de gisements pétroliers impose évidemment une délimitation entre les territoires des émirs et la détermination précise des frontières externes des États de la Trêve.

Entre les émirs, les discussions seront tendues ; en 1947, les affrontements dégénérèrent même en conflit armé entre Abou Dhabi et Dubaï auquel les Britanniques mirent un terme.

En 1949, le roi Ibn Saoud accorde, à l'ouest du territoire d'Abou Dhabi, une concession à l'*Arabian American Oil Company* (Aramco) qui entreprend des explorations au sud de Buraymi. Les Britanniques y décèlent une menace sur leur influence : ils créent une milice armée à Abou Dhabi, entraînée par des officiers anglais, les « *Trucial Oman*

---

17. Voir Pierre Marthelot, « Présentation géopolitique de la péninsule arabique », *in* Paul Bonnenfant (éd.), *op. cit.*

18. Voir David Heard, *From pearls to oil. How the oil industry came to the United Arab Émirates*, Dubaï, 2011.

Levies » qui sera transformée en « *Trucial Oman Scouts* »[19] ; ils mettent en place des commissions mixtes avec les Saoudiens afin de définir et de fixer les frontières avec l'Arabie. Néanmoins, ces négociations n'aboutissent pas. L'Arabie décide d'occuper l'oasis de Buraymi en août 1952 et y nomme un gouverneur. Depuis le XIXe siècle, un différend territorial opposait en luttes incessantes Abou Dhabi, Mascate et l'Arabie; un traité de frontières de 1913 entre l'Angleterre et l'Empire ottoman, de qui dépendait alors cette partie de la péninsule Arabe l'Arabie, fixait la frontière depuis la limite ouest du Qatar jusqu'à l'extrémité Nord-ouest du Yémen. En 1935, le gouvernement d'Ibn Saoud conteste cette « ligne bleue » que l'Angleterre souhaite maintenir mais à laquelle elle propose de substituer une limite plus favorable que l'Arabie rejette tout en formulant d'autres exigences. L'affaire dépasse le cadre régional car elle oppose l'Arabie soutenue par les États-Unis, aux deux principautés protégées de l'Angleterre, l'émirat d'Abou Dhabi et le sultanat d'Oman[20]. Après l'échec d'une tentative d'arbitrage, le territoire est repris par les *Trucial Oman Scouts* le 26 octobre 1955 et une frontière est tracée entre Abou Dhabi et le sultanat d'Oman. L'Arabie saoudite persiste dans sa réclamation sur la majeure partie de la portion du territoire contrôlé par Abou Dhabi, notamment en la renouvelant en 1967.

Plus tard, l'accord de Djeddah du 21 août 1974 mettra fin au différend territorial sans épuiser la tension persistante sur le sujet. L'accord consacre la souveraineté des Émirats sur Buraymi. En contrepartie, l'Arabie saoudite reçoit 80 % de la superficie du champ pétrolier de Chaybah et un gisement de gaz naturel dans la province d'Arch Charqiya dont l'exploitation a commencé en 1998. Elle obtient aussi un débouché sur le Golfe à Khor al-Obeid, situé entre les Émirats arabes unis et le Qatar. Or, cet accord ne sera pas ratifié par les Émirats qui le remettent en cause[21].

Dans le contexte tendu des années 1950, les émirats de la côte de la Trêve constituent en 1952 un Conseil des États de la Trêve pour favoriser leur coopération; au gré des découvertes minérales et de l'afflux de ressources, les émirats reprennent le contrôle de leur développement et de leur politique.

---

19. Michael Mann, *The Trucial Oman Scouts : the story of a Bedouin force*, ed. Michael Russell, 1994.

20. Raymond Goy, « L'affaire de l'Oasis de Buraïmi », *Annuaire Français de droit international*, 1957, vol.3, p.188-205 ; Françoise Ardillier-Carras et al. *Hydrocarbures et conflits dans le monde : stratégies énergétiques et enjeux contemporains*, Paris, éd. Technip, 2012, p.113-114.

21. Pour contourner la portion de territoire saoudien et le contrôle des flux et de la taxation sur les marchandises, les Émirats ont développé des relations directes avec Qatar; en particulier depuis 2008, le gazoduc Dolphin approvisionne les Émirats arabes Unis depuis Qatar et se poursuit jusqu'en Oman.

L'annonce, en 1968, par le Premier ministre Harold Wilson, du retrait des troupes britanniques de leurs positions à l'Est d'Aden, a relancé les discussions entre les Émirats ; Qatar et Bahreïn s'y sont joints. Alors s'affirme la personnalité de l'émir d'Abou Dhabi, Cheikh Zayed Ibn Sultan el Nahyan, qui conduira à l'indépendance des émirats et à leur union.

3. Le troisième élément de l'héritage des Émirats tient à la personnalité du fondateur de la fédération, Cheikh Zayed Ibn Sultan.

Né à la fin de la Première Guerre mondiale, il a été très jeune séparé de son père soucieux de mettre sa famille à l'abri. En juillet 1926, il quitte Abou Dhabi pour Al Aïn avec sa mère, originaire de cette région orientale, Cheikha Salamah Ibn Buti Al Hamid qui appartient à la tribu Al Qubaisi, section des Bani Yas. Il grandit dans un environnement bédouin, mais il acquiert dans les *majlis* de son grand-père maternel et de ses oncles à Al Aïn, une expérience humaine et politique et une connaissance des problèmes tribaux qui lui permettent de développer des qualités qui ont fait de lui un chef d'État exceptionnel[22].

Il accède au pouvoir en 1966 dans des conditions difficiles, par l'éviction de son frère Cheikh Chakhbout Ibn Sultan el Nahyan, fils de l'émir d'Abou Dhabi de 1922 à 1926, contesté par son entourage, par les tribus et par les Anglais. Cheikh Chakhbout avait succédé à son père en 1928, dans une période troublée et fut confronté à des changements internationaux et économiques considérables qui exigeaient une personnalité hors du commun. Dès les années 1940, l'émir d'Abou Dhabi percevait des revenus importants tirés des droits d'exploration pétrolière, qui devaient s'amplifier de façon spectaculaire avec le début de l'exploitation dans les années 1960. Or l'émir, de nature méfiante, marqué par le souvenir de la grande dépression de l'entre-deux-guerres, hésitait à déployer les nouvelles ressources financières de l'émirat en investissements internes ou internationaux.

À l'inverse, l'expérience acquise par Cheikh Zayed comme représentant de l'émir à Al Aïn à partir de 1946, avait révélé des qualités d'administrateur et d'homme d'action qui le prédisposaient au développement du pays. Surtout, Cheikh Zayed avait établi des relations étroites avec les tribus et identifié les alliances sûres ou inversement les faiblesses des chefs et les risques de déloyauté. La versatilité des allégeances tribales a trouvé son illustration dans les tentatives de négociation directe de certaines tribus avec les entreprises de prospection pétrolière puis, surtout, lors du différend sur l'oasis de Buraymi.

Avec pragmatisme, Cheikh Zayed a compris qu'il fallait utiliser les revenus pétroliers pour le développement du pays, que l'union dépen-

22. *With United Strength. Shaikh Zayed bin Sultan Al Nahyan. The Leader and the Nation*, Abu Dhabi, ECSSR, 2004.

drait d'une allocation équitable ou correctrice des ressources entre les émirats inégalement pourvus en ressources naturelles. Il considérait que l'adhésion des tribus et des émirats à des institutions étatiques modernes, puis le maintien de l'union, imposaient une approche empirique et progressive perpétuant l'État tribal centralisé sous couvert de fédéralisme.

Dès le 18 février 1968, Cheikh Zayed Ibn Sultan el Nahyan et Cheikh Rachid el Maktoum de Dubaï arrêtent le principe de l'union des Émirats qu'ils comptent proposer aux autres émirats ainsi qu'à Bahreïn et Qatar. Les négociations sont parfois houleuses; ces deux derniers États proclament leur indépendance en août et septembre 1971, puis Ras al Khaïmah renonce à adhérer à la fédération qui se constitue en 1971 à la suite de l'indépendance[23]. Les six autres Cheikhs poursuivent leur négociation et signent le projet de Constitution le 18 juillet 1971.

Ce texte, provisoire, est promulgué le 2 décembre 1971, jour de la proclamation de l'indépendance de l'État des Émirats arabes unis. Il établit un État fédéral qui regroupe les six émirats auxquels se joindra l'émirat de Ras al Khaïmah le 10 février 1972. Le pouvoir est désormais partagé par les sept émirs, sous réserve du principe traditionnel de la consultation. Une période de transition s'ouvre alors, prorogée régulièrement tous les cinq ans jusqu'à ce qu'un amendement constitutionnel du 2 décembre 1996 annule le qualificatif « provisoire » de la Constitution lui assurant ainsi son caractère définitif.

Il s'agit d'une constitution octroyée, proclamée devant Dieu et l'opinion publique dans son ensemble par les Cheikhs souverains qui constatent la concordance de leur volonté et de celle de leurs peuples pour l'établissement d'une fédération, afin de s'assurer une vie meilleure, une stabilité plus solide et un rang international plus élevé.

Le texte sera modifié à quatre reprises[24]. En dernier lieu, la révision de la Constitution par l'amendement 1/2009 introduit plusieurs changements dans la rédaction et sur le fond[25].

---

23. Voir Frauke Heard Bey, *Les Émirats arabes unis*, Paris 1999; et Miriam Joyce, Ruling Shaikhs and *Her Majesty's Government, 1960-1969*, Londres 2003.

24. Tout d'abord, aux articles 1 et 68 en raison de l'accession de Ras al Khaïmah à la Fédération le 10 février 1972; ensuite, l'article 142 sera abrogé par l'amendement du 28 novembre 1976 après l'unification des forces armées; enfin, l'amendement 1/2004 modifie la rédaction de l'article 121 et il ajoute à la compétence législative exclusive de la Fédération « organisation et méthode d'établissement de zones franches financières et portée de leur exclusion de l'application des dispositions des lois fédérales ».

25. Le texte met au pluriel les termes « vice-premier ministre » dans les divers articles qui les comportent, et tire les conséquences de cette pluralité dans la rédaction de diverses dispositions. Il modifie la durée du mandat de membre du Conseil national fédéral et la durée de la session annuelle ordinaire. Il réorganise le secrétariat

Au-delà des textes, le fondateur des Émirats arabes unis a eu recours à des pratiques traditionnelles renouvelées pour favoriser l'intégration des tribus. À l'inverse de son frère, Cheikh Chakhbout Ibn Sultan, il a su utiliser les recettes tirées des ressources pétrolières non seulement pour développer le pays conformément aux souhaits des autorités britanniques, mais pour organiser les rapports entre la société et le pouvoir autour de l'État fédéral qui a permis à la dynastie de consolider les allégeances et de construire une nation.

Le réseau d'alliances établi au cours des générations a été ancré charnellement par la stratégie matrimoniale de Cheikh Zayed. Cette stratégie n'est pas anecdotique, elle vise deux objectifs : Cheikh Zayed a ainsi assuré à sa famille une présence aux principaux postes de l'État, tout en assurant à sa descendance la transmission directe du pouvoir, mais il a également associé des grandes familles ou des tribus qui ont contribué à l'extension de son autorité et de l'influence des Nahyan sur l'ensemble du territoire.

Sans considérer les mariages antérieurs supposés, il suffit de constater qu'il a d'abord renforcé l'unité de la famille régnante en s'unissant à sa première épouse officielle, Hussa bint Mohammed el Nahyan, issue d'une autre branche dont le père avait renoncé au titre d'émir, ce qui avait permis à Cheikh Chakhbout de prendre la direction du clan Al Bu Falah et d'asseoir ainsi une monarchie dynastique qui est rarement de mise dans les États arabes. De cette union est né Khalifa Ibn Zayed (1946), émir successeur de Zayed et Président de la fédération. La deuxième épouse, Cheikha Maazid représente une section plus éloignée des Bani Yas, influente dans l'oasis de Buraymi ; elle donne naissance à Sultan Ibn Zayed (1955).

Après un nouveau divorce, Cheikh Zayed devient un héritier potentiel en raison du décès de son frère Cheikh Hazza Ibn Sultan en 1958 ; il conclut quatre mariages dont sont issus une trentaine d'enfants dont ses dix-sept autres fils. Tout d'abord, il peut ainsi établir des liens avec des femmes de la tribu Dhawahir[26] qui permettent de réduire les tensions qui avaient opposé cette dernière aux Nahyan lors du différend de Buraymi et de consolider la présence des Nahyan dans l'oasis d'Al Aïn et sa région. Ensuite, par le mariage avec Cheikha Fatima Moubarak el Kitbi de la tribu des Bani Qitab, il peut s'appuyer sur un groupe au rôle catalyseur dans la répartition des zones d'influence entre émirs de la côte de la Trêve[27]. Cette tribu a su se ménager des

général du Conseil national fédéral. Surtout, il donne au Président de la fédération le pouvoir de déterminer les traités et les accords internationaux qui doivent être soumis à l'appréciation du Conseil national fédéral avant d'être approuvés.

26. Aicha bint Ali Al Darmaki puis Amna bint Salah Badawi. Une grande partie de la tribu avait quitté l'émirat pour s'établir en Arabie Saoudite.

27. Frauke Heard-Bey, *op.cit.*, p.75.

liens avec les Qawassim de Sharjah et de Ras Al Khaïmah autant qu'avec les Al Maktoum de Dubaï mais aussi avec l'Arabie Saoudite. De cette union sont nés six fils qui occupent des positions clés du pouvoir tandis que Cheikha Fatima continue d'exercer une influence sensible. Enfin, Cheikh Zayed s'est allié aux Al Bu Khail de la tribu des Bani Yas en épousant Cheikha Muza bint Suhail Ibn Awaida el Khaili de laquelle sont nés sept enfants. Tribu fidèle aux Nahyan, elle lui permet d'étendre son influence sur d'autres portions de la population[28].

De façon parallèle et combinée la mise en place d'un État de forme fédérale et l'affirmation d'une autorité dynastique dominante et incontestée ont permis l'intégration des populations diverses et le développement d'un appareil d'État efficace.

L'Union et la répartition des compétences

La mission de l'État fédéral indépendant et souverain est de créer des liens plus étroits entre les Émirats arabes, mais aussi de sauvegarder l'existence de ses membres. Un certain réalisme se fait jour dans la rédaction car les fondateurs reconnaissent qu'il y a lieu de tenir compte des capacités des Émirats et de donner à la fédération les moyens de réaliser ses objectifs tout en renforçant chaque entité partie. Le lien entre les Émirats apparaît assez lâche ; chaque entité est libre de choisir son régime constitutionnel interne et de gérer ses affaires propres. Toutefois, la pratique l'enseigne, la Fédération étant davantage exposée aux aléas politiques, économiques et financiers de la vie internationale, l'intervention fédérale peut être forte et ouvrir à l'émirat dominant un pouvoir de décision déterminant. La crise financière de 2008 en a fourni l'illustration à travers le soutien conditionné accordé par Abou Dhabi à Dubaï. Les considérations de sécurité internationale ou interne favorisent aussi un renforcement du lien fédéral.

1. La Fédération des Émirats est ouverte et souple. D'une part, tout État arabe indépendant peut y adhérer sous réserve de l'approbation du Conseil suprême fédéral à l'unanimité ; cela prolonge la volonté exprimée par les cheikhs dans le préambule de coopérer avec les États arabes frères. D'autre part, deux émirats ou plus peuvent, après approbation du conseil suprême fédéral, se regrouper dans une unité politique ou administrative, ou unifier tout ou partie de leurs services publics[29].

28. Andrea Rugh, *The political culture of leadership in the United Arab Émirates*, New York, 2007.

29. Articles 1 et 118.

Les émirats jouissent de la compétence de droit commun[30], toutefois elle apparaît résiduelle tant la liste des prérogatives et des matières législatives confiées à la fédération est longue et importante. Il est révélateur que 70 articles sur les 152 articles de la Constitution soient consacrés au pouvoir central tandis que quatre articles seulement intéressent les émirats.

En termes solennels, la Constitution affirme que « chaque émirat exerce sa souveraineté sur son territoire et sur ses eaux territoriales dans tous les domaines qui ne relèvent pas des compétences de la fédération ». Plus loin, le texte précise que chaque émirat a pour mission de maintenir l'ordre et la sécurité sur son territoire, d'y assurer les services publics et d'élever le niveau économique et social du territoire[31] mais cette rédaction semble répétitive bien qu'il revienne à chacun des émirats de former ses propres institutions, en particulier pour son organisation locale. Deux ou plusieurs émirats peuvent se regrouper dans une unité politique ou administrative, ou unifier leurs services publics ou constituer une administration unique ou commune pour assurer un service, sous réserve de l'approbation du Conseil suprême. Les États membres doivent s'efforcer de coordonner leurs législations dans les différents domaines en vue de les unifier dans la mesure du possible.

Dans chaque émirat, les autorités judiciaires locales ont compétence pour toutes les questions qui ne sont pas assignées à une juridiction fédérale. Une loi fédérale prévoit les cas d'appel contre les jugements rendu pas les juridictions locales en matière pénale, commerciale ou civile[32]. Toutefois, dans un mouvement d'intégration volontaire, les émirats intéressés peuvent demander le transfert total ou partiel des compétences de tribunaux locaux aux juridictions fédérales.

2. Les articles 120 et 121 de la Constitution délimitent les compétences fédérales et celles-là sont immenses.

En premier lieu, la compétence fédérale législative et exécutive couvre, évidemment, les affaires étrangères et la défense mais aussi la sécurité contre toute menace extérieure ou intérieure, pour lesquelles la compétence fédérale est exclusive. C'est le sens même de l'union des émirats. À cela se rattachent les règles qui touchent à la nationalité, la résidence, l'immigration, les passeports et l'extradition des criminels. Au total plus de trente domaines essentiels relèvent de la compétence exclusive de la Fédération. Celle-là exerce aussi la compétence législative exclusive en matière de délimitation des eaux territoriales et la réglementation de la navigation en haute mer, qui peuvent donner lieu également à des conventions internationales[33].

---

30. Articles 116 et 122.
31. Article 117.
32. Articles 104 et 105.
33. Articles 120 et 121.

Toutefois, la Constitution reconnaît aux émirats membres le pouvoir de « signer des accords limités à caractère local et administratif avec les États voisins ou les régions proches à condition que de tels accords ne soient pas contradictoires avec les intérêts de la fédération ou avec des lois fédérales et sous réserve que le Conseil fédéral suprême en soit informé à l'avance » (article 123). En cas d'opposition du Conseil, la Cour fédérale tranche. Les émirats peuvent à titre individuel maintenir leur appartenance à l'OPEP ou à l'organisation des pays arabes exportateurs de pétrole ou y adhérer. Inversement si un traité est susceptible d'affecter le statut d'un émirat, les autorités fédérales le consultent et en cas de difficulté la Cour fédérale statue.

En deuxième lieu, relèvent de la Fédération l'administration et la justice fédérales, la monnaie, l'information et les grands services publics (contrôle aérien, services électriques, postes, télégraphe, télécommunications), les principales infrastructures (construction, entretien et amélioration des routes), la santé publique, les services médicaux et l'éducation.

L'État fédéral dispose de la compétence exclusive en matière financière et fiscale, les emprunts publics fédéraux, pour les propriétés publiques et tout ce qui s'y rattache. Le titre VIII de la Constitution régit les finances de la fédération. Le texte bref, complété par la législation appropriée, formule quelques principes et laisse le dernier mot au Conseil suprême et au Conseil national. Il est précisé que la Fédération dispose d'une certaine latitude pour les projets de construction, d'équipement, de sécurité interne et les affaires sociales, pour tenir compte des « besoins pressants de certains émirats »

En troisième lieu, l'article 121 attribue à la Fédération une large compétence législative exclusive dans les domaines du droit du travail et de la sécurité sociale, du droit civil, pénal et commercial et des procédures qui s'y rattachent, de la propriété et de l'expropriation, de banque et d'assurance, de droits de propriété intellectuelle, industrielle, technique, de protection de la faune et de la flore, d'importation d'armes et de munitions, ainsi que pour l'établissement de zones franches financières.

Il revient aux gouvernements des divers émirats de prendre les mesures appropriées pour mettre en œuvre les lois fédérales et les traités conclus par la Fédération, sous le contrôle et, le cas échéant, avec l'assistance des autorités fédérales.

La répartition des compétences est parfois complexe. Ainsi, en matière d'extradition, la Fédération exerce une compétence législative exclusive mais le pouvoir exécutif revient aux émirats et une loi fédérale régit aussi l'extradition des criminels d'un émirat à l'autre[34]. Par

34. Articles 121 et 119.

ailleurs, s'il est vrai que la Défense est affaire fédérale et qu'il existe un Conseil suprême de défense et un Commandant en chef des forces armées, à l'origine les divers émirats conservaient une compétence en la matière. La Constitution leur accordait le droit de mettre en place et d'entretenir des forces locales prêtes à être intégrées au dispositif de défense de la fédération pour participer à la lutte contre une agression extérieure ; tout émirat pouvait, inversement, demander l'aide des forces fédérales pour maintenir la sécurité et l'ordre sur son territoire, dès lors qu'il était exposé à un danger. C'était un cas d'intervention fédérale. Le Conseil suprême pouvait solliciter l'aide des forces armées d'un autre émirat à condition que les deux émirats en cause en convinssent. Néanmoins, cela aurait pu donner lieu à une intégration imparfaite des forces en matière militaire. Aussi, dès 1976, un amendement réserve à l'État fédéral la compétence exclusive pour constituer des forces aériennes, maritimes et terrestres. En pratique l'armée constitue un facteur d'intégration sociale puissant et son commandant en chef, le prince héritier, Cheikh Mohammed Ibn Zayed el Nahyan est devenu le symbole de l'union des émirats au sein de la Fédération[35].

De même, la difficile répartition des ressources naturelles et des revenus qui en résulte est traitée avec une apparente simplicité à l'article 23 de la Constitution. Les richesses et les ressources naturelles de chaque émirat sont considérées comme la propriété publique dudit émirat. Il est précisé que « la société s'attachera à leur sauvegarde et à leur meilleure exploitation possible dans l'intérêt de l'économie nationale ». Or, en pratique, l'émirat d'Abou Dhabi contrôle plus de 85 % de la production pétrolière et plus de 90 % des réserves. Néanmoins, dans la perspective ouverte par Cheikh Zayed, les autorités de l'émirat ont su répartir les profits de la rente pétrolière et peuvent réagir aux situations de crise dans un émirat membre de la Fédération par des interventions appropriées. En effet, en 1976, avait été envisagée l'abrogation de l'article 23 et en contrepartie chaque émirat recevait le droit de gérer 25 % de ses ressources pétrolières. Cela n'aboutit pas et il a fallu attendre 1980 pour que Dubaï accepte de verser à la fédération une contribution sur ses revenus pétroliers. Il fut suivi par Charjah et Ras al Khaïmah en échange d'une certaine déconcentration du pouvoir fédéral.

Face au pouvoir fédéral, chaque émirat conserve son autonomie constitutionnelle. La Constitution ne fixe aucune règle, elle ne formule même aucune indication relative à l'organisation des États fédérés. Il est frappant de relever dès les premiers mots du préambule que les constituants se définissent comme les « souverains » de chacun des émirats. Certes, en matière militaire ou diplomatique les émirats ont

35. Articles 141 à 143.

renoncé à toute revendication d'autonomie, dans la détermination de la politique générale du gouvernement fédéral ils ont abandonné aux mains du Président et de son entourage les compétences formelles qu'ils pourraient exercer, leurs émirs se bornant au mieux à une magistrature d'influence. En revanche, chaque émirat est jaloux de son autonomie interne. La structure des gouvernements locaux varie et le degré d'autonomie dépend des réalités humaines, territoriales et économiques de l'émirat. À Abou Dhabi, le gouvernement est confié au Conseil exécutif auprès duquel le Conseil consultatif joue le rôle de parlement local. Dans d'autres émirats le pouvoir apparaît plus nettement concentré entre les mains du souverain. Néanmoins, partout demeurent les institutions traditionnelles d'origine tribale. Les tribus ont à leur tête un cheikh et celui de la plus puissante est l'émir souverain de l'émirat; il bénéficie de l'allégeance des tribus mais les membres des tribus ont un droit d'entrée et de parole au *majliss* des cheikhs. Ces *majliss* d'une importance sociale et politique essentielle demeurent l'institution maîtresse du pays. Ouverts et accessibles à tous, ils sont une forme de « démocratie » tribale: les citoyens y apportent leurs requêtes, sollicitent la médiation du Cheikh, expriment leurs revendications, formulent leurs questions et leurs opinions dans une liberté respectueuse de l'autorité du chef. Ils sont des lieux de discussion, d'échange d'idées et de recherche de solutions aux problèmes concrets du présent ou qui peuvent avoir des répercussions à l'avenir. Les nationaux préfèrent cette institution traditionnelle et l'appel au Cheikh plutôt que le recours aux institutions modernes de l'État.

Les institutions

Deux affirmations de principe dominent la Constitution.

En premier lieu, la référence à Dieu « garant de toute réussite... meilleur Maître et meilleur Soutien » et à l'Islam est constante. Les institutions et la société sont placées sous l'emprise et la protection divines. L'article 7 proclame que l'Islam est la religion officielle de la Fédération et que la Charia islamique y constitue une source de législation majeure. À plusieurs reprises, les dispositions de la Constitution renvoient à la foi et à l'Islam. Ainsi, à l'échelon institutionnel, il est prévu qu'un des objectifs de la politique étrangère de la Fédération est le soutien des causes et des intérêts arabes et islamiques[36]. À l'échelon de la société, le texte rappelle que la famille est le fondement de la

36. Article 12.

société et qu'elle est fondée sur la religion et la moralité, consolidée, protégée par la loi contre toute déviation. À l'échelon individuel, il est remarquable que l'affirmation de l'égalité des citoyens devant la loi et l'interdiction de toute discrimination sont formulées sans distinction d'origine, d'ethnie, de conviction religieuse ou de position sociale[37].

En second lieu, le régime fédéral doit préparer le peuple à « une vie constitutionnelle libre et digne » et le guider résolument vers « un régime démocratique parlementaire pleinement achevé, dans le cadre d'une société arabe et islamique libérée de la peur et de l'inquiétude ». Cet objectif assigné à la Fédération combine la double aspiration religieuse et démocratique sans qu'aucun délai soit fixé pour la satisfaire. Ce ne peut être que le résultat d'une évolution patiente et d'une expérience progressive qui tient compte des traditions et des usages tribaux. Toutefois, dans un esprit libéral, la Constitution jette les bases d'un État de droit en désignant les piliers sociaux et économiques de la Fédération[38] et surtout en proclamant des droits et libertés assortis de devoirs publics.

1. La Constitution proclame l'égalité, la justice sociale et l'égalité des chances pour tous les citoyens. Elle affirme que la solidarité constitue un trait d'union entre les citoyens. Elle énonce les libertés fondamentales : liberté individuelle, présomption d'innocence et droits de la défense, interdiction de la torture, légalité des crimes et des peines. Elle garantit les libertés de circulation, d'opinion, d'expression, de culte, de réunion, la confidentialité des correspondances. Elle reconnaît le droit de propriété et interdit les dépossessions sauf procédure légale et indemnité équitable, elle affirme le droit de choisir son travail, d'accéder à la fonction publique, l'inviolabilité du domicile, le droit de recourir au juge.

En somme, l'essentiel est dit, même si la mise en œuvre des droits et libertés dénote une certaine temporisation. Ainsi, alors que la Constitution garantit l'égalité de toutes les personnes physiques et interdit les distinctions selon la race, l'ethnie, la religion ou le statut social, la pratique de la société est assez différente et les chroniques de faits divers dénote encore un certain laxisme. De même malgré l'interdiction de l'esclavage et du travail forcé, des observateurs internationaux – souvent à des fins politiques – ont pu dénoncer les conditions de travail des étrangers. Toutefois, l'article 34 prévoit le travail forcé dans des circonstances exceptionnelles précisées par la loi et à condition d'une indemnisation. Inversement, il y a lieu de relever que la proclamation de l'Islam comme religion d'État ne fait pas obstacle à la protection de la liberté des cultes par l'article 32, qui est effective aux

37. Article 25.
38. Articles 13 à 24.

Émirats, ce qui dénote un certain libéralisme et une grande tolérance de la société et des autorités.

2. Le pouvoir fédéral est réparti entre cinq institutions centrales : le Conseil suprême de la Fédération, le Président de la Fédération, le Conseil des ministres, le Conseil national fédéral et la Cour suprême de la Fédération. Le titre IV de la Constitution énumère leurs compétences respectives.

Le Conseil suprême est composé par les sept cheikhs ou émirs des États membres de la Fédération. Il constitue la plus haute autorité qui réunit les pouvoirs exécutif et législatif. Chaque émirat dispose d'une voix lors des délibérations. Les décisions relatives aux questions générales sont prises à la majorité de cinq membres, à condition que cette majorité comprenne les voix des émirats d'Abou Dhabi et de Dubaï. Les autres décisions – sur des questions de procédure – sont adoptées à la majorité des voix[39]. Cela facilite une ample discussion qui peut porter sur le fond ou sur la qualification de la question à l'ordre du jour, tout en accordant un droit de veto aux deux grands émirats sur les questions importantes.

Les compétences du Conseil suprême sont immenses. Il est chargé de l'élaboration de la politique générale et du contrôle des affaires fédérales. Il élit le président de la fédération et le vice-président pour cinq ans. Selon un arrangement entre les émirats, traditionnellement l'émir d'Abou Dhabi a été constamment réélu président de la Fédération : ainsi Cheikh Zayed Ibn Sultan el Nahyan puis son fils Cheikh Khalifa Ibn Zayed el Nahyan ont été réélus président. De même, l'émir de Dubaï, Cheikh Rachid Ibn Saïd al Maktoum jusqu'à sa mort en 1990 puis son fils Cheikh Mohamed Ibn Rachid al Maktoum ont occupé le poste de vice-président de la fédération.

Très tôt, le titulaire désigne son héritier à la tête de l'émirat qu'il dirige et, de ce fait, sont connus les successeurs aux fonctions de président et de vice-président de la Fédération. À Abou Dhabi, le Prince héritier est Cheikh Mohammed Ibn Zayed el Nahyan, frère de l'émir président, Cheikh Khalifa ; à Dubaï, en février 2008 Cheikh Mohammed Ibn Rachid al Maktoum a choisi pour héritier son fils Cheikh Hamdan Ibn Mohammed de préférence à son fils aîné, Cheikh Rachid Ibn Mohammed qui est décédé prématurément en septembre 2015.

Le Conseil suprême approuve la désignation et la révocation du président du Conseil des ministres de la Fédération qui est, avec les ministres, solidairement responsables devant le président de la Fédération et devant le Conseil suprême[40]. Chaque ministre est aussi respon-

39. Article 49 ; le règlement intérieur du Conseil définit les questions générales et les questions de procédure.

40. Article 64.

sable devant le Président fédéral. Le Conseil suprême approuve aussi la désignation des membres de la Haute cour fédérale[41]. Au stade final de la procédure législative, il ratifie les lois avant leur promulgation par le Président de la Fédération[42].

Il ratifie les traités et les accords de commerce. L'amendement constitutionnel de 2009 donne au Président de la Fédération le pouvoir de déterminer les traités et les accords internationaux qui doivent être soumis à l'appréciation du Conseil national fédéral avant d'être approuvés[43]. Il revient aussi au chef de l'État d'approuver la déclaration de guerre – qui ne peut être que défensive – et le recours à la loi martiale ainsi que le décret qui y met fin quand les raisons qui l'ont suscitée ont disparues[44]. Le Président peut proposer la révision de la Constitution s'il considère que les intérêts vitaux de la fédération l'exigent[45].

Président du Conseil suprême fédéral, il convoque ses réunions et dirige les débats ; la Constitution ne précise pas la périodicité des réunions qui sont peu fréquentes et portent sur des sujets consensuels, la préférence étant donnée à des réunions informelles et au consensus.

Le Président signe et promulgue les lois, les décrets et les décisions de la fédération, il nomme le président du Conseil des ministres fédéral et, sur la proposition de ce dernier, il désigne les ministres. Il accepte leur démission et il peut les révoquer. Il représente la Fédération à l'intérieur du pays, à l'étranger et dans les relations internationales, il nomme les ambassadeurs et signe leurs lettres de créances, parallèlement il donne son agrément à la nomination des représentants diplomatiques des puissances étrangères. Il nomme les hauts fonctionnaires fédéraux, à l'exception du président et des membres de la Haute Cour fédérale, et il peut les limoger. À travers les conseils de la fédération il veille à l'exécution des lois et des décisions fédérales. Il dispose du droit de grâce et une peine capitale ne peut être exécutée qu'après ratification de la sentence par le Président qui peut lui substituer une peine moins lourde. En revanche, l'amnistie suppose l'adoption d'une loi[46].

À l'égard de l'assemblée élue – Conseil national fédéral – le Président de la fédération peut ajourner les débats pour une durée d'un mois au maximum et il peut la dissoudre, avec l'approbation du Conseil suprême fédéral, à condition de convoquer un nouveau Conseil national dans le délai de soixante jours à partir de la dissolution et de ne pas dissoudre le Conseil national une seconde fois pour les mêmes raisons[47].

41. Article 96.
42. Article 110.
43. Article 91.
44. Article 146.
45. Article 144.
46. Articles 107 à 109.
47. Article 88.

Le Conseil fédéral des ministres est l'organe exécutif de la Fédération pour les affaires internes et extérieures. À ce titre, il suit la mise en œuvre de la politique générale du gouvernement, il dispose de l'initiative des lois et du pouvoir réglementaire, il nomme et révoque les fonctionnaires fédéraux et il contrôle la bonne marche de l'administration. Le Conseil des ministres veille à l'application des lois et des règlements à l'échelon fédéral et dans les sept émirats, ainsi qu'à l'exécution des traités et des décisions de justice fédérales[48].

Le Premier ministre qui réunit et préside le Conseil des ministres, est assisté par deux adjoints qui, en cas d'absence, se substituent à lui dans l'ensemble de ses prérogatives. Il choisit les membres du cabinet parmi les citoyens de la Fédération connus pour leur compétence et leur expérience ; en pratique, les ministres sont généralement issus des différents émirats, mais les plus peuplés de ceux-là fournissent le plus grand nombre de ministres. Il est à noter que la Constitution comporte des dispositions assez précises relatives aux incompatibilités entre les fonctions ministérielles et d'autres activités privées ou officielles exercées notamment à l'échelon local dans l'un des émirats. Elle rappelle aux membres du Conseil à leur devoir d'assurer les intérêts de la Fédération et de rejeter leurs intérêts personnels, pour éviter la confusion ou les conflits d'intérêts[49].

Les membres du cabinet sont solidairement responsables devant le Conseil suprême fédéral et son président devant lequel ils prêtent serment. Les ministres sont également individuellement responsables des activités de leur département Le Conseil des ministres a l'initiative des lois, il prépare les projets de loi qu'il soumet à l'approbation du Conseil national (assemblée) et du Président de la Fédération.

Onze cabinets ont été formés depuis l'indépendance. Ils sont marqués par la stabilité ministérielle. L'émir de Dubaï, actuellement Cheikh Mohammed Ibn Rachid el Maktoum, vice-président de la Fédération est toujours le Premier ministre. Ses deux adjoints sont généralement de la famille el Nahyan dont la prépondérance est assurée par la présence de trois à cinq autres de ses membres au sein du gouvernement, à des postes régaliens (Intérieur, Affaires étrangères, Défense, Affaires présidentielles, Éducation, Travaux publics...). À la suite de l'entrée au gouvernement de Cheikha Loubna Al Qassimi, ministre de la coopération internationale et du développement, quatre femmes ont rejoint le cabinet dont l'une assure les fonctions de secrétaire général du gouvernement[50].

---

48. Article 60.

49. Articles 62 et 63.

50. Cheikha Loubna el Qassimi était ministre de l'économie en 2004, devenue ministre du commerce international en 2008 puis ministre de la coopération interna-

Le gouvernement fonctionne par comités permanents et il est assisté de conseils qui siègent sous l'autorité du ministre compétent. En 2006 a été institué un conseil ministériel pour les services, présidé par Cheikh Mansour Ibn Zayed el Nahyan, vice-premier ministre et ministre des affaires présidentielles. Ce conseil exerce un véritable contrôle de l'activité administrative du gouvernement ; ainsi, il est chargé de suivre l'application de la politique gouvernementale et peut donner des instructions à cet effet. Les ministères et les autorités gouvernementales lui font rapport sur leurs activités, il approuve la structure des ministères et des entités fédérales, il supervise l'audit des administrations et peut formuler des recommandations ou même des instructions et des décisions pour l'amélioration du fonctionnement des services. Il accorde des autorisations pour la préparation des lois, il suit les nominations et la carrière des fonctionnaires fédéraux.

Cependant, en pratique, le pouvoir de décision est aux mains de quelques hommes de la famille régnante dont l'influence reflète l'équilibre des clans qui, par ailleurs, peut changer selon les circonstances.

Le Conseil national consultatif est l'assemblée parlementaire fédérale. Son rôle se limite à la délibération et au conseil, dans la tradition du *majliss*.

Il est composé des représentants des différents émirats. La Constitution attribue à chacun d'entre eux huit à quatre sièges en fonction de l'importance de la population[51]. Le mode de désignation des membres était laissé à la discrétion de chaque émirat, selon la Constitution fédérale. Le mandat de deux ans a été porté à quatre années par la révision constitutionnelle de 2009. À défaut de précision, depuis la création de la fédération les quarante membres du Conseil seraient désignés par les Cheikhs chacun pour son émirat. Puis, à partir de 2006 la moitié des membres (vingt sur quarante) a été élue par un collège électoral de citoyens dans chaque émirat et l'autre moitié étant toujours désignée par les dirigeants de chaque émirat.

L'élection ne se fait pas au suffrage universel mais elle procède d'un collège électoral qui a été élargi de 6689 en 2006 à 129274 électeurs en 2011 et 224000 aux élections d'octobre 2015. Les électeurs peuvent être candidats. En l'absence de partis politiques, ils font campagne sur un programme individuel et financent leur campagne sur des fonds privés dont l'usage est strictement réglementé. L'accès à des

tional en 2013. Najla Mohammed el Awar est secrétaire général du gouvernement depuis 2006. Les autres femmes membres du cabinet sont Mariam el Roomi, ministre des affaires sociales depuis 2006, Rim el Hashimy ministre d'État depuis 2008, Dr Maitha Salem el Chamsi, ministre d'État chargée des affaires familiales,

51. Abou Dhabi et Dubaï ont chacun huit sièges, Charjah et Ras al Khaïmah six sièges, Ajman, Oum al Qaïwaïn et Foujairah quatre sièges.

fonds publics est interdit. Un recours est ouvert aux candidats dans les trois jours qui suivent l'élection. Les résultats révèlent que le vote est davantage marqué par des considérations tribales que politiques.

En 2011, 85 sur 468 candidatures étaient féminines, 46 % des électeurs étaient des femmes et 35 % des électeurs avaient entre vingt-et-un et trente ans. En 2015, malgré la volonté affichée des autorités de « renforcer la culture de participation politique », le nombre des votants a été faible[52] avec 35,29 % de votants. Ce taux de participation est en augmentation sensible par rapport aux élections de 2011 où il s'élevait à 27,75 %. Toutefois, l'idée d'introduire le vote obligatoire sanctionné par des amendes a été avancée après les dernières élections. Ces élections ont également été marquées par un moindre succès des femmes : sur les soixante-dix-huit candidates (sur trois cent trente candidatures), une seule a été élue et seulement 8,3 % des voix sont allées aux femmes[53]. Cependant, le nombre de femmes parlementaires a été porté à neuf, grâce au quota de conseillers désignés par les gouvernants. C'est d'ailleurs une femme, Mme Amal Abdullah el Qubaisi qui a été élue président du Conseil national.

Le mandat est représentatif, chaque membre représentant l'ensemble de la population et non son émirat d'origine ; il est exclusif de toute fonction ministérielle et même de toute fonction publique de la Fédération. Les membres doivent prêter serment avant le début de ses activités parlementaires. Le Conseil national statue sur la validité du mandat ou sur sa déchéance si un membre vient à ne plus remplir les conditions d'appartenance à l'assemblée.

Les pouvoirs du Conseil national sont consultatifs. Sans doute les projets de lois, y compris les projets de loi de finances, lui sont soumis. Il les discute et il peut les adopter, les amender ou les rejeter. Toutefois, c'est le Président et le Conseil suprême qui ont le dernier mot. Tous les textes sont en effet soumis à la ratification du Conseil suprême et à la signature et la promulgation du Président. Ainsi, lorsqu'un amendement introduit par le Conseil national est considéré comme inacceptable par le Président de la Fédération ou par le Conseil suprême ou bien en cas de rejet d'un projet par le Conseil national, le texte est renvoyé devant ce dernier par le Président ou par le Conseil suprême ; si les amendements refusés sont maintenus ou si le texte est de nouveau rejeté par le Conseil national, le Président promulgue la loi après ratification par le Conseil suprême. Quant au contrôle exercé sur le gouvernement, les questions adressées par les membres du Conseil national ou les débats ne peuvent aboutir à la censure du gouvernement ni même à un vote de défiance.

52. 79 157/224 000 électeurs, selon *The National* 6 October 2015.
53. *The National*, 6 October 2015.

Enfin, s'agissant de la justice dans la Fédération et les émirats, la Constitution affirme l'indépendance des juges qui ne sont soumis à d'autre autorité que la loi et leur propre conscience[54]. À l'échelon fédéral, le pouvoir judiciaire est exercé par la Haute Cour fédérale et par des juridictions de première instance. La Haute Cour est une cour suprême constitutionnelle : tout d'abord, elle règle les différends entre les émirats et la Fédération, et elle tranche les conflits de juridiction entre les tribunaux fédéraux et les tribunaux des émirats. Ensuite, elle statue sur la constitutionnalité des lois fédérales ou de celles adoptées par un des émirats, sur recours d'un ou plusieurs de ces derniers ou à la demande des autorités fédérales. Il peut s'agir aussi d'un contrôle de constitutionnalité par voie d'exception sur saisine d'une juridiction du pays. Elle peut également interpréter la Constitution sur requête des autorités fédérales ou du gouvernement. La Haute Cour fédérale exerce, enfin, une compétence politique. Elle peut demander des comptes aux ministres et aux hauts fonctionnaires sur les actes commis dans l'exercice de leurs fonctions, à la demande du Conseil suprême. Elle a compétence pour juger des crimes qui portent atteinte aux intérêts de la Fédération, tels que les crimes contre la sécurité intérieure ou extérieure, les faux, la contrefaçon de la monnaie.

3. Par-delà les institutions constitutionnelles et les répercussions politiques et sociales de la rente pétrolière, la prééminence d'Abou Dhabi s'est manifestée à travers la volonté de développer les forces armées du pays comme facteur d'intégration politique. Cela apparaît dans les dispositions constitutionnelles relatives aux forces armées et notamment dans l'amendement de 1976 qui place sous un commandement unifié les forces terrestres, marines et aériennes. La Fédération peut aussi disposer des forces de sécurité fédérales. Le commandant en chef de ces forces et le chef d'État-major sont nommés et révoqués par décret et le conseil des ministres de la Fédération est responsable directement de toutes les forces devant le Président et le Conseil suprême de la Fédération. On voit dans ces dispositions la volonté des constituants de conserver l'appareil militaire entre les mains des souverains. Cela ne signifie pas que les militaires aient été associés à la fondation ou à l'institutionnalisation politique de la monarchie. Les revenus tirés des ressources pétrolières ont bien davantage permis aux dirigeants de compenser la faiblesse des institutions politiques nouvelles par une redistribution intelligente et l'élaboration de politiques de développement. Ni la formation de l'État ni le fonctionnement des institutions ne révèlent un régime prétorien. En revanche, alors que les ressources ont permis de consolider les chefferies locales en dynasties et de renforcer la loyauté envers la monarchie, les forces armées apparaissent comme

54. Article 94.

un puissant vecteur d'intégration nationale et sociale. Le service militaire, l'encadrement la formation et la promotion des cadets dans l'administration favorisent l'enracinement du sentiment national et la cohésion sociale.

Du même coup, la construction et la modernisation de la force militaire non seulement tend à assurer la sécurité du pays et de la région mais elle contribue à la centralisation de l'État et au renforcement des institutions, garantes de la prospérité et de la stabilité de la société.

5

Le système juridique des Émirats arabes unis

Thierry RAMBAUD

Le modèle juridique des Émirats arabes unis est au carrefour de plusieurs traditions et logiques, ce qui en rend l'analyse particulièrement intéressante.

Nation fidèle à l'Islam et à sa tradition juridique, les Émirats ont toujours su par ailleurs s'ouvrir aux échanges économiques et commerciaux et se doter d'un cadre normatif qui en facilite les échanges.

Il suffit ici de songer au régime juridique spécifique des zones franches qui constituent une exception territoriale au système juridique de principe : des lois différentes s'y appliquent, notamment dans le *Dubaï International Financial Centre* (en) (DIFC), le *Jebel Ali Free Zone* (en) et *Dubai Media City*. Depuis le 20 octobre 2016, la nouvelle zone franche d'Abou Dhabi (*Abu Dhabi Global Market*) a ouvert ses services financiers au public. Lord Hope of Craighead, ancien président adjoint de la Cour suprême, a été nommé président de la Cour d'*Abu Dhabi Global Market*.

Par exception à la règle générale qui requiert que la majorité (51 %) de toute société émiratie soit détenue par des nationaux, les sociétés établies dans les zones franches peuvent être détenues à 100 % par des capitaux étrangers, aucun impôt n'est prélevé, et aucun seuil sur le rapatriement des capitaux n'existe.

Dubaï International Financial Centre qui est incontestablement la zone franche la plus célèbre en raison de son degré de sophistication aux Émirats possède ses propres juridictions et son système juridique, à l'exception de ce qui concerne le droit pénal. On y parle anglais, et nombre des juges, comme on l'a vu avec Lord Hope of Craighead, proviennent de pays de *Common Law*.

La thèse de la présente contribution est de montrer comment les Émirats arabes unis constituent une illustration de ce « pluralisme normatif » dont l'unité est assurée par l'État. C'est ainsi que, tout en se conformant à la tradition islamique, les règles relatives au droit émirien des sociétés ont des sources très diverses. Aussi, contrairement à l'idée généralement répandue selon laquelle, du fait de la présence britannique, le droit émirien serait à ranger dans la tradition de *Common Law*, il s'agit en réalité d'un droit mixte, en large partie structuré par la tradition juridique égyptienne, qui doit elle-même à la tradition juridique française. Les Émirats arabes unis ont ainsi adopté la structure du droit français des sociétés, en reprenant certains éléments de la tradition de *Common Law*. La nouvelle loi sur les sociétés commerciales de 2015 illustre cette inspiration en reprenant la définition de la société prévue à l'article 1832 du Code civil français[1].

La présente étude repose sur des recherches antérieures[2], sur plusieurs missions d'enseignement à l'Université Paris Sorbonne Abou Dhabi et sur des échanges avec des acteurs du monde judiciaire travaillant à Abou Dhabi et à Dubaï[3]. Il en ressort l'idée générale selon laquelle les Émirats sont en train d'adopter un cadre juridique adapté leur permettant d'assurer leur développement économique et de rassurer les investisseurs étrangers.

Pour présenter le système juridique émirien, nous adopterons un plan simple : après un rappel des garanties des droits fondamentaux résultant du cadre constitutionnel[4], nous envisagerons successivement les sources du droit et l'organisation judiciaire émirienne.

Un système juridique fédéral garantissant une protection constitutionnelle des droits et des libertés

Le système juridique des Émirats arabes unis ne peut se comprendre sans rappeler, en premier lieu, le caractère fédéral de l'État. Ce dernier implique une superposition de deux niveaux étatiques, l'un fédéral, l'autre fédéré. Certaines matières vont être régies au niveau fédéral,

1. Anthony Chamboredon, « La nouvelle loi sur les sociétés commerciales aux Émirats arabes unis », *Revue des sociétés*, novembre 2016, p.648 *sq*.

2. Lynn Ammar, Thierry Rambaud, *Émirats arabes unis, Introduction générale au système juridique*, LexisNexis, J-Cl. Droit comparé, fascicule 10, 1er juillet 2015. La présente analyse provient en partie de ce travail que nous avons publié en 2015 avec Me Lynn Ammar, avocate au cabinet Cleary Gottlieb (Abou Dhabi).

3. Nous avons particulièrement apprécié nos échanges juridiques avec Me Jean-Michel Morinière et Me Lynn Ammar.

4. Le présent volume consacre un chapitre spécifique à la Constitution émirienne. C'est la raison pour laquelle nous nous consacrerons à la dimension substantielle de la règle constitutionnelle, celle des droits fondamentaux qui guident l'action du législateur.

d'autre au niveau fédéré. Outre la dimension fédérale, l'ordre juridique émirien consacre la garantie des droits et des libertés à caractère fondamental qui s'imposent à l'ensemble des acteurs juridiques émiriens.

L'avènement de l'État fédéral des Émirats arabes unis

Lorsque le gouvernement britannique annonça, par la voie de son premier ministre Harold Wilson, au début de l'année 1968, son intention de se retirer des États du Golfe arabes, les émirs de la Côte, auxquels vont se joindre, dans un premier temps, Qatar et Bahreïn, jugèrent nécessaire de s'unir dans une structure étatique commune. Ils étaient en effet contraints de forger une nouvelle communauté politique leur permettant d'assurer leur défense et leur protection dans un contexte et un environnement géopolitique régional singulièrement compliqué.

D'abord envisagée à neuf, avec la participation initiale des émirs du Qatar et du Bahreïn, puis réduite à six lors de la proclamation de l'indépendance en 1971 (Ras Al Khaïmah s'intégra officiellement dans l'État fédéral des Émirats arabes unis six mois plus tard, le 10 février 1972), la Fédération prit initialement la forme d'une organisation de sécurité collective, où les plus faibles, ne bénéficiant ni des richesses pétrolières de l'émirat d'Abou Dhabi, ni du dynamisme commercial de l'émirat de Dubaï, y virent des garanties de survie, et les plus forts un moyen de renforcer leur position dans le jeu régional[5]. Lors de ces négociations s'affirma la personnalité de l'émir d'Abou Dhabi, Feu Cheikh Zayed Ibn Sultan el Nahyan, qui favorisa l'émergence des Émirats comme État indépendant et souverain.

Le cas des Émirats arabes unis présente une illustration pertinente de la constitution d'un « fédéralisme par agrégation », qui voit sept émirats s'associer pour exercer ensemble des compétences (Abou Dhabi, Dubaï, Charjah, Oum al-Qaïwain, Ajman, Foujairah et Ras al-Khaïmah), notamment dans le domaine de la politique extérieure, de la sécurité, de la monnaie ou encore de détermination de la nationalité.

Qu'en était-il alors du système juridique, dans la mesure où l'organisation juridictionnelle et l'aménagement des sources du droit proviennent naturellement des dispositions de la Constitution de 1971 ?[6]

Dans la plupart des Émirats, les familles et groupes tribaux avaient l'habitude de traiter eux-mêmes la plupart des litiges survenant entre

5. S. Ghaouti, *Les Émirats arabes unis, vers une nouvelle expérience fédérative*, thèse de doctorat de Science politique, Paris 2, 1982, L'Harmattan, DL, 1984; voir également la thèse consultable à la bibliothèque de Sciences po de W. Guéraiche, *Géopolitique de Dubaï et des Émirats arabes unis*, thèse, Nancy, Arbre bleu, 2014.

6. Frauke Heard-Bey, *Les Émirats arabes unis*, Paris, Karthala, 1999.

leurs membres. Ainsi, les conflits relatifs aux vols, aux dégâts et dégradations des droits mobiliers ou immobiliers, etc. étaient réglés par les chefs de familles ou de tribus, ou encore par une personne versée dans la loi coutumière de la communauté concernée.

Dans cet environnement juridique, il n'était pas nécessaire que le jugement rendu soit conforme aux spécifications d'une loi particulière ou reconnue : il suffisait que les parties aient le sentiment que le jugement était équitable compte tenu des circonstances et qu'elles fussent disposées à accepter le verdict. Comme celui-ci devait être accepté par tous, il était presque toujours rendu sous la forme de compromis.

Les principes légaux sur lesquels reposait ce processus juridique trouvaient leur source dans le droit coutumier, *Urf*, en vigueur dans les tribus concernées. Celui-ci était largement imprégné des règles générales de l'islam qui avaient un poids moral lourd en tant que code de conduite reconnu par les habitants de la région. « Toutefois, les jugements n'invoquaient pas nécessairement tel ou tel principe spécifique de la *Charia*, la loi musulmane, et n'énonçaient pas nécessairement tel ou tel paragraphe des ouvrages pertinents du *Fiqh*, la jurisprudence islamique relative aux avis juridiques pris par les juristes de l'islam sur les limites à ne pas dépasser par les musulmans, à moins que les parties n'aient décidé de soumettre le litige a un *Faqih* ou un *Muttawa*, un homme pieux lettré du Coran ».

À la *Charia* et à la coutume, dont le statut de source de droit musulman est davantage sujet à discussion en raison de son caractères supplétif, venaient s'ajouter le bon sens, l'impartialité de la partie dotée de la capacité de trancher le litige.

Cette coexistence du droit coutumier et de la *Charia* posa de plus en plus de problèmes à compter des années 1930, tant il était délicat de soumettre n'importe quel individu au droit coutumier, tout en faisant abstraction de son identité et des circonstances de l'affaire en l'espèce. Par conséquent, tout au long des années 1940, on établit un code de procédure destiné aux étrangers. Il eut fallu également voter de nouvelles lois pour faire face à des questions juridiques nouvelles, notamment en matière d'accidents du travail et de la circulation.

C'est dans un tel cadre que va s'affirmer le nouvel État qui s'analyse comme une Fédération d'émirats[7] et s'élabore sous la forme d'une unité politique propre dont la cohérence repose sur une articulation entre l'aménagement de garanties de continuité et de stabilité fixées par l'ingénierie constitutionnelle et la fidélité aux traditions du système des clans et des tribus.

Le nouvel État se dote alors d'une Constitution. Promulguée en 1971 en tant que Constitution provisoire (n'étant censée avoir, selon les

7. Voir la contribution de Jean-Yves de Cara dans le présent ouvrage.

termes de son préambule, qu'une durée de vie de cinq années), celle-ci est finalement proclamée Constitution permanente le 2 décembre 1996 à la suite de l'adoption d'un amendement constitutionnel qui retire le qualificatif « provisoire » de la Constitution. Le professeur de Cara rappelle « qu'il s'agit d'une Constitution *octroyée*, proclamée devant Dieu et l'opinion publique dans son ensemble par les Cheikhs souverains qui constatent la concordance de leur volonté et de celle de leurs peuples pour l'établissement d'une fédération, afin de s'assurer une vie meilleure, une stabilité plus solide et un rang international plus élevé »[8].

Source suprême de règle obligatoire, la Constitution occupe le sommet de la pyramide du système juridique émirati. La Constitution faisant l'objet d'une étude à part entière dans le présent volume, nous n'envisagerons dans le présent texte qu'une des dimensions de cette dernière, la protection constitutionnelle des droits et des libertés.

La garantie des droits fondamentaux dans le système juridique émirien

Plusieurs dispositions du texte constitutionnel proclament et garantissent des droits et libertés à caractère fondamental. Ces derniers revêtent, tant une dimension substantielle, qu'une dimension procédurale.

• Les droits substantiels

Il importe de se reporter aux titres II et III de la Constitution émirienne.

Certains droits relèvent du Titre II de la Constitution : « Les piliers sociaux et économiques fondamentaux de la Fédération ». Ces piliers incluent, entre autres, la protection de la famille ; la protection de la mère, de l'enfant ainsi que des personnes incapables ; l'enseignement gratuit ; la protection sanitaire ; la protection des fonds publics ; et la justice sociale. La propriété privée est protégée en vertu de l'article 21 qui, par ailleurs, dispose « nul ne peut être dépossédé de son bien, sauf dans les cas où l'intérêt général le commande, conformément aux dispositions de la loi, et en contrepartie d'une indemnité équitable ».

L'article 14 de la Constitution énonce le principe général selon lequel « l'égalité, la justice sociale, la garantie de la sécurité et de la quiétude, et l'égalité des chances pour tous les citoyens sont partie intégrante des fondements de la société. La solidarité constitue un trait d'union entre les citoyens ». L'article 25 garantit plus spécifiquement le principe d'égalité devant la loi de toutes les personnes physiques,

8. *Ibidem.*

sans distinction de race, d'ethnie, de convictions religieuses ou de statut social.

La plupart des droits et libertés à caractère fondamental sont garantis par le titre III de la Constitution fédérale qui couvre les articles 25 à 44 de la Constitution. Les articles de la Constitution distinguent, en ce qui concerne les titulaires des droits, les citoyens et les étrangers qui vivent aux Émirats. Pour ces derniers, l'article 40 prévoit qu'ils jouissent des droits et des libertés garantis par les textes internationaux, ainsi que les traités et conventions auxquels les Émirats sont parties. Ils sont également tenus aux devoirs y afférents.

La liberté individuelle est également garantie à tous les citoyens. Ce même article prohibe la torture et les traitements dégradants portant atteinte à la dignité, conformément aux standards du droit international des droits de l'homme.

L'article 35, pour sa part, prohibe l'esclavage et le travail forcé. Dans ce dernier cas, la Constitution prévoit que le travailleur peut y consentir s'il est rémunéré et que la loi autorise une telle exception. Par ailleurs, et en vertu de l'article 35, la possibilité d'accéder à la fonction publique est offerte à tous les citoyens, sur la base de l'égalité des conditions et conformément aux dispositions de la loi.

• Le droit pénal et les droits procéduraux

Le droit pénal et la procédure pénale sont également strictement encadrés par les droits fondamentaux. C'est ainsi que la Constitution prévoit le principe de légalité des délits et des peines (art. 27), de l'individualisation de la peine (« la sanction est strictement personnelle », art. 28), mais également de présomption d'innocence jusqu'à ce qu'une personne accusée ait été déclarée coupable par un juge, à la suite d'un procès pénal régulier (art. 28).

Sont également garanties la libre circulation à l'intérieur du territoire des Émirats (art. 29), ainsi que la liberté d'opinion et d'expression que l'expression soit orale, écrite ou au moyen d'un autre support d'information (art. 30). Il revient au législateur d'aménager le régime juridique de cette liberté. La liberté de communication, garantie à l'article 31 de la Constitution, se distingue de la liberté d'opinion et d'expression. Le secret des correspondances est également assuré. La liberté de culte est garantie à l'article 32 de la Constitution. Elle s'exerce dans le respect des traditions généralement acceptées, de l'ordre public et des bonnes mœurs. L'organisation du culte musulman est contrôlée par un Ministère dédié qui rédige chaque semaine les prêches obligatoires. Ces prêches, diffusés par des imams formés et eux seuls, sont traduits dans différentes langues (ourdou ou turc...). Nul n'est autorisé à prêcher, sans en avoir reçu l'autorisation et sans avoir été formé. Cette formation est validée par un diplôme. En outre, par le bais d'un « *Fatwa center call* » le gouvernement émirien assure une uniformité de la jurisprudence et permet d'apporter des réponses aux questions des fidèles. Il constitue une forme de comité scientifique permettant d'harmoniser les solutions juridiques apportées aux différentes questions soulevées. Les autres cultes peuvent également être pratiqués aux Émirats. Si l'église saint Joseph d'Abou Dhabi et sa messe en française est bien connue des expatriés français, de confession catholique, on rappellera qu'il existe en outre près de 40 églises aux Émirats.

L'article 38, pour sa part, interdit l'extradition des citoyens et des réfugiés politiques.

L'article 41 dispose que toute personne a le droit de porter plainte devant les autorités compétentes, y compris les tribunaux, dans le cas où ses droits et libertés ont été violés.

Les trois derniers articles du titre III rappellent les devoirs qui s'imposent à chaque citoyen (règlement des impôts et des redevances publiques décidés par la loi, qui sont néanmoins d'un montant très faible en raison des richesses pétrolières du pays, la défense de la Fédération et l'accomplissement du service militaire organisé par la loi); ainsi que ceux qui s'imposent à tous les habitants de la Fédération (respect de la Constitution, des lois et règlements, de l'ordre public et des bonnes mœurs).

Les sources de droit émirien

L'analyse des sources du droit émirien repose sur deux principes fondamentaux: le caractère fédéral de l'État, qui implique une dualité des sources du droit, avec un niveau fédéral et un niveau fédéré, et le caractère « mixte » de la tradition juridique émirienne, au sens que l'on donne à cette expression en théorie du droit comparé.

Généralement qualifié de système mixte de droit coutumier et de droit musulman, le droit émirati partage néanmoins de nombreuses similitudes avec le système français par sa forme et par son contenu: droit écrit dans lequel les actes législatifs définissent les décisions judiciaires, il est également fortement imprégné par la logique juridique française grâce, notamment, au rôle joué par les auteurs égyptiens, libanais et syriens.

Par ailleurs, les liens historiques avec l'Empire britannique expliquent sans doute quelques influences de la *Common Law* sur le système juridique émirati.

Une importance particulière est à accorder à la Charia, avant de s'attarder plus longuement sur la hiérarchie des sources dans le système juridique émirien. Le rôle de la coutume est également à souligner: elle est mentionnée en tant que source primaire de droit se trouve consacrée aux articles 46 à 51 du Code civil. En vertu desdits textes, la coutume, qu'elle soit de portée générale ou particulière, a un effet obligatoire.

La Charia *: une source de législation majeure*

En vertu de l'article 7 de la Constitution des Émirats arabes unis, l'islam est la religion officielle de la fédération et la *Charia*, qui renvoie aux sources premières et révélées de la science juridique du droit musulman que sont le Coran et la *Sunna*, est érigée en *« source de législation majeure »*. Ce concept se trouve réitéré à l'article 2 du Code civil émirati qui dispose: « les dispositions de la présente loi doivent être construites et interprétées par référence aux règles et principes du Fiqh, la jurisprudence islamique ». En effet, la *Charia* constitue un élément de l'ordre public émirati[9].

Le Coran, parole de Dieu (en arabe *Allah*) et loi divine, constitue la source principale de la loi islamique.

À elle vient s'ajouter une deuxième source primaire: la *Sunna* qui représente l'ensemble des actes et dires établis du prophète Mahomet et rapportés par la Tradition. En se fondant sur ces deux sources, les érudits religieux (Oulémas) de la société islamique à l'époque ont pu apporter, par consensus, des solutions à des questions non couvertes explicitement ou spécifiquement par le Coran ou la *Sunna*. Dans les cas difficiles où il n'existe pas d'informations pour fournir une décision claire, un raisonnement rigoureux par analogie (*Qiyas*) est appliqué en combinant les trois autres sources du droit musulman. Historiquement, les écoles traditionnelles du sunnisme se sont imposées de longue date sans que les tribus ne soient véritablement sensibles aux différences entre écoles juridiques. Si certaines d'entre elles se sont ralliées à l'école Hanbalite, le professeur Jean-

9. Un rapport parlementaire cite un arrêt de la Cour d'appel d'Abou Dhabi du 11 mars 1996 qui a écarté l'application de la charia pour les non-musulmans. Voir le *rapport fait au nom de la Commission des affaires étrangères sur le projet de loi n° 1243, autorisant l'approbation de la convention d'entraide judiciaire en matière pénale entre le Gouvernement de la République française et l'État des Émirats arabes unis*, par Mme Martine Aurillac [www.assemblee-nationale.fr/n° 1478]. Une telle position confirme la dimension personnelle de l'application de la Charia qui vaut pour les personnes de confession musulmane et vient relativiser la dimension d'ordre public de la charia aux Émirats.

Yves de Cara nous rappelle que « les Banis Yas observaient le rite malikite »[10].

La *Charia* s'applique aux affaires de statut personnel lorsque les personnes sont généralement musulmanes (droit de la famille et droit des successions), ainsi qu'à certaines peines coraniques. Contrairement à nombre d'États du monde arabo-musulman, la Charia s'applique également en matière pénale. À titre d'exemple, l'un des concepts les plus particuliers de ce système juridique est celui de la *diyya*: selon l'ancien droit, le talion (*Qisas*) – qui s'applique en principe aux homicides et blessures volontaires – peut-être, à la discrétion de la famille de la victime, remplacé par la *diyya*, compensation financière ou « prix du sang ». Le montant du « prix du sang » nécessaire varie selon les circonstances de la mort et les contraintes que celle-ci peut causer. Par exemple, la mort d'un père de sept enfants impliquerait un paiement plus considérable que celle du père d'un seul enfant. Ce concept revêt une importance particulière d'autant plus que la peine de mort n'est pas abolie aux Émirats. Elle n'est cependant quasiment plus appliquée.

Rappelons en outre qu'en vertu de l'article 107 de la Constitution:

> « Le président dispose du droit de grâce; il peut gracier ou commuer les sentences prononcées par une juridiction fédérale, avant ou pendant leur exécution, sur recommandation du ministre fédéral de la justice, après approbation d'une commission formée pour une durée de trois ans renouvelable, et composée de six membres sélectionnés par le Conseil des ministres, parmi des citoyens intègres et qualifiés. Les membres de ladite commission assument leur mission gracieusement, les délibérations de la commission sont secrètes et ses décisions sont prises à la majorité des voix. »

La hiérarchie des normes juridiques internes

Il importe ici de distinguer les sources fédérales des sources fédérées.

• Les sources fédérales

Au sommet de la hiérarchie des sources fédérales se situe la Constitution. Promulguée en 1971 en tant que Constitution provisoire (n'étant censée avoir, selon les termes de son préambule, qu'une durée de vie de cinq années), celle-ci est finalement proclamée Constitution permanente le 2 décembre 1996. Elle sera modifiée à quatre reprises. La

---

10. Voir dans le présent volume, la contribution du professeur Jean-Yves de Cara, p.102.

dernière modification en date remonte à l'amendement constitutionnel 1/2009 qui introduit plusieurs changements concernant, notamment l'article 91, et le pouvoir du Président de la fédération de déterminer les traités et accords internationaux devant être soumis à l'appréciation du Conseil national fédéral avant d'être approuvés.

Source suprême de règle obligatoire, la Constitution prime sur les autres règles de l'ordonnancement juridique. Tel est le sens des dispositions de l'article 151 de la Constitution qui dispose que celle-ci l'emporte sur l'ensemble des normes inférieures fédérales ainsi que sur les ordres internes de chacun des Émirats constituant la Fédération, dont leurs constitutions respectives. Ce même article ajoute que « les lois fédérales qui sont promulguées selon les dispositions de la Constitution ont la primauté sur les législations, les règlements et les décisions publiés par les autorités des Émirats. En cas de conflit, il est supprimé de la législation inférieure tout ce qui est contradictoire avec la législation supérieure, de telle sorte que la contradiction disparaisse. En cas de différend, le litige est soumis à la Haute Cour fédérale pour être tranché. » Par ailleurs, l'article 101 précise que si « la Haute Cour fédérale juge qu'une législation fédérale, une loi, une réglementation locale ou certaines de leurs dispositions sont non conformes à la Constitution, les autorités fédérales ou locales concernées, selon le cas, doivent prendre avec célérité les mesures nécessaires pour mettre fin à cette violation de la Constitution ».

Dans les circonstances où le Conseil suprême estimerait que les intérêts vitaux de la Fédération exigent l'amendement de la Constitution, il soumet un projet d'amendement constitutionnel au Conseil national fédéral. La procédure pour approuver l'amendement constitutionnel est identique à celle suivie pour adopter des lois, telle qu'elle sera examinée ci-dessous. L'approbation d'un projet d'amendement constitutionnel par le Conseil national fédéral exige les deux tiers des voix des membres présents. Le président de la Fédération signe l'amendement constitutionnel et le promulgue au nom du Conseil suprême.

En vertu des articles 145 et 146 de la Constitution, aucune disposition dudit texte ne peut être suspendue, sauf quand la loi martiale est en vigueur et dans les limites indiquées par celle-ci.

En cas de nécessité définie par la loi, la loi martiale est déclarée par un décret promulgué avec l'approbation du Conseil suprême sur la base d'une proposition faite par le président de la Fédération avec le consentement du Conseil des ministres de la Fédération. Un tel décret est communiqué au Conseil national fédéral lors de sa prochaine réunion. Également, il est mis fin à la loi martiale par un décret promulgué avec l'approbation du Conseil suprême quand les raisons qui l'ont suscitée auront disparu.

La Constitution émiratie est très ouverte à l'application du droit international. Ainsi, dans son article 147, elle dispose que « son application n'affecte pas les traités ou accords signés par des Émirats membres de la Fédération, avec des États ou des organismes internationaux à moins que de tels traités ou accords ne soient modifiés ou abrogés par accord entre les parties concernées ». La Constitution des Émirats arabes unis ne contient pas une disposition expresse concernant la place des traités internationaux dans la hiérarchie juridique, mais il doit être admis que les conventions internationales régulièrement ratifiées sont subordonnées à la Constitution, tout en ayant une portée supérieure à celle des lois ordinaires antérieures. Au sujet de cette ouverture internationale des Émirats on peut citer le décret fédéral n° 43 du 13 juin 2006 par lequel les Émirats ont adhéré à la convention des Nations-Unies pour la reconnaissance et l'exécution des sentences arbitrales étrangères.

En dessous de la Constitution et des traités internationaux, au niveau fédéral, se situent les projets de loi fédérale qui sont préparés et soumis par le Conseil des ministres au Conseil national fédéral. Une fois retravaillé, le Conseil des ministres soumet le projet de loi au président de la Fédération pour approbation et soumission au Conseil suprême pour ratification. La loi est ensuite signée et promulguée par le président de la Fédération.

La nouvelle loi est publiée au *Journal officiel* de la Fédération dans un délai maximal de deux semaines à partir de la date de la signature de la loi et sa promulgation par le président. La nouvelle loi entre en vigueur un mois après sa publication, à moins d'une disposition contraire spécifique dans ladite loi. L'article 112 de la Constitution pose le principe général de la non-rétroactivité des lois nouvelles. Il dispose : « Les lois ne sont applicables qu'à partir de la date de leur mise en vigueur. Il ne s'ensuit aucun effet rétroactif. Toutefois, en cas de nécessité et dans des matières autres que criminelles, la loi peut prescrire le contraire ».

Il est remarquable de noter que, conformément à une technique de plus en plus répandue dans le monde arabe, les Émirats se sont également engagés dans la voie de la codification. On le sait, ce processus fut encouragé dans le monde arabe par des courants réformistes, dans le prolongement des écrits de Rachid Rida et de Sanhoury[11]. Leur objectif était de mieux distinguer entre ce qui relève du cœur même de ce droit révélé qu'est la Charia et ce sur quoi le législateur étatique est susceptible d'intervenir.

Ce processus de codification n'a donc pas échappé aux Émirats. Il s'opère au niveau fédéral au regard des dispositions de l'article 121 de

11. Voir Charles Saint-Prot, *La tradition islamique de la réforme*, Paris, CNRS éd., 2010.

la Constitution qui attribue à la fédération une large compétence législative exclusive dans les domaines du droit du travail et de la sécurité sociale, du droit civil, pénal et commercial et des procédures qui s'y rattachent. On y trouve ainsi des codes fédéraux concernant la matière civile, la matière commerciale et même le droit pénal.

Relevons l'existence d'un Code civil (1985), d'un Code pénal (1987)[12], d'un Code de procédure civile (1992), d'un Code de procédure pénale (1992), d'un Code du statut personnel (2005)[13], d'un Code pénal (2009), d'un Code des sociétés commerciales (2015).

Nous assistons depuis un moment à un mouvement important de réforme législative en vue de la modernisation des textes en vigueur. Dans ce cadre, nous citons à titre d'exemple la nouvelle loi sur la concurrence promulguée en 2012 (et entrée en vigueur en février 2013), mais également La nouvelle loi du 25 juillet 2015 sur les sociétés commerciales[14] qui affiche expressément l'objectif de contribuer au développement économique et commercial du pays. Elle déclare se conformer aux règles mondiales, en particulier dans le domaine de gouvernance, de la protection des associés, de la responsabilité sociale des entreprises[15].

Ces sources législatives peuvent être complétées par des décrets lois. En effet, en cas d'urgence, le président de la Fédération et le Conseil des ministres peuvent, entre les sessions du Conseil Suprême, promulguer des lois fédérales par décrets, à condition qu'elles soient conformes à la Constitution. Lesdits décrets lois doivent être soumis dans un délai d'une semaine au plus tard au Conseil suprême pour rati-

---

12. Comme en droit français, le droit pénal émirien connaît d'un système de classification tripartite des infractions en crimes, délits et contraventions. Les peines encourues sont respectivement de 1, 3 et 10 ans d'emprisonnement. L'appel et le pourvoi en cassation sont toujours possibles.

13. Le mouvement de codification impulsé par l'Égypte dans les années 1920 fut repris dans les années 1950 en Jordanie (1953), en Syrie (1955) et en Tunisie (1956) et s'est prolongé aux Émirats arabes unis (2005), au Qatar (2006) et au Bahreïn (2009). L'Arabie Saoudite est le seul pays du monde arabe à ne pas s'être doté d'un Code de statut personnel.

14. Les formes de sociétés commerciales disponibles sont au nombre de sept. Il est, notamment, possible de créer des sociétés en nom collectif, des sociétés à responsabilité limitée ou des formes de sociétés anonymes. Les formes les plus usitées sont la "*Limited Liability Company*" (LLC), qui ressemble à une société à responsabilité limitée, ou la *Private Joint Stock Company* (Pjsc), qui ressemble à une société anonyme. Il existe également des possibilités d'ouvrir son capital au public et d'être coté sur des marchés financiers locaux. L'obligation d'avoir 51% d'actionnariat national n'empêche pas les aménagements contractuels par voies de prêts, promesses, locations de matériels et contrats de gestion qui permettent une sécurité des affaires de l'investisseur.

15. Anthony Chamboredon, « La nouvelle loi sur les sociétés commerciales aux Émirats arabes unis », *Revue des sociétés*, novembre 2016, p.648 *sq*.

fication ou abrogation. S'ils sont approuvés, ils prennent force de loi et seront notifiés au Conseil national fédéral à sa prochaine réunion. Si le Conseil suprême les désapprouve, ils cessent d'avoir force de loi à moins que ledit conseil décide d'en confirmer l'applicabilité durant la période écoulée ou d'en régulariser les conséquences.

Aucun décret ne peut être promulgué que s'il est approuvé par le Conseil des ministres et ratifié par le président de la Fédération ou le Conseil suprême selon leurs prérogatives respectives. Après avoir été signés par le Président de la Fédération, les décrets sont publiés au *Journal officiel*.

En dehors de ses sessions, le Conseil suprême peut autoriser conjointement le président de la Fédération et le Conseil des ministres à promulguer des décrets relevant de son ressort. Une telle délégation ne peut inclure ni la ratification des traités internationaux, ni la proclamation ou la suppression d'un état d'urgence, ni la déclaration d'une guerre défensive ou la désignation du président de la Haute Cour fédérale ou de ses juges.

Ces décrets peuvent être complétés par des décisions du Conseil des ministres et des actes administratifs, qui s'apparent à de simples arrêtés ministériels.

• Les sources fédérées

Le gouvernement de l'État fédéré joue un rôle important dans la législation au sein de chaque Émirat. Si la Constitution octroie une compétence d'attribution à l'État fédéral, il n'en demeure pas moins que les Émirats maintiennent une compétence résiduelle ou de droit commun (articles 116 et 122). En vertu de l'article 117 de la Constitution, « l'exercice du pouvoir dans chaque Émirat vise en particulier à maintenir l'ordre et la sécurité sur son territoire, à y assurer les services publics à ses habitants et à en améliorer les conditions de vie ». Par ailleurs, l'article 118 exige que les Émirats membres de la Fédération fassent tout pour coordonner leurs législations dans les différents domaines en vue de les unifier dans la mesure du possible. À cet égard, l'article précise que « deux Émirats ou plus peuvent, après obtention de l'approbation du Conseil Suprême, se regrouper dans une unité politique ou administrative, ou unifier l'ensemble ou une partie de leurs services publics ou établir une administration unique ou commune pour assumer un service ».

Dans chaque émirat, les autorités judiciaires locales ont compétence pour toutes les questions qui ne sont pas assignées à une juridiction fédérale.

L'Organisation de la justice aux Émirats arabes unis : un système complexe combinant les sources d'influence

Après une présentation des institutions judiciaires émiriennes, il s'agira de présenter les principales professions juridiques et judiciaires émiriennes en disant un mot du rôle du parquet.

Les institutions judiciaires émiriennes

On se reportera ici au titre IV de la Constitution (*Les autorités fédérales*), dont un chapitre entier (chapitre 5) régit le pouvoir judiciaire aux Émirats arabes unis et dans les Émirats. L'organisation juridictionnelle fédérale cohabite avec les juridictions propres à chaque État. Il subsiste également des tribunaux religieux dans les différents émirats qui sont compétents pour statuer sur les sujets de statut personnel. Enfin, comme l'a montré la thèse de R. Al Ghulfi[16], l'arbitrage se développe aux Émirats arabes unis, en lien avec le projet de faire du pays le « hub » international des affaires de cette région.

L'article 94 de la Constitution dispose : « La justice est la base de tout gouvernement. Dans l'exercice de leurs devoirs, les juges sont indépendants et ne sont soumis à aucune autorité autre que la loi et leur propre conscience ».

La Fédération est dotée, en vertu de l'article 95 de la Constitution, d'une Haute Cour fédérale et de tribunaux fédéraux primaires. Les articles 96 à 106 précisent l'étendue de la compétence du pouvoir judiciaire fédéral.

Une loi fédérale prévoit les cas d'appel contre les jugements rendus par les juridictions locales en matière pénale, commerciale ou civile. Cependant, les émirats peuvent volontairement demander le transfert total ou partiel des compétences de tribunaux locaux aux juridictions fédérales.

Au sommet de ce dernier se situe une Haute Cour fédérale ou Cour suprême, présidée par un *Chief justice* et composée de cinq juges au maximum nommés par un décret du Président de la Fédération après approbation du Conseil suprême.

Le Président de la Haute Cour fédérale et ses juges sont inamovibles. Leur mandat ne peut prendre fin que pour une des raisons suivantes : décès, démission, expiration des termes de leurs contrats pour les contractuels parmi eux ou la fin de leur détachement, atteinte de

---

16. R. Al Ghulfi, *Le statut de la convention d'arbitrage dans les systèmes juridiques français et émirien*, Thèse de doctorat, Université de Paris 1, 2011, atelier national de reproduction des thèses.

l'âge de la retraite, incapacité d'assumer leurs charges pour des raisons de santé, décharge de leurs fonctions pour des raisons disciplinaires prévues par la loi et selon les procédures qui y sont précisées ou affectation à d'autres fonctions avec leur consentement.

Les prérogatives de la Haute Cour fédérale sont énoncées à l'article 99 de la Constitution :

– « Elle statue sur les différends entre les Émirats membres de la Fédération, ou entre un ou plusieurs Émirats et le Gouvernement fédéral ;

– elle statue sur la constitutionnalité des lois fédérales si un ou plusieurs Émirats la contestent, ainsi que sur la constitutionnalité d'une législation promulguée par un des Émirats, si sa constitutionnalité ou sa conformité aux lois fédérales sont remises en cause par les autorités fédérales ;

– elle statue sur la constitutionnalité des lois et des règlements en général à la diligence d'un des tribunaux du pays examinant une question donnée, l'interprétation de la Haute Cour fédérale en la matière s'impose alors aux tribunaux ;

– elle interprète les dispositions de la Constitution sur la requête des autorités fédérales ou du Gouvernement fédéral, l'interprétation de la Haute Cour fédérale est alors obligatoire pour tous ;

– elle demande des comptes rendus aux ministres et aux hauts fonctionnaires désignés par décret, sur leurs actes pendant l'exercice de leurs fonctions officielles, à la requête du Conseil Suprême et conformément à la loi en la matière ;

– elle juge les crimes touchant directement les intérêts de la Fédération comme ceux relatifs à la sécurité intérieure et extérieure, à la falsification des documents ou des sceaux officiels d'une des autorités fédérales, ou la contrefaçon de la monnaie ;

– elle statue sur le conflit de juridiction entre les tribunaux fédéraux et les tribunaux locaux aux Émirats ;

– et enfin, elle est compétente s'agissant de toute autre matière énoncée dans la Constitution ou qui peut lui être assignée en vertu d'une loi fédérale ».

En vertu de l'article 101 de la Constitution, les jugements rendus par la Haute Cour fédérale sont sans appel et obligatoires pour tous. Si la Haute Cour fédérale juge qu'une législation fédérale, une loi, une réglementation locale ou certaines de leurs dispositions sont non conformes à la Constitution, les autorités fédérales ou locales concernées, selon le cas, doivent prendre avec célérité les mesures nécessaires pour mettre fin à cette violation de la Constitution. Une loi fédérale précise les cas où un pourvoi en appel est possible devant des tribunaux fédéraux contre des jugements rendus par des juridictions locales en matière pénale, civile, commerciale, etc. Les jugements prononcés en appel sont définitifs. À ce titre, la Haute Cour fédérale exerce une fonction de plus haute instance d'appel au niveau fédéral.

La Fédération est également dotée de deux autres « niveaux de juridictions fédérales », de première instance et d'appel, en vertu de l'article 102 de la Constitution. Lesdits tribunaux sont compétents dans les matières suivantes :

– les litiges civils, commerciaux et administratifs entre les individus et la Fédération, que celle-ci soit plaignante ou défenderesse ;

– les crimes commis dans les limites de la capitale fédérale à l'exception des cas relevant de la Haute Cour fédérale selon l'article 99 de la Constitution ;

– les questions relatives au statut personnel, les questions civiles, commerciales ou autres se produisant entre des individus à la capitale fédérale.

L'article 104 de la Constitution dispose : « Dans chaque Émirat, les autorités judiciaires locales ont juridiction dans toutes les questions non assignées à une juridiction fédérale conformément à la Constitution ». En vertu de l'article 105, « À la requête de l'Émirat intéressé, les compétences assignées à ses tribunaux locaux conformément à l'article 104, peuvent être transférées dans leur totalité ou partiellement, par une loi fédérale, aux tribunaux primaires fédéraux. Une loi fédérale prévoit les cas où il est possible de faire appel contre les jugements rendus par les autorités judiciaires locales en matière pénale, commerciale, civile ou d'autres litiges devant les tribunaux fédéraux qui statuent en dernier ressort ».

Lorsque les tribunaux d'instance et les cours d'appel fédérales furent instaurés en 1978, quatre Émirats (Charjah, Ajman, Fujaïrah et Oum el Qaïwaïn) ont choisi de transférer les compétences des autorités judiciaires locales aux tribunaux fédéraux de première instance. En revanche, tout en appliquant les mêmes lois fédérales, les Émirats d'Abou Dhabi, de Dubaï et de Ras Al Khaïmah ont décidé de maintenir leurs propres systèmes judiciaires, composés de trois degrés de juridictions, avec des chambres civiles, commerciales, pénales, administratives et de statut personnel (les tribunaux islamiques compétents en matière de statut personnel lorsque les justiciables sont musulmanes) à chaque niveau) et leurs ressortissants ne relèvent du système fédéral que pour les crimes fédéraux tels que le blanchiment d'argent, le terrorisme et l'immigration illégale. Dans chacun de ces Émirats, la Cour de cassation est juge de droit. Elle statue en dernier ressort et ses jugements sont définitifs et insusceptibles d'aucun pourvoi.

Certains Émirats conservent des juridictions spécialisées. Songeons notamment aux tribunaux commerciaux spécialisés à Abou Dhabi.

La Fédération est par ailleurs dotée d'un procureur général désigné par décret fédéral après accord du Conseil des ministres. Le procureur général est assisté par des membres du parquet (le *niyaba*). La loi détermine les modalités de leur désignation, leur titre, leur promotion, leur retraite et leur qualification. Les compétences de cette juridiction sont fixées en vertu du Code fédéral de procédure pénale, qui fixe aussi les attributions de la police et les agents de sécurité qui l'assistent. Les Émirats ayant conservé leurs compétences juridictionnelles ont des parquets indépendants.

Le ministère public dispose traditionnellement de pouvoirs notablement plus étendus que ceux reconnus à son homologue français, d'autant qu'il n'existe pas de juridiction comparable au juge d'instruction. Le procureur, qui exerce un pouvoir hiérarchique sur la police, est donc tout à la fois autorité de poursuite et d'instruction. Il est également en charge de l'exécution des sentences pénales. Comme en droit français, l'engagement de la procédure pénale est régi par le principe de l'opportunité des poursuites. La recherche des preuves et des suspects est conduite par la police, sous l'autorité du procureur qui dispose de certaines des prérogatives telles que l'audition des témoins, l'interrogatoire des suspects, la possibilité de procéder à une reconstitution, etc. Le procureur dispose également « de la possibilité de placer un suspect en détention provisoire pendant une durée limitée (21 jours – à l'issue de 48 heures de garde à vue – dans l'Émirat de Dubaï, par exemple)[17] ». La personne ainsi suspectée a le droit de consulter un avocat dès la première heure de garde à vue, étant précisé que le droit de ce dernier d'assister à un interrogatoire peut être récusé par le procureur à tout moment, sans motivation. La transmission du dossier aux avocats s'opère au fur et à mesure de l'enquête, à la discrétion du procureur. Enfin, les commissions d'office n'existent que pour les crimes passibles de la peine capitale ou de la réclusion criminelle[18].

Les professions juridiques et judiciaires

On distinguera les magistrats et les avocats[19].

Les magistrats peuvent être soit des émiratis, soit des étrangers. Titulaires d'une licence en droit ou en Charia, « les magistrats émiratis sont généralement choisis parmi les substituts du parquet, les professeurs de droit ou de Charia, les avocats et auprès de toute profession

---

17. Voir le *rapport fait au nom de la Commission des affaires étrangères sur le projet de loi n° 1243, autorisant l'approbation de la convention d'entraide judiciaire en matière pénale entre le Gouvernement de la République française et l'État des Émirats arabes unis*, par Madame Martine Aurillac [www.assemblee-nationale.fr/n°1478].

18. *Ibid*.

19. Les greffiers sont des fonctionnaires du ministère fédéral de la justice.

juridique »[20]. Ils sont nommés pour une durée indéterminée et ne quittent leurs fonctions qu'à la retraite ou en cas de faute disciplinaire grave.

La formation initiale des magistrats est dispensée dans les instituts d'études judiciaires de Dubaï et d'Abou Dhabi, qui organisent aussi la formation continue de tout le corps judiciaire. Ces deux instituts ont signé des accords de coopération avec l'École nationale de la magistrature et l'École nationale des greffes en France.

Il existe en outre un parquet tel que souligné ci-dessus avec à sa tête un attorney général et ses assesseurs. Pour la première fois en 2008, deux femmes ont été nommées au parquet comme procureurs.

Les magistrats étrangers qui viennent d'autres pays arabo-musulmans (Égypte, Liban, Jordanie, Maroc, Soudan...) « sont généralement des magistrats confirmés, détachés de leur pays d'origine auprès du ministère émirati de la justice dans le cadre d'accords de coopération. Ils sont nommés pour une durée déterminée et renouvelable »[21].

Les juges des tribunaux chariatiques ont une formation en jurisprudence islamique. Notons que les Émirats arabes unis relèvent de l'école juridique musulmane malikite, fondée sur l'enseignement de l'imam Malik ibn Anas.

Il n'existe pas de barreau des avocats aux Émirats arabes unis. Les avocats sont simplement inscrits au registre de la justice, et doivent renouveler leur inscription chaque année. Seuls les avocats émiratis peuvent apparaître devant les tribunaux. Seuls les émiriens inscrit auprès du Ministère de la Justice fédéral et des départements judiciaires de chacun des émirats ont droit à la qualité d'avocat. Ils ont le monopole de l'intervention devant les juridictions locales et fédérales.

Tous les étrangers pratiquant le droit aux Émirats dans des cabinets sont des « conseils juridiques »[22] s'ils possèdent au minimum une licence en droit.

Si les cabinets internationaux recrutent en général pour des questions de compliance des conseils juridiques qui sont des professionnels du droit qualifiés comme avocats, *attorneys* ou *solicitor* dans leur pays d'origine, nombre de cabinets locaux sont composés de conseils juridiques ayant un diplôme droit mais aucune formation professionnelle ce qui n'est pas sans poser de problèmes.

Aux termes de ces quelques éléments d'analyse, il est possible de relever que les Émirats arabes unis, tout en étant fidèles aux caractéris-

---

20. Cette information juridique a été prise sur le site legiGlobe [http://legiglobe.rf2d.org].

21. *Idem*.

22. Nous remercions Maître Jean Michel Morinière, avocat et conseiller juridique à Abou Dhabi et à Dubaï, pour les échanges très intéressants que nous avons eus avec lui sur le sujet de la pratique juridique aux Émirats. Voir son site [www.morinere.org].

tiques profondes de leur histoire politique et juridique[23], constituent un pays qui se situe au carrefour de plusieurs logiques juridiques. La fidélité à la tradition juridique de droit musulman se concilie avec l'adoption d'une législation codifiée et réformiste dans nombre de matières civiles et commerciales. Cette dernière a en partage certains aspects avec la tradition romaniste. C'est ici souligner que sur le plan juridique également l'amitié franco-émirienne a des choses à dire et des perspectives à partager.

23. Jamal Sanad al Suwaidi, *Le Mirage*, trad. en français, Abou Dhabi, Emirates Center for Strategic and Research.

6

Une société en pleine mutation

Zeina el TIBI

Jusque dans les années 1960, avant l'exploitation du pétrole, la vie dans les émirats de la côte d'Oman « n'était pas différente de celle qu'elle était il y a 400 ans. Elle se résumait ainsi: la recherche des pâturages, la cueillette des dattes, la pêche »[1]. C'était une économie de survie aussi bien pour les populations nomades que pour les sédentaires. La mortalité infantile était impressionnante et la durée de vie fort réduite car, malgré leur robustesse légendaire, les rudes bédouins manquaient cruellement de tout système sanitaire.

Lors de la création de la Fédération des Émirats arabes unis en 1971, la population globale ne dépassait guère 200000 personnes. Dix ans plus tard, elle atteignait près d'1,1 million d'habitants, soit cinq fois plus. Puis la population va atteindre 2,6 millions en 1997, et 6,4 millions d'habitants en 2008[2]. Si les citoyens autochtones des émirats ont vu leur démographie progresser considérablement, une majorité de cette population est immigrée. On retrouve dans les Émirats la même problématique de la plupart des autres États membres du Conseil de coopération du Golfe (CCG) qui sont devenus l'un des grands pôles de réception des migrations internationales et l'un des plus grands marchés du travail du monde. Ces régions arides à très faible densité de population « ont connu une croissance démographique et une explosion urbaine spectaculaires alimentées par les migrations internationales de travail après la découverte et l'exploitation des hydrocarbures »[3]. De nos jours, au Qatar, à Koweït et aux Émirats arabes unis, les immigrés constituent plus des deux tiers de la popula-

1. Monique Jegou, *Les Émirats arabes unis*, Paris, Albin Michel, 1983.

2. Philippe Boulanger, « Les défis géopolitiques d'une nouvelle puissance régionale: les Émirats arabes unis », *Hérodote* n° 133, 2/2009, p.58-91.

3. Philippe Cadène et Brigitte Dumortier, « L'impact politique des flux migratoires dans les États du Conseil de Coopération du Golfe », *L'Espace Politique* [En ligne], 4 | 2008.

tion et, dans l'ensemble des six États du CCG on pouvait les évaluer à 37 % en 2004[4].

La croissance démographique vertigineuse, entre 1971 et 2016, a conduit à créer des besoins sociaux considérables, et en même temps, la part très importantes des expatriés dans cette démographie pose des problèmes sécuritaires ou sociaux que le gouvernement s'emploie à gérer tout en veillant au respects des droits humains.

C'est dans ce contexte que la place de la femme émiratie dans la société ne cesse de s'affirmer, ouvrant ainsi de nouvelles perspectives pour le pays dont le structure sociale se trouve renforcée.

Faire face aux défis nés de la démographie

Avec une population qui a été multipliée par plus de 30 depuis la création de la Fédération en 1971 et un mode de vie qui a totalement changé, les Émirats arabes unis ont dû répondre à de nouveaux besoins, notamment en matière de santé, d'éducation et de sécurité alimentaire.

Une politique de santé publique

En 1971, le système de santé était encore rudimentaire, il fallut mettre en place une politique sanitaire à l'échelle de tous les émirats en coordonnant les efforts et ne laissant aucune région de côté, y compris les tribus bédouines souvent rétives à se plier à une quelconque discipline ; il fallut construire des hôpitaux et des dispensaires dans l'ensemble du pays ; il fallut aussi former recruter des spécialistes et des personnels spécialisés. Le ministère fédéral de la santé devint une priorité, avec pour mission de gérer le système de santé au niveau national mais aussi au niveau local. Il a permis d'organiser le système de santé dans tout le pays, d'encourager la médecine préventive, la vaccination, les conseils des règles hygiéniques, etc.

L'arrivé de plus en plus massive de travailleurs immigrés venant de tous les coins de la planète a conduit à mettre en place une stricte politique de veille sanitaire pour éviter l'intrusion de maladies conta-

---

4. Andrzej Kapiszewski,. *Arab Versus Asian Migrant Workers in the GCC Countries*, paper presented at the United Nations Expert Group Meeting on International Migration and Development in the Arab Region May 15-17 2006. Beyrouth, 2006. Voir également Andrzej Kapiszewski, *Nationals and Expatriates : Population and Labour Dilemmas of the Gulf Cooperation Council States*. New York, Ithaca Press, 2001.

gieuses. Des examens médicaux sont systématiquement pratiqués et les autorités ont progressivement réussi à imposer une médecine du travail. En tout cas, la santé reste une préoccupation majeure pour les Émirats. Selon l'Organisation mondiale de la santé (OMS), les Émirats arabes unis ont consacré 3,6 % de leur PIB à la santé en 2014, soit près de 2,5 milliards de dollars. De nos jours, le pays est doté d'une bonne infrastructure sanitaire combinant médecine publique et privée, tout comme un système d'assurance médicale public et privé. Les options stratégiques des autorités gouvernementales accordent une place de choix à la santé, et le plan Vision 2021 des Émirats met l'accent sur l'amélioration des services de santé dans tout le pays, notamment la réduction de la nécessité pour les citoyens de se rendre à l'étranger pour suivre des soins très spécialisés.

Le développement économique a entrainé des problèmes de pollution et d'atteintes au respect de l'environnement qui est particulièrement vulnérable aux projets gigantesques d'urbanisation le long du littoral. L'émission de Co2 en 2013 était estimée à 180 368 de tonnes métrique (1 000 kilogramme), faisant des Émirats l'un des 20 pays les plus polluants au monde. Les autorités ont pris la mesure du problème. En 1996, une Agence gouvernementale de l'environnement a été créée pour protéger et améliorer la qualité de l'air, gérer la biodiversité, protéger l'écosystème assurer un environnement de qualité et promouvoir le développement durable. Ici comme partout, tout dépendra de la volonté politique face aux groupes d'intérêts particuliers. C'est pourquoi, le Chef de l'État, l'émir Khalifa Ibn Zayed el Nahyan, a décidé de renforcer les pouvoirs et l'action de cette agence par une loi de 2005. Des efforts sont cependant notables pour mettre en place des mesures efficaces et faire en sorte que les questions de l'environnement soient inscrites en tête de l'agenda du pays. Un système de surveillance de la qualité de l'air composé de 25 stations de surveillance de l'air ambiant, a été mis en place en coopération avec la société française Environnement S.A.

Lors de la 21e Conférence des parties à la Convention-cadre de l'Onu sur les changements climatiques (COP 21) tenu à Paris en décembre 2015, les Émirats ont proposé de mettre en œuvre une série d'actions dont l'augmentation à 24 % de la part des énergies décartonnées dans le mix énergétique en 2021. Leur effort principal porte désormais sur la promotion des énergies renouvelables et la réduction du carbone, la cité du futur Masdar devrait être le symbole. À l'occasion de la signature, en avril 2016, d'un mémorandum d'entente qui prévoit un soutien technique au Centre marocain de compétence sur les changements climatiques avec le Maroc, hôte de la COP 22, en novembre 2016 ; le ministre émirati de l'Environnement, Thani Ahmed el Zeyoudi, a eu l'occasion de s'intéresser de près aux efforts déployés par le Royaume chérifien dans le domaine des énergies renouvelables, notamment la contribution de celles-ci au mix énergétique du Royaume, et de profiter de l'occasion pour réaffirmer la volonté de son pays de « faire aboutir la diversification économique et le renforcement de l'usage des énergies renouvelables ».

Ces indices démontrent que les Émirats ont pris la mesure des enjeux environnementaux et qu'ils sont déterminés à en faire une priorité nationale.

L'éducation

L'une des premières préoccupations du Cheikh Zayed fut de construire un système éducatif efficace. Il pensait que l'éducation était la condition essentielle du développement et de la prospérité du pays, il pensait également qu'il fallait veiller que la jeunesse qui allait naître dans une ère d'opulence ne perdît pas ses repères et n'oubliât pas ses origines, son identité et la connaissance du passé. Toute sa vie, le sage d'Abou Dhabi eut le souci de faire en sorte de concilier la tradition et le passé, ne cessant de répéter qu'il ne faut jamais couper le lien avec le passé car c'est en sachant d'où l'on vient que l'on sait qui on est et où on va[5].

Avant la création de la Fédération, le nombre d'enfants scolarisés ne dépassait quelques milliers, dont une grande majorité de garçons. Pour les autres, l'éducation se résumait à l'école coranique qui avait le mérite de leur apprendre à lire. Un système d'éducation fédéral fut mis en place, faisant appel à des instituteurs et des professeurs des pays arabes en attendant la formation d'enseignants émiratis. Dès 1980, moins de dix ans après l'institution de la Fédération, le nombre des élèves dépassait les 100000. L'effort redoubla, le Cheikh Zayed n'hésitant pas à faire accorder aux bédouins des subventions pour qu'ils envoient leurs enfants à l'école, y compris les filles car il considérait que l'éducation des filles devait se faire dans les mêmes conditions que celle des garçons.

Les bases d'un système éducatif ayant été jetées, l'objectif suivant concerna l'enseignement supérieur qui n'existait qu'à l'état embryonnaire à Charjah et à Dubaï avec deux instituts qui n'accueillaient que quelques centaines d'étudiants[6]. En 1977, l'État fédéral créa l'Université d'al Aïn dont l'objectif était de « constituer pour le pays une réserve de jeunes cadres émiriens bien formés et motivés pour occuper

---

5. V. *With united strength: H.H. Shaikh Zayid Bin Sultan Al Nahyan, the Leader and the Nation*, Abu Dhabi, Émirates Center for Strategic Studies and Research (ECSSR), 2004, trad. en français, 2016.

6. Monique Jegou, *Les Émirats arabes unis*, *op.cit.*, p.125.

des postes dans l'industrie, la banque, les services publics, etc. »[7]. Ainsi, l'objectif affiché par le gouvernement fédéral était – et reste – de faire de l'enseignement supérieur le principal outil de l'inclusion de cadres émiriens dans la fonction publique et le secteur privé, c'est-à-dire de l'émiratisation[8].

L'État prit en charge toutes les dépenses des étudiants et recruta des professeurs en Égypte, en Irak, au Maroc et au Liban. Cette université allait bientôt accueillir des milliers d'étudiants en droit, en Lettres, en sciences politiques et administratives, en éducation et en sciences, puis des instituts d'ingénieurs et d'agriculture furent créés et enfin une faculté de médecine. Comme les élèves des émirats les plus excentrés pouvaient difficilement venir s'installer à al Aïn, et les parents ne souhaitaient pas que leurs filles s'éloignassent d'eux, l'État promut le télé-enseignement et créa ensuite des branches universitaires décentralisés à Abou Dhabi, Dubaï, Ras al Khaïmah ou Foujairah.

Depuis, l'investissement des Émirats arabes unis dans les ressources humaines n'a cessé de progresser, un ministère autonome de l'Enseignement supérieur fut créé en 1990 avec la mission de promouvoir les études supérieurs par tous les moyens, les grandes sociétés – comme la compagnie nationale pétrolière ADNOC ou les organismes des fonds souverains (*ADIA*, *Mubadala Development Company*) – furent invités à appuyer les efforts, fournir des bourses, lancer de projets novateurs dont l'Institut Masdar, *Masdar Institute of Science and Technology*, dont Abou Dhabi souhaite faire un véritable laboratoire mondial des énergies renouvelables et un lieu d'innovation en incitant étudiants, chercheurs, hommes d'affaires, écologistes et entreprises innovantes à venir s'y installer.

Le nombre d'établissements d'enseignement supérieur s'est multiplié depuis le milieu des années 1990, aussi bien des établissements publics comme les instituts de technologie ou l'université Cheikh Zayed fondée en 1999[9] et « pensée comme le fer de lance de l'émiratisation. Le président Zayed mise sur les forces vives que représentent les femmes »[10], ou des établissements privés qui se sont installés aussi bien à Abou Dhabi qu'à Dubaï, Charjah ou Ras al Khaïmah. Compte tenu du nombre de ces établissements privés, plus de 70, la qualité est

7. Frauke Heard-Bey, *Les Émirats arabes unis,* Paris, Karthala, 1999.

8. V. William Gueraiche, « L'enseignement supérieur aux Émirats arabes unis, entre émiratisation et contraintes du marché » in *Revue des mondes musulmans et de la Méditerranée*, n° 131, juin 2012, p. 183-199.

9. William F. Halloran, "Zayed University: A New Model for Higher Education in the UAE", in *Education and the Arab World. Challenges of the Next Millenium*, Abou Dhabi, ECSSR (Émirate Center for Strategic Studies and Research), 1999, p.323-330.

10. William Gueraiche, « L'enseignement supérieur..., *op.cit.*

bien entendu inégale mais certaines ont passé des partenariats avec des universités aux noms prestigieux (par exemple Sorbonne-Abou Dhabi, New York University). Le ministère de l'enseignement supérieur exerce un rôle de « régulation de l'offre universitaire par l'octroi d'accréditations »[11] et veille autant que possible à la qualité de l'enseignement de ces universités dont les performances sont forcément inégales.

La priorité accordée à l'éducation est constamment réaffirmée par l'État fédéral. Conformément au plan triennal de développement 2014-2016, le budget 2016 (48,5 milliards de dirhams, en légère baisse par rapport à 2015) alloue la majorité des fonds aux dépenses sociales, accordant la priorité aux secteurs de l'éducation, de la santé et du logement. À cet égard, le gouvernement fédéral a rappelé que « les besoins des citoyens et le développement des infrastructures sont essentiels à la réalisation de la Vision 2021 des Émirats arabes unis ».

La sécurité alimentaire

Une autre préoccupation des autorités des Émirats concerne la sécurité alimentaire. Le problème de l'alimentation d'une population mondiale de plus en plus nombreuse est devenu crucial, notamment dans les pays les plus peuplés (Chine) et ceux dont les potentialités agricoles sont faibles. Dès 1980, lors de l'élaboration du premier Plan quinquennal, la sécurité alimentaire fut inscrite parmi les priorités des dirigeants des Émirats arabes unis. Le pays offre des perspectives de développement agricole réduites à cause de la faible pluviosité et du caractère désertique d'une grande partie du territoire. La sécurité hydrique est indissociable de la sécurité alimentaire. La question de l'eau et de la sécurité alimentaire était donc de grande importance compte tenu de l'accroissement de la population et du fait que les nouvelles générations avaient des besoins incomparablement supérieurs à ceux des tribus traditionnelles qui se contentaient de peu. Les sources d'eau disponibles dans le Golfe sont limitées et l'eau utilisée pour l'irrigation provient des nappes anciennes et n'est pas renouvelable.

Les Émirats sont un grand consommateur avec près de 550 litres d'eau par personne par jour pour une moyenne mondiale de 180 à 200 litres. Cette consommation s'explique par la chaleur, l'accroissement démographique, un certain gaspillage et les efforts dans le domaine agricole. Or, si l'agriculture des Émirats contribue à un moins de 1 % du PIB, elle utilise environ 60 % de l'eau du pays. Cette question est

---

11. *Ibidem.*

au centre des préoccupations des responsables. Aux Émirats, dans la région du Golfe en général, la pluviométrie est d'environ 80 millimètres par an contre, par exemple, 1 220 mm en Grande-Bretagne[12], c'est-à-dire que le pays est en état de stress hydrique. Pour satisfaire ses besoins, il a largement recours aux usines de dessalement, ce qui fait de lui le deuxième producteur mondial. Les Émirats arabes unis possèdent la plus grosse unité au monde à Djebel Ali (900 000 m^3 d'eau douce par jour)

Mais le dessalement a un coût en matière énergétique et les dirigeants sont bien conscients que les usines de dessalement ne suffisent pas à répondre à tous les besoins et qu'il faut se tourner vers des techniques nouvelles. C'est pourquoi, les Émirats se tournent vers d'autres techniques, comme par l'ensemencement des nuages. Cette technique, déjà utilisée à Singapour, consiste à envoyer des fusées qui injectent des cristaux de sel dans les nuages pour augmenter la condensation et liquéfier les éléments célestes. En 2010, quatre jours de fortes pluies par ensemencement des nuages ont apporté l'équivalent de la production de neuf ans d'une usine de dessalement à Abou Dhabi. Le Centre national de météorologie et de sismologie qui est en charge du projet, affirme que l'ensemencement pourrait augmenter la pluviométrie de 5 à 70 % en fonction des formations de nuages. Par ailleurs, les Émirats cherchent à récupérer l'eau de pluie au lieu de la laisser s'évaporer ou se déverser en mer. À cette fin, le pays a construit 130 barrages et digues et des réservoirs pour recueillir l'eau qui coule dans les oueds[13].

La politique agricole des Émirats a d'abord choisit de faire porter l'effort sur le développement de l'agriculture locale par de larges subventions gouvernementales, des mesures sont prises pour étendre la superficie des terres cultivables, des fermes pilotes sont construites, des systèmes d'irrigation privilégiant une gestion économique de l'eau mis en place. Les Émirats arabes unis, dont l'effort agricole est surtout dynamique dans les émirats de Ras al Khaïmah et de Foujairah et dans les oasis d'al Aïn et de Liwa, vont devenir presque autosuffisants dans certains domaines comme la production de fruits, de mangues, d'agrumes et de dattes, et la production maraîchère (tomates, concombres, aubergines, choux, courges). Le pays va produire assez d'œufs, de volaille, et de produits laitiers pour répondre à une grande quantité de ses propres besoins, mais il faut importer la plupart des autres produits alimentaires, notamment les céréales.

La réussite en matière de pêche est indéniable. L'État des Émirats arabes unis a été l'un des pionniers de l'aquaculture dans la région du Golfe. Oum Al Qaïwaïn est le siège du Centre de Recherche pour les

12. Source Banque mondiale.
13. Source AFP, juillet 2015.

Ressources Marines créé en 1984 le (*Marine Resources Research Centre* – MRRC) créé en 1984. De nos jours, le secteur de la pêche et l'élevage de crevettes et de poissons est très développé au point que, selon l'Organisation des Nations unies pour l'alimentation et l'agriculture (FAO), les Émirats ont atteint la sécurité alimentaire en ce qui concerne la disponibilité en poisson frais

La gestion de l'eau étant le principal défi pour la productivité agricole et la sécurité alimentaire, les Émirats doivent maximiser leur productivité en utilisant des ressources en eau alternatives pour l'agriculture comme les eaux usées traitées et l'eau saline ainsi que de nouvelles technologies comme la culture hydroponique. Les Émirats consacrent beaucoup d'efforts à la recherche afin de trouver des solutions innovantes au problème de la rareté de l'eau. Par exemple, le Centre International d'Agriculture Biosaline (ICBA), dont le siège est à Dubaï, est un centre international de recherche agricole travaillant essentiellement sur les défis liés aux problèmes de l'eau, de l'environnement, du revenu et de la sécurité alimentaire. Ce centre travaille sur de nombreux projets technologiques relatifs à l'utilisation des eaux conventionnelles et non-conventionnelles (eaux salines, eaux usées traitées, eaux industrielles, eaux de drainage d'origine agricole et eau de mer) afin d'apporter des réponses aux défis agricoles dans des environnements difficiles, par exemple l'utilisation des eaux salées dans l'irrigation des cultures fourragères.

Mais, la consommation ne cesse de progresser et les Émirats sont dépendants à environ 70 % des importations alimentaires. Une étude publiée par l'Agence de presse des Émirats, WAM, le 19 février 2012, citait un rapport de la Banque d'investissement *Alpen Capital* de juin 2011, selon lequel « le commerce alimentaire de détail des Émirats arabes unis a progressé de 20,6 % entre 2005 et 2009 et était évalué à 6,1 milliards de dollars (22,38 milliards de dirhams) en 2009. La croissance du tourisme (plus de 12 millions par an) explique en partie l'augmentation de la demande qui est d'autre part stimulée par les quelques 120 compagnies aériennes opérant dans les principaux aéroports internationaux du pays. Selon l'*Economist Intelligence Unit*, les importations émiriennes totalisant 5,5 milliards de dollars en 2015, devraient s'élever à 8,4 milliards de dollars en 2020.

Dans ces conditions, le pays doit avoir une politique diversifiée. C'est dans ce cadre qu'ils ont constitué des stocks stratégiques et ont investi dans l'agriculture à l'étranger.

Le premier volet consiste à créer des réserves de nourriture afin de stabiliser les prix alimentaires et d'assurer des approvisionnements adéquats. Dans ce domaine, la politique de la Fédération a consisté à construire des installations appropriées pour gérer efficacement ces stocks.

Le deuxième volet s'est orienté vers l'investissement dans des projets agricoles à l'étranger, en particulier au Vietnam, au Cambodge, en Égypte, au Pakistan, en Roumanie, au Soudan et dans les Amériques, afin de sécuriser les approvisionnements alimentaires et de se prémunir contre les fluctuations du marché. Par exemple, le Fonds d'Abou Dhabi pour le développement a investi dans des dizaines de milliers d'hectares de terres au Soudan pour la production de blé, de maïs et de pommes de terre.

Les Émirats arabes unis souhaitent renforcer les relations commerciales avec le continent africain qui offre des opportunités d'investissement dans plusieurs secteurs. Sultan Ibn Saïd el Mansouri, ministre de l'Économie, affirmait dans son discours d'ouverture du troisième Forum mondial des entreprises en Afrique (AgBF) à Dubaï, le 17 novembre 2015. « Dans les Émirats, nous nous rendons compte que l'avenir de l'entreprise est situé de manière significative dans le continent de l'Afrique. Les opportunités d'investissement abondent dans divers secteurs, notamment dans l'agriculture, l'infrastructure, l'exploitation minière, le commerce, la logistique, le tourisme et les services financiers ». Il ajoutait que l'Afrique est la clé de la sécurité alimentaire des Émirats arabes unis, « essentielle en termes de sécurité alimentaire »[14].

Répondant à l'inquiétude de Jacques Diouf, directeur général de l'Organisation pour l'alimentation et l'agriculture, qui, sans se montrer hostile à ce genre de coopération souhaitait qu'elle se fasse d'une façon équilibrée[15], les Émirats ne cessent d'affirmer qu'il s'agit d'un projet géopolitique à long terme impliquant des accords « gagnants-gagnants », par exemple le troc nourriture contre énergie ou des investissements sur des projets de *joint-venture* où ils fournissent des capitaux, des compétences de gestion et des salaires aux travailleurs locaux.

Les défis démographiques

En 2016, la population totale des Émirats arabes unis a atteint 9 millions d'habitants[16]. Le boom démographique a d'abord concerné les citoyens autochtones dont la natalité a considérablement augmenté

14. *Khaleej Times*, 18 novembre 2015, "Africa is Key to UAE's future".

15. Margaret Coker, "U.N. Food Chief Warns on Buying Farms", *Wall Street Journal*, September 10, 2008.

16. Mais selon certaines sources la population ne dépasserait pas 6 ou 7 millions, ce qui réduirait bien entendu la part des immigrés.

en raison des progrès sanitaires. Mais, il est également dû à la vague d'immigration qui s'est précipitée à partir des années 1970.

La présence massive d'étrangers, qui constituent près de 80 % de la population totale, conduit à « une gestion très vigilante des populations étrangères par les pouvoirs en place dans le cadre d'une société complexe »[17]. De fait, l'immigration comporte un indéniable enjeu politique et stratégique. La caractéristique essentielle de cette immigration est son extrême diversité. À l'origine, elle était très majoritairement arabe (Palestine, Liban, Égypte, Soudan, Yémen...), donc arabophone, et elle a donné beaucoup de cadres dans l'administration, l'enseignement et l'armée. En outre, l'invasion américaine de l'Irak en 2003 a conduit de nombreux Irakiens, souvent très qualifiés, à venir s'installer aux Émirats. Après l'essor économique, l'immigration s'est diversifiée avec l'afflux de ressortissants de l'Inde (musulmans et non musulmans, plus d'1 million), du Pakistan (près d'1 million), du Bangladesh, du Sri Lanka, des Philippines mais aussi des Coréens du sud et des Thaïlandais, et, depuis quelques années, des Chinois. En outre, l'immigration compte plusieurs dizaines de milliers d'occidentaux (pays européens, Amérique du Nord, Australie), le plus grand nombre d'entre eux étant hautement qualifiés. Aux Émirats, comme dans les autres pays du Conseil de coopération du Golfe, prévaut la loi du sang (*jus sanguinis*), la nationalité se possédant par filiation paternelle et ne s'acquiert pas sauf de rares exceptions laissées à l'appréciation des autorités.

Au total, on dénombre des dizaines de nationalités et, au fur et à mesure, que l'immigration non-arabe s'est propagée, l'usage d'un anglais commun s'est répandu, un *pidgin English* qui est une sorte de lingua franca utilisée tant bien que mal dans la vie quotidienne et au travail.

Au *patchwork* linguistique et ethnique s'est ajouté un *patchwork* religieux : des musulmans, quelques dizaines de milliers de chiites, souvent d'origine iranienne, des Indous, des bouddhistes, des chrétiens catholiques (Philippines), des chrétiens coptes (notamment égyptiens) et dans une moindre mesure des chrétiens orthodoxes et des protestants. La tolérance religieuse est remarquable au point qu'un ministère de la Tolérance religieuse a été créé en 2016. Ce ministère a été confié à une femme, Loubna Khalid el Qassimi qui a déjà détenu le portefeuille de l'Économie et du Commerce extérieur, puis celui du Plan. Il est notable que la liberté de croyance est respectée et il existe – outre naturellement les mosquées – de nombreux lieux de culte des diffé-

---

17. V. Philippe Cadène et Brigitte Dumortier, « L'impact politique des flux migratoires dans les États du Conseil de Coopération du Golfe », *L'Espace Politique* [En ligne], 4 | 2008-1 [http://espacepolitique.revues.org/706].

rentes religions : églises catholiques et orthodoxes, temples protestants, et même, depuis 2016, un temple hindou. La ministre s'est fixée pour objectif d'institutionnaliser la tolérance sous la forme d'une charte fondamentale

Cependant, on ne peut ignorer le fait que le « cosmopolitisme croissant depuis les années 1990 pose un certain nombre de problèmes liés à l'organisation des flux de travailleurs, aux conditions de travail de ces populations essentiellement non qualifiées, au rapport entre ces populations expatriées et leur pays d'origine (cas de la communauté iranienne chiite par exemple), au contrôle de ces populations nécessitant des moyens de surveillance efficaces »[18].

Le problème est à la fois politique et sécuritaire. Les Émirats veillent à ce que les diverses communautés ne cherchent pas à propager les intérêts ou les idéologies de leurs pays respectifs, cela concerne surtout les immigrés iraniens ou les Égyptiens, et plus généralement tous ceux qui pourraient avoir des sympathies pour l'islamisme politique qui est la bête noir des dirigeants émiratis[19].

Sur le plan de la lutte contre la criminalité, les Émirats sont d'une extrême vigilance. La police des Émirats est très efficace et parmi les mieux équipées au monde, « disposant de capacités de détection et de surveillance ultramodernes »[20]. Les autorités émiriennes recourent notamment aux savoir-faire de la gendarmerie française[21].

D'autres problèmes sont dûs à l'immigration massive. Par exemple, la question de plus en plus posée du risque la dilution de l'identité arabe et musulmane de la population autochtone. Le choc des mentalités et des cultures est indéniable, notamment en raison du manque de tact de certains immigrés, à commencer par des occidentaux. Faisant écho au sentiment de beaucoup de nationaux, Ebtissam el Kitbi, professeur de sociologie et présidente de Émirates Policy Centre, expose que la présence d'un aussi grand nombre d'étrangers conduit à des comportements inacceptables qui ne sont pas conformes à nos traditions... La drogue se propage, les mauvaises mœurs aussi, le taux de criminalité augmente et nous avons peur pour nos enfants »[22].

Le problème économique est également très important en raison du coût représenté par l'immigration et le risque de chômage des autochtones. L'immigration a un coût très important : sa gestion sanitaire et sécuritaire, le transfert de devises des travailleurs étrangers, les salaires

18. Philippe Boulanger « Les défis géopolitiques d'une nouvelle puissance régionale : les Émirats arabes unis », *Hérodote*, n° 133, 2/2009, p.58-91.

19. Jamal Sanad al Suwaidi, *Le Mirage*, trad.en français, Abou Dhabi, Émirates Center for Strategic Studies and Research (ECSSR), 2015.

20. Philippe Boulanger « Les défis géopolitiques... », *op.cit.*

21. *Ibidem.*

22. Entretien à Abou Dhabi, novembre 2015.

très élevés et les avantages accordés aux cadres (principalement occidentaux). En outre, de plus en plus d'autochtones se plaignent de la concurrence des étrangers sur le marché du travail, mais sur ce dernier point il faut préciser que les nationaux, trop habitués à vivre de la rente pétrolière, refusent d'effectuer des tâches qu'ils jugent soit ingrates soit mal rémunérées. Pourtant des efforts sont faits pour remplacer les étrangers au sein des entreprises, des bureaux ou des chantiers par des travailleurs. Un organisme gouvernemental (TANMIA) a été institué en 1999 pour un meilleur déploiement de la force de travail nationale, l'augmentation de la part des nationaux dans la population active, le développement des qualifications et des compétences des Émiratis. Cette agence nationale organise des sessions de formation, en partenariat avec des employeurs publics et privés et aide les nationaux dans leur recherche d'emploi. Un effort particulier est fait pour les femmes qui s'avèrent généralement plus volontaires et plus motivées.

Il est incontestable que l'émiratisation, si elle progresse, ne se fera pas d'une façon significative d'ici un avenir proche. Il faut donc vivre le plus harmonieusement possible avec une population immigrée qui, en règle générale se comporte bien et ne cherche qu'à gagner sa vie. Les Émirats arabes unis, comme les autres États du Golfe, se sont engagés à adapter leur législation pour améliorer leurs conditions de vie et de travail[23]. Outre la tolérance religieuse, déjà évoquée, le gouvernement veille au respect des droits élémentaires des immigrés. Faisant suite à une ordonnance de l'émir Khalifa Ibn Zayed el Nahyan, président de la Fédération, les Émirats arabes unis ont publié en juillet 2015 une loi contre toute forme de discrimination sur la base de la religion, la caste, de la croyance, de la doctrine, la race, la couleur ou l'origine ethnique. Elle vise à protéger les personnes indépendamment de leur origine, les croyances ou la race, contre les actes qui incitent à la haine et l'intolérance religieuses Cette loi criminalise tout acte visant à attiser la haine religieuse et/ou qui insulte la religion à travers toute forme d'expression. Il est notable que le Conseil européen a salué la loi, et a appelé les gouvernements d'autres pays islamiques de suivre l'exemple des Émirats arabes unis.

L'un des objectifs de cette loi est de fournir une base solide pour faire progresser la tolérance et consolider le modèle de coexistence des Émirats. Elle a aussi pour but de permettre de lutter contre les idéologies extrémistes[24] qui cherchent à provoquer la haine religieuse et elle recommande des peines sévères « pour les groupes ou les partisans de toutes les organisations ou les individus qui sont associés à des actions haineuses ».

23. *Ibidem*.
24. Et l'on pense ici aux Frères musulmans ou aux discours d'al Qaïda et de Daech.

Les femmes au rendez-vous du progrès et de la construction nationale

La consolidation du rôle des femmes dans la société a été un choix politique, qui a conduit à consolider le rôle de la femme dans la société et faire en sorte qu'elle trouve sa place dans le secteur public au plus haut niveau.

Un choix politique

Ebtessam el Kitbi, universitaire et présidente du centre de recherche *Émirates Policy C*enter, rappelle que :

> « Il y a eu une impulsion donnée au plus haut niveau, à commencer par le cheikh Zayed qui était très convaincu de la nécessité de permettre aux femmes de jouer leur rôle dans la société à égalité avec les hommes... Il faut également souligner que les droits politiques des femmes ne peuvent être séparés des droits humains en général. Ce qui importe est la culture générale, l'éducation et la marche en avant de la société dans son ensemble. Les problèmes des femmes ne peuvent pas être séparés de ceux de toute la société. C'est dans la mesure où un État respecte les droits humains que les droits de la femme progressent tout naturellement. C'est le cas aux Émirats où des efforts considérables ont été fait pour consolider un État de droit et construire une société moderne où les libertés fondamentales sont respectées. Ainsi, la présence de plus en plus marquée de femmes en politique est le reflet d'une progression de l'évolution générale dans différents domaines de la société de notre pays »[25].

Selon cette universitaire, la société émiratie est naturellement modérée et ouverte. À la différence de certains pays comme Koweït, il n'y a pas de forces politiques locales significatives colportant l'idéologie de l'Islam politique (comme les Frères musulmans) mais cela ne signifie pas qu'il puisse exister des pesanteurs sociologiques, par exemple des hommes hésitent encore à voter pour des femmes alors qu'ils admettent très bien qu'elles puissent exercer diverses charges dans l'administration ou dans le privé. « C'est une question de mentalité. Bien sûr on peut penser que les choses ne vont pas assez vite mais les mentalités évoluent et, il faut le dire, le gouvernement y contribue beaucoup. Des progrès considérables ont été réalisés pour permettre aux femmes de trouver leur place au niveau politique, économique et

---

25. Entretien à Abou Dhabi, novembre 2015.

social. Cela va de pair avec le progrès général que les EAU ont atteint dans tous les domaines. En tout cas, le développement moderne auquel nous aspirons doit concerner tous les membres de la société sans restriction ».

La tradition locale n'est d'ailleurs pas rigide pour ce qui concerne les femmes. Lors d'une rencontre sur les réalisations et les défis relatifs à la condition de la femme, organisée par l'ECSSR en 2009, Houssa Lootah, professeur à Faculté de sciences humaines et sociales à l'Université des Émirats arabes unis, notait que les femmes des Émirats ont toujours eu une présence très importante dans la société à travers l'histoire, « mais la nature de leur rôle a varié au fil du temps. Dans les premiers jours, les femmes ont suppléé les hommes partis à la pêche perlière durant plusieurs mois et se sont concentrées sur l'éducation de leurs enfants. Comme la société a changé, l'implication des femmes dans tous les domaines de la vie a augmenté, et elles ont prouvé leur capacité et leur compétence dans divers domaines. Elle a souligné l'importance des associations de femmes aux Émirats car « elles ont joué et continue à jouer un rôle clé dans le soutien et le développement des droits des femmes ».

Pour sa part, le professeur Fatima el Chamsi, Vice-présidente de l'Université Sorbonne-Abou Dhabi, affirme que « les Émirats œuvrent pour la promotion et l'autonomisation des femmes depuis la création de l'État fédéral. Cette politique a été menée par les dirigeants du pays et étayée par la Constitution, qui garantit des droits égaux pour les hommes et les femmes, conformément aux préceptes de l'Islam. Les évolutions ont été impulsées par le cheikh Zayed Ibn Sultan el Nahyan qui encouragea d'abord l'éducation puis la participation des femmes au niveau social économique et politique. En effet, le cheikh Zayed a toujours affirmé son souci de mettre en valeur le rôle de la femme, car il avait la conviction de son importance au service de la société et pour la construction d'un État moderne. Selon lui, la femme devait être un acteur pour l'essor et le développement du pays. C'est pourquoi, il a tenu à valoriser son action. »

L'implication des femmes dans la société avait commencé avec la création d'associations dès les années 1960, « ces associations « contribuèrent à promouvoir la culture, les activités intellectuelles et manuelles, le sport, et à aider les femmes à vendre le produit de leurs créations ainsi qu'à apprendre les langues étrangères, leur ouvrant l'accès à la vie professionnelle »[26]. Cette vie associative, devenue intense par la suite, marqua les premiers pas d'une participation nouvelle des femmes dans la vie publique. Le tournant décisif fut donné en 1975 par l'épouse de l'émir Zayed, la Cheikha Fatima bint

---

26. Kyra Dupont, *Perles des Émirats*, Paris, éd. du Moment, 2014, p.70.

Moubarak qui fonda l'Union générale des femmes (GWU), une organisation spécialement chargée de la promotion féminine. Les premières campagnes portèrent sur l'alphabétisation qui était la « vrai levier du changement » pour construire, selon le vœu de Cheikh Zayed, « une société moderne basée sur des traditions arabes et musulmanes ». L'Union générale des femmes s'est fixé pour objectif de servir d'organisme national chargé de la promotion et de l'autonomisation des femmes dans les Émirats. Selon Cheikha Fatima : « Cheikh Zayed était non seulement un ardent défenseur des femmes, mais il pensait aussi qu'aucun pays ne peut se construire sans la contribution des femmes. Il a exhorté les femmes à apprendre et à travailler dans des positions qui sont en rapport avec le progrès »[27].

L'organisation a lancé un vaste programme pour l'autonomisation des Émiriennes en 2002, avec l'aide d'experts de l'Organisation des Nations unies et le Programme des Nations unies pour le développement (PNUD). Après une analyse des points forts et des faiblesses de cette stratégie, Cheikha Fatima a présenté en 2015 une version renouvelée du projet couvrant la période 2015-2021. La stratégie fournit, à l'intention de toutes les institutions gouvernementales et organisations de la société civile, un cadre et un point de référence en vue de l'élaboration de plans de développement et de programmes de travail visant à donner aux femmes des moyens d'agir dans huit domaines du développement durable : l'éducation, la santé, l'économie, la législation, l'environnement, le domaine social, l'information, la participation politique et le processus décisionnel.

Parallèlement un Conseil pour l'équilibre entre les genres, présidé par la Cheikha Manal Bint Mohammed Ibn Rachid el Maktoum, a été créée en 2015 afin d'encourager l'équilibre entre les genres sur le lieu de travail. Auparavant d'autres initiatives avaient vu le jour, comme le Club des femmes de Charjah, créé en 1982 par Cheikha Jawaher el Qasimi, épouse de l'émir de Charjah, le Dubai Women Establishment, fondé en 2016, par la fille de l'émir de Dubaï qui est à l'origine des garderies pour enfants dans les administrations afin de faciliter le travail des femmes et de la parité dans les conseils gouvernementaux.

Ces initiatives sont la preuve de la détermination des autorités politiques en la matière. Lors d'une rencontre de presse en 1993, le Cheikh Zayed déclarait soutenir la femme pour tout ce qui pourrait l'aider, précisant « nos filles sont sérieuses et ambitieuses, elles constituent un des piliers solides de la société émiratie. Je leur ai accordé ma confiance car elle le mérite ». De fait, sans l'implication forte et déterminée de Cheikh Zayed, les femmes n'auraient pu connaître les progrès qu'elles

27. Émirates new Agency, WAM, 2 juin 2014.

ont réalisés. C'est lui qui fit en sorte de faire inscrire dans la Constitution rédigée en 1971 le principe de l'égalité entre les hommes et les femmes puisque toutes les dispositions ne comportent aucune restriction quant au sexe.

C'est ainsi que la Constitution dispose que « l'égalité, la justice sociale, la garantie de la sécurité et de la quiétude, et l'égalité des chances pour tous les citoyens sont partie intégrante des fondements de la société. » (article 14), l'enseignement « représente un facteur essentiel pour le progrès de la société. Il est obligatoire dans le cycle primaire et gratuit dans tous les cycles au sein de la Fédération » (article 17) La société « valorise le travail comme l'un des fondements essentiels de son progrès. Elle œuvre en vue de l'assurer aux citoyens et de former ces derniers. » (article 20). Le texte fondamental précise que « tous les citoyens sont égaux devant la loi » sans aucune discrimination (article 25), la possibilité d'accéder à la fonction publique « est offerte à tous les citoyens, sur la base de l'égalité des conditions et conformément aux dispositions de la loi. » (article 35). Le texte ne prévoit également aucune restriction sur le sexe pour ce qui concerne l'exercice des fonctions de ministre ou de membre du conseil fédéral (député).

Depuis de nombreuses lois et des décrets ont précisé les droits des femmes qui ont été élargis. La juge Ebtessam el Badwawi estime que le pays « continue à actualiser les lois dès qu'il le faut et à punir quiconque abuse ou empêche une femme de jouir de sa liberté dans la société »[28]. Il faut rappeler que les Émirats arabes unis « ont ratifié toutes les conventions internationales visant à promouvoir les femmes et à préserver leurs droits »[29], notamment la Convention sur l'élimination de toutes les formes de discrimination à l'égard des femmes (CEDAW) qui a été adoptée le 18 décembre 1979 par l'Assemblée générale des Nations unies, en émettant certes, comme beaucoup de pays, des réserves sur certains points, notamment ceux qui ne sont pas conformes aux principes de la Chari'a. Comme le note Ebtessam el Kitbi, les progrès « sont néanmoins indéniables même si des points mériteraient d'être améliorés, comme certaines dispositions du Code sur le statut personnel (notamment pour ce qui concerne le divorce et la garde des enfants) »[30].

La femme dans la société

Le Cheikh Zayed avait coutume de dire que « dans le passé, la femme n'a jamais été dépendante de son mari, elle était son appui et

28. Citée par Kyra Dupont, *op.cit.*, p. 155.
29. Kyra Dupont, *op.cit.*, p. 155.
30. Entretien en novembre 2015.

son aide, notre société a besoin du travail de la femme, dans le domaine de la petite famille et dans celui de notre grande famille, la nation ». En ce sens, le premier président de la Fédération des Émirats arabes unis s'inscrivait dans la ligne de l'Islam réformiste qui a toujours accordé une place de choix à la promotion de la femme.

Les femmes ont, dans le texte coranique et la Sunna du Prophète Mohammed un rôle aussi important que celui des hommes. C'est un fait historique que le rôle éminent joué par de nombreuses femmes dès les origines de l'Islam, dans son développement puis dans l'épanouissement de la civilisation arabo-musulmane. Si l'on veut dépasser les clichés et les idées fausses, il faut en premier lieu revenir aux textes fondateurs constituant « la bonne voie à suivre », la *Chari'a* ; c'est-à-dire qu'il faut se référer au Coran, le livre sacré qui est la parole de Dieu, éclairé et précisé par la pratique et l'enseignement du Prophète Mohammed, la Sunna. Aucune religion ne s'est préoccupée de la femme et ne lui a donné autant d'importance que l'Islam. Le Cheikh Soubhi el Saleh a pu écrire que l'Islam « a élevé la femme à la dignité d'être humain à part entière. Rompant avec des millénaires de barbarie, il a été le premier régime à redonner à la femme sa place naturelle dans la société. Aucun texte n'a rendu hommage à la femme autant que le Coran... La libération de la femme est corrélative à la naissance de l'Islam »[31].

En effet, de très nombreux versets coraniques concernent la femme. La sourate IV, l'une des plus longues du Coran, a pour titre les femmes (*al nisâ*). C'est dire l'importance accordée à la femme dans l'Islam. Par ailleurs le Coran rend hommage à de nombreuses femmes exemplaires : Balkis, la reine de Saba ; Assia, la femme du pharaon ; Marie (Maryam), la mère de Jésus qui représente aussi le trait d'union le plus solide entre les musulmans et les chrétiens.

Les préceptes du Coran concernant la condition de la femme sont nombreux, et l'enseignement du Prophète sur cette question est également très important. Fort de la Révélation divine, le Prophète Mohammed eut toujours le souci de faire évoluer la condition de la femme. Il y prit un intérêt tout particulier et il tint à le souligner dans son dernier sermon prononcé le neuvième jour de *dhul hija* de l'an 10 de l'Hégire (632), dans la vallée d'Ouranah près du mont Arafat, devant des milliers de compagnons, quelques jours avant sa mort. Voici le dernier message de Mohammed :

> « Ô peuple ! Écoutez-moi attentivement, car je ne sais pas si, après cette année-ci, je serai encore parmi vous. Écoutez, donc, ce que je

31. Soubhi Saleh, *Réponse de l'Islam aux défis de notre temps*, Beyrouth : éditions Arabelle, 1979.

vous dis avec beaucoup d'attention et transmettez ce message à ceux qui ne pouvaient être présents parmi nous aujourd'hui.

Ô peuple ! Il est vrai que vous avez certains droits à l'égard de vos femmes, mais elles aussi ont des droits sur vous. Souvenez-vous que c'est par la permission de Dieu que vous les avez prises pour épouses et que c'est Dieu qui vous les a confiées... Traitez donc bien vos femmes et soyez gentils envers elles, car elles sont vos partenaires. »

Le Message est particulièrement clair : il affirme la stricte égalité entre les hommes et les femmes sur le plan spirituel, et leur complémentarité, englobant la protection des droits de la femme, sur le plan social. La pensée islamique est donc sans ambiguïté sur les principes. C'est ce que note Abdulaziz Othman Altwaijri :

« En Islam, la femme, qu'elle soit mère, sœur, épouse ou fille, assume les mêmes responsabilités que l'homme dont elle est l'égale et la partenaire. De plus, en matière de commandements divins, le Coran ne fait point de distinction entre l'homme et la femme et adopte le même discours pour les deux. Le Tout-puissant dit, en effet : "Les croyants et les croyantes sont alliés les uns des autres. Ils commandent le convenable, interdisent le blâmable accomplissent la Salât, acquittent la Zakât et obéissent à Allah et à Son messager. Voilà ceux auxquels Allah fera miséricorde, car Allah est Puissant et Sage" »[32].

Et ajoute cet auteur :

« Par ailleurs, le Coran élève la dignité humaine qui est la même pour l'homme et la femme. Dieu dit à cet égard : "Certes, Nous avons honoré les fils d'Adam. Nous les avons transportés sur terre et sur mer, leur avons attribué de bonnes choses comme nourriture, et Nous les avons nettement préférés à plusieurs de Nos créatures". Le Prophète a également dit : "Les femmes sont les sœurs des hommes" »[33].

La mauvaise foi et les déviations dues à des interprétations erronées ou extrémistes ne peuvent remettre en cause le fait que le Coran et la Sunna du Prophète sont donc très protecteurs à l'égard de la femme. C'est précisément contre le conservatisme rigide et les coutumes déviantes que les réformistes ont toujours pris soin de distinguer l'enseignement essentiel de l'Islam des pratiques surajoutées, le plus souvent restrictives aux droits de la femme qui sont pourtant bien clairs

---

32. Abdulaziz Othman Altwaijri, « La femme en Islam et son statut dans la société islamique » in « La femme dans les religions monothéistes », *Société, Droit & Religion*, n° 4, Paris, Cnrs éditions, 2014.

33. *Ibidem*.

dans les textes fondamentaux. Soucieux de la modernisation des sociétés musulmanes, le courant réformiste qui s'est développé à partir de la fin du XIXe et durant le XXe siècle, a toujours accordé une place de premier plan à la question de la femme[34]. Tous les penseurs réformistes – Rifa'a Rafi al Tahtâoui, Jamal al Dîn el Afghani, Mohammed Abdou, Qassim Amîn, Rachid Rida, Allal el Fassi... – ont précisé que le Coran « voit d'abord la question (de la femme) sous l'angle de l'égalité spirituelle foncière de la femme et de l'homme. L'essentiel des dérives et des contradictions visibles dans les sociétés musulmanes et relatives à la condition de la femme, a des causes sociologiques et non point religieuses »[35].

Le penseur égyptien Mohammed Abdou considère que la défense des droits de la femme et l'éducation de la femme constituent des priorités pour la réalisation des réformes des sociétés musulmanes. En effet, il est notable que, pour les réformistes, l'une des causes de l'étiolement du monde musulman tient au fait que la femme était laissée de côté et, trop souvent, n'était plus réellement partie prenante de la vie sociale. Or, pensent-ils, les sociétés musulmanes ne pourront pas évoluer en restant coupées d'une moitié de leur population, et cela d'ailleurs en contradiction avec les préceptes islamiques. La question de la femme va donc être l'une des principales préoccupations de ceux qui ont décidé de redonner souffle au Message de l'Islam. À cet égard, le cheikh Zayed et les dirigeants des Émirats arabes unis ont fait l'effort d'adaptation (*ijtihâd*) préconisé par l'Islam et s'inscrivent clairement dans la tradition réformiste, au même titre qu'un Mohammed V (m. 1961) ou un Mohammed VI au Maroc. C'est ce qui explique les progrès réalisé par les femmes dans la société des Émirats.

La femme dans les affaires publiques

Sur le plan politique, les femmes peuvent, selon les principes de l'islam, participer à tous les actes de la vie publique. Depuis les origines, elles participent à la *bay'a*, ce pacte d'allégeance qui est l'un des actes fondamentaux du droit public islamique. Cette participation à la *bay'a* a eu lieu au temps du Prophète. Ce fut notamment le cas de la première *bay'a* historique qui se déroula, en 622, à Aqaba, alors que le Prophète avait réuni des partisans pour préparer le départ vers Yathrib (future Médine) pour fuir les persécutions, ou de la *bay'a* d'Hudayba, en 628. De même les femmes ont été partie prenante de l'*hijra*, l'exil

34. Voir notre ouvrage *L'Islam et la femme*, Paris, Desclée de Brouwer (DDB), 2013.
35. Mustapha Chérif, *L'Islam. Tolérant ou intolérant ?*, Paris.

qui a suivi les persécutions contre les premiers croyants, et cet exil a pu être décrit comme un « moment fort de l'engagement politique des femmes »[36].

Rien dans l'Islam ne s'oppose à ce qu'une femme exerce une responsabilité politique, par exemple en participant à la consultation (*choura*) au sein du conseil ou du parlement, en exerçant des fonctions ministérielles ou même en occupant la fonction de chef d'État lorsque la Constitution le permet. Dans une *fatoua* du 4 février 2007, le moufti d'Égypte, cheikh Ali Goma'a, a prôné une meilleure participation des femmes à la vie politique, en s'appuyant sur l'enseignement de l'Islam. En tout état de cause, le principe de la participation des femmes à la chose publique est incontestable, ne serait que pour la raison que le Coran indique que les croyants *et* les croyantes « commandent le convenable, interdisent le blâmable » (*« amr bi'l-ma'ruf wa'l-nahy 'an al-munkar »,* Coran: III-104; III-110; VII-157; IX, 71), ce qui est l'une des obligations essentielles de ceux qui sont en charge des affaires publiques. Cette prescription doit être comprise comme une invitation à faire progresser le bien commun en matière socio-politique comme en matière morale et religieuse, puisque l'Islam ne dissocie pas l'une de l'autre.

Commentant le verset précité, l'un des principaux penseurs du mouvement moderne de la *Salafiya*, Rachid Rida, a pu écrire:

> « Ce verset assigne aux femmes comme aux hommes le devoir d'ordonner le bien et d'interdire les mauvaises actions, par le biais de la parole, de l'écrit mais aussi des rappels adressés aux chefs politiques[37]... Les femmes lors de la période de la Révélation étaient conscientes de ce devoir et le mettaient en pratique »[38].

C'est dire si la participation des femmes aux affaires publiques n'est pas contraire à l'enseignement de l'islam. Aux Émirats arabes unis, les femmes ont su se faire une place dans la vie publique.

Le pouvoir est exercé par l'émir d'Abou Dhabi, président de la Fédération élu par le Conseil suprême qui regroupe les sept émirs des émirats membres, assisté d'un gouvernement (Conseil fédéral des

36. Asma Lamrabet, *Femmes et hommes dans le Coran : quelle égalité ?*, Beyrouth, al Bouraq, 2012, p.38.

37. C'est le devoir de bon conseil qu'ont les musulmans à l'égard des dirigeants lorsqu'ils sont défaillants ou perdent de vue le service du bien commun. Sur ce point v. Ibn Taymiyya, *Siyâsa shariya*, traduction annotée de Henri Laoust: *Le Traité de droit public d'Ibn Taymiyya*, Beyrouth, Institut français de Damas, 1948.

38. Rachid Rida, *Nida' lil Jins al-Latif fi Huquq al-Mar'âh fi al-Islam*. Le Caire, 1932.Cité dans *Encyclopédie de la femme en Islam*, éditions al Qalam, 2007, vol.2, p.646.

ministres) qui est l'organe exécutif. Le Conseil national consultatif de la Fédération (*Majliss Watani Itihadi*) est l'assemblée parlementaire fédérale.

Le professeur Fatima Al Sayegh, historienne, note que, au début de la création de la Fédération, aucune femme n'était présente au sein du Conseil national fédéral. Mais les femmes ont commencé à faire leurs preuves dans la vie associative et sous l'impulsion du pouvoir central elles ont pu participer à la vie politique, en se présentant aux élections du Conseil national en 2006. « Bien que la femme n'ait pas obtenu un succès remarquable lors de cette première expérience, le soutien des responsables politiques qu'elle a reçu en utilisant le droit de nomination au Conseil National lui a accordé une présence politique ». Ce droit de nomination qui permet de désigner des femmes compense les maigres scores électoraux qu'elles obtiennent et leur assure une participation au Conseil où elles peuvent porter à l'ordre du jour certaines questions sociales importantes comme le congé maternité, les problèmes de santé, l'égalité homme-femme, la lutte contre les violences domestiques...

La place de la femme en politique a été affirmée et encouragée lors des élections en 2015. Surtout, il faut mentionner que c'est une femme, Amal el Qobaiss, qui a été à la présidence Conseil national fédéral. Elle avait été la première femme élue lors des élections de 2006. Cette haute fonction conférée à une femme est perçu comme une étape « historique dans les progrès de la participation de la femme aux affaires publiques »[39].

Outre 8 femmes parlementaires (plus de 20 %), les femmes membres du gouvernement étaient aussi au nombre de 8 après le remaniement ministériel intervenu en février 2016, dont plusieurs ministres d'État comme Ouhoud el Roumi, ministre d'État au Bonheur dont la mission consiste à s'assurer que les politiques gouvernementales favorisent le bien-être social et la satisfaction des citoyens[40]. Loin d'être un ministère de circonstance, ce nouveau poste ministériel correspond à une véritable stratégie des Émirats arabes unis. Selon le Premier ministre, Cheikh Mohammed Ibn Rachid el Maktoum : « Le nouveau gouvernement se concentrera sur le futur, la jeunesse, le bonheur, le développement de l'éducation et la lutte contre le changement climatique... Le paramètre de la réussite du gouvernement est d'introduire des changements réels qui participent à l'épanouissement des citoyens »[41].

39. Imane bin Chaibah citée par le quotidien *The National*, 18 novembre 2015.

40. Parmi les autres femmes bénéficiant d'un portefeuille de ministre d'État, il faut citer Jamila el Muhairi, ministre d'État à l'Éducation, Rim el Hashimi, ministre d'État à la Coopération internationale, et Loubna el Qassimi.

41. *Independan*t, Thursday 11 February 2016.

Lors de ce remaniement, Loubna el Qassimi, ancienne ministre de la Coopération internationale, est devenue ministre d'État à la tolérance et aux droits des personnes. En outre, le ministre le plus jeune est une femme, Chemma el Mazroui, diplômée d'Oxford, qui a été désignée ministre d'État aux affaires de la jeunesse À la suite de ce remaniement qui a largement rajeuni le gouvernement, Noura el Kaabi, la nouvelle ministre des Affaires du Conseil national fédéral (équivalent du ministre chargé des relations avec le parlement) a déclaré : « Il n'y a pas d'autre nation qui croit aussi fort en ses femmes que les Émirats arabes unis, et ça se voit »[42].

Par ailleurs, les femmes s'imposent face aux hommes dans les études supérieures. De nombreux articles dans les médias « relatent le parcours de femmes entrepreneurs à succès, et la majorité des femmes mentionnées dans les listes des femmes les plus influentes dans le Moyen-Orient sont émiraties »[43]. Ainsi, des femmes occupent, ou ont occupé, des places importantes dans la fonction publique, par exemples plusieurs dizaines de diplomates dont des ambassadrices, y compris dans la police et l'armée. Par exemple, c'est une pilote de chasse émiratie, Mariam el Mansouri, qui a été à la tête des premiers raids aériens contre Daech.

Des femmes dirigent également de prestigieuses sociétés publiques, telles que la zone franche médiatique twofour54, le *Tecom Business Park* et l'Autorité de la zone franche de Jebel Ali. Les femmes représentent 66 % des salariés du secteur public (la moyenne mondiale est de 48 %), dont 30 % occupent des postes de direction supérieure ou de décideurs et 15 % travaillent dans des domaines techniques et universitaires, tels que la médecine, la pharmacologie et les soins infirmiers. C'est encore une femme Hissa el Dhaheri, diplômée de l'université Zayed d'Abou Dhabi et d'Exeter en Angleterre, qui a été le chef de projet du Louvre Abou Dhabi.

Conclusion. Volonté politique contre facteurs de blocage

En 1971, à la création de la Fédération des Émirats arabes unis, le taux d'analphabétisme était de 85 % chez les femmes. Moins d'un demi-siècle plus tard, en 2016, la quasi-totalité des filles vont à l'école. Elles sont « 72 % à fréquenter les universités, trois fois plus présentes que les garçons ». Dans ces conditions on a pu constater une

42. *The National*, 10 février 2016.
43. Randa el Tawahy in *Impact*, 1er avril 2015.

« montée en puissance des femmes »[44] dans ce pays en pleine mutation.

Certes, il existe encore des facteurs de blocage, notamment en raison de la permanence d'un état d'esprit conservateur dans certaines couches de la société, voire d'une méfiance à l'égard des changements qui ont été si rapides au point de créer chez certains un « électrochoc de la modernité »[45]. La majorité des Émiratis, hommes et femmes, ont également le souci de la préservation des valeurs et de l'identité nationale et il faut donc rechercher un juste milieu. On ne peut nier également que chez certains les habitudes sociales et le poids des coutumes constituent un frein au travail féminin. Comme partout ailleurs, la femme émiratie subit les contraintes de la plupart des femmes dans le monde, à savoir comment concilier la vie familiale et le travail. Il faudrait sans doute davantage de lois qui garantissent l'importance du rôle de la femme et lui permettent par exemple d'avoir un temps flexible pour lui permettre de travailler dans de bonnes conditions et sans être pénaliser par les contraintes propres à la condition féminine. Ainsi, en cas de grossesse, elle risque de prendre du retard et manquer ainsi une promotion. Beaucoup militent pour prendre ces problèmes en considération et tenter d'y apporter des solutions, comme la création de stages de remise à niveau

Un autre problème se pose lorsque les jeunes filles sont mutées dans un autre émirat de la Fédération car en général les parents refusent de leur permettre de vivre seule, et ceci crée un plus grand pourcentage de chômage dans la population féminine.

L'universitaire Fatima el Chamsi affirme qu'il ne faut pas nier qu'il y encore des progrès à réaliser. Par exemple, bien que les femmes diplômées soient en très grand nombre, « leur taux de participation au marché du travail est encore faible; C'est souvent dû aux réticences des employeurs qui hésitent à embaucher des femmes pour diverses raisons, notamment parce qu'ils craignent l'absentéisme dû aux charges de famille ou à la maternité. Du coup, les employeurs du secteur privé freinent souvent l'embauche de femmes » En outre, ajoute le professeur el Chamsin le système social avec toutes ses coutumes peut poser des restrictions sur l'emploi des femmes même si la loi confère aux Émiraties toute la liberté pour participer à n'importe quelle activité professionnelle ou économique. En tout cas, les barrières ne sont pas légales ou politiques mais mentales. C'est pourquoi, « il est nécessaire de réformer le système social, et sur ce point les médias pourraient jouer un rôle clé dans la modification de certaines des mentalités et des coutumes qui contribuent à limiter l'emploi des femmes. En tout cas,

44. Isabelle Gérard, *Le Figaro Madame*, 6 janvier 2015.
45. Kyra Dupont, *op.cit.*

les associations de femmes jouent un rôle crucial dans le changement de perception de la société des femmes et à renforcer leur participation à la construction et au développement de la société ».

C'est d'ailleurs ces associations et leur action auprès des citoyens qui ont contribué à faire évoluer les mentalités et à vaincre les réticences. Mais, plus encore, c'est la volonté politique qui affiche clairement pour programme de concilier le progrès et la tradition pour construire une nation moderne où hommes et femmes joueront pleinement leur rôle. C'était le pari lancé par cheikh Zayed il y a un demi-siècle et ce pari est en train d'être gagné.

7

Le développement économique : l'art d'anticiper

Henri-Louis VÉDIE

Jusque dans les années 1960, l'activité économique des États qui forment aujourd'hui la Fédération des Émirats arabes unis – que les Britanniques avaient appelé les États de la Trêve après 1853 – était assez réduite. Elle se résumait à la pêche perlière, le long du littoral du Golfe arabe, à l'exploitation de palmiers dattiers dans les oasis, comme à Al Aïn et à Liwa, à l'activité portuaire de Sharjah, à l'élevage de caprins et de dromadaires, principalement dans l'émirat de Ras Al-Khaïmah qui offre le plus d'opportunités sur le plan agricole. Les ressources minières connues de l'époque étaient modestes, se limitant à un peu d'or et de fer. Enfin, l'industrie était celle d'un artisanat local construisant des boutres[1], les entretenant et les réparant.

Aujourd'hui, les Émirats arabes unis sont un pays en plein essor économique et la population bénéficie de l'un des niveaux de PIB par habitant parmi les plus élevés de la planète.

Avant d'analyser comment les Émirats sont passés d'une économie traditionnelle à une économie moderne, il est nécessaire de préciser quelques fondamentaux de cette économie et la constante de la stratégie de développement qui l'accompagne, à savoir une stratégie d'anticipation.

Les fondamentaux sont d'ordre démographique et d'ordre économique.

Sur le plan démographique, au début des années 1970, juste avant la création de la fédération, la population présente sur les territoires des États de la Trêve était estimée à environ 250000 personnes, principalement d'origine bédouine et peu habituées à la sédentarisation mais aussi pêcheurs sur le littoral. En 2016, bien que cela soit difficile d'avoir des statistiques précises, on peut évaluer la population des

1. Barque de pêche locale.

Émirats arabes unis à environ 9 millions d'habitants dont moins de 20 % de nationaux. L'émirat d'Abou Dhabi et celui de Dubaï ont une population d'environ 3 millions chacun. Ce sont les deux émirats les plus peuplés, suivis de celui de Charjah, dont la population est proche de 1,3 million d'habitants, et d'Ajman, avec plus de 400 000 habitants. Les autres émirats ont une population plus réduite.

Sur le plan économique, trois périodes doivent être distinguées. Tout d'abord, celle de l'économie des États de la Trêve ; puis, à partir de l'indépendance et de la création de la Fédération en 1971, celle d'une économie reposant sur la rente pétrolière ; enfin, depuis quelques années, l'apparition d'une économie fortement diversifiée ayant réduit sa dépendance à la rente pétrolière.

La constante, est celle d'une anticipation permanente, avec la volonté de ne pas être tributaire de la conjoncture et des événements. Ainsi, dès 1968, lorsque la Grande-Bretagne annonce son intention de mettre fin à son protectorat sur la zone en 1971, le souverain d'Abou Dhabi, Cheikh Zayed proposa de créer une fédération, où chacun trouverait sa part grâce à une redistribution des revenus pétroliers à venir. Et c'est toujours l'anticipation qui prévaut lorsque, à la fin du XXe siècle, en plein boom pétrolier, les autorités émiriennes vont décider de se désengager de l'économie de rente pour privilégier la diversification industrielle. Il faut souligner que cette décision prend pourtant effet au moment où les cours du baril de brut volent vers les sommets, et que les réserves prouvées, pétrolières et gazières des Émirats sont au plus haut

Cette constante anticipation sera toujours en arrière-plan du développement de l'économie de ce pays. La première partie de notre analyse rappellera l'époque de l'économie traditionnelle jusqu'à 1971. La seconde partie est celle qui commence en 1971 et qui se caractérise par une économie de rente pétrolière, permettant de connaître croissance et opulence. Enfin, la troisième étape est celle qui est consacrée à la diversification industrielle, une économie de la diversification qui démarre vraiment avec le siècle pour se projeter vers l'avenir.

L'économie des États de la Trêve 1800-1971

Avant le boum pétrolier, l'économie des divers émirats reposait sur la culture perlière, le commerce maritime et le commerce caravanier. Tout au long du XIXe siècle, et durant la première partie du XXe siècle, les populations de ces territoires vivaient dans les oasis ou dans des petits villages disséminés tout le long de la côte à Ras Al Khaimah, à Charjah, à Dubaï ou à Abou Dhabi.

Les villages des pêcheurs abritaient des plongeurs perliers et des marins dont l'existence dépendait, quasi-exclusivement, des ressources halieutiques et des conditions climatiques du moment. L'activité industrielle était uniquement artisanale, se limitant à la construction navale de boutres, à leur entretien et à la fourniture de l'équipement nécessaire à la pêche perlière. Dans le domaine agricole, les activités se limitaient au commerce caravanier et à quelques cultures à Fujaïrah, à Ras al Khaïmah et dans les oasis, notamment Liwa et Al Aïn.

La nourriture de base était constituée de dattes et de lait de chamelle, auxquels venait s'ajouter le poisson pour les populations côtières. Comme la production locale – denrées alimentaires et tissus – était insuffisante les habitants avaient développé depuis des siècles un commerce caravanier d'importation en provenance de l'Irak et du Bahreïn. L'échange était à base de troc, le plus souvent à partir de perles qui servaient de monnaie d'échange. De 1800 à 1950, l'économie des États de la Trêve va être principalement marquée par la pêche perlière. Cette période est celle de la pauvreté et des déboires qui suivront l'arrivée sur le marché mondial des perles industrielles japonaises à partir des années 1930, mais aussi de l'espérance suscitée, après la seconde Guerre mondiale, par l'exploration puis par l'exploitation pétrolière.

L'économie de la pêche perlière : une économie de la pauvreté

À l'aube du XXe siècle, l'économie des petits émirats du Golfe arabe se résumait, pour sa plus grande part, à la pêche perlière et à la commercialisation des perles. On recensait alors environ 1 200 navires répartis dans les différents ports côtiers des États de la Trêve, dont le plus important était Dubaï. Mohammed al Fahim précise que vers les années 1890-1900[2], la répartition de ces navires, entre les ports des États de la Trêve était de l'ordre suivant :

Abou Dhabi	**Charjah**	**Dubaï**	**Oum al Quwain**	**Ras al Khaïmah**	**Ajman**
400 navires	360 navires	335 navires	70 navires	57 navires	40 navires

En 1905, les Britanniques vont conférer le monopole de la pêche perlière aux pays du Golfe arabe. Cette décision a pour conséquence

2. Cf. Mohammed al Fahim, *De la pauvreté à la richesse. L'Histoire d'Abou Dhabi*, Dubaï, Gulf Book Center, trad. de l'anglais (From Rags to Riches), 1999.

de lier ce monopole à un autre monopole, celui de devoir exporter ces perles uniquement à destination du dominion britannique (RAJ[3]) qui s'étendait sur la presque totalité du sous-continent indien (les actuels Inde, Pakistan et Bangladesh). Ainsi, si les États de la Trêve avaient bien le monopole de cette pêche, ceux du RAJ en avaient le monopole d'importation, leur donnant l'exclusivité de fixer le prix des perles et la possibilité de régner sur le marché.

• Des conditions de pêche difficiles

La pêche aux perles était une activité saisonnière, liée aux conditions climatiques de la zone[4]. Pratiquée les mois d'été, période où la température est la plus élevée, facilitant certes les conditions de plongée des plongeurs, en les protégeant au mieux des requins attirés davantage par des eaux plus fraîches, cette pêche perlière se déroulait de mai-juin jusqu'à septembre. Embarqués sur des boutres, pouvant accueillir une douzaine de personnes, les équipages étaient constitués de plongeurs et de leurs aides, ainsi que du capitaine de l'embarcation. Ces bateaux étaient naturellement à voile et, en absence de vent, il appartenait aux plongeurs et à leurs aides de ramer.

Compte-tenu de surcharges fréquentes, la place réservée aux pêcheurs/plongeurs était des plus réduites alors que ceux-ci avaient besoin des meilleures conditions de récupération après leur dure journée de labeur. Seules de mauvaises conditions météo pouvaient rompre le rythme du quotidien. Mais les pêcheurs les redoutaient car ils étaient payés sur la valeur des prises et non selon un salaire fixe. La journée de travail commençait à l'aube, au lever du soleil, et se poursuivait jusqu'à son coucher. Les plongeurs plongeaient jusqu'à 20 mètres de fond, à la recherche des huitres qui leur fourniraient les perles les plus belles. La durée d'une plongée était de l'ordre de 2 minutes, suivie d'une pause après chaque remontée qui n'excédait pas non plus les 2 minutes. Malheureusement, la rémunération des pêcheurs n'était pas à la hauteur de leurs efforts.

• Des rémunérations aléatoires, couvrant le strict nécessaire

Les rémunérations étaient liées aux prises et à leur qualité, chacun ayant sa part après la vente de la ou des prises. Or, les prises étaient irrégulières car il n'y a pas dans chaque huitre une perle et toutes les perles ne sont pas commercialisables. En outre, compte-tenu du mono-

3. RAJ britannique : régime colonial britannique imposé au sous-continent indien de 1858 à 1947.

4. V. Monique Jegou, *Les Émirats arabes Unis*, Paris, Albin Michel, 1983.

pole accordé à l'acheteur unique (RAJ), ce dernier fixait le prix à sa guise et non en tenant compte du temps passé et du risque pris. Le plus souvent, comme nous l'avons dit, le troc était la base de l'échange, le commerçant qui les achetait sur place, à des conditions qu'il fixait, les revendant ensuite en Inde. La répartition des recettes, des prises était très codifiée, ressemblant à celle que l'on a pu connaître sur les chalutiers, selon un système de répartition des parts qui est parvenu jusqu'à nous :

– le propriétaire du boutre en percevait 10 % ;

– les frais d'approvisionnement en représentaient 20 % ;

– le solde était réparti entre le capitaine (3 parts), le plongeur (1 part), l'aide (1 part), le cheikh (1 part).

Si on applique cette répartition à un équipage de onze personnes, un capitaine, cinq plongeurs et cinq aides, pour une prise de 100, la part du pêcheur est de 5[5], soit 5 % de la vente totale des prises en fin de saison. C'est peu, compte-tenu des conditions de pêche qui y sont associées. Et cela va s'avérer, le plus souvent, insuffisant pour que plongeurs et aides puissent payer l'intégralité des dettes contractées, les conduisant à demander des acomptes sur la saison à venir pour assurer les besoins, pourtant modestes, de leurs familles. Ce cycle se répétait d'années en années, conduisant ces familles à un surendettement croissant, incitant le mari, le fils ou le frère à plonger toujours davantage avec les conséquences que l'on imagine sur la santé.

• La crise de l'économie perlière

Malgré des rémunérations insuffisantes, malgré des conditions de travail difficiles, cette activité va perdurer jusqu'aux années 1920. Deux événements vont contribuer à réduire considérablement cette activité, privant du même coup un grand nombre de familles de leur seul moyen de subsistance.

Le premier est la conséquence d'une décision prise par l'autorité protectorale britannique, interdisant sur cette zone l'utilisation de nouvelles techniques déjà utilisées en Méditerranée, au Japon et en Extrême-Orient. Ces techniques plus modernes auraient permis d'améliorer considérablement les conditions de pêche des plongeurs et de leurs aides. Par ailleurs, les bateaux à vapeur, pourtant présents dès 1850-1860 dans cette zone, ne sont pas accessibles aux pêcheurs des perles de la région, qui continueront jusqu'à la fin, à utiliser des petites et moyennes embarcations à voiles.

---

5. Dans notre exemple, le nombre de parts qui se partagent le solde de 70 est de 14 (3 pour le capitaine, 5 pour les plongeurs, 5 pour les aides, 1 pour le cheikh). La valeur de la part est donc de 70/14 = 5.

Le second événement est, dans les années 1930, la découverte par le japonais Kokichi Mikimoto de la technique de culture de la perle industrielle[6]. La perle industrielle japonaise allait précipiter l'effondrement de la filière perlière des États de la Trêve[7]. Si l'économie de la pêche perlière a permis à de nombreuses familles de la région de disposer de quelques ressources, elle ne leur a pas apporté l'opulence. La période de l'économie de la pêche perlière est celle du strict nécessaire, avec les conditions d'une vie quotidienne modeste. La très grande majorité de la population vivait dans des maisons en branches de palmiers. Le combustible de cuisine se résumait à la combustion de bois, rapporté à dos de chameau par les bédouins. Les populations des oasis, toutes choses égales par ailleurs, vivaient un peu mieux, comme à Al Aïn ou à Liwa. Les dattes et le lait constituaient la base de la nourriture. Les quelques activités agricoles étaient installées principalement à Ras al Khaïmah, à Fujaïrah et dans les oasis. L'économie du quotidien était essentiellement celle du troc, le chameau le seul moyen de locomotion. Les voyages étaient longs et fatigants. Ainsi, cinq à sept jours étaient nécessaires pour aller d'Abou Dhabi à Al Aïn, distants de 150 kilomètres. Les seuls échanges réguliers étaient ceux des marins et des tribus caravanières. L'existence était donc simple jusqu'à ce qu'après la deuxième Guerre mondiale, naisse l'espérance d'une autre vie avec la multiplication des forages pétroliers.

Les prémices d'une économie de rente pétrolière

Depuis l'extraction et l'exportation, en 1932, du pétrole de Bahreïn, peu de personnes doutaient de l'existence de ressources pétrolières dans le sous-sol des États de la Trêve. Par contre il était difficile d'en estimer l'ampleur et d'en préciser la localisation. Depuis le XIXe siècle, Le Royaume-Uni avait, de fait, le monopole relationnel avec les États de la Trêve. Cela se traduisit dans le domaine de l'exploration pétrolière et on verra, dans les années 1930, les sociétés pétrolières britanniques demander et obtenir l'avantage de concessions leur donnant l'exclusivité des droits sur le pétrole extrait du désert et des fonds marins de la zone. Monopole des relations détenu par le Royaume-Uni et exclusivité quant aux droits sont donc les caractéristiques de l'environnement juridique au moment où va se mettre en place un vaste mouvement d'octroi de concessions pour forer, extraire et vendre l'or noir du désert.

---

6. Robert Eunson, Kōkichi Mikimoto, *The Pearl King ; the story of the fabulous Mikimoto,* New York, Greenberg, 1955.

7. Voir Micheline Carino et Mario Monteforte, *Une histoire mondiale des perles et des nacres : Pêche, culture, commerce*, Paris, L'Harmattan, 2006.

Le tableau ci-dessous précise les principales étapes du développement de l'exploration pétrolière dans le Golfe arabe :

1903	Première concession pétrolière accordée à *Turkish Petroleum Company* (TPC).
1927	Le Bahreïn signe une concession avec BAPCO, société américaine.
1933	Première concession accordée par l'Arabie-Saoudite à la société *SOCAL*.
1934	Le Koweït accorde des concessions à *British Petroleum* (BP) et à la *Gulf Oil*.
1935	*Petroleum Concession Ltd* (PCL), filiale de *Iraq Petroleum Company*, ouvre une antenne au Bahreïn pour gérer les affaires engagées par elle dans la région Création en 1936, par PCL, d'une entreprise conjointe entre différentes grandes sociétés pétrolières internationales, Petroleum Development of Trucial Coast (PDCTC).
1936	Année cruciale qui voit la plupart des cheikhs de la Trêve accorder des concessions d'exploration. Une fois ces accords signés, PDTC va obtenir des droits exclusifs d'exploration pétrolière avec : – Dubaï en 1937 (mai). – Charjah en 1937 ((septembre). – Ras al Khaïmah en 1938 (décembre). – Abou Dhabi en 1939 (janvier).
1939-1946	Arrêt des activités d'exploration.
1949	Forage infructueux à Ras-Sadr (Abou Dhabi).
1951	Forage de Murban (Abou Dhabi).
1953	Une autre concession au large d'Abou-Dhabi est accordée à *Abu-Dhabi Marine Areas*, société appartenant à BP et à Total, qui allait transformer de fonds en comble l'Ile de Das.

• 1936-1960 : concessions d'exploitation et premières exploration

Au début du XXe siècle, plusieurs sociétés européennes s'unirent pour créer la *Turkish Petroleum Company* (TPC) afin d'obtenir une concession d'exploration pétrolière en Irak. S'ouvre dès lors une guerre d'influence entre sociétés britanniques et d'autres pays européens (notamment la Compagnie française des pétroles, CFP, qui deviendra TOTAL) ou des États-Unis. Ces derniers marquent des points à Bahreïn avec la société américaine BAPCO (*Bahreïn Petroleum Company*), en 1929, puis, dans les années 1930, avec SOCAL qui obtient une concession accordée par l'Arabie saoudite. En 1934, *British Petroleum* et la CFP signe un contrat avec Koweït. En 1935, Bahreïn signe une deuxième concession avec une filiale de *l'Iraq Petroleum Company*, la *Petroleum Concession Limited* (PCL). En 1936, PCL va créer la *Petroleum Development Trucial Coast* (PDTC)[8].

À partir de cette date, la plupart des États de la Trêve vont accepter le principe d'exploration du sol et sous-sol de leurs territoires respectifs, les faisant suivre d'accords de concessions, et la PDTC va exiger, avec succès, l'exclusivité de l'exploration. L'émirat de Dubaï va accepter en mai 1937, suivi de Charjah en septembre 1937, de Ras al Khaïmah en décembre 1938 et d'Abou Dhabi en janvier 1939. La PDTC allait, par la suite, devenir *Abu Dhabi Company for Ofshore Oil Operations* (ADCO). Mais la deuxième Guerre mondiale allait suspendre les activités d'exploration jusqu'en 1946.

C'est donc à partir de 1949 que sera foré le premier puits d'Abou Dhabi, à Ras Sadr situé à une cinquantaine de kilomètres au nord-est de la ville capitale. D'autres forages vont suivre, en particulier celui de Murban à environ quatre-vingts kilomètres d'Abou Dhabi. Après plusieurs tentatives, ce forage va se révéler fructueux en 1959, avec la découverte de pétrole en quantité suffisante pour être commercialement exploitable. Enfin, en 1953, une dernière concession était accordée par Abou Dhabi à une société appartenant à BP et à la CFP, lui permettant d'explorer les gisements trouvés en mer. Cela va s'avérer particulièrement fructueux sur et autour de l'île de Das, à plus d'une centaine de kilomètres d'Abou Dhabi. S'il a été le dernier à entrer dans la course, l'émirat d'Abou Dhabi se révélera vite le plus prometteur en raison de ses immenses réserves en pétrole et en gaz[9].

• Le développement de l'exploitation pétrolière

Pour l'émirat d'Abou Dhabi, le pétrole commencera à être exploité en 1962 et les premières livraisons auront lieu à partir de décembre 1963. Ce sera le début d'un développement économique qui va bénéficier des premières retombées financières dans le cadre des conventions d'exploration. À titre d'exemple, on rappellera ici la signature de celle signée, en janvier 1939, par l'émirat d'Abou Dhabi avec la PDTC, et qui rapportera à l'émirat la somme de 600 000 roupies (600 000 dirhams) lors de l'exploration puis 3 roupies par tonne exportée[10]. C'est beaucoup et très peu à la fois. C'est beaucoup pour un émirat jusqu'alors très pauvre et peu concerné par la marchandisation, mais c'est très peu par rapport aux immenses bénéfices que feront les Britanniques. Outre cette contribution directe, il faut rajouter les salaires très modestes

8. V. Salem al Jabir al Sabah, *Les émirats du Golfe*, Paris, Fayard, 1980.

9. V. Giacomo Luciani, *The Oil Companies and the Arab World*, London, Croom Helm, 1984.

10. 1 roupie de l'époque vaut environ ¼ de pound (5 shilings) ou 3 dollars des États-Unis (nde).

versés aux salariés locaux dans le cadre de l'exploration des sites, à l'époque très inférieurs à ceux que les salariés touchaient en Arabie saoudite, où l'exploration non seulement avait commencé beaucoup plus tôt, mais aussi où le gouvernement était souverain et pouvait donc imposer aux compagnies étrangères de meilleures conditions. À Abou Dhabi, les choses vont changer dès 1966 avec l'arrivée du Cheikh Zayed à la tête de l'émirat, car celui-ci va renégocier de meilleures conditions financières avec les sociétés pétrolières. Cette renégociation sera une première victoire et l'une des premières manifestations de la volonté de Cheikh Zayed d'orienter l'évolution économique selon les intérêts de son pays.

Ces années marquent le début du développement des émirats. Au fur et à mesure que se multipliaient les forages, le nombre de résidents à l'année augmenta, entrainant de nouveaux besoins et de nouveaux revenus. Ainsi, un premier hôtel aux normes internationales sera construit à Abou Dhabi, des lignes aériennes vont être établies par Gulf Aviation, une première unité de dessalement va être construite à Abou Dhabi, atteignant une production de 41 639 litres/jour (11 000 gallons/j). C'est l'aube de grands changements, d'une société nouvelle qui va se développer rapidement dès l'exploitation généralisée des sites de production et, surtout, dès la mise en place de la fédération des Émirats Arabes-Unis.

Cette période, qui n'est pas encore celle de l'opulence, se termine donc avec l'espérance de jours meilleurs. Une nouvelle période, sous le signe de la rente pétrolière et gazière, va commencer en 1971 quand les États de la Trêve font place à la fédération des Émirats arabes unis.

Une économie de rente pétrolière

À partir de 1962-1963 les premières livraisons de pétrole ont donc commencé, d'abord d'Abou Dhabi vers l'Europe. D'autres vont suivre : celles de Dubaï en 1972, suivies de celles beaucoup plus modestes de Charjah et de Ras al Khaïmah à la fin des années 1970.

Anticipant très vite que les futures richesses, inégalement réparties, pourraient être un obstacle à l'union si on n'en redistribuait pas une partie aux émirats les moins favorisés, Cheikh Zayed va faire en sorte de garantir à l'ensemble des émirats membres de la Fédération une partie de la richesse de d'Abou Dhabi. L'économie de la Fédération sera dans un premier temps celle d'une économie de rente, reposant exclusivement sur la rente pétrolière et gazière, et orientées vers de grandes réalisations.

Données générales de l'économie de rente

Les données générales de l'économie de rente des Émirats se regroupent autour de ses ressources pétrolières et gazières et des fonds souverains dont ils sont l'émanation.

• Les ressources pétrolières et gazières de la Fédération

Parmi les sept émirats de la Fédération, trois d'entre eux ne disposent d'aucune de ces ressources, ce sont les émirats d'Ajman, de Fujaïrah et d'Oum Al Quwain. Et si les quatre autres en disposent, la répartition en est très déséquilibrée, puisque près 90 % d'entre elles sont situés au sein du seul émirat d'Abou Dhabi, lequel détient 10 % des réserves mondiales connues de pétrole, et 5 % des réserves connues de gaz naturel. En 2013, les réserves de pétrole étaient de plus 98 milliards de barils, dont 92 milliards pour Abou Dhabi (94 %), 4 milliards pour Dubaï (4 %), 1,5 milliards pour Charjah (1,5 %) et 0,5 milliard pour Ras Al-Khaïmah (0,5 %). Deux tiers des réserves d'Abou Dhabi se situent dans le champ de Zakum (66 milliards de barils). Concernant le gaz, on estime aujourd'hui les réserves gazières de la Fédération à 6500 milliards de m3, soit le septième rang mondial, si on en croit le F.P.E.G., l'équivalent gazier de l'O.P.E.P. Il faut souligner que la Fédération est à la fois exportatrice, mais également importatrice de gaz, 26 % de la demande nationale étant satisfaite à partir du Qatar, via le gazoduc *Dolphin*. Ce gaz est principalement destiné à être réinjecté dans des puits de pétrole pour en améliorer le taux de récupération.

À Abou Dhabi, l'opérateur en matière de pétrole et de gaz est la compagnie pétrolière national d'Abou Dhabi (*Abu Dhabi National Oil Company*, ADNOC), créée dès novembre 1971, afin d'intervenir dans tous les domaines de l'industrie du pétrole et du gaz. ADNOC, qui est la société mère avec 21 filiales et institutions, supervise la considérable production de pétrole de l'émirat. Cette puissance d'Abou Dhabi rejaillit tout naturellement sur celle de la Fédération qui se situe dans le peloton de tête des grandes puissances pétrolières et recèle un bon potentiel pour les réserves de gaz. Quand on prend en compte la durée théorique d'exploitation de ces réserves, sur la base de la production de 2008, on constate qu'elle est de l'ordre d'un siècle pour le pétrole (connu) et de près de 130 ans pour le gaz. L'ampleur de ces réserves témoigne de la réalité de la richesse des Émirats arabes unis, très supérieure, par exemple, à celle de la Norvège.

Parallèlement aux volumes et aux capacités de production estimées, les Émirats ont également bénéficié de l'évolution du cours du baril de pétrole, qui s'est envolé à partir du premier choc pétrolier de 1973. Et même si depuis 2009 le cours est devenu erratique, sur la période longue, il faut noter qu'il a été globalement très profitable à l'économie de la Fédération, lui permettant de financer successivement plusieurs fonds souverains.

• Des fonds souverains parmi les plus importants de la planète[11]

Les fonds souverains sont des fonds publics, c'est-à-dire des fonds contrôlés ou détenus par l'État. Ces fonds, ou leur contrepartie, les actifs financiers, résultent d'un excédent budgétaire, provenant d'un excédent de la balance des paiements qu'elle qu'en soit l'origine. Leur gestion s'inscrit dans le long terme, avec des objectifs macro-économiques précis, malgré leur diversification : valorisation du PIB, épargne intergénérationnelle, etc.

Les fonds des Émirats arabes unis sont tous détenus par l'émirat qui les constitue ou par la Fédération des Émirats arabes unis. Leur origine est exclusivement celle de la rente pétrolière et gazière et des excédents de la balance des paiements qu'elle procure. Leur gestion est celle du long terme et leur objectif prioritaire est celui de la valorisation, même si indirectement l'épargne intergénérationnelle est prise en compte.

– Une stratégie continue

Le premier fonds souverain date de 1976, cinq ans à peine après la naissance de la Fédération. Il s'agit d'*Abu Dhabi Investment Autority* (ADIA) qui a succédé au *Financial Investment Board* créé par l'émirat d'Abou Dhabi en 1967. Financé par la rente énergétique, ce fonds est connu pour son opacité (note 5 sur 10 à l'indice de transparence Linaburg Maduel), mais aussi, en rivalité avec le fonds norvégien, comme étant le plus important au niveau mondial (environ 900 milliards de dollars d'actifs), et l'un des plus sûrs. Son objectif est celui de la rentabilité à long terme, sans rechercher pour autant la participation à la direction des sociétés dans lesquelles il investit. Avec sa filiale *Tasamen*, on retrouve trace de ces investissements dans le secteur de la banque et de l'immobilier.

Un deuxième fonds a été en 1984 par l'émirat d'Abou Dhabi, c'est *l'International Petroleum Investment Company* (IPIC). Ce fonds est particulièrement stratégique, puisqu'il est responsable de tous les investissements étrangers réalisés dans le secteur pétrolier et dans le secteur de la pétrochimie. Sa stratégie, pour parvenir à son objectif de

11. Jean Michel Rocchi et Michel Ruimy, *Les fonds souverains*, Paris Economica, 2000 ; Caroline Bertin-Delacour, *Les fonds souverains : Ces nouveaux acteurs de l'économie mondiale*, Paris, Eyrolles, 2009 ; Gordon L. Clark, Adam Dixon, Sovereign Wealth Funds – Legitimacy, Governance, and Global Power, Princeton University Press, 2013. Également notre ouvrage *Les fonds souverains*, Paris, Eska, 2009.

rentabilité financière, est celle de la diversification tant géographique que sectorielle.

Le troisième fonds d'Abou Dhabi, créé en 2002, est *Mubadala Development Company* (MDC). Son indice de transparence est maximale, puisque noté 10 sur 10. Son objet est de favoriser la diversification des richesses de l'émirat et d'accompagner sa transformation économique, notamment par le programme offset, l'attention accordée aux industries de pointe et aux nouvelles technologies. C'est ainsi que ce fonds est à la tête du programme *Masdar*. Enfin *Mubadala Development Company* intervient, avec *Tawazun Holding*, dans le domaine de l'armement, avec l'entreprise intégrée de services et de construction baptisée *Émirates Defence Industrie Company* (EDIC), un nouveau groupe industriel, dirigé par le Français Luc Vigneron, créé en 2015 et dédié à la défense. Il faut souligner que le développement des industries de défense fait partie des initiatives déployées par Abou Dhabi pour diversifier son économie.

Enfin, le quatrième fonds souverain d'Abou Dhabi est *Abu Dhabi Investment Council* (ADIC), considéré comme le levier d'investissements du gouvernement d'Abou Dhabi, et aussi connu dans certains cercles comme ADIA II. Ce fonds a en charge la gestion d'une partie des ressources financières excédentaires de l'État. Et pour cela, il va également développer une stratégie de diversification de ces investissements, à l'échelle mondiale, en ciblant comme objectif prioritaire le rendement du capital investi. Enfin, ce fonds est également habilité à aider à élargir la base économique de l'émirat, en aidant les entreprises locales à se développer à l'international. Et pour cela, l'ADIC détient des participations importantes dans des institutions financières de la Fédération.

En 2005, l'émirat de Ras al Khaïmah s'est doté d'un fonds Souverain, le *Rak Investment Authority* (RAKIA). Son objet est d'inciter à l'investissement sur le territoire de l'émirat et à promouvoir différents secteurs économiques, jugés comme prioritaires. Son portefeuille d'investissement comprend des participations directes dans des entreprises nationales et régionales basées sur son territoire, mais également dans des entreprises étrangères ayant des filiales à Ras al Khaïmah.

En 2006, Dubaï a créé l'*Investment corporation of Dubaï* (ICD). Ce fonds est considéré comme le bras armé de l'investissement de l'émirat. Sa stratégie est comparable à celle de son riche voisin d'Abou Dhabi, à savoir aider à gérer au mieux les entreprises publiques et l'économie du pays. Et pour cela, la diversification des placements est la règle, tant géographique que sectorielle.

Enfin, en 2007, la Fédération des Émirats arabes unis se dote du fonds *Emirate Investment Auhority* (EIA). C'est un fonds d'État abondé par les ressources de la Fédération. Son objectif est double, optimiser les rendements des investissements réalisés par la Fédération et diversifier ses actifs pour en réduire les risques.

Le fait que le premier fonds (ADIA) des Émirats ait été créé en 1976, à Abou Dhabi, démontre bien que la réflexion sur l'après pétrole et l'anticipation sur l'avenir ont commencé peu de temps après la création de la Fédération, ce qui démontre la vision à long terme du cheikh Zayed et des dirigeants émiratis.

– Une puissance financière

Le *Sovereign Wealth Fund Institute* (SWFI) procède régulièrement à l'estimation des actifs sous gestion. En 2015, 78 fonds souverains figuraient sur sa base de données. À partir de cette base, on a donc l'estimation des actifs sous gestion de la Fédération, ainsi que le rang occupé par chacun d'entre eux, parmi les 78 fonds pris en compte. Le tableau ci-dessous en fait la synthèse pour les Émirats[12].

Intitulé du fonds	**ADIA**	**ICD**	**ADIC**	**IPIC**	**MDC**	**ETA**	**RAKIA**
Actifs sous gestion en millions de dollars	824,9	183,0	110,0	66,3	66,3	15,0	1,2
Rang mondial	2	12	13	19	20	37	60

La lecture de ce tableau met en évidence deux importants indicateurs. Le premier concerne l'ampleur des actifs sous gestion, tout fonds confondus, de la Fédération, à savoir 1,257 milliards de dollars, soit 19 % de l'ensemble de ces actifs, estimés par le SWFI à 7,156 milliards de dollars pour les 78 fonds analysés. Par ailleurs, cela confirme la puissance financière de l'émirat d'Abou Dhabi, au sein de la Fédération. Puissance financière que l'on estime entre 1 100 et 1 500 milliards (total des actifs sous gestion des quatre fonds souverains d'Abou Dhabi), soit respectivement 84 % des actifs sous gestion de la Fédération et 14 % de l'ensemble de tous les actifs sous gestion, à l'échelle mondiale.

Une analyse des vingt premiers fonds souverains mondiaux[13] amplifie ce sentiment de puissance. En effet, on peut en conclure ce qui suit :

12. Principaux fonds souverains des EAU et leurs actifs sous gestion à la fin 2015 (source SWFI).

13. *Government Pension Fund Global* de Norvège, ADIA d'Abou Dhabi, *China Investment Corporation*, *Saudi Arabia Monetary Agency Foreign Holding*, *Kuweit Investment Authority*, *SAFE Investment* (Chine), *Hong-Kong Monetary Investment Authority*, *Government of Singapore Investment* Corporation, *Qatar Investment*

– Parmi les vingt premiers fonds souverains mondiaux, cinq appartiennent aux Émirats arabes unis, quatre sont chinois, deux sont Singapouriens et Kazakhs, et tous les autres pays concernés n'en disposant que d'un : la Norvège, l'Arabie-Saoudite, le Koweït, le Qatar, l'Australie, la Corée du Sud et la Russie.

– Si on prend l'analyse regroupant les actifs sous gestion de leurs fonds souverains respectifs par pays, deux d'entre eux seulement dépassent le milliard de dollars selon les données SWFI : la Chine (1 946 milliards de dollars) et la Fédération des Émirats arabes unis (1 240 milliards de dollars). Mais si on prend en compte les populations concernées par ces actifs il est clair que la Fédération est, de très loin, la première au monde.

– Si – selon les sources – le premier fonds mondial est soit le fonds norvégien, soit le fond émirati d'ADIA, il est indiscutable que les réserves pétrolières et gazières estimées classent la Fédération des Émirats arabes unis loin devant la Norvège.

– Comme les actifs sous gestion des vingt premiers fonds souverains sont estimés, par SWFI, à 6,4 milliards sur un total de 7,1 milliards, soit 90 % de l'ensemble, les conclusions que l'on en tire peuvent donc être considérées comme s'appliquant à l'ensemble.

En conclusion, compte tenu de leurs ressources, mais aussi compte tenu de l'ampleur de la tâche qui était celle de la Fédération au lendemain de sa création, le choix ne pouvait être que celui d'une économie de rente. Mais il est notable que les autorités émiraties ont toujours eu le regard tourné vers la fin de cette économie de rente, en anticipant ses limites et en faisant le choix de la diversification par la création de fonds souverains dynamiques. En même temps, l'économie de rente a permis de réaliser les grands investissements nécessaires

Une économie de rente profitable

Par économie profitable, nous entendons une économie qui génère de la richesse au bénéfice de l'ensemble des émirats et de leurs populations respectives. Dans le cas des Émirats arabes unis, cette profitabilité est double : richesse et richesse partagée par tous. Mais là ne s'arrête pas l'originalité de cette économie, laquelle trouve tout son sens dans le fait qu'elle prépare également son désengagement de la rente pétrolière au profit de la diversification industrielle.

Authority, *National Social Security Fund* (Chine), *Temasek Holdings* (Singapour), *Investment Corporation of Dubaï*, *Abu Dhabi Investment Council*, *Australian Future Fund*, *Samruk Kazuna JSC* (Kazakhstan), *National Welfore Fund* (Russie), IPIC (Abou Dhabi) et *Mubadala Development Company* (Abou Dhabi). Source SWIFI 2015.

• Les indicateurs macro-économiques en démontrent la profitabilité

Cinq indicateurs précisent la richesse produite : le PIB, le PIB par habitant, la croissance économique, le taux d'inflation et la balance des transactions courantes. Le tableau ci-après les reprend sur la période 2012-2016[14].

Indicateurs	**2012**	**2013**	**2014**	**2015**	**2016 (estimation)**
PIB (milliards de dollars)	373	307	399	339	356
Taux de croissance	7,2	4,3	4,6	3	3,1
PIB/habitant (dollar)	42 591	42 874	42 943	35 392	36 142
Taux d'inflation	0,7	1,1	2,3	3,7	3
Balance des transactions courantes en % PIB	21,03	18,4	13,7	2,9	3,1

Indicateurs macro-économiques (2012-2016). Source : MOCI Banque mondiale.

L'analyse de ce tableau met en évidence les points suivants :

– Avec un PIB, dépassant en moyenne 350 milliards de dollars, l'économie émiratie, compte-tenu d'une population d'environ 9 millions, est l'une des plus profitables des pays ne dépassant pas le seuil des 10 millions. Et cela se retrouve bien sûr dans le PIB par habitant qui est, juste derrière celui de l'Arabie saoudite, le deuxième du Proche-Orient. Certes, la chute des cours du baril en 2015 l'a affecté, avec une réduction du PIB 2015 de 60 milliards de dollars par rapport à celui de 2014, mais l'économie de la Fédération montre sa résilience à cette occasion, puisque les estimations pour 2016 semblent confirmer une reprise très sensible du PIB, globalement et par habitant.

– Deux indicateurs témoignent de la solidité de cette économie : celui ayant trait au taux de croissance et celui ayant trait à l'inflation. Malgré la chute du cours du brut, la croissance se maintient aux alentours de 3 %, et le taux d'inflation, attendu à la baisse pour 2016, aux alentours de 3 % également.

– Enfin, malgré une dégradation sensible, le solde courant se maintient positif. Une analyse plus détaillée du commerce extérieur vient conforter ce sentiment de solidité. Cette dernière analyse porte sur la période 2010-2014, avant la chute des cours. Et on trouvera dans le tableau suivant les principaux indicateurs du commerce extérieur émirati, et leur évolution sur la période 201-2014[15].

14. Indicateurs macro-économiques (2012-2016). Source MOCI, Banque mondiale.

15. Source MOCI, Banque mondiale.

	2010	2011	2012	2013	2014
Importation de biens	165	203	226	251	262
Exportation de biens	214	302	349	379	360
Importation de services	41 337	55 702	62 301	66 413	70 279
Exportation de services	11 028	12 063	15 276	17 345	19 769
Commerce extérieur en % PIB	151	162,6	176	178,2	175,9

Unité : milliard de dollars.

La lecture de ce tableau confirme les grandes tendances générales, à savoir : une croissance régulière des exportations et des importations de biens, confirmant ainsi le dynamisme de l'économie. Même constat en ce qui concerne le mouvement en valeur des services. On notera plus particulièrement que les exportations de services ont augmenté en valeur de 80 %, montrant ainsi la part croissante de ce secteur dans la production de richesses de la Fédération. En outre, l'indicateur concernant le commerce extérieur en pourcentage du PIB confirme l'importance croissante du commerce extérieur dans la production de richesses.

Le tableau suivant démontre la solidité du commerce extérieur émirati.

Années	2010	2011	2012	2013	2014
Solde X M des biens	+ 49	+ 99	+ 123	+ 128	+ 98
Solde X M des services	- 30 329	- 43 639	- 47 025	- 49 068	- 50 510
Solde X M des biens et des services	+ 18 671	+ 55 361	+ 75 975	+ 78 932	+ 47 490

Unité : milliard de dollars.

Le solde global, importation/exportation des biens et des services, est toujours très largement positif, atteignant un pic de près de 79 milliards de dollars en 2013. Même si la situation s'est dégradée en 2015 sous l'effet de la baisse du baril, elle a commencé à se redresser en 2016.

Certes, la contraction des recettes pétrolières suite à la chute des cours du baril de pétrole a pesé sur l'activité économique de la Fédération en 2015, générant un important déficit public d'exercice. Mais cette contraction a démontré la résilience de cette économie, avec la reprise annoncée en 2016. La consommation des ménages, soutenue par une hausse des salaires supérieure à l'inflation l'explique pour partie. Et en ce qui concerne les investissements, la crise de 2015 aura eu un effet positif, celui de les prioriser, notamment en ce qui concerne ceux en amont de l'exposition universelle de 2020 qui devrait attirer 25 millions de visiteurs pendant six mois et créer 277 000 emplois. De plus, des réformes ont été engagées pour faire face à ce déficit public, comme par exemple celles qui ont trait aux subventions énergétiques avec la déréglementation du prix des hydrocarbures domestiques.

Enfin, en ce qui concerne le commerce extérieur, les exportations pourraient bénéficier en 2016 de l'ouverture du marché iranien. Les activités de réexportation, hors pétrole, devraient être les premières concernées. Et même si le solde 2016 devait demeurer inférieur à celui des années 2013-2014, ce solde pourrait être très sensiblement supérieur à celui de 2015. En conséquence, la profitabilité de l'économie émiratie, portée initialement par la rente, s'inscrit désormais dans une logique de pérennisation.

• Des réalisations spectaculaires

Des réalisations illustrent le mieux le principe de transversalité dans l'utilisation de la rente. Les revenus réguliers tirés des ressources énergétiques ont permis aux Émirats – comme dans les autres monarchies arabes du Golfe – de mettre en place une infrastructure adéquate, tout en développant l'appareil administratif et institutionnel au profit des citoyens[16].

Cela concerne tout d'abord la mise en place d'un réseau performant d'énergie électrique et d'eau potable. Jusqu'en 1967, l'électricité était rare, produite par des groupes électrogènes diesel. Des turbines à gaz allaient les remplacer pour fournir les kilowatts dont les émirats avaient besoin pour répondre aux attentes des populations et de l'économie. Aujourd'hui, l'ensemble du territoire bénéficie de la couverture électrique, et ce à partir des techniques les plus modernes. La fédération des Émirats arabes unis est un des pays, toutes choses égales par ailleurs, où l'on consomme le plus d'électricité. Il est remarquable que, malgré les réserves pétrolières et gazières dont nous avons rappelé l'ampleur, la Fédération est à la pointe dans le domaine des énergies renouvelables, y compris celles ayant trait au nucléaire.

En ce qui concerne la distribution d'eau potable, les usines de dessalement d'eau de mer ont permis de répondre aux attentes des populations et de l'économie.

Plus spectaculaires encore sont les réalisations concernant les infrastructures routières, portuaires et aéroportuaires, sans lesquelles le développement économique eut été impossible. Nous allons ici en rappeler les grandes étapes, pour ensuite préciser leur contribution dans le développement de chaque émirat.

---

16. Voir Salem al Jabir al Sabah, *Les émirats...*, *op. cit.*

– Le renforcement des infrastructures routières, aéroportuaires et portuaires

Dans les années 1960, les routes carrossables étaient l'exception. On se déplaçait encore à dos de chameau, en utilisant les pistes des caravaniers. Dans le domaine aérien, la situation était misérable. À l'exception de Charjah, en raison de la présence de la base britannique, les aérodromes étaient de simples pistes destinées à la *Gulf aviation* qui utilisait pour les vols locaux des dakotas de la deuxième Guerre mondiale transportant une douzaine de passagers. Enfin, si la plupart des émirats étaient dotés de ports, souvent anciens, les infrastructures étaient réduites le plus souvent au strict minimum pour des activités de pêche et de commerce.

De nos jours, l'ensemble du pays dispose d'un maillage routier performant, mixant routes et autoroutes, reliant tous les émirats d'Abou Dhabi à Fujaïrah (plus de 300 kilomètres). En outre, des transversales permettent de rejoindre les villes et les oasis de l'intérieur, par exemple Al Aïn, Liwa ou Dibba, et surtout d'être relié au réseau routier de l'Arabie saoudite puisque des camions font régulièrement la liaison avec Riad, Djedda, la Jordanie, le Liban et la Turquie.

Ainsi, ce sont des centaines de kilomètres de routes et d'autoroutes qui ont été construits au cours des cinquante dernières années, permettant de mieux relier les sept émirats constitutifs de la Fédération, rompant l'isolement de certains, et de relier le nouvel État à ses voisins. Ce maillage a nécessité, et nécessite toujours des investissements conséquents car nous sommes ici dans un environnement difficile, à cause de la chaleur et du sable, qui renchérit l'entretien du réseau.

Le maillage aéroportuaire est également de haute qualité, avec deux leaders mondiaux ; Dubaï et Abou Dhabi. Tous les émirats, à l'exception de celui d'Oum Al-Quwain, disposent aujourd'hui d'un aéroport international. Mais deux aéroports, celui de Dubaï et celui d'Abou Dhabi, témoignent plus particulièrement de la réussite du dynamisme aéroportuaire de la Fédération. Une politique attractive des prix et surtout l'emplacement géographique très favorable des Émirats, sur la route entre l'Europe et l'Asie, a été bien mis à profit pour jouer à fond cette carte qui constitue un point fort de la diversification économique.

Dubaï, qui a misé sur le transit aérien mondial tirait, en 2015, plus de 15 % de son PIB de l'aérien. L'aéroport international de Dubaï est un leader mondial avec plus de 78 millions de passagers internationaux en transit en 2015 (avec une tendance à la hausse de 10 %), c'est le troisième aéroport le plus fréquenté du monde, derrière Pékin et Atlanta, mais devant Londres, Tokyo, Chicago ou Paris. Cet aéroport comporte trois terminaux bien spécialisés :

– Le terminal 1, ouvert en 2000, avec un hall d'environ 800 mètres de long, capable d'accueillir 40 millions de passagers/an. En 2016, c'est une centaine de compagnies qui y opèrent, venues des cinq continents.

– Le terminal 2, ouvert en 1998, est destiné aux vols charters et aux dessertes régionales, avec une capacité d'accueil de 10 millions de passagers. En 2016, une cinquantaine de compagnies y opèrent.

– Le terminal 3, ouvert en octobre 2008, fait partie avec ses 150 hectares au sol des plus grands terminaux mondiaux. Sa capacité d'accueil est de 43 millions de passagers. L'aérogare A de ce terminal est réservée exclusivement aux A380 d'*Émirates*, l'une des dix premières compagnies mondiales avec plus de 45 millions de passagers. Fondée en 1985, cette compagnie a connu le développement le plus rapide de l'ensemble des compagnies mondiales, depuis le milieu des années 2000. Elle est aussi un élément clé de la stratégie du développement touristique de l'émirat.

L'aéroport international d'Abou Dhabi est, par son importance, le deuxième aéroport des Émirats. Il sert de plate-forme de correspondance à la compagnie aérienne *Etihad Airways*, qui est la compagnie nationale de la Fédération[17]. Cette compagnie opère des vols internationaux sur les cinq continents et a transporté, en 2015, 15 millions de passagers. Depuis sa création en juillet 2003, *Etihad* n'a cessé de se développer et on rappellera son annonce, au salon aéronautique de Farnborough, en 2008, de la plus grosse commande de l'histoire de l'aviation civile et commerciale avec la commande de 205 avions (100 commandes fermes, 55 options et 50 droits d'achat). À la différence d'*Émirates*, qui cherche à obtenir des autorisations pour s'implanter à l'étranger[18], *Etihad* développe depuis 2011 une politique de partenariats stratégiques.

Mais la stratégie d'*Etihad Airways* peut aussi prendre d'autres formes, comme celle du partenariat mis en place avec Air France KLM ou avec Royal Air Maroc, permettant à une compagnie de vendre des vols vers des destinations desservies par une autre, un système dit de « partage des codes » qui s'étend depuis novembre 2015 à la maintenance des équipements.

Les deux aéroports de Dubaï et d'Abou Dhabi et les deux compagnies, *Émirates* et *Etihad*, n'entrent pas directement en concurrence mais sont dans une démarche de complémentarité, contribuant ainsi à donner une image de la Fédération ouverte vers l'extérieur et utilisant au mieux les nouvelles technologies.

Par ailleurs, le maillage portuaire comprend deux leaders mondiaux : *Dubaï Port World* (DPW) et *Abu Dhabi Port Company* (MDPC)

---

17. *Etihad*, ou *Ittihad*, signifie unité (nde).

18. À titre d'exemple, on rappellera qu'Émirates dessert déjà Paris, Nice et Lyon et a déposé auprès de la France, en septembre 2013, une demande d'autorisation de desservir Bordeaux, Marseille, Toulouse.

À l'origine, chaque émirat disposait au moins d'un port destiné à la pêche ou au commerce. Traditionnellement le plus important était celui de Dubaï, spécialisé dans le commerce vers les autres ports du Golfe, notamment l'Iran, et le trafic de l'or. Les ports de Charjah et de Ras al Khaïmah avaient également leur réputation historique. Tous ces ports ont connu un développement remarquable.

Après la constitution de la Fédération, les activités commerciales, d'importation et d'exportation, de manutention et de transbordement de marchandises, puis de stockage et de distribution des importations venant des pays du Golfe, d'Afrique Orientale et d'Inde, ont permis la montée en puissance des ports des Émirats qui ont trouvé de nouvelles niches de développement.

Par exemple, un nouveau terminal, touristique, a été ouvert à Ras al Khaïmah. Stratégiquement situé à l'entrée du détroit d'Ormuz, le port de Ras al Khaïmah est idéalement placé pour permettre d'accéder aux zones industrielles et aux zones franches mises en place dans la région. Son potentiel de développement est des plus importants. Avec les émirats de Foujairah et de Charjah, la Fédération des Émirats arabes unis dispose d'infrastructures portuaires accédant aux côtes de l'océan Indien, via la mer d'Arabie (ou mer d'Oman). Aussi, c'est sans surprise que s'y sont développés et mis en place les plus beaux ports en eau profonde de la Fédération : le port moderne de Foujairah et, pour Charjah, outre le port principal de Port Khalid, sur le Golfe arabe, où se concentre l'administration portuaire et où s'effectue l'inspection en douane des marchandises et des conteneurs ainsi que le contrôle des passagers. Le port de Khor Fakkan, qui donne sur la mer d'Arabie et l'océan Indien, est un port dédié aux conteneurs et aux transbordements. Stratégiquement bien situé sur la côte de l'océan Indien, cette enclave de l'émirat de Charjah est devenue la ligne maritime d'un grand nombre de porte-conteneurs ayant besoin d'un accès avec l'arrière-pays. À une douzaine de kilomètres de Charjah, *Hamriyah free zone*, commencée dès 1988, est une zone portuaire, facile d'accès, en plein développement et attirant de nombreux opérateurs, dont Petrofac, auquel est dédié un terminal. Ces ports qui débouchent sur l'océan Indien sont d'un intérêt stratégique évident puisqu'ils évitent d'emprunter les étroits couloirs du détroit d'Ormuz en cas de crise avec l'Iran.

On peut constater que l'activité portuaire ne se résume pas à celle de Dubaï et à celle d'Abou Dhabi. Fidèles à la vieille tradition maritime des Qawassim, Charjah et Ras al Khaïmah jouent pleinement leur rôle en la matière, même si Dubaï est l'un des leaders mondiaux de l'activité portuaire.

Filiale de Dubaï World, holding détenu par le gouvernement de Dubaï, *Dubaï Ports World* (DPW) est né de la fusion entre *Dubaï Port*

Authority et sa branche internationale. C'est aujourd'hui le troisième opérateur portuaire mondial, opérant sur 49 terminaux sur les cinq continents, avec l'objectif de les étendre à 12 autres. *Dubaï Ports World* est donc présent d'abord en Afrique (Algérie, Djibouti, Mozambique, Sénégal), en Amérique (Argentine, Canada, République Dominicaine, Pérou, Venezuela), en Asie (Chine, Inde, Pakistan, Russie, Corée du Sud, Turquie, Vietnam), en Europe (Allemagne, Belgique, France, Pays-Bas, Roumanie, Royaume-Uni), en Australie (Adélaïde, Brisbane, Fremantle, Melbourne et Sydney), et bien sûr dans le Golfe arabe (Arabie Saoudite). Au sein des Émirats arabes unis, DPW est présent à Abou Dhabi. Ses deux ports relais sont les ports de Jebel Ali et Port Rachid. Jebel Ali, situé à 35 kilomètres de Dubaï, bénéficie aujourd'hui du plus grand port artificiel du monde, dont la construction a commencé dès 1970. C'est une plate-forme intermodale connectée à l'aéroport international de Dubaï, et bénéficiant d'une ligne de métro. Plus de 6000 sociétés y sont répertoriées, provenant de plus de 120 pays. Port Rachid est le premier port commercial de Dubaï, ouvert dès 1972. Depuis 2010, il a été rénové, et toutes les activités liées aux importations et aux exportations de marchandises ont été transférées à Jebel Ali. Dubaï Port Cruiser, ou Mina Rachid, est un terminal de croisières haut de gamme, pouvant gérer simultanément la présence de quatre navires. Et à ce titre, il contribue au développement touristique de l'émirat.

Créé en 2006, *Abou Dhabi Port Company* (ADPC) est le développeur des ports et zones industrielles d'Abou Dhabi, avec comme objectif la restructuration du secteur portuaire de l'émirat. ADPC dispose, à cet effet, de deux structures indissociables : Port Khalifa, créé en septembre 2012, avec Port Mina Zayed et Port Musaffah, et *Khalifa Industrial Zone Abu Dhabi* (KIZAD). À l'origine, en 1972, les activités de ces trois unités étaient regroupées autour de Port Zayed. Aujourd'hui, on a séparé l'ensemble de ces activités en regroupant à Port Khalifa toutes les activités « conteneur » et à Mina Zayed les activités croisières. Les activités concernant le fret, le transport du minerai de fer, de pétrole, etc., sont désormais regroupées à Port Musafah, sur un front de mer de 40 kilomètres, près de la ville industrielle de Musafah. À ces trois structures viennent s'ajouter celles d'al Ghabia avec cinq ports principalement dédiés à la pêche. Quant à *Khalifa Industrial Zone Abu Dhabi* (KIZAD), c'est un relais de la diversification économique mais aussi des activités à forte valeur ajoutée, avec deux zones industrielles qui s'y rattachent : une zone A (51 km^2), une zone B (209 km^2).

Dans tous ces ports, les moyens engagés sont considérables et les techniques retenues utilisent les technologies les plus récentes, comme par exemple les conteneurs semi-automatiques et les grues-conteneurs.

À l'horizon 2030, l'objectif concernant le trafic des conteneurs est de 15 millions EVP[19]. C'est un objectif particulièrement ambitieux si on se rappelle que le trafic conteneurs 2015 est de l'ordre de 2,5 millions d'EVP. Les moyens engagés et les objectifs fixés devraient faire du port d'Abou Dhabi un des leaders mondiaux en 2030.

Mais c'est sans doute dans le domaine du chemin de fer où l'on assiste à une véritable révolution, dans une région du monde qui jusqu'alors l'ignorait. Le premier projet national, lancé en 2009, concerne 264 kilomètres entre Ruwais, sur le littoral, et Sha Habsam, dans l'arrière-pays près de Liwa. En 2013, la première phase des travaux a été lancée. Il vise ensuite à relier Dubaï à Ras al Khaïmah et à Fujaïrah par un réseau total de plus de 1 000 kilomètres. Parallèlement, la Fédération des Émirats arabes unis a lancé l'idée d'un chemin de fer du Golfe, en partenariat avec les membres du Conseil de Coopération du Golfe arabe (CCG), de façon à connecter le chemin de fer émirati aux 2200 kilomètres de chemin de fer des pays du Golfe (Arabie saoudite et Oman).

– Un développement profitable à chaque émirat

Remarquable a été la volonté de Cheikh Zayed de mettre les richesses d'Abou Dhabi au service de tous les émirats de la Fédération, de façon à permettre leur développement[20].

Ainsi que l'effort en matière d'infrastructure a été porté à bout de bras par Abou Dhabi. La solidarité n'est pas un vain mot. Au début 2009, lorsque la crise internationale frappe Dubaï, notamment les secteurs de la finance, de l'immobilier et du tourisme, l'émirat est menacé de faillite. Abou Dhabi, dont la gestion a toujours été des plus sages, vole alors à son secours en rachetant une partie de la dette et en prêtant une dizaine de milliards de dollars. Depuis Dubaï s'astreint à une politique plus prudente

Cette solidarité s'exprime également dans le cadre du Conseil de Coopération du Golfe (CCG). La Convention économique unifiée, dont la première version a été signée en 1981, a mis en place des mécanismes de coopération dans plusieurs secteurs : échanges et douane, mouvement de capitaux et de personnes, coordination des secteurs de développement, coopération technique, transports et communications et coopération financière et monétaire. En effet, le Conseil de coopéra-

19. EVP = Équivalent vingt pieds (en anglais, *twenty-foot equivalent unit* : TEU) unité de mesure des conteneurs.

20. V. *With united strength : H.H. Shaikh Zayid Bin Sultan Al Nahyan, the Leader and the Nation*, Abu Dhabi, Émirates Center for Strategic Studies and Research (ECSSR), 2004.

tion du Golfe a voulu promouvoir la coopération et l'intégration dans les domaines économiques, sociaux et culturels. Le CCG s'est fixé pour objectif l'adoption d'une politique commune de développement et la définition d'une position unitaire sur les grands problèmes économiques internationaux, en vue de créer un marché commun du Golfe. Dans ce cadre, les pays du CCG ont adopté un projet de dispositions douanières harmonisées dont la mise en œuvre s'est achevée en janvier 2015.

Depuis une vingtaine d'années, se développe désormais une stratégie duale de développement conciliant respect du patrimoine et tradition avec innovation et modernisation, et ce dans le cadre d'activités diversifiées, prenant en compte les diverses potentialités : emplacement géopolitique, industries dérivées du pétrole, secteur bancaire et financier, services, nouvelles technologies, industrialisation (aluminium avec *Dubal*, acier et aluminium avec *Iron Setail*, aéronautique, transport aérien et tourisme. Par exemple, dans le domaine touristique, les atouts et réalisations ne manquent pas : des déserts, des dunes, des oasis, des centaines de kilomètres de côtes sur le Golfe arabe et sur l'océan Indien, souvent vierges et parsemées de quelques 200 îles. À titre d'exemple, on citera la mise en valeur de l'oasis d'Al Ain et de sa région au pied du Jebel Hafeet, dont plusieurs sites ont été classés en 2011 au patrimoine de l'Unesco, mais aussi Liwa, en plein désert à la porte du mythique Rub'al Khali où naissent des dunes de sable de plusieurs centaines de mètres de hauteur, la vieille ville et la ville ultramoderne de Dubaï, les paysages de Fujaïrah, les réalisations culturelles comme le Louvre d'Abou Dhabi. Dans le domaine culturel, l'île de Sadiyat Island a été choisie pour devenir, dans les années 2030, la capitale culturelle, non seulement de la Fédération, mais aussi du Proche-Orient.

En matière d'innovation, l'émirat d'Abou Dhabi donne l'exemple de l'anticipation. L'une des manifestations de cette volonté novatrice est la cité du futur. Masdar Cette ville nouvelle est dédié à la recherche, aux questions environnementales, et aux énergies renouvelables (solaire, éolien...) :

> « Dans le cadre de sa stratégie visant à anticiper les évolutions, le gouvernement des Émirats arabes unis a saisi la mesure des enjeux environnementaux et économiques que représente le développement durable et les énergies renouvelables. Depuis 2008, le gouvernement d'Abou Dhabi a lancé, un chantier colossal pour la construction de la première cité au monde fonctionnant avec un niveau zéro d'émission de gaz carbonique. Baptisée Masdar (« source » en arabe), la cité du futur nourrit l'ambition de positionner la ville comme un pionnier en matière d'énergies renouvelables et d'en assurer la transition énergétique. Le projet s'inscrit dans le programme *Abu Dhabi Economic*

Vision 2030 qui vise à transformer le modèle économique de la ville à l'horizon 2030 »[21].

Peu riche en hydrocarbure, l'émirat de Dubaï a su tirer parti de son savoir-faire commercial. Et même si la crise financière de 2009 a freiné, ou retardé, certains projets, c'est aujourd'hui une économie diversifiée avec 70 % de ses ressources échappant à la rente et une place financière qui s'est hissée au premier rang du Proche-Orient.

L'émirat de Charjah a su mettre à profit ses musées et son patrimoine, au point d'être désignée en 1998 par l'UNESCO comme « capitale culturelle du Monde arabe ». On y dénombre une vingtaine de musées et sa biennale d'art contemporain est aujourd'hui une référence. Pour autant, l'économie et le développement industriel ne sont pas oubliés. Charjah dispose d'ailleurs de gisements pétroliers et gaziers non négligeables à l'échelle de sa superficie et de sa population. Comme Dubaï, son économie s'est développée autour d'une crique et de sa tradition maritime. C'est aussi un véritable *hub* industriel accueillant pas moins de 20000 entreprises tournées vers l'international, que vient compléter une agriculture dans la région d'al Shaid au cœur de l'émirat. Dans cette région 4000 fermes produisent fruits et légumes (75000 tonnes de fruits et 40000 tonnes de légumes), principalement des fraises, des dattes, des goyaves et des mangues. Aujourd'hui, Charjah contribue pour 6 % au PIB de la Fédération.

Avec une croissance annuelle de plus de 10 %, l'émirat de Ras Al Khaïmah, qui possède de modestes réserves de pétrole, a vu son économie se transformer depuis 2007. Celle-ci reposait sur l'agriculture (dattes et élevage de caprins et de dromadaires) et sur l'extraction d'un peu d'or et de fer, aujourd'hui elle s'appuie sur un développement industriel spectaculaire. Désormais, Ras Al Khaïmah est un émirat où l'on fabrique de l'acier, où l'on exploite des cimenteries, des carrières de pierre calcaire, où l'on exporte des produits en céramique, des articles en verre, des médicaments, etc.

Fujaïrah, qui est l'un des trois émirats ne disposant d'aucune ressource pétrolière ou gazière, bénéficie d'une belle position sur le Golfe d'Oman. Il avait initialement une économie exclusivement tournée vers la pêche et l'agriculture mais son entrée dans la Fédération – et l'aide qu'il a reçu à ce titre – lui a permis de financer les infrastructures sans lesquelles il n'eut pas été possible de développer un secteur agroalimentaire compétitif, un port de conteneurs, et des projets touristiques, appuyés par un aéroport international.

21. Zeina el Tibi, « Masdar, la cité du futur à Abou Dhabi » in *Al Ayam Magazine*, n°93, novembre 2015 [http://www.alayammagazine.com/sites/default/files/AL%20AYAM93-201511-NOVEMBRE%20E.pdf].

Beaucoup plus petit, l'émirat d'Oum al Quwain a pu mettre en valeur son patrimoine naturel et historique, à partir par exemple de l'île d'Al Siniyah, ile privée qui héberge l'une des plus importantes colonies mondiales de cormorans Socotras, ou de ses sites archéologiques, comme ceux d'Al Dur ou de Tell Abraq.

Ajman est le plus petit des émirats de la Fédération. Depuis les dernières décennies, on y exploite des gisements de magnésium et de curium, on y cultive le tabac et on y embouteille l'eau minérale de *Gulfa*. Pour compenser l'absence de revenus pétroliers, Ajman a développé un savoir-faire reconnu dans la construction de boutres traditionnels, dans leur entretien qui se perpétue aujourd'hui en même temps que celui des pétroliers, des hors-bords, des bateaux de plaisance, assurant désormais une grande partie des revenus via l'existence des plus grands chantiers navals des Émirats. Et si la fibre de verre a tendance à remplacer l'historique bois des boutres, l'émirat a su s'y adapter.

Là encore, toute cette évolution n'aurait pu se faire sans répartition de la rente entre les émirats, comme l'a voulu Cheikh Zayed. Aujourd'hui, l'ensemble des émirats, du plus petit au plus grand, en bénéficie, même si le leadership revient indubitablement à l'émirat d'Abou Dhabi. En effet, quel que soit le dynamisme de Dubaï, sans le soutien du grand frère abou dhabien, soutien financier et politique, rien de ce qui a été fait n'aurait pu se réaliser à ce niveau. Ce qu'avait précisément souhaité Cheikh Zayed en créant la Fédération trouve dans ces réalisations une éclatante concrétisation. Ce visionnaire avait compris que l'économie de rente n'était pas une fin en soi, bien au contraire. C'est pourquoi, il sut anticiper en jetant les bases d'une une économie de la diversification, qui se révèle aujourd'hui particulièrement efficace.

Une économie diversifiée tournée vers l'avenir

En 2016 la contribution des hydrocarbures à l'économie de la Fédération reste très importante, puisque le pays a une production de pétrole brut de près de 3 millions b/j. Mais cette contribution ne compte désormais que pour environ 25 à 28 % dans le PIB des Émirats arabes unis qui ont donc réussi la diversification de leur économie. Donc avec les hydrocarbures, la part de l'industrie représente 55 % du PIB, la part des services 44 % (activités financières et banque, transport aérien et tourisme pour 30 %), et celle de l'agriculture 1 %.

Désormais, dans tous les émirats, on assiste à une diversification des activités économiques, soit en aval de la filière pétrolière (raffinage, pétrochimie), soit dans des activités fortes consommatrices d'énergies comme l'aluminium et la sidérurgie, soit encore dans le secteur manufacturier (le traitement des métaux, les meubles, la préparation industrielle d'aliments, la production d'aluminium, le ciment et les matériaux de construction, les fertilisants, la pétrochimie, la fibre de verre), ou les secteurs commerciaux et financiers.

La diversification concerne bien sûr directement Abou Dhabi (plus de 60 % du PIB de la Fédération) et Dubaï, mais aussi les autres émirats, notamment Ras al Khaïmah et Charjah, et même les plus petits d'entre eux, via l'installation de zones franches, comme Ajman, Oum al Qaiwain, et Fujaïrah. En effet, le bras armé de cette diversification est l'ensemble des fonds souverains mais aussi la généralisation des zones franche.

De puissants fonds souverains

L'objectif des fonds souverains, ceux d'Abou Dhabi, de Dubaï et de Ras al Khaïmah comme celui de la Fédération, est de diversifier et soutenir l'économie des émirats. Les principaux fonds souverains sont ceux d'Abou Dhabi mais le fonds de Dubaï est également d'un grand intérêt.

• Les fonds souverains d'Abou Dhabi acteurs de la diversification

Nous avons vu que les fonds souverains d'Abou Dhabi sont au nombre de quatre : *Abu Dhabi Investment Authority* (ADIA), *International Petroleum Investment Company* (IPIC), *Mubadala Development Company* (MDC), *Abu Dhabi Investment Council* (ADIC). Le plus ancien des quatre, ADIA, créé dès 1976, est l'un des deux plus puissants du monde. Concernant la diversification de l'économie, deux de ces quatre fonds sont à privilégier : l'IPIC (*International Petroleum Investment Company*), créé en 1984, et *Mubadala Development Company*) créé en 2002. Ce sont des fonds stratégiques qui préparent la diversification de l'économie, à partir de projets industriels très performants (par exemple l'aluminium), d'un concept zéro carbone révolutionnaire avec une priorité donnée aux énergies renouvelables.

– IPIC et MDC : des fonds complémentaires

Ces deux fonds sont très complémentaires. Créé en 1984, à l'initiative de Cheik Zayed, l'IPIC témoigne de son art de l'anticipation et d'une vision très en avance dans la gestion de la richesse nouvelle de l'émirat. En effet, ce fonds est destiné à permettre à Abou Dhabi d'utiliser cette richesse pour construire un État moderne, autour d'une économie diversifiée, dans l'intérêt des générations futures. Investisseur stratégique, son horizon est le long terme. Présent dans les cinq continents, principalement dans dix pays, son activité concerne le pétrole au sens large: production, exploitation, transport (construction d'oléoducs), produits dérivés dans les plastiques et la pétrochimie, etc. Sa stratégie d'investissement est celle de la diversification, spatiale et sectorielle. Parmi les pays concernés par les investissements réalisés par le fonds, on citera: l'Autriche, la Corée du Sud, l'Allemagne, l'Égypte, l'Espagne, le Japon, Oman, le Pakistan et le Portugal. Si le secteur pétrolier est privilégié, dans le cadre de la diversification sectorielle, la pétrochimie n'en est pour autant pas exclue, avec l'entreprise canadienne *Nova-Chemicals*, comme ne l'est pas davantage le secteur financier avec la Suisse et *AIG Private Bank*.

Mubadala Development Company (MDC), créé en 2002, a pour objectif de favoriser et d'accompagner la transformation de l'économie de l'émirat, en diversifiant ses sources de richesses. Ici, on est dans une logique d'acquisition du savoir-faire et de l'ouverture aux nouvelles technologies, en privilégiant plusieurs secteurs d'activités:

– Secteur aéronautique, à partir d'EADS, aux termes d'un accord de coopération signé en juillet 2008 et qui a permis d'inaugurer à al Aïn la première usine de composants aéronautiques établie dans le Golfe, mais aussi, de la prise de participation de 35 % dans le groupe italien *Piaggio*, et d'un accord signé avec *Firmeccanica* et Rolls-Royce.

– Secteur technologique, depuis 2004, avec une prise de participation dans le capital de la société américaine EDS, et conforté en 2007 avec une autre prise de participation dans une société, toujours américaine, *Advanced Micro Devices*.

– Secteur automobile, avec une prise de participation de 5 % dans Ferrari et un partenariat avec la société néerlandaise *Lease Plan*.

– Secteur de la santé, avec un partenariat avec le groupe américain *Laboratory Corporation of America* et le groupe anglais *Imperial College London*.

– Secteur de l'énergie, autour du groupe américain *Occidental Corporation Oxy* et du groupe français Total.

– Secteur de la formation, avec un partenariat signé avec l'université Paris-Sorbonne et l'Insead.

– Secteur de l'eau avec Véolia

– Secteur de l'immobilier, avec les sociétés américaines *John Back Company*, avec des groupes hôteliers comme *Kor Hotel Group* ou des sociétés italiennes spécialisées dans l'ameublement de luxe, comme *Portrona Fran-Group*.

– Enfin, le secteur particulier du développement des industries de défense avec la création d'un nouveau groupe industriel dédié à la défense, *Émirates Defence Industries Company* (EDIC) comprenant une douzaine d'entreprises filiales de *Mubadala Development Company* et de *Tawazun Holding*.

– Des réalisations de hauts niveaux

Parmi toutes les opérations en cours, trois semblent plus particulièrement confirmer la vision futuriste d'Abou Dhabi. Tout d'abord la production d'aluminium, dépassant de loin les besoins de la Fédération avec le site d'*Al Taweelah Alumina*, ensuite la production d'énergie solaire avec la centrale *Shams* et enfin, la construction d'une ville laboratoire zéro carbone, *Masdar*. Ces trois réalisations qui sont portées par *Mubadala Development Company,* témoignent de la priorité donnée à l'excellente technologique en ne prenant en compte que les technologies les plus innovantes.

– *Al Taweelah Alumina*

Il est intéressant de noter que la stratégie s'inscrit dans un cadre unitaire fédéral, ce qui explique la coopération entre le fonds souverain abou dhabien, *Mubadala Development Company*, et celui de Dubai, *Investment Corporation of Dubai* (IDC) dans le projet *Al Taweelah Alumina* dont le but est de construire une raffinerie d'alumine et qui est un projet d'*Émirates Global Aluminium* (EGA), l'un des chefs de file mondiaux en la matière. Implanté dans la zone industrielle de *Khalifa Industrial Zone Abu Dhabi* (Kizad), à proximité de l'usine de production d'aluminium par électrolyse d'*Al Taweelah*, *Émirates Global Aluminium*, est un consortium né de la fusion de EMAL (*Émirates Aluminium* d'Abou-Dhabi) et de DUBAL (*Dubaï Aluminium*) en 2014. Aujourd'hui, EGA, c'est 50% Dubaï, 50% Abou Dhabi. Depuis mars 2015, *Al Taweelah Alumina* est une société à part, au sein du groupe EGA. Cette *joint-venture,* entre une activité ancienne à Dubaï et une activité très récente, est caractéristique de la volonté d'Abou Dhabi d'agir en complémentarité et en synergie avec les économies des autres émirats. Aujourd'hui, *Al Taweelah Alumina* est une fonderie, dont l'objectif est de produire 1,3 millions de tonnes, disposant d'une centrale électrique de 3 100 MW, avec des activités de coulée de grande ampleur, d'une unité de dessalement, etc.. Cette entreprise privilégie qualité et clientèle, s'inscrivant dans une démarche d'innovation, avec une multitude de certifications (ISO 9001, ISO 10002, ISO CEI 27001, ISO 29990, ISO 14001, ISO TS 16949) dont celles concernant la santé et la sécurité du travail (OHSAS 18001 et NEBUS). La phase une a été mise en service en 2010 avec une production de 800000 tonnes, et la phase deux, achevée fin 2014, a une capacité de production nominale de 520000 tonnes par an.

Al Taweelah Alumina propose des produits de haute qualité: alliage de fonderie, produits dans les secteurs de la construction, de l'industrie, du transport et de l'automobile, aluminium de haute pureté, dans le domaine de l'électronique et de l'aéronautique; laminés destinés aux activités d'emballage, à la lithographie et dans le domaine automobile.

– *Shams 1, la centrale solaire zéro carbone*

Shams1 (car il y aura *Shams* 2 et 3) est une centrale solaire zéro carbone, inaugurée en mars 2013. La technique utilisée est celle dite « à concentration ». Technique qui exploite les caractéristiques optiques et calorifiques des rayons solaires, l'énergie de ces rayons étant concentrée, par l'intermédiaire de miroirs, pour chauffer un fluide, permettant à l'air ou à l'eau ainsi de faire tourner une turbine génératrice d'électricité, reliée enfin au réseau électrique. Cette technique a l'avantage de consommer peu d'eau et de pouvoir lisser la production sur 24 heures, à partir d'un stockage thermique pouvant faire tourner la machine de nuit. Elle nécessite cependant une grande surface disponible pour installer les miroirs. Dans le cas d'Abou Dhabi, la centrale est située près de la ville de Madinat Zayed non loin de Masdar.

Shams est la plus grande centrale solaire de tout le Moyen Orient. Elle couvre une superficie de 2,5 km^2 et est dotée d'une capacité de plus de 100 MW grâce à un champ solaire constitué de 768 miroirs paraboliques capteurs solaires. Elle répond aujourd'hui aux besoins de 20000 foyers. Le projet sera suivi de *Shams* II et de *Shams* III. C'est une réalisation de *Mubadala Development Company* (60 %) avec le groupe du français Total et l'espagnol *Abengoa Solar*, chacun à hauteur de 20 %. Ce projet annonce une transition énergétique privilégiant les énergies les plus décarbonnées.

– *Masdar : la cité du futur*

S'inscrivant dans le programme *Abu Dhabi Economic Vision 2030,* Masdar – la cité du futur – sera la ville verte d'Abou Dhabi, pouvant accueillir 40000 habitants et plusieurs centaines d'entreprises. Cette ville sera la première ville « zéro carbone/zéro déchet » du monde. Construction futuriste s'il en est, utilisant les matériaux de dernière génération et le savoir des meilleurs experts dans leur domaine, Masdar se présente également comme une ville laboratoire, développant un savoir-faire à terme exportable.

Le projet se décline en cinq entités séparées : la ville, *Masdar Power, Masdar Carbon, Masdar Capital et Masdar Institute*. L'objectif de Masdar « est de créer une cité des technologies propres, proposant un environnement attractif. Les architectes se sont inspirés des médinas traditionnelles pour concevoir une ville économique en énergie et en ressources. Un système de transport non-polluant automatisé, le service du *Personal Rapid Transit,* ou PRT, composé de petits véhicules électriques sans conducteur est mis en place pour les déplacements. Les constructions sont compactes, protégées des vents chauds du désert par un mur d'enceinte. Les ruelles sont étroites, ombragées, et un réseau de fontaines permet de les rafraîchir. Les constructions basses sont équipées en panneaux solaires sur les toits utilisant la climatisation naturelle. Le captage de l'énergie solaire, thermique et photovoltaïque est privilégié dans cette région à fort ensoleillement. Masdar est autosuffisante en énergie grâce à la centrale solaire *Shams* 1 »[22].

Fort consommateur d'énergie fossile, l'émirat d'Abou Dhabi entend proposer un modèle énergétique reposant sur des énergies renouvelables. Et pour cela toutes les pistes vont être utilisées, allant de la construction de modules photovoltaïques, du solaire à concentration thermique et à l'éolien terrestre ou marin. Et venant s'ajouter à ces différentes technologies, des partenariats avec les pays connus pour l'excellence de leur pratique concernant chacune d'entre elles, permettant leur efficience énergétique.

Ainsi, en ce qui concerne le solaire et les modules photovoltaïques, un partenariat est en train de se développer avec l'Espagne pour le développement du solaire par concentration, et avec l'Allemagne pour l'exploitation de panneaux solaires à film mince. Quant à l'éolien, Masdar City est déjà engagé, dans l'estuaire de la Tamise dans la construction et l'exploitation de l'une des plus grandes fermes éoliennes du monde.

Si l'énergie renouvelable est bien au cœur d'un projet « zéro carbone », l'argent reste bien sûr le nerf de la guerre. Car ce projet, de par son originalité et ses objectifs, est un projet qui mobilise plusieurs milliards de dollars. Et pour cela, deux fonds ont été mobilisés: *Masdar Clean-Tech* et *DB Masdar*. *Masdar Clean Tech Fund* a été doté en 2010 de 250 milliards de dollars. DB Masdar est un fonds ouvert à des partenariats internationaux, qui ont mobilisé en 2010, 290 milliards. Ces partenaires sont entre autres: *Deutsch Bank*, Crédit Suisse, *Japon Bank International*. Ces deux fonds ont pour objet de rassembler les capitaux et les participations financières concernant les technologies urbaines, les services énergétiques et les services écologiques. Les technologies urbaines sont celles de l'écologie et de l'énergie du futur. On y retrouve pêle-mêle, les techniques de désalinisation et de la gestion économique de l'eau, la gestion écologique des déchets, la production, le transport et le stockage des énergies renouvelables, etc.

L'un des fleurons du projet est *Masdar Institute of Science and Technology*. En partenariat avec *Massachussetts Institute of Technology*, cet institut d'études et de recherche – près duquel se sont déjà installés des antennes de Siemens, Total, Schneider Électricité, Alstom et diverses grandes sociétés internationales – cible l'ingénierie et la gestion des systèmes complexes:

22. Zeina el Tibi, « Masdar, la cité du futur à Abou Dhabi », magazine *Al Ayam*, Beyrouth, n° 93, novembre 2015.

« Masdar Institute accueille d'ores et déjà, 600 étudiants (pris en charge par le gouvernement d'Abou Dhabi) de haut niveau – master, doctorat et recherche postdoctorale – avec l'ambition de devenir une vitrine pour les technologies propres : solaire photovoltaïque et thermique, énergies éolienne, énergie marine, géothermie, agrocarburants, hydrogène, transports et bâtiments propres, rafraîchissement solaire, recyclage de l'eau, etc. Des laboratoires sont d'ores et déjà opérationnels. Le laboratoire de bioénergie développe des cellules microbiennes qui pourraient fournir de l'énergie tout en ingurgitant des déchets ; un autre laboratoire développe une tour permettant de produire une énergie solaire thermale...

Avec le projet Masdar et son institut de recherche, les Émirats arabes unis démontrent leur volonté de ne pas dépendre de la rente pétrolière mais d'être l'un des chefs de file en matière d'innovation et de recherche technologique, en particulier dans le secteur des énergies renouvelables. En 2009, l'Agence internationale pour les énergies renouvelables (IRENA) a d'ailleurs choisi d'installer son siège à Abou Dhabi, précisément à Masdar ! »[23].

• Un fonds souverain accélérateur de la diversification à Dubaï : ICD

À Dubaï, un fond souverain créé en 2006, soit près de vingt ans après la création de la première zone franche de l'émirat, *Investment corporation of Dubaï* ICD va devenir le bras armé de l'investissement de l'émirat, accélérant le processus de diversification de son économie.

Pour cela, il va utiliser les actifs sous contrôle dont il dispose (environ 80 milliards de dollars en 2016), et investir à l'étranger, incitant dans un deuxième temps les entreprises à investir en retour dans les zones franches mises à leur disposition dans l'émirat, avec les avantages que l'on connait.

Concernant les prises de participation dans des entreprises étrangères, la diversification spatiale et sectorielle est la règle. Ainsi, ICD est présent aux États-Unis, en Inde, au Royaume-Uni, en Grèce, aux Pays-Bas, en Allemagne, en France, etc., dans différents secteurs comme la distribution, les loisirs (casinos, hôtels), les institutions financières, la logistique, l'industrie, la santé. Sa participations pouvant être très minoritaires (moins de 5 %), ou se traduire par un contrôle total du capital.

Depuis 2010, ce fonds s'est réorienté sur les activités économiques de l'émirat, investissant localement dans des secteurs d'activités très différents.

Le secteur financier avec *Émirates NBD*, *Borse DuBaï*, *Commercial Bank of Dubaï*, *Union National Bank*, *National Bonds*, *National Bank of Fujairah*, *HSBC Middle East Finance Company*. Concernant ce

23. *Ibidem*.

secteur, il est notable que le fonds s'est également investi dans le domaine particulièrement dynamique de la finance islamique[24] en investissant dans *Dubaï Islamic Bank* ou *Noor Islamic Bank*.

Le secteur industriel avec *Dubaï Aluminium Company Limited* (DUBAL) ; *Dubaï Cable Company* (DUCAB) ; *Bridge & Engineuring* (MECPVT) ; *Rawabi Émirates* ; *Jeena Mineral Water*, *Dubaï Ice Plant and Cold Stores*...

Le secteur des transports avec *Emirates Group*, *Dubaï National Air Travel Agency* (DNTA), *Dubaï Aerospace Entreprise* (DAE), *Dubaï Free Etb*.

Le secteur de l'immobilier et des loisirs avec *Emaar Properties*, *Dubaï World Trade Centre*, *Devra Investment*, *Dubaï Development*.

Le secteur de l'énergie avec *Émirates National Oil Company* (ENOC).

Ainsi les fonds souverains ont une double stratégie, l'une tournée vers l'extérieur, l'autre privilégiant le tissu local. Tournée vers l'extérieur conduit à prendre des participations dans des groupes industriels étrangers. Privilégier le tissu local revient à attirer ces mêmes investisseurs étrangers sur leurs zones franches. Ces deux mouvements se complètent et agissent souvent en synergie. Dans les deux cas, la diversification est l'objectif recherché. Cette diversification est également facilitée par les zones franches.

Une diversification facilitée par des zones franches

Les zones franches présentent un certain nombre d'avantages, qui ne sont pas seulement fiscaux. Ces avantages sont les suivants :

– Possibilité d'un capital contrôlé à 100 % par celui qui investit, ce qui n'est pas le cas dans les zones industrielles non franches où s'applique la nécessité d'un partenariat avec un national à hauteur de 51 % pour ce dernier.

– Totale liberté en ce qui concerne les mouvements de capitaux, à l'entrée et à la sortie. Ce qui permet de récupérer, en totalité, les bénéfices réalisés, et en cas de vente, la totalité de son montant.

– Prise en charge des formalités d'installation par les autorités de la zone concernée. Et plus particulièrement celles concernant les visas, les permis de travail et le logement.

– Soutien constant à l'entreprise afin de lui faciliter la réalisation de son projet, via une étroite collaboration de cette dernière avec les différents départements institutionnels présents sur zone.

---

24. V. *La finance islamique et la crise de l'économie contemporaine*, dir. Charles Saint-Prot et Thierry Rambaud, Paris, OEG-Karthala, col. « études géopolitiques 11 », 2012, 120 p. Prix TURGOT-FFA de la Francophonie, trad. en arabe.

Dans le domaine fiscal, les entreprises présentes bénéficient d'une exonération totale des taxes sur les importations et sur les exportations, ainsi que d'une exonération complète de l'impôt sur les sociétés et de l'impôt sur le revenu pour les particuliers qui y participent.

En général, les entreprises qui investissent bénéficient de trois options possibles concernant la forme qu'elles entendent donner à leur implantation : la succursale, la *Free Zone Etablissment* (FZE) et la *Free Zone Company* (FZC). Dans le cas de la succursale, l'entreprise étrangère doit fournir trois documents : les statuts de la société mère, un document écrit précisant le capital investi dans l'opération et un dernier document décrivant les objectifs donnés à la succursale. En ce qui concerne la FZE et la FZC, s'agissant d'une nouvelle entité légale à part entière, ce qui n'est pas le cas de la succursale, outre les statuts de la société mère et les objectifs de l'entreprise qui investit, d'autres documents sont demandés. Ils sont communs aux deux avec une différence portant sur le montant du capital minimum requis (273 000 $ pour FZE et 136 000 $ pour FZC), et le nombre d'actionnaires (un seul pour FZE et de 1 à 5 pour FZC).

Si pendant longtemps le seul émirat qui ne possédait pas de zones franches fut celui d'Abou Dhabi, désormais tous les émirats en disposent, à partir d'une zone franche principale, avec comme objet une activité générale, qui pourra et sera ensuite segmentée par les licences d'exploitations délivrées. De plus en plus, suivant l'exemple de Dubaï, d'autres zones franches, par thème, vont souvent venir compléter la zone franche principale. Les zones franches permettent ainsi d'attirer les investisseurs étrangers en leur simplifiant les démarches d'installation, et en leur accordant de nombreux avantages (voir ci-dessous). Et avec les zones franches par thème, elles participent avec succès à la diversification sectorielle de l'économie de chaque émirat et de la Fédération.

• Les zones franches de Dubaï

À Dubaï, les zones franches sont plurielles, avec une zone franche principale à Jebel Ali[25], et une multitude de zones franches par thème (*Dubaï Academy City*, *Dubaï Airport Free Zone*, *Dubaï Biotechnology Research Park*, *Dubaï Car and Automotive City Free Zone*, *Dubaï Gold Diamond Park*, *Dubaï Health Care City*, *Dubaï International Academic City*, *Dubaï International Financial Center*, *Dubaï Internet City*, etc. Soit dix-neuf zones franches à thème, auxquelles viennent

---

25. S.M. Ghanim, « Jebel Ali Free Zone : Environmental and Social Aspects » in *Economic Horizon*, A quarterly Journal of the Federation of UAE Chambers of Commerce, 14e année, janvier 1993, p. 175-185.

s'ajouter huit autres zones en construction ou en voie d'achèvement, à savoir: *Dubaï Maritime City*, *Dubaï Carpet Free Zone*, *Dubaï Auto-parts City*, *Mohammad bin Rashid Technology Park*, *Dubaï Flower Center*, *Dubaï Textile Village*, *International Humanitarium city*, *Dubaï International Arbitration Center*. Toutes confondues, ces zones accueillaient en 2016 7500 sociétés provenant de 125 pays, générant 135 000 emplois, directs et indirects.

Tous les secteurs d'activité sont donc concernés, à l'exception du secteur agricole. Disposant de réserves pétrolières et gazières plus modestes qu'Abou Dhabi, l'émirat a anticipé sur la fin de l'ère pétrole par cette diversification sectorielle qui lui permet, en 2016, d'avoir une économie qui échappe à la rente énergétique à hauteur de 80 %. C'est un résultat remarquable qui est la conséquence de choix politiques ayant su tirer profit de la position géographique de l'émirat, au cœur de la Fédération et à 7/8 heures d'avion de la plupart des continents. Ainsi, Dubaï est devenu une plaque-tournante vers l'Asie, vers l'Europe et vers l'Afrique. C'est dans le cadre de cette stratégie que Dubaï a renforcé ses infrastructures portuaires et aéroportuaires. Dans le domaine maritime, Dubaï dispose désormais avec Dubaï Port World du plus grand port entre Rotterdam et Singapour, avec une capacité d'accueil de 19 millions de conteneurs par an, soit environ cinq fois plus que celle du Havre. Dans le domaine aérien, on a vu que l'aéroport de Dubaï est l'un des plus importants aéroports mondiaux.

• La zone franche industrielle d'Abou Dhabi

Avant 2010, deux zones franches existaient dans l'émirat d'Abou Dhabi, mais elles étaient de nature non industrielle, concernant quasi exclusivement des activités de services. La plus ancienne, créée en 1996 est celle de *Saadiyat*. Elle s'étend sur 3 500 hectares, à quelques kilomètres au large d'Abou Dhabi. Placée sous l'autorité d'*Abou Dhabi Free Zone Authority* (ADFZA), c'est à la fois un centre financier et une zone de stockage.

L'émirat ne ressentait pas alors le besoin d'aller au-delà, n'ayant pas un réel besoin en la matière et étant resté longtemps opposé au contrôle à 100 % du capital investi par les investisseurs étrangers. Le succès des zones franches de Dubaï et surtout la volonté de se désengager progressivement de la dépendance de la rente pétrolière vont cependant conduire à faire naître en 2010 la *Khalifa Industrial Zone Free* (KIZAAD). Cette zone industrielle, adossée au port de Khalifa, à une distance presque équidistante de Dubaï et d'Abou Dhabi, dispose d'une logistique routière, portuaire et aéroportuaire impressionnante. Dans cette zone, 60 à 80 % de la production manufacturière est destinée à l'exportation. Et à l'horizon 2030, c'est plus de 100 000 emplois qui devraient être créés, contribuant à 15 % du PIB de la Fédération.

• Des zones franches dans tous les émirats

– La zone franche d'Ajman (AFZA)

Le plus petit des émirats, Ajman dispose d'une zone franche, *Ajman Free Zone*, où l'on retrouve les caractéristiques générales, communes à toutes les zones franches de la Fédération, auxquelles sont venues s'ajouter celles propres à cet émirat, à l'adresse des sociétés enregistrées dans un pays membre du Conseil de coopération des pays du Golfe. Créé en 1988, cette zone a vite été rentable, permettant de multiplier l'activité industrielle par quatre. Aujourd'hui, elle met à disposition des investisseurs éventuels un chantier de réparation navale, et des entrepôts frigorifiques. Afin de réduire au maximum les procédures administratives, on a regroupé les licences en trois types. Une licence A pour les activités commerciales, une licence B pour les activités de transformation et une licence C pour les activités de service.

Particulièrement dynamique et ouverte vers l'extérieur, *Ajman Free Zone* a ouvert des bureaux en Inde, en Afrique et au Royaume-Uni, développant parallèlement des actions commerciales avec la France (où la ville ciblée est Lyon) et le Kazakhstan.

– Les zones franches de Fujaïrah

Seul émirat ayant un littoral uniquement ouvert sur le Golfe d'Oman et l'océan Indien, Fujaïrah dispose des ports en eau profonde parmi les plus intéressants de la Fédération. Deux zones franches ont successivement vu le jour. L'une à compétence générale, qui date d'une vingtaine d'années, située à proximité du port de Fujaïrah, *Fujaïrah Free Zone*, l'autre plus récente, *Fujaïrah City Creativ Free Zone*.

Avec *Fujaïrah Free Zone*, on dispose d'un accès facile à tous les ports de la mer Rouge, de l'Iran, de l'Inde, du Pakistan, etc., mais aussi de liaisons à destination de l'Europe du Nord, de l'Amérique du Nord et du Proche-Orient. De plus, sa proximité de l'aéroport international de Charjah renforce son attrait logistique et fait de cette zone un endroit idéal pour les affaires.

Créée en 2007, *Fujaïrah City Creativ Free Zone* propose un environnement favorable à la créativité et à l'innovation, destiné tant aux personnes physiques que morales intéressées par la conception, la communication et la technologie des médias.

– La zone franche de Ras al Khaïmah

Créée le 1er mai 2000, la zone franche de Ras al Khaïmah (RAK FZE) bénéficie de la proximité du détroit d'Ormuz et du marché iranien. Cinq parcs la composent. Un parc destiné aux affaires ; un parc industriel (Al Ghayl), sur une aire de 220 hectares, un parc aviation situé sur l'aéroport international de Ras al Khaïmah, spécialisé dans les opérations d'entretien, de réparation et de révision ; un parc technologique sur une superficie de 100 hectares, situé en face du village de Hamra, consacré à la moyenne et petite industrie, avec comme cible la fabrication automatisée, et un parc académique destiné au domaine éducatif et offrant des formations universitaires.

Un bureau RAK FZE a été ouvert en Inde à Mumbai, en 2005, suivi d'un autre en Turquie, à Istanbul en 2007, d'un troisième en Allemagne, à Cologne, et d'un dernier aux États-Unis, localisé en 2009 à Miami, puis relocalisé à Washington en 2011. Enfin, RAK FZE a deux centres d'affaires à Dubaï, ainsi qu'un centre d'affaires à Abou Dhabi. Parmi toutes les zones franches des EAU, celle de Ras al Khaïmah est celle qui a connu le développement le plus rapide.

– La zone franche d'Oum al Quwain

L'existence d'une zone franche à Oum el Quwain montre bien que là où il n'y a pas de ressources naturelles et de véritable activité économique, la zone franche reste une des rares structures capable de générer des ressources. Ce petit émirat, très peu peuplé, bénéficie de sa proximité avec le port Ahmed Ibn Rachid qui permet à sa zone franche de se développer sur 118 000 m², avec 845 mètres de quais et 1 800 m² de terrains à l'intention de l'industrie légère.

– Les zones franches de Charjah

L'émirat de Charjah a développé deux zones franches : l'une que l'on peut qualifier de zone franche principale autour de l'aéroport international de Sharjah (*Sharjah Airport International Free Zone*/SAI FZY), l'autre autour du port de Hamriyah (*Hamriyah Free Zone*).

Le SAI FZ donne accès à deux ports : port Khaled et port Khorfakkan sur le Golfe d'Oman, aux portes de l'océan Indien. Outre les nombreux avantages qu'offre, d'une façon générale les zones franches, celle-ci présente en outre l'avantage d'avoir des coûts d'implantation nettement inférieurs à ceux des autres zones. On les estime par exemple à 30 % inférieurs à ceux de la zone de Jebel Ali.

L'*Hamriyah Free Zone* est située dans le port en eau profonde d'Hamriyah. C'est un emplacement stratégique, l'Émirat étant relié à la côte est par le port de Korfaklan. Ce port est une zone franche pour les compagnies maritimes et un centre d'export et de ré-export à destination des principaux marchés mondiaux. Le port principal, d'une profondeur de 14 mètres, est dédié principalement aux exportations de produits pétrochimiques et dispose à cet effet de deux terminaux pour containers. Aujourd'hui, 180 sociétés, venant de 17 pays différents, sont répertoriées sur cette zone (statistiques 2015). Preuve de la qualité des services offerts, la certification ISO 9002 lui a été attribuée, ainsi que la qualification 14001, pour l'importance et la manière dont on prend en compte, ici, la sécurité et l'environnement.

Conclusion

Rien ne serait plus faux que de concevoir l'économie des Émirats arabes unis comme un système figés et tributaire de la seule rente pétrolière. Comme le montre Caroline Piquet dans son ouvrage *Les pays du Golfe de la perle à l'économie de la connaissance*[26], les États du Golfe « s'inscrivent dans une histoire longue où les ressources économiques – le pétrole certes, mais aussi avant lui le commerce au long cours et l'activité perlière – ont joué un rôle décisif dans les mutations politiques. La reconversion de la rente pétrolière dans l'économie de la connaissance conduit aujourd'hui à de nouveaux enjeux »[27].

L'histoire récente du développement économique de la Fédération des Émirats arabes unis montre une économie évoluant en deux temps : d'abord, une économie de rente, puis la diversification progressive et régulière de cette économie, la part des hydrocarbures passant à 25 % en 2016. Les dirigeants émiratis ont témoigné d'un art consommé de l'anticipation, qui parait avoir été l'élément dominant dès la fin de l'économie basée sur la perle, la pêche et le petit commerce et dès la découverte des réserves d'hydrocarbures qui annonçait des jours meilleurs.

C'est dans ce contexte, également marqué par le désengagement britannique, que le souverain d'Abou Dhabi Cheikh Zayed prit l'initiative de la création d'une fédération, persuadé que l'union fait la force et qu'elle serait le meilleur moyen de préserver la stabilité de la région et de préparer l'avenir. La vision constructive de Cheikh Zayed le conduisit à faire le choix de redistribuer une partie de la richesse pétrolière au profit des populations de tous les émirats membres de la fédération, de consacrer la richesse à construire des infrastructures de qualité (eau, électricité, transports...), de promouvoir une généreuse politique de santé et d'éducation et, finalement, de faire le pari de diversification plutôt que de s'endormir sur ses richesses, ce qui aurait pu être le cas pour Abou Dhabi qui a des réserves pour plus d'un siècle. C'est donc la sagesse qui a prévalu.

---

26. Caroline Piquet, *Les pays du Golfe de la perle à l'économie de la connaissance*, Paris, Armand Colin, 2013.
27. *Ibidem.*

C'est ainsi que chaque citoyen et chaque émirat ont pu bénéficier de l'économie de rente pour prospérer, profitant de l'envolée du prix du baril de pétrole brut à partir des années 1970, dépassant des pics successifs pour atteindre plus de 120 dollars le baril. Car c'est au moment où les cours des hydrocarbures étaient au plus haut que la Fédération a décidé de réfléchir sur l'après pétrole, réorientant sa politique économique vers une diversification tous azimuts.

C'est encore la marque de cette volonté de toujours anticiper l'évènement qui prévaut aujourd'hui. Comme le rappelait le journal *Le Monde*, la résilience de l'économie émiratie n'est plus à prouver, c'est une réalité. Du coup, les dirigeants émiratis sont sereins face à la dégringolade du prix du baril qui a commencé en 2015 :

> « En dépit d'un tassement de la croissance, évaluée à 2,6 % en 2016 par le Fonds monétaire international (FMI), soit le plus faible taux depuis dix ans, les Émirats arabes unis tablent sur leurs faramineux avoirs, estimés entre 1 000 et 1 200 milliards de dollars (entre 882 et 1 060 milliards d'euros), leur diversification économique, déjà bien commencée, et la réforme de leur très prodigue système d'État-providence, pour surmonter la crise actuelle »[28].

En anticipant sur les conséquences à venir des grandes évolutions qui depuis 1971 allaient changer la vie de leur société, les dirigeants émiratis ont fait le bon choix, le choix le plus responsable qui leur permet aujourd'hui d'avoir une diversification industrielle, en aval de la filière pétrolière (raffinage et pétrochimie), mais aussi dans les activité fortes consommatrices d'énergies (aluminium), les conduisant à s'engager dans les énergies renouvelables et la haute technologie. Cette vision d'avenir des dirigeants permet d'assurent à leur pays une longueur d'avance. À cet égard, la promotion des technologies de l'information et de la communication (TIC) pour le développement est particulièrement remarquable. L'Indice de développement des TIC place les Émirats arabes unis au premier rang de la région des États arabes et en 29e position dans le classement mondial.

Certes, des problèmes doivent encore être surmontés, notamment celui de la dépendance à l'égard des travailleurs étrangers (80 % de la main-d'œuvre), venant non seulement d'autres pays arabes (Égypte, Soudan, Palestine, Liban...) mais aussi de tous les coins de l'Asie (Inde, Pakistan, Bengladesh...) et de l'Europe. La politique d'*émiratisation* lancée pour favoriser l'emploi des nationaux n'a pas encore donné tous ses fruits et des besoins considérables sont à noter dans le

28. Benjamin Barthe, « Les Émiratis résistent à la chute des prix du pétrole » in *Le Monde*, 21 avril 2016.

domaine de la formation professionnelle, mais on peut enregistrer des progrès notamment grâce à la part de plus en plus grande des femmes émiraties dans la vie socio-économique. En outre, l'économie des Émirats arabes unis est sans nul doute tributaire de la situation géopolitique régionale et, dans un contexte de forte mondialisation, de la santé économique de ses principaux partenaires commerciaux[29]. Elle est aussi affectée par la baisse des prix des hydrocarbures, même si sa dépendance en la matière à a été réduite.

Mais à toute chose malheur est bon, car la baisse des recettes pétrolières conduit à gérer au plus juste en évitant les dépenses inutiles et en se recentrant sur les projets stratégiques. Ainsi le budget fédéral 2016 (48,5 milliards AED[30]) a été calculé en légère baisse par rapport à 2015. Il alloue la majorité des fonds aux dépenses sociales, accordant la priorité aux secteurs de l'éducation, de la santé et du logement. Les besoins des citoyens et les infrastructures sont essentiels à la réalisation de la Vision 2021.

La capacité de résilience de l'économie émiratie, qui est l'une des plus diversifiée du Proche-Orient, appuyée sur des secteurs fort soutenant l'activité économique (construction, tourisme, services financier), consolidée par un environnement des affaires considéré comme l'un des plus favorables de la région et toujours adossée à une imposante assise financière grâce aux fonds souverain d'Abou Dhabi, reste entière au point qu'on s'attend à une accélération de la croissance des Émirats arabes unis en 2016 (3,3 %). Le PIB par habitant reste confortable avec 43 000 dollars/h. La tenue de l'Exposition universelle en 2020 devrait stimuler l'économie à plus long terme.

Ce qui reste particulièrement important c'est la politique volontariste des dirigeants émiratis. La « Vision 2030 » pour Abou Dhabi et la « Vision 2021 » pour l'ensemble de la Fédération ont ouvert la voie à l'intensification de la diversification économique avec l'objectif de placer l'innovation, la recherche, la science et la technologie au centre d'une économie basée sur la connaissance, la compétitivité et la productivité. Les dirigeants émiratis ne cachent pas que leur ambition est de transformer les Émirats arabes unis pour devenir « l'un des meilleurs pays au monde » pour les cinquante ans de la création de la Fédération.

---

29. Les principaux clients des Émirats sont le Japon, l'Inde, l'Iran, la Corée du Sud, la Chine, la Thaïlande, Singapour. Les principaux fournisseurs hors armements (où la France est bien placée) sont la Chine, l'Inde, les États-Unis, le Japon et l'Allemagne (source MOCI).

30. 1 Dirham des EAU = 0,24 euros.

Sources

Muhammad Morsy Abdullah, *United Arab Émirates. A modern history*, Londres et New York, Croom Helm and Barnes & Noble, 1978.

Lateefa Alyoushaa, *Les zones franches économiques, étude de cas : les Émirats arabes unis*, Thèse de Doctorat, Université Pais Descartes, juin 2015.

Gilbert Bastien, Axel Marant, Benjamin Telle, *Enjeux et perspectives pour les Émirats arabes unis, avant et après pétrole* », Paris, L'Harmattan, 2005.

Caroline Bertin-Delacour, *Les fonds souverains, ces nouveaux acteurs de l'économie mondiale*, Paris, Les Échos/Eyrolles, 2009.

Philippe Cadene (dir.), *L'intégration des pays en développement*, Paris, Sedes, 2007.

Philippe Cadene, Brigitte Dumortier, *Atlas des pays du Golfe*, Paris, Presses Universitaires Paris Sorbonne, 2011.

Mohammed al Fahim, *De la pauvreté à la richesse. L'Histoire d'Abou Dhabi*, Dubaï, *Gulf Book Center, trad. de l'anglais (From Rags to Riches)*, 1999.

K.G. Fenelon, *The United Arab Émirates : An Economic and Social Survey*, Londres, Longman, 1973.

F. Gregory Gause III, « The Gulf Conundrum : Economic Change, Population Growth, and Political Stability in the GCC States », *Washington Quarterly*, Winter 1997, vol. 20, Issue 1.

F. Head-Bey, « The United Arab Émirates : Statehood and Nation Building in a Traditional Society », in *Middle East Journal*, vol. 55, summer 2005.

Monique Jegou, *Les Émirats arabes Unis*, Paris, Albin Michel, 1983.

David C King, *United Arab Émirates*, Marshall Cavendish, 2008.

William Gueraiche, *Géopolitique de Dubai et des Émirats arabes unis*, Nancy, éd. Arbre Bleu, 2014.

Giacomo Luciani, *The Oil Companies and the Arab World*, Londres, Croom Helm, 1984.

Caroline Piquet, *Les pays du Golfe de la perle à l'économie de la connaissance*, Paris, Armand Colin, 2013.

Salem al Jabir al Sabah, *Les émirats du Golfe*, Paris, Fayard, 1980.

Nermine el Shimy, *La diversification économique aux Émirats arabes unis, le cas des émirats d'Abou Dhabi et de Dubai*, thèse de doctorat en géographie du développement, Université Paris Diderot, juin 2016.

Henri-Louis Védie, *Les fonds souverains*, Paris, Eska, 2009.

Rosemarie Saïd Zahlan, *The Making of the Modern Gulf States*, London, Boston, Sydney, and Wellington, Unwin Hyman, 1989.

With united strength : H.H. Shaikh Zayid Bin Sultan Al Nahyan, the Leader and the Nation, Abu Dhabi, Emirates Center for Strategic Studies and Research (ECSSR), 2004.

Sources : Banque mondiale (World Bank), CNUCED, OMC (WTO), COFACE, MOCI.

Bibliographie générale

En Français

La force de l'union. Son altesse Cheikh Zayed Ben Sultan al Nahyan, le leader et la nation, Abou Dhabi, ECSSR, 2016, en français.

Françoise Ardillier-Carras *et al.*, *Hydrocarbures et conflits dans le monde : stratégies énergétiques et enjeux contemporains*, Paris, éd. Technip, 2012.

Paul Bonnenfant (dir.) *La Péninsule Arabique aujourd'hui*, Paris, CNRS, 1982

Christophe Boutin, Jean-Yves de Cara, Charles Saint-Prot, dir., *Les constitutions arabes*, Paris, coll. « Études géopolitiques », Karthala, 2016.

Philippe Cadene, Brigitte Dumortier, *Atlas des pays du Golfe*, Paris, Presses Universitaires Paris Sorbonne, 2011.

Micheline Carino et Mario Monteforte, *Une histoire mondiale des perles et des nacres : Pêche, culture, commerce*, Paris, L'Harmattan, 2006.

Melhem Chaoul, *La sécurité dans le golfe arabo-persique*, Paris, Fondation pour les études de défense nationale (FEDN), cahiers n°12, 1978

Jean-Marie Chevallier, *Le nouvel enjeu pétrolier*, Paris, Calman-Lévy, 1973

Christopher Davidson, *Abu Dhabi : Oil and Beyond*, New York, Oxford University Press, 2009.

Kyra Dupont, *Perles des Émirats*, Paris, éd. du Moment, 2014.

Mohammed al Fahim, *De la pauvreté à la richesse. L'Histoire d'Abou Dhabi*, Dubaï, Gulf Book Center, trad. de l'anglais (*From Rags to* Riches), 1999.

Raymond Goy, « L'affaire de l'Oasis de Buraïmi », *Annuaire Français de droit international*, 1957, vol. 3, p. 188-205

Frauke Heard-Bey, *Les Émirats arabes unis*, Paris, Karthala, 1999.

Monique Jegou, *Les Émirats arabes Unis*, Paris, Albin Michel, 1983.

Giacomo Luciani, *The Oil Companies and the Arab World,* London, Croom Helm, 1984

« Mondialisation et société de la connaissance aux Émirats arabes unis », *Maghreb-Machrek*, n° 195, Printemps 2008

Caroline Piquet, *Les pays du Golfe de la perle à l'économie de la connaissance*, Paris, Armand Colin, 2013.

Jean Michel Rocchi et Michel Ruimy, *Les fonds souverains,* Paris Economica, 2000.

Salem al Jabir al Sabah, *Les émirats du Golfe*, Paris, Fayard, 1980.

Charles Saint-Prot et Zeina el Tibi (dir.), *L'Arabie saoudite à l'épreuve des temps modernes* Paris, Observatoire d'études géopolitiques, collection Études géopolitiques 3, 2004.

Charles Saint-Prot, *Islam : l'avenir de la Tradition entre révolution et occidentalisation*, Paris-Monaco, Le Rocher, 2008, trad. en arabe et en anglais, éditions de la Bibliothèque du Roi Abdelaziz, Riyad, 2010, trad. en chinois, 2014.

Charles Saint-Prot et Thierry Rambaud, dir., *La finance islamique et la crise de l'économie contemporaine*, Paris, OEG-Karthala, col. « études géopolitiques 11 », 2012, 120 p. Prix TURGOT-FFA de la Francophonie, trad. en arabe.

Nermine el Shimy, *Mondialisation, nouvelles politiques économiques et pérennité des processus de développement. Le cas d'Abou Dhabi aux Émirats arabes unis*, thèse de doctorat en géographie du développement, Université Paris Diderot, juin 2016.

Jamal Sanad al Suwaidi, *Le Mirage*, trad. en français, Abou Dhabi, Émirates Center for Strategic Studies and Research (ECSSR), 2015.

Zeina el Tibi, *L'Islam et la femme*, Paris, Desclée de Brouwer, 2013.

– « Masdar, la cité du futur à Abou Dhabi » in *Al Ayam Magazine*, n°93, Beyrouth, novembre 2015

Jean-Jacques Tur, *Les Émirats du Golfe arabe*, Paris, coll. « Que Sais-je ? », PUF, 1976

Henri-Louis Védie, *Les fonds souverains*, Paris, Eska, 2009.

Autres langues

Saleh Mohammed el Abid, *Daouar al Qawasim fi al Khalij al Arabi*, 1747-1830 [La puissance des Qawasim dans le Golfe arabe], Bagdad, Matba'at al Ani, 1976.

Muna M. Alhammadi, *Britain and the Administration of the Trucial States (1947-1965)*, Abu Dhabi, Émirates Center for Strategic Studies and Research (ECSSR), 2013.

Hussein el Baharna, *Duwal al-khalij al-Arabi al-haditha*, [Les États modernes du Golfe arabe], Beyrouth, Dar al Hayat, 1973.

Gordon L. Clark, Adam Dixon, *Sovereign Wealth Funds – Legitimacy, Governance, and Global Power*, Princeton University Press, 2013.

Christopher Davidson, *Abu Dhabi : Oil and Beyond*, New York, Oxford University Press, 2009.

Jul von Daniela, *Abu Dhabi – Wirtschaftspolitik und außenpolitische Aspekte : Eine Betrachtung unter Berücksichtigung des politischen Systems und des geschichtlichen Hintergrunds*, Saarbrücken, AV Akademikerverlag, 2014

ECSSR, *Education and the Arab World. Challenges of the Next Millenium*, Abou Dhabi, E.C.S.S.R. (Émirate Center for Strategic Studies and Research), 1999.

– *Arabian Gulf Security : Internal and External Challenges*, Abou Dhabi, Émirates Center for Strategic Studies and Research (ECSSR), 2008.

Robert Eunson, Kōkichi Mikimoto, *The Pearl King ; the story of the fabulous Mikimoto,* New York, Greenberg, 1955

Mohammed al Fahim, *From Rags to* Riches, 1999.

– *France and the Arabian Gulf* (col.), Abou Dhabi, ECSSR, 2007.

K.G. Fenelon, *The United Arab Émirates : An Economic and Social Survey*, Londres, Longman, 1973.

A.M. Abou Hakima, *Tarik al Sharq al-Jailrah al-Arabiyah, 1750-1800*, (Histoire de l'Arabie orientale, Beyruth, Dar al Khayat, 1965

Donald Hawley, *The Trucial States*, Londres, George Allen and Unwin Ltd, 1970

Frauke Heard-Bey, *From Trucial States to United Arab Émirates : A Society in Transition,* Londres et New York, Longman, 1982.

Andrzej Kapiszewski, *Nationals and Expatriates : Population and Labour Dilemmas of the Gulf Cooperation Council States*. New York, Ithaca Press, 2001.

Giacomo Luciani, *The Oil Companies and the Arab World,* Londres, Croom Helm, 1984

Jayanti Maitra, Afra al Hajji, *Qasr Al Hosn : The History of the Rulers of Abu Dhabi : 1793–1966*, Abou Dhabi, Centre for Documentation and Research, 2001.

Michael Mann, *The Trucial Oman Scouts : the story of a Bedouin force*, éd. Michael Russell, 1994.

Thomas R. Mattair, *The Three Occupied UAE Islands : The Tunbs and Abu Musa,* Abou Dhabi, The Émirates Center for Strategic Studies and Research, 2005.

Hendrik van der Meulen, *The role of tribal and kinship ties in the politics of the United Arab Émirates*, Fletcher School of Law and Diplomacy, 1997

Khaldoun el-Naqeeb, *Society and State in the Gulf Arab Peninsula : A Different Perspective*, Londres, Routledge, 1990.

Moubarak el-Otabi, *The Qawasim and British Control of the Arabian Gulf*, Thesis presented for the degree of Doctor of Philosophy, University of Salford, 1989

Sultan Ibn Mohammed el Qasimi, *The Myth of Arab Piracy in the Gulf*, Charjah, 1986.

Andrea B. Rugh, *The Political Culture of Leadership in the United Arab Émirates*, New York, Palgrave Macmillan US, 2007

Charles Saint-Prot, *Islam. The Future of Tradition between Revolution and Westernization,* Riyadh, King Abdulaziz Public Library, 2010.

S.H. Sayabi, *Iydah fi-Tarikh Al-Qawasim*, (Histoire des Qawasim), Damas, Coopérative de presse de Damas, 1967.

Nadine Scharfenort, *Urbane Visionen am Arabischen Golf : Die "Post-Oil-Cities" Abu Dhabi, Dubai und Sharjah*, Frankfurt, Campus Verlag, 2009.

Gary Sick, Lawrence G. Potter (éd.) *Security in the Persian Gulf : Origins, obstacles and the search for consensus*, Basingstoke, Palgrave, 1997.

Jamal Sanad al Suwaidi, *Al-Sarab* (Le Mirage), Abu Dhabi, ECCSR, trad. en anglais (*The Mirage*) Abu Dhabi, Émirates Center for Strategic Studies and Research (ECSSR), 2015.

– *Prospects for the American Age : Sovereignty and influence in the New World Order*, Abu Dhabi, Émirates Center for Strategic Studies and Research (ECSSR), 2014..

– « Arab and Western Conception of Democracy : Evidence from a UAE Opinion Survey », in David Garnham and Mark Tessler (éd.), *Democracy, War, and Peace in the Middle East*, Bloomington and Indianapolis, Indiana University Press, 1995, p. 82-115.

Rosemarie Saïd Zahlan, *The Making of the Modern Gulf States*, London, Boston, Sydney, and Wellington, Unwin Hyman, 1989.

Abdul Rahman Ziyad, *Zayed bin Sultan al Nahyan : A life of achievement*, Londres, Main Event Ltd., 1982.

The Doctrinal Foundations of Iran's Geopolitical Project, Abou Dhabi, Émirates Policy Center, 2015.

With united strength : H.H. Shaikh Zayid Bin Sultan Al Nahyan, the Leader and the Nation, Abu Dhabi, Émirates Center for Strategic Studies and Research (ECSSR), 2004.

Les auteurs

Christophe Boutin

Professeur agrégé de droit public à l'Université de Caen Normandie. Directeur des programmes de l'Observatoire d'études géopolitiques.
Auteur de *Politique et tradition,* 1992 ; *Quinquennat ou septennat* (avec F. Rouvillois), Flammarion, 2000 ; *Le coup d'État, recours à la force ou dernier mot du politique ?*, direction avec F. Rouvillois, 2007 ; *Les grands discours du XXe siècle,* Flammarion, 2009 ; *Sahara marocain. Le dossier d'un conflit artificiel* (dir.), Paris éd. du Cerf, 2016 ; *Les constitutions arabes* (dir.), Karthala, 2016.

Jean-Yves de Cara

Professeur agrégé de droit international, enseignant à Sciences Po Paris, juge *ad-hoc* à la Cour internationale de Justice, avocat. Ancien directeur exécutif de l'université Paris Sorbonne Abou Dhabi. Président du comité scientifique de l'Observatoire d'études géopolitiques. Professeur invité de plusieurs universités en Angleterre, en Allemagne, aux États-Unis ainsi qu'à l'Université Saint Joseph de Beyrouth.
Parmi ses publications : *Le Maroc en marche*, codirigé avec F. Rouvillois et Ch. Saint Prot, CNRS éditions, 2009 ; *Libya and the Rule of Law*, 2013 ; L'évolution constitutionnelle de l'Égypte, codirection, Karthala-collection études géopolitiques, *2014 ; Declarations of rights, in The European enlightenment, France and the formation of the United States Constitution*, Washington/Paris, colloque Société des Cincinnati et Centre Maurice Hauriou, *Sahara marocain. Le dossier d'un conflit artificiel* (dir.), Paris éd. du Cerf, 2016 ; *Les constitutions arabes* (dir.), Karthala, 2016.

Frédéric Pons

Journaliste professionnel, écrivain, enseignant l'École spéciale militaire de Saint-Cyr, Frédéric Pons est un spécialiste des questions de défense et de sécurité. Il est membre permanent de l'Académie des sciences d'outre-mer. Il a été rédacteur en chef « Monde et Défense » au magazine *Valeurs actuelles* et a dirigé la revue *Géopolitique afri-*

caine. Il est l'auteur de nombreux ouvrages dont *Afghanistan. Les soldats de la liberté* (Éditions Valmonde, 2009), *Opérations extérieures. 1978-2009* (2009), Prix de l'Union nationale des officiers de réserve, *Algérie. Le vrai état des lieux* (Calmann-Lévy, 2013), *Poutine – Au cœur des secrets de la Russie moderne* (Calmann-Lévy, 2014), *Le Martyre des chrétiens d'Orient* (Calmann-Lévy, 2017).

Thierry Rambaud

Professeur de droit public à l'Université Paris Descartes Sorbonne Paris Cité) et à Sciences Po Paris. Conseiller expert au Conseil de l'Europe. Directeur de la revue *Société, Droit et Religion* chez CNRS éditions, auteur de *Institutions européennes et principes généraux de droit européen,* 2015 ; *Introduction au droit comparé. Les grandes traditions juridiques dans le monde*, PUF, 2014 ; *La finance islamique et la crise de l'économie contemporaine, codirection,* Karthala, collection études géopolitiques, 2012 ; *Le principe de séparation des cultes et de l'État en droit public comparé : Analyse comparative des régimes français et allemand,* LGDJ, 2004.

Charles Saint-Prot

Directeur général de l'Observatoire d'études géopolitiques de Paris. Docteur en science politique, docteur habilité à soutenir des recherches en sciences juridiques, enseignant dans plusieurs universités et grandes écoles en France et à l'étranger dans le cadre des études islamiques, de la géopolitique et des idées politiques.
Auteur de nombreux ouvrages de référence dont *Islam, l'avenir de la Tradition entre révolution et occidentalisation*. Monaco, Le Rocher, 2008, traduit en anglais, en arabe et en chinois ; *Le Maroc en marche*, dir. Paris : CNRS éditions ; 2009 ; *La Tradition islamique de la réforme*, Paris, CNRS éditions, 2010, traduit en espagnol et en arabe, Le Caire, 2012 ; *L'Islam et l'effort d'adaptation au monde contemporain, l'impératif de l'ijtihâd,* Paris, CNRS éditions, 2011 ; *Mohammed V ou la monarchie populaire*, Monaco, Le Rocher, 2011, trad. en arabe ; *La finance islamique et la crise de l'économie contemporaine,* dir. avec Thierry Rambaud, Paris, OEG-Karthala, col. Études géopolitiques, 2012, Prix Turgot ; *Le mouvement national arabe. Émergence et maturation du nationalisme arabe de la Nahda au Baas*, Paris, Ellipses, 2013 ; *Sahara marocain. Le dossier d'un conflit artificiel* (dir.), Paris éd. du Cerf, 2016 ; *Les constitutions arabes* (dir.), Karthala, 2016 ; *L'État-nation face à l'Europe des tribus*, Éd. du Cerf, 2017.

Zeina EL TIBI

Présidente déléguée de l'Observatoire d'études géopolitiques. Docteur en droit public, chercheur et essayiste, spécialiste des questions relatives au dialogue des civilisations et des sociétés méditerranéenne. Journaliste et rédactrice en chef du magazine *al Ayam* (Liban), présidente de l'Association des femmes arabes de la presse et de la communication. Membre du *think tank* du Centre Nord-Sud du Conseil de l'Europe et d'*Euro-Med Women Network.*
Auteur de plusieurs ouvrages dont *La Francophonie et le dialogue des cultures*, Paris, Lausanne, Beyrouth, 2001, en français et en arabe ; *Le Québec, l'Amérique en français*, Paris, Beyrouth, 2002, en français et en arabe ; *Quelle union pour quelle Méditerranée ?*, dir. avec Charles Saint-Prot, OEG-Karthala, 2008 : *L'Islam et la femme*, Paris, Desclée de Brouwer, 2013 ; *Les femmes des deux rives de la Méditerranée face à l'extrémisme. Le dialogue euro-méditerranéen au féminin* (dir.), Paris, Karthala, coll. « Études géopolitiques », 2018.

Henri-Louis VÉDIE

Professeur émérite au Groupe HEC Paris. Expert auprès du Conseil de l'Europe. Membre du comité scientifique de l'Observatoire d'études géopolitiques.
Auteur de nombreuses publications dont *Dictionnaire de l'économie*, 2002 : *Microéconomie*, Paris, Dunod, 2006 ; *Macroéconomie*, Paris, Dunod, 2006 ; *Une volonté plus forte que les sables,* Eska, 2008 ; *Les fonds souverains*, Paris, Eska, 2009 ; *Mini Manuel d'économie industrielle*, Dunod, 2012 ; *Maroc : émergence et développement global,* Eska, 2014.

Table des matières

Achevé d'imprimer en janvier 2024
sur les presses de la Nouvelle Imprimerie Laballery
58500 Clamecy
Dépôt légal : avril 2019
Numéro d'impression : N123648-29383

Imprimé en France

La Nouvelle Imprimerie Laballery est titulaire de la marque Imprim'Vert®

www.ingramcontent.com/pod-product-compliance
Lightning Source LLC
LaVergne TN
LVHW082034051026
849532LV00011B/3356

DROIT MINIER CONGOLAIS

D/2022/4910/54

ISBN : 978-2-8061-3213-0

Rue du Poirier, 10
B-1348 LOUVAIN-LA-NEUVE

www.editions-academia.be

Cim's Mulungulungu Nachinda

DROIT MINIER CONGOLAIS

DE LA THÉORIE À LA PRATIQUE

TOME 1

EXPLOITATION ARTISANALE DES SUBSTANCES MINÉRALES

Préface de Jean-Louis ESAMBO KANGASHE
Professeur ordinaire et doyen de la Faculté de droit de l'Université de Kinshasa

ACADEMIA

DU MÊME AUTEUR

« De la légalité ou de l'illégalité des actes de successions établis par le Bureau administratif des successions dans la ville de Kinshasa », *Cahiers Africains des Droits de l'Homme et de la Démocratie*, Faculté de droit, UNIKIN, 15e année, n° 033, vol. 1, octobre-décembre, 2011.

« Typologie des droits organisés découlant de la classification des substances minérales en droit positif congolais », *Cahiers Africains des Droits de l'Homme et de la Démocratie*, Faculté de droit, UNIKIN, 16e année, n° 034, vol. 1, 2012.

« Procédures d'octroi des droits miniers et de carrières en droit positif congolais », *Cahiers Africains des Droits de l'Homme et de la Démocratie*, Faculté de droit, UNIKIN, 16e année, n° 034, vol. 1, janvier-mars, 2012.

« Exercice de l'autorité parentale par voie de représentation et son incidence sur le droit successoral », *Cahiers Africains des Droits de l'Homme et de la Démocratie*, Faculté de droit, UNIKIN, 16e année, n° 036, vol. 2, juillet-septembre, 2012.

Guide de l'opérateur minier en République démocratique du Congo, Kinshasa, Éditions CM, janvier 2013.

Principe pour réussir sa vie, Kinshasa, Éditions CM, janvier, 2013.

« Des modalités d'exercice de l'autorité parentale par les père et mère en droit congolais : principe et exceptions », *Revue de Droit Africain*, 20e année, n° 83, juillet 2017.

« L'exercice de l'autorité parentale par voie de la représentation en droit congolais : Étude critique sur la pratique de sa délégation », *Cahiers Africains des Droits de l'Homme et de la Démocratie*, Faculté de droit, UNIKIN, 22e année, n° 058, vol. 2, janvier-mars 2018.

« La consistance de l'autorité parentale en droit congolais : administration et jouissance légales des biens de l'enfant mineur », *Revue de Droit Africain*, 20e année, n° 88, avril 2018.

Vital Kamerhe : le parcours d'un patriote démocrate, Kinshasa, Éditions CM, mars 2019.

Code minier révisé et annoté de la République démocratique du Congo, Bruxelles, Bruylant, 2020. Avec Jean-Félix Mupande Kapwa (dir.), Donat Shampa Kapuku, Dénis Shomari Kifuluka, Philippe Mbuyamba Tshibenji, Mado Chanda Chongo et Gaby Kwete Mikobi.

Comment réussir sa vie, Kinshasa, Éditions CM, 2021.

Les articles du Code minier : perspectives de réforme, Kinshasa, Éditions CM, 2021.

Code minier commenté et annoté, Louvain-la-Neuve, Academia, 2021.

Vade-mecum de l'opérateur minier en République démocratique du Congo, Kinshasa, Éditions CM, 2021.

« Procédures d'octroi ou de refus d'octroi des droits miniers et de carrières par voie administrative ou par voie contentieuse en droit positif congolais : analyse comparée des innovations consacrées dans la loi n° 007/2002 du 11 juillet 2002 portant Code minier telle que modifiée et complétée par la loi n° 18/001 du 9 mars 2018 », *Cahiers Africains des Droits de l'Homme et de la Démocratie*, Faculté de droit, UNIKIN, 22e année, n° 058, vol. 2, janvier-mars 2022. Avec Tom Bashizi Bishako.

À notre chère épouse : Aminata Mushiya.

À nos enfants : Ornella Lugerero, Orly Mulungulungu,
Orvie Nabwidja et Oraelle Mulungulungu.

PRÉFACE

L'exploitation minière artisanale est, pour chaque pays, créatrice d'emplois et source des revenus au service du bien-être individuel et collectif. Bien encadrée, elle est capable de procurer aux pouvoirs publics et, plus globalement, à l'État les ressources nécessaires et les moyens de sa politique.

Pratiquée depuis quelques décennies, l'activité se déploie, en République démocratique du Congo, avec les moyens rudimentaires dans les milieux où les activités minières prédominent sur toute autre, avec cette particularité l'ignorance du cadre normatif et institutionnel, mais aussi la désinformation à la base du désordre sur le terrain, des actions en justice ou des conflits communautaires.

Il n'est pas, à cet égard, exagéré d'affirmer que la connaissance, par les exploitants artisanaux, des textes légaux et réglementaires régissant le secteur minier artisanal, demeure, à ce jour, très limitée. L'ignorance de la loi minière a, naturellement, une incidence sur le comportement des acteurs intéressés ou impliqués, au premier rang desquels se trouvent les exploitants artisanaux.

La vulgarisation du Code minier et ses mesures d'application, pour en faciliter l'accessibilité et la manipulation, est un pari gagné par l'auteur du *Droit minier congolais. De la théorie à la pratique*. Je ne peux que l'en féliciter.

Écrit avec art, l'ouvrage rentre dans une série d'autres publications réalisées par Cim's Mulungulungu Nachinda, solidement engagé dans la campagne d'explication de la loi n° 007/2002 du 11 juillet 2002 portant Code minier telle que modifiée et complétée par la loi n° 18/001 du 9 mars 2018.

À la lecture de ce livre, on s'aperçoit que l'exploitation artisanale des substances minérales est devenue, en République démocratique du Congo, une activité en pleine expansion, son développement ayant, en effet, pris une telle dimension qu'elle a conduit un grand nombre de personnes à s'y intéresser. Le phénomène n'a pas tardé à devenir un sujet d'intérêt général.

Au regard des enjeux qu'il suscite, le développement de l'artisanat minier doit être abordé de façon globale, le défi à relever étant d'amener les exploitants artisanaux à se rapprocher du cadre plus légal de manière à permettre le passage progressif de l'artisanat minier à la petite mine formelle. Dans ce cadre précis, le législateur congolais a, selon l'auteur, pris soin de l'organiser en assurant aux exploitants artisanaux l'encadrement et l'assistance nécessaires permettant leur affiliation aux coopératives minières ou produits de carrières agréées.

La présentation des structures organisationnelles de l'artisanal minier et l'analyse des activités minières artisanales sont les deux axes principaux de l'ouvrage. Pour l'auteur, l'exploitation minière artisanale est organisée, mais peu connue du grand public. L'ouvrage fournit, également, des matériaux indispensables aux faits basiques sur les attributions des organes ou services intervenant dans l'application des dispositions relatives à l'artisanat minier, les procédés d'institution et de fermeture d'une Zone d'Exploitation Artisanale, le rôle des acteurs de l'artisanat minier congolais, dont principalement les exploitants artisanaux, les coopératives minières ou des produits de carrières, négociants, les comptoirs d'achat et de vente des substances minérales et les artistes agréés par le ministère de la Culture et des Arts, les activités rentrant dans le cadre de l'exploitation minière artisanale, notamment l'organisation des marchés boursiers, la détention, le transport et la commercialisation des produits miniers et de carrières, ainsi que sur les règles applicables en matière d'octroi exceptionnel et d'octroi du Permis de Recherches, prévus par la loi.

La présentation est claire et les explications intelligibles. Une recherche fournie doublée d'une élégance dans l'écriture rendant compréhensibles les dispositions légales et réglementaires applicables à l'exploitation artisanale des substances minérales en République démocratique du Congo.

La structure et le contenu de l'ouvrage de Cim's Mulungulungu Nachinda constituent une contribution remarquable à la connaissance du droit minier congolais. L'auteur le destine aux étudiants, aux chercheurs, aux pouvoirs publics, à l'administration des mines, aux services spécialisés du ministère des Mines, aux acteurs du secteur minier artisanal, aux mandataires en mines et carrières, aux magistrats et avocats. Chacun, y compris les exploitants artisanaux et autres acteurs du développement, y puiseront, j'en suis convaincu, les informations et conseils utiles.

À présent un mot sur l'auteur du livre, Cim's Mulungulungu Nachinda, dont je reconnais les talents scientifiques, lui qui, en plus de l'enseignement et la recherche, ne se lasse pas d'être au service de la communauté en lui offrant le meilleur de lui-même. Doté d'une expérience professionnelle de plus de seize ans, acquise du fait de la pratique quotidienne du droit minier, au sein du Cadastre minier, un établissement public gestionnaire du domaine minier congolais où il exerce des fonctions de chef du service contentieux, ce professeur d'université s'est assigné comme mission la diffusion du droit (minier) qui, somme toute, demeure sa passion.

Avec un actif de quatre ouvrages dans un secteur aussi complexe que technique, à savoir le *Code minier commenté et annoté* ; *Vade-mecum de l'opérateur minier en RDC* ; *Les articles du Code minier : perspectives de réforme* ; et *Guide de l'opérateur minier en RDC*, l'auteur du *Droit minier congolais. De la théorie à la pratique* construit lentement mais sûrement une carte de visite qui, je n'en doute pas un seul instant, fera autorité dans le domaine.

Les précieuses informations contenues dans cet ouvrage rassurent sur son utilité et l'accueil qu'il ne manquera, certainement, pas de recevoir des milieux intéressés. Que l'auteur en soit remercié.

Kinshasa, le 28 septembre 2022

Jean-Louis ESAMBO KANGASHE

Professeur ordinaire et doyen de la

Faculté de droit de l'Université de Kinshasa

REMERCIEMENTS

Cet ouvrage est le fruit d'une recherche qui a duré moins d'une année. Lorsque nous avions décidé de l'écrire, nous n'avions pas pensé au temps que cette rédaction pouvait prendre. Sans l'apport de nombreuses personnes, nous n'aurions pas réussi à le mener à bien en un temps record. C'est pourquoi nous remercions tous ceux qui ont contribué à sa réalisation.

Nous remercions d'abord le professeur ordinaire Jean-Louis ESAMBO KANGASHE, doyen de la Faculté de droit de l'Université de Kinshasa, non seulement pour avoir accepté de préfacer cet ouvrage, mais aussi pour ses encouragements et conseils.

Nos remerciements s'adressent tout particulièrement à Madame la Ministre Antoinette N'SAMBA KALAMBAYI. Ses idées novatrices et originales sur la normalisation de l'artisanat minier congolais ont été fort utiles et ont nourri notre réflexion sur certaines questions abordées.

Nous exprimons notre gratitude au professeur ordinaire Vincent KANGULUMBA MBAMBI de la Faculté de droit de l'Université de Kinshasa pour sa disponibilité permanente et les orientations qu'il n'a cessé de nous donner chaque fois que nous en avions besoin.

Pour sa relecture de notre ouvrage, nous remercions spécialement le professeur ordinaire Eddy MWANZO IDIN'AMINYE de la Faculté de droit de l'Université de Kinshasa. Ses conseils de rédaction ont été très précieux.

Nos remerciements s'adressent encore à toutes les personnes que nous avons consultées et qui nous ont fourni généreusement diverses informations nécessaires à la rédaction de cet ouvrage. Chacune d'elles se reconnaîtra à travers ces pages.

Tous nos remerciements vont également aux membres de l'association dénommée « LES AMIS DU PROFESSEUR CIM'S MULUNGULUNGU » pour le soutien qu'ils nous apportent dans l'élan pris en vue de promouvoir le secteur minier congolais à travers nos publications.

Et finalement, mille mercis à Aminata MUSHIYA MALENGU, notre épouse, pour son accompagnement, son soutien inconditionnel tout au long de la réalisation de cet ouvrage et surtout pour l'amour qu'elle nous témoigne continuellement.

AVANT-PROPOS

Le sous-sol de la République démocratique du Congo (RDC) contient une grande quantité de substances minérales pouvant être exploitées d'une façon industrielle ou semi-industrielle ainsi qu'artisanale. Dans l'une ou l'autre éventualité, la loi n° 007/2002 du 11 juillet 2002 portant Code minier telle que modifiée et complétée par la loi n° 18/001 du 9 mars 2018 [ci-après Code minier] et le décret n° 038/2003 du 26 mars 2003 portant règlement minier tel que modifié et complété par le décret n° 18/024 du 8 juin 2018 [ci-après Règlement minier] soumettent l'accès à l'exploitation minière artisanale à un bon nombre de prescrits que toute personne doit impérativement observer, au risque d'être sanctionnée.

De même que les sociétés à grands capitaux s'intéressent au secteur minier congolais et y investissent pour se livrer à l'exploitation industrielle ou semi-industrielle, de même les personnes vivant aux alentours des sites miniers ou de carrières sont attirées par les ressources minières répandues çà et là sur le territoire national et cherchent à en tirer parti. De ce point de vue, on doit admettre que cet enthousiasme expansif ne saisit pas seulement les Congolais, car il est également ressenti partout ailleurs.

En effet, « 2 à 4 % de la population mondiale dépendent directement des mines artisanales, qui produisent environ 20 % des minéraux que nous utilisons. L'exploitation minière artisanale est une activité poussiéreuse et à forte intensité de main-d'œuvre, ce qui est préoccupant étant donné que cela peut entraîner de graves risques environnementaux et sanitaires, des conflits et en général peu d'avantages économiques". La majorité des études effectuées sur cette question mettent l'accent sur le lien qui existe entre les mines artisanales et les conflits »[1].

L'exploitation artisanale des substances minérales est un fait quotidien qui touche des milliers d'individus. Les estimations concernant le nombre de personnes employées en RDC varient entre 500 000 et 2 000 000 personnes. « Le défi

---

1 http://globaldev.blog/fr/blog/mines-artisanales-impacts-potentiellement-positifs-sur-les-conditions-de-vie-des-communautés, consulté le 3 janvier 2022.

majeur en est cependant : comment rendre cette croissance économique des ressources plus inclusive et surtout comment réduire la pauvreté galopante dont souffre la majorité de la population vivant aux alentours des zones extractives ? » (Kaigama, 2015, p. 3).

Évidemment, les mines artisanales, y compris les carrières, peuvent aider à améliorer les conditions de vie des communautés locales. Il faut reconnaître que l'existence d'un gisement contribue à la vie économique des populations, vu que celles-ci développent autour de son exploitation certaines activités qui leur permettent de gagner un peu d'argent pour leur survie, pour la satisfaction de certains de leurs besoins vitaux, physiologiques ou familiaux, comme la scolarisation des enfants, les besoins médicaux, la ration alimentaire, l'équipement de travail, l'accès aux investissements, etc.

Cet état de choses explique l'intérêt majeur que suscite l'exploitation artisanale des substances minérales, au même titre que l'exploitation industrielle ou semi-industrielle, bien que les retombées ou impacts de celle-ci ne soient pas les mêmes sur l'économie nationale.

Dans cette perspective, en vue d'éviter l'anarchie ou le désordre dans ladite exploitation par la population en général et les différentes communautés locales en particulier, le législateur congolais a tenu à organiser l'artisanat minier. Par conséquent, cette activité minière ne doit pas se dérouler de n'importe quelle manière. Des lois, des règles, des principes directeurs s'imposent pour tous.

D'ores et déjà, il importe de souligner que certaines règles sont différemment appliquées selon qu'il s'agit de l'exploitation artisanale des substances minérales dites stratégiques ou non.

Même s'il est aujourd'hui reconnu que seules les personnes physiques de nationalité congolaise ont le droit de se livrer à l'exploitation minière artisanale, elles sont néanmoins tenues de respecter la loi minière en vigueur dans toute sa rigueur. De ce fait, il leur est fait obligation, avant d'être installées dans une zone minière ou de carrières, de s'affilier à une coopérative minière ou des produits de carrières agréée. Cela explique que les exploitants artisanaux, pris individuellement et en dehors de tout regroupement, ne peuvent pas se livrer à l'exploitation minière artisanale où qu'ils soient et quelles que soient les circonstances. Comme on peut le constater, l'affiliation à une coopérative minière ou des produits de carrières agréée est une des conditions sine qua non pour qu'une personne physique de nationalité congolaise puisse s'adonner à l'exploitation minière artisanale.

En réalité, l'absence d'une activité commerciale rentable dans une contrée donnée peut justifier l'institution d'une Zone d'Exploitation Artisanale (ZEA). On ne le dira jamais assez, cette dernière peut contribuer à réduire la pauvreté et à promouvoir la classe moyenne dans des zones où des populations ne disposent pas d'autres moyens de survie que les activités minières, et ce, si et seulement si tout se fait comme il se doit. Toutefois, une ZEA instituée peut faire l'objet d'une fermeture. Autant dire qu'elle n'a pas une durée perpétuelle.

Il est donc nécessaire, aux fins de permettre aux populations voisines des sites miniers ou de carrières de profiter des ressources minières, d'instituer une ZEA dans laquelle elles sont tenues de se livrer à l'exploitation minière d'une manière artisanale, en n'utilisant que des méthodes et procédés traditionnels ou manuels. Ce qui exclut la possibilité de recourir aux procédés industriels ou semi-industriels. Il en découle que l'exploitation minière artisanale, qui consiste à extraire des substances minérales, à la limite d'une certaine profondeur, par l'exploitation à faible intensité du capital et utilisant des technologies à forte intensité de main-d'œuvre, semble être un moyen de subsistance très dangereux en RDC, à l'instar des autres pays.

Il ne faut pas perdre de vue que, de nos jours, certaines sociétés minières se ravitaillent en recourant à l'exploitation artisanale de certaines substances minérales, comme c'est le cas du cobalt. Léonine Mupepele Monti (2012, p. 126) l'affirme en ces termes : « Il existe au Katanga de nombreuses autres petites unités qui produisent du cobalt par fusion réductrice, en s'approvisionnant en minerais dans l'artisanat minier local. » Comme on le voit, l'artisanat minier n'est pas un secteur à reléguer au second plan et mérite notre attention.

Il s'avère que, partout dans le monde, l'artisanat minier n'est pas sans danger pour la vie des populations. Les conditions de travail sont généralement hasardeuses et la plupart du temps de nature à provoquer des événements fâcheux ou désagréables. En effet, les travaux d'excavation ne se déroulent pas sans risque d'incidents. Ainsi que le souligne Denis Varaschin (2007, p. 112), « la mine, par ses conditions de travail, s'apparentait donc à un grand chantier de l'extrême, particulièrement accidentogène ».

Il a été constaté que bon nombre de creuseurs travaillent d'ordinaire pieds nus, sans équipements de protection adéquats, s'exposant à différentes maladies, comme principalement la silicose. Les taux d'accidents mortels y sont très élevés et, en outre, en raison de la valeur élevée des minéraux, les exploitants artisanaux peuvent être la cible de pressions et d'extorsions de la part d'autres personnes, y compris dans certains cas d'hommes armés. Voilà pourquoi une police des mines est chargée de garantir la quiétude et de maintenir l'ordre public dans les ZEA. Voilà aussi pourquoi ces exploitants artisanaux doivent bénéficier, outre d'un appui financier et matériel au vu de leur faible pouvoir d'achat, d'un encadrement de la part de l'État afin qu'ils mènent à bien leurs activités.

C'est dans cette optique que le législateur congolais, afin d'apporter un meilleur accompagnement aux exploitants artisanaux, a institué, à juste titre, nous semble-t-il, le « Service d'Assistance et d'Encadrement de l'Exploitation Minière Artisanale et à Petite Échelle » (SAEMAPE). Ce service est censé être installé dans toutes les zones minières ou de carrières instituées pour les coopératives minières ou des produits de carrières agréées – ce n'est malheureusement pas souvent le cas, paraît-il.

Pareillement, il a été créé un service dénommé « Autorité de Régulation et de Contrôle des Marchés des Substances minérales stratégiques » (ARECOMS), qui intervient également dans l'encadrement des exploitants artisanaux.

Le législateur congolais a également prévu, dans le but de réglementer l'artisanat minier, une série de mesures particulières en rapport avec la détention, le transport et la commercialisation, c'est-à-dire la vente, l'achat et l'exportation des substances minérales d'exploitation artisanale.

Il en résulte, premièrement, que seules les personnes autorisées par la loi peuvent détenir et transporter les produits d'exploitation artisanale.

Deuxièmement, il en découle que les exploitants artisanaux peuvent vendre les produits miniers d'exploitation artisanale à une catégorie limitée d'acteurs (les négociants, les marchés boursiers, les comptoirs ou organismes agréés ou créés par l'État et les artistes agréés par le ministre de la Culture et des Arts). Il en résulte également que les négociants agréés ne peuvent vendre des produits miniers d'exploitation artisanale qu'aux comptoirs ou organismes agréés ou créés par l'État ou aux marchés boursiers.

Finalement, il s'ensuit que les artistes agréés par le ministère de la Culture et des Arts, étant des acteurs exceptionnels du secteur minier artisanal, ne peuvent vendre les produits de l'exploitation minière artisanale qu'en vertu d'une autorisation spéciale obtenue pour les cas exceptionnels de liquidation des stocks excessifs. Ce qui ressort *expressis verbis* de l'article 116 du Code minier.

De ce fait, on s'aperçoit que l'artisanat minier congolais, contrairement à une opinion qui pense qu'il n'est pas codifié, n'est rien de moins qu'organisé par le Code minier ainsi que ses mesures d'application, voire par d'autres textes réglementaires, comme c'est le cas du décret n° 19/15 du 5 novembre 2019 portant sauvegarde des activités relatives aux substances minérales stratégiques. Il est certain que si le cadre législatif et réglementaire est correctement appliqué, on peut espérer améliorer significativement ce secteur. Qui plus est, à l'instar de l'exploitation industrielle ou semi-industrielle, l'intégration des bonnes pratiques en matière de transparence contribuera à la bonne gouvernance de l'artisanat minier.

Il convient de faire remarquer qu'en dépit de l'existence de tous les textes juridiques fondamentaux, l'artisanat minier congolais est gangrené par bien des maux. À vrai dire, on observe beaucoup de déviations et d'abus de tout ordre. Dans ce cadre, il faut stigmatiser la présence, dans les ZEA, des étrangers qui se livrent librement à l'exploitation minière artisanale au vu et au su de tous, généralement avec la complicité des Congolais eux-mêmes, mais aussi sur autorisation ou sous protection des autorités civiles et/ou militaires. Et pourtant, une décision ministérielle du 20 décembre 2021 interdit aux étrangers de se livrer artisanalement aux travaux d'exploitation des minerais sur tous les sites[2].

Dans la même veine, il y a lieu de fustiger la politisation et la militarisation de l'exploitation minière artisanale et de la commercialisation des substances minérales. À ce propos, il importe de signaler que la centaine de groupes armés ayant endeuillé le pays depuis près de vingt ans a été et est alimentée, pour ce qu'il en reste, par des exploitations minières ou de carrières artisanales illicites. Un désastre contre lequel les pouvoirs publics doivent mener une lutte acharnée. Nous sommes d'avis que cette situation ne devrait pas seulement annihiler les efforts déjà entrepris pour une meilleure organisation de l'artisanat minier congolais, mais aussi et surtout constituer un motif pour le suspendre ou y mettre fin. Dans tous les cas, il paraît évident que l'exploitation minière artisanale doit être maintenue et encadrée pour le bien-être des populations locales vivant à proximité des sites miniers ou de carrières.

La présente étude ne se veut pas une analyse statique de l'artisanat minier congolais. Elle se révèle être une approche générale du secteur minier artisanal, donnant des informations complètes sur l'organisation et la réglementation qui sous-tendent l'exploitation artisanale des substances minérales en RDC.

Dans cette optique, il nous a paru utile de jeter un regard sur le cadre juridique et institutionnel existant. L'objectif est de montrer que le législateur congolais a conçu et mis en place un tel cadre afin de réglementer l'artisanat minier, mais que, dans la pratique, les normes établies ne sont pas toujours et scrupuleusement respectées ni par l'État, à travers ses différents services, ni par les acteurs miniers, ni par les populations locales, comme nous le démontrerons.

La spécificité de cette étude est de faciliter une bonne compréhension dudit cadre, en faisant d'abord connaître les textes légaux et réglementaires régissant l'artisanat minier congolais. Il ne s'agit pas ici de présenter ou de dresser un rapport sur l'exploitation artisanale des substances minérales, encore moins d'en faire un bilan, à la manière d'une organisation non gouvernementale (ONG).

Cette étude a également la prétention d'expliquer en détail ce cadre, dans un style simple et clair. Là où les procédures ont été détaillées, le sujet développé a fait l'objet d'une description suffisante, avec schéma à l'appui.

Par ailleurs, il convient d'indiquer que le recours aux divers documents repérés sur les sites web, lesquels documents ont été rédigés dans la plupart des cas par des ONG, des experts du domaine minier et des praticiens œuvrant dans le secteur des mines, a été d'une importance capitale.

---

2 Cf. Ministère des Mines, décision n° CAB.MIN/MINES/ANSK/03237/01/202 du 20 décembre 2021.

En fait, les informations que nous y avons trouvées ont permis de dégager la disparité entre, d'une part, ce que dit la loi et, d'autre part, ce qui se passe dans les faits ou, mieux encore, de concilier la théorie et la pratique, de façon à être exploitées par ceux qui sont appelés à assurer ou à renforcer la régulation de l'artisanat minier congolais.

Tout cela devrait permettre de vérifier si le cadre juridique et institutionnel actuel doit être maintenu en l'état, ou s'il faut plutôt l'aménager ou même l'adapter, ou encore s'il requiert d'être renforcé pour son amélioration, par-dessus tout à travers la voie d'une réforme législative et réglementaire. Cette étude apportera autant que faire se peut une réponse adéquate à cette préoccupation.

De prime abord, il sera question, dans ce premier tome, de mettre en exergue les différents organes ou services qui interviennent dans l'application des dispositions de la loi minière en vigueur, spécialement en matière d'exploitation artisanale et ceux qui concourent au contrôle ou au suivi de la production artisanale des substances minérales, avant de comprendre avec précision et concision comment une ZEA peut être instituée ou fermée et d'examiner les règles applicables à l'exploitant artisanal, détenteur d'une carte d'exploitant artisanal.

Puis, il s'agira de passer en revue successivement la structure des coopératives minières, des négociants, des marchés boursiers, et ce, préalablement à l'examen des activités connexes à l'exploitation minière artisanale, plus particulièrement de la détention et du transport, de la transformation et de la commercialisation des produits d'exploitation artisanale ainsi que de l'achat des produits miniers et/ou de carrières artisanaux par les artistes agréés.

En fin de compte, cette étude se penchera sur l'octroi exceptionnel du Permis de Recherches et, partant, sur l'octroi du Permis de Recherches, l'un des quatre droits miniers organisés en droit positif congolais[3].

Professeur Cim's MULUNGULUNGU NACHINDA

[3] Les droits miniers sont de quatre types : le Permis de Recherches (PR) ; le Permis d'Exploitation (PE) ; le Permis d'Exploitation des Rejets (PER) ; le Permis d'Exploitation de Petite Mine (PEPM).

PRINCIPAUX SIGLES ET ABRÉVIATIONS

AECP	Autorisation d'Exploitation de Carrières Permanente
AECT	Autorisation d'Exploitation de Carrières Temporaire
ARECOMS	Autorité de Régulation et de Contrôle des Marchés des Substances minérales stratégiques
ARPC	Autorisation de Recherches des Produits des Carrières
AUSCOOP	Acte uniforme relatif au droit des sociétés coopératives
CAMI	Cadastre minier
CECI	Centre d'études et de coopération internationale
CEEC	Centre d'expertise, d'Évaluation et de certification des substances minérales précieuses et semi-précieuses
CEPAS	Centre d'Études pour l'Action Sociale
CM	Code minier
CTCPM	Cellule Technique et de Coordination de Planification Minière
DM	Direction des Mines
DG	Direction Géologie
GÉCAMINES	Général des Carrières des Mines
EGC	Entreprise Générale du Cobalt
EMAPE	Exploitation Minière Artisanale et à Petite Échelle
ITOA	Système de traçabilité dénommé Initiative de Traçabilité de l'Or d'exploitation Artisanale
JORDC	Journal Officiel de la République Démocratique du Congo
OCDE	Organisation de Coopération et de Développement Économiques
ONG	Organisation Non Gouvernementale
PE	Permis d'Exploitation
PEPM	Permis d'Exploitation de Petite Mine
PER	Permis d'Exploitation des Rejets
PR	Permis de Recherches
RDC	République Démocratique du Congo

RM	Règlement Minier
SAEMAPE	Service d'Assistance et d'Encadrement de l'Exploitation Minière Artisanale et à Petite Échelle
SARW	Southern Africa Resource Watch (Surveillance des ressources en Afrique australe)
SGNC	Service Géologique National du Congo
USAID	U.S. Agency for International Development (Agence américaine pour le développement international)
ZEA	Zone d'Exploitation Artisanale

GLOSSAIRE

Activités minières : tous services, fournitures ou travaux de l'art des mines directement liés à la recherche, à l'exploitation minière et au traitement et/ou à la transformation des substances minérales, y compris les travaux de développement, de construction et d'infrastructure.

Administration des mines : l'ensemble des directions, divisions et autres services publics des mines et des carrières.

Aire protégée : toute aire géographique délimitée en surface et constituant un parc national, un domaine de chasse, un jardin zoologique et/ou botanique ou encore un secteur sauvegardé.

Carré : l'unité cadastrale minimum octroyable, de caractère indivisible, délimitée par les méridiens et les parallèles du système des coordonnées de la carte de retombes minières, ayant une superficie de 84,95 ha.

Carte de retombes minières ou carte cadastrale : une carte topographique officielle où sont indiquées les limites de chaque périmètre minier ou de carrière en vigueur, ou dont la demande est en instance, maintenue à jour pour chaque province et zone par le Cadastre minier.

Code minier : la loi n° 007/2002 du 11 juillet 2002 portant Code minier telle que modifiée et complétée par la loi n° 18/001 du 9 mars 2018 dont le champ d'application couvre les mines et les carrières.

Droit minier : toute prérogative d'effectuer la recherche et/ou l'exploitation des substances minérales classées en mines conformément aux dispositions du Code minier. Le Permis de Recherches, le Permis d'Exploitation, le Permis d'Exploitation des Rejets et le Permis d'Exploitation de Petite Mine sont des droits miniers.

Droit de carrières : toute prérogative d'effectuer la recherche et/ou l'exploitation des substances minérales classées en carrières conformément aux dispositions du Code minier. L'autorisation de Recherches des Produits de Carrières, l'Autorisation d'Exploitation de Carrières Temporaire et l'Autorisation d'Exploitation de Carrières Permanente sont des droits de carrières.

Exploitation : toute activité par laquelle une personne se livre, à partir d'un gisement identifié, et au moyen des travaux de surface et/ou souterrains, à l'extraction des substances minérales d'un gisement ou d'un gisement artificiel, et éventuellement à leur traitement afin de les utiliser ou de les commercialiser.

Exploitation artisanale : toute activité par laquelle un exploitant artisanal, se livre, dans une zone d'exploitation artisanale à l'extraction et à la concentration des substances minérales en utilisant des outils, des méthodes et des procédés non industriels conformément aux dispositions Code minier.

Industrie extractive : toute unité d'extraction, de transformation et de commercialisation œuvrant dans le secteur des mines conformément au Code minier et ses mesures d'application. Il s'agit des titulaires des droits miniers d'exploitation et de petite mine, des coopératives minières, des négociants, des comptoirs agréés, des marchés boursiers ainsi que des centres de négoces.

Mine : tout gisement exploitable à ciel ouvert ou en souterrain avec l'usine comprise de traitement ou de transformation des produits issus de cette exploitation et se trouvant dans le périmètre minier, y compris les installations et les matériels mobiliers et immobiliers affectés à l'exploitation.

Opération minière : toute activité de recherche ou d'exploitation des substances minérales.

Recherche : toute activité par laquelle le titulaire d'un droit minier ou de carrière de recherche se livre, à partir d'indices de l'existence d'un gîte minéral, et au moyen des travaux de surface ou en profondeur, en utilisant notamment des techniques géologiques, géophysiques et géochimiques, y compris diverses méthodes telles que la télédétection, à mettre en évidence l'existence d'un gisement des substances minérales, à le délimiter, et à évaluer la qualité et la quantité des réserves ainsi que les possibilités techniques et commerciales de leur exploitation.

Règlement minier : décret n° 038/2003 du 26 mars 2003 portant Règlement minier tel que modifié et complété par le décret n° 18/024 du 8 juin 2018.

Service chargé de l'Administration du Code minier : tout service chargé, conformément à ses attributions, de l'application d'une ou des dispositions du Code minier et de ses mesures d'application.

Substance minérale : tout corps naturel inerte ou artificiel contenant un ou plusieurs minéraux sous forme amorphe ou cristalline, solide, liquide ou gazeuse ayant une valeur économique. Les produits des carrières sont des substances minérales au sens du Code minier.

Transparence : ensemble de règles, mécanismes et pratiques rendant obligatoires les déclarations et les publications, de la part de l'État et des entreprises extractives, en particulier celles de l'industrie minière, des revenus et paiements de tout genre, comprenant, notamment les revenus des exploitations et des transactions minières, la publication des statistiques de production et de vente, la publication des contrats et la divulgation des propriétaires réels des actifs miniers ainsi que les données sur l'allocation des ressources provenant du secteur minier. Elle s'étend également au respect des obligations de procédures d'acquisition et d'aliénation des droits miniers.

Zones à haut risque : celles qui se caractérisent par l'instabilité politique ou la répression, la faiblesse des institutions, l'insécurité, l'effondrement des infrastructures civiles ou une violence généralisée, mais aussi des atteintes systématiques aux droits de l'homme et des violations du droit national et international.

Zone interdite : toute aire géographique où les activités minières sont interdites pour des raisons de sûreté nationale, de sécurité des populations, d'une incompatibilité avec d'autres usages existants ou planifiés du sol ou du sous-sol et de la protection de l'environnement.

PREMIÈRE PARTIE

STRUCTURES ORGANISATIONNELLES DE L'ARTISANAT MINIER CONGOLAIS

Cette première partie sera divisée en trois chapitres :

Chapitre 1 : Organes et services intervenant dans l'application de la loi minière en matière d'exploitation minière artisanale

Chapitre 2 : Institution et fermeture d'une Zone d'exploitation artisanale

Chapitre 3 : Exploitant artisanal et carte d'exploitant artisanal

CHAPITRE 1

ORGANES ET SERVICES INTERVENANT DANS L'APPLICATION DE LA LOI MINIÈRE EN MATIÈRE D'EXPLOITATION MINIÈRE ARTISANALE

Dès l'entame de l'acquisition de la large panoplie de connaissances ayant trait à l'exploitation minière artisanale, la maîtrise des organes et services agissant dans ce domaine s'avère utile. Dans ce but, il sera question dans ce chapitre d'appréhender correctement le cadre institutionnel existant, qui gouverne l'artisanat minier congolais.

Nous sommes d'avis, avec Georges Bokondu Mukuli et Joseph Cihunda (2020, p. 3), que, « conformément à l'article 16 du Code minier tel que modifié et complété par l'article 1er de la loi n° 18/001 du 9 mars 2018, seuls les ministères en charge des Mines, de l'Environnement et des Finances, les gouvernements provinciaux, les services publics qui en dépendent ou qui sont sous leurs tutelles ainsi que les organes de l'État expressément visés dans le Code ou dans le Règlement minier sont habilités à agir dans le secteur minier ».

En dehors de ces organes, aucun autre service ou organisme public ou étatique n'est compétent pour participer à l'application de la loi minière en vigueur, voire d'agir directement dans le secteur minier.

Il en résulte que la création de l'ARECOMS, à travers le décret n° 19/16 du 5 novembre 2019, pose des problèmes d'ordre légal et soulève un risque de conflit de compétences avec le SAEMAPE. Ainsi qu'on peut le constater, l'existence de cet établissement public semble avoir énervé ledit article 16 précité[4]. Nous y reviendrons.

---

[4] Lire, pour plus d'informations, Bokondu Mukuli et Cihunda (2020).

Avant d'ausculter les services et organes opérant dans le contrôle ou le suivi de la production artisanale des substances minérales, il y a lieu de connaître tous ceux qui entrent en scène dans l'artisanat minier de façon générale.

Pratiquement, il va s'agir, dans ce chapitre, premièrement de passer en revue les organes et services intervenant dans l'artisanat minier (section I « Organes et services intervenant dans l'artisanat minier ») ; deuxièmement d'examiner les organes et services participant dans le contrôle ou le suivi de la production artisanale des substances minérales (section II « Organes et services intervenant dans le contrôle ou le suivi de la production artisanale des substances minérales »).

I. Organes et services intervenant dans l'artisanat minier

Les Code et Règlement miniers déterminent les organes et services qui interviennent (ou sont chargés) dans (de) l'application de ses dispositions se rapportant à l'exploitation artisanale des substances minérales. Il s'agit de :

- Ministre des Mines[5] ;
- Administration des Mines[6] ;
  - Secrétariat général aux Mines ;
  - Direction des Mines ;
  - Direction Chargée de la Protection de l'Environnement Minier ;
  - Direction de l'Inspection Minière[7] ;
  - Chef de division provinciale des Mines[8] ;
  - Cellule Technique de Coordination et de Planification Minière « CTCPM » ;
  - Service d'Assistance et d'Encadrement de l'Exploitation Minière Artisanale et à Petite Échelle « SAEMAPE » ;
- Gouverneur de Province[9] ;
- Ministre provincial des Mines[10] ;

---

5 Art. 10 CM.

6 Art. 10*bis* CM.

7 Art. 12 RM.

8 Art. 11*ter* CM.

9 Art. 11 CM.

10 Art. 11*bis* CM.

- Cadastre minier[11] ;
- Service Géologique National du Congo « SGNC »[12] ;
- Centre d'Évaluation, d'Expertise et de Certification des substances minérales précieuses « CEEC »[13].

Aux termes de l'article 16 du Code minier, la compétence dans le domaine minier est restrictive, en ce sens qu'à l'exception des organes et services expressément visés dans les Code et Règlement miniers, aucun autre service ou organisme public n'est compétent pour faire appliquer les dispositions de ces deux textes. À côté de ces organes et services prévus par la loi minière en vigueur, il y a lieu de mentionner l'ARECOMS, dont la mission générale est clairement définie à l'article 6 du décret n° 19/16 du 5 novembre 2019 portant création, organisation et fonctionnement de l'autorité de régulation et de contrôle des marchés des substances minérales stratégiques (ci-après décret n° 19/16 du 5 novembre 2019).

Concrètement, pour mieux saisir le rôle que jouent toutes ces structures étatiques dans l'organisation de l'artisanat minier congolais, il importe de dégager tour à tour les compétences et attributions exercées par chacune d'elles.

I.1. Ministre des Mines

C'est le ministère chargé des Mines, et non le ministre des Mines, qui est compétent pour concevoir et proposer au Gouvernement la politique du pays dans le secteur des mines, et ainsi conduire celle-ci conformément aux dispositions du Code minier. Tel qu'il ressort de l'esprit et de la lettre de l'article 7 du Règlement minier.

Par contre, c'est le ministre des Mines qui gère cette politique.

En principe, les articles 10 du Code minier et 8 du Règlement minier fixent les attributions du ministre des Mines.

Spécifiquement, en fait d'exploitation minière artisanale, le ministre des Mines est compétent pour :

- instituer les zones d'exploitation artisanale ;
- agréer et retirer l'agrément des comptoirs d'achat des produits de l'exploitation minière artisanale, des coopératives minières ou des produits de carrières et des entités de traitement des substances minérales ;

---

11 Art. 12 CM. Pour de plus amples informations, lire le chapitre deuxième du titre premier du Code minier relatif au rôle de l'État et de la répartition des compétences.

12 Art. 12*bis* CM et 14*septies* RM.

13 Art. 14*ter* RM.

- délivrer les autorisations de traitement des produits de l'exploitation minière artisanale ;
- fixer, conjointement avec le ministre ayant les Finances dans ses attributions, les taux des droits, taxes et redevances à percevoir à l'initiative du ministre en charge des mines.

De plus, l'article 25vecies du Règlement minier offre aux ministres des Mines et des Finances la possibilité de prendre des mesures incitatives pour la promotion de l'exploitation minière artisanale. Ainsi, l'article dispose que :

> *Sans préjudice des dispositions des articles 261 du Code minier ainsi que 537 et 538 du présent décret* [Règlement minier], *les ministres ayant respectivement les Mines et les Finances dans leurs attributions fixent les conditions d'octroi d'avantages fiscaux, douaniers et parafiscaux plus favorables aux coopératives minières.*

I.2. Secrétaire général aux Mines

In globo, le secrétaire général aux Mines est chargé d'assister le ministre des Mines dans ses prérogatives en matière de gestion du secteur des mines et de carrières.

Il revient au secrétaire général aux Mines la prérogative de notifier la fermeture d'une ZEA à la Division provinciale des Mines du ressort de la ZEA, au CAMI et au SAEMAPE.

Le secrétaire général aux Mines notifie au SAEMAPE et au CAMI, dans un délai de 30 jours ouvrables, à dater de la décision du ministre des Mines, la décision d'octroi ou de refus de l'agrément de la coopérative minière et/ou des produits de carrières.

En application de l'article 25*sexies* du Règlement minier, le secrétaire général aux Mines consolide et transmet au ministre des Mines aux fins d'une publication trimestrielle, toutes les informations mensuelles sur la production des titulaires de droits d'exploitation industrielle et de petite mine, des entités de traitement, des coopératives minières, des négociants, des comptoirs agréés ainsi que des marchés boursiers opérant dans le ressort territorial de la province qui sont collectées par le chef de Division provinciale des Mines et qui lui sont transmises.

I.3. Direction des Mines

La Direction des Mines est chargée de :

- contrôler et suivre la réalisation des activités ayant trait aux mines, conformément aux dispositions légales et réglementaires en vigueur ;
- constater et liquider les actes générateurs des recettes non fiscales du secteur des mines ;

- assurer l'instruction technique sur les demandes d' :
  - agrément au titre de comptoirs d'achat et de vente des substances minérales d'exploitation artisanale et leur renouvellement ;
  - agrément au titre d'acheteurs et d'acheteurs supplémentaires des comptoirs agréés des substances minérales d'exploitation artisanale.

Concernant la demande d'agrément au titre de comptoir d'achat et de vente des substances minérales d'exploitation artisanale, la Direction des Mines accuse réception de la demande, l'inscrit sur un registre *ad hoc*, l'instruit et s'assure qu'elle est régulière quant à la forme, la fait rectifier ou compléter pour autant que de besoin. Elle peut provoquer toute enquête nécessaire.

La Direction des Mines fait une mise en demeure de trente jours au comptoir agréé de remédier à tout manquement aux obligations lui incombant, en vertu des dispositions de l'article 126 du Code minier. Et si ledit comptoir n'y remédie pas, l'agrément au titre de comptoir d'achat et de vente des substances minérales d'exploitation artisanale peut être retiré par le ministre des Mines.

La Direction des Mines, à l'instar du SAEMAPE, assure l'encadrement technique auquel sont soumis les exploitants artisanaux, au sein de leur coopérative minière et/ou des produits de carrières agréée, durant l'exercice de leurs activités, et ce sans préjudice des dispositions de l'article 10*bis* du Code minier.

La Direction des Mines intervient en matière d'entreposage et de stockage des produits miniers d'exploitation artisanale. En effet, aux termes de l'article 265*bis* du Règlement minier, l'entité de traitement, le négociant ou la coopérative minière se voient obligés – avant de procéder à la construction de l'entrepôt et à l'entreposage des produits miniers d'exploitation artisanale – de soumettre à l'approbation de la Direction des Mines et à la Direction de Protection de l'Environnement minier l'emplacement du site d'entreposage, les techniques et équipements d'entreposage, le plan de construction de l'entrepôt, les mesures pratiques préconisées pour assurer la stabilité de l'entreposage des produits miniers, la sécurité des travailleurs et l'impact minimal sur l'environnement.

La Direction des Mines sert de canal de transmission des avis émis par la Division provinciale des mines, en matière d'instruction de la demande d'agrément de la coopérative minière et/ou des produits de carrières[14].

---

14 Art. 233*quater* RM.

I.4. Direction chargée de la Protection de l'environnement minier

À l'instar de la Direction des Mines, la Direction de Protection de l'environnement minier intervient en matière d'entreposage et de stockage des produits miniers d'exploitation artisanale. Ainsi qu'il ressort de l'article 265*bis* du Règlement minier précité.

I.5. Direction de l'Inspection minière

La Direction de l'Inspection minière est chargée de :

- rechercher, détecter, constater et réprimer les infractions liées aux activités minières prévues par le Code minier et ses mesures d'application ;
- participer au processus (initiatives ou normes nationales, régionales et internationales) de certification et de traçabilité des minerais de production artisanale, de la petite mine et d'exploitation industrielle, et le cas échéant, en contrôler la mise en œuvre effective ;
- assurer le contrôle de performances des comptoirs et des entités de traitement et/ou de transformation des substances minérales de production artisanale.

I.6. Chef de division provinciale des Mines

Le chef de division provinciale des Mines est compétent pour :

- contrôler et surveiller les activités minières en province ;
- réceptionner les dépôts de demande d'agrément au titre des coopératives minières adressée au ministre ;
- émettre des avis de conformité préalablement aux décisions et actes du ministre provincial relativement à l'application des dispositions du Code minier ;
- réceptionner, enregistrer la demande de carte d'exploitant artisanal ou de négociant et émettre un avis de conformité avant transmission au ministre provincial pour octroi desdites cartes, conformément à l'article 11*ter* du Code minier ;
- poser les actes de constatation et de liquidation des recettes relevant du secteur des mines et dévolues à la province, aux entités administratives décentralisées ainsi que celles à caractère national, conformément à la législation en la matière ;
- émettre un avis sur l'institution d'une Zone d'Exploitation Artisanale.

Le chef de division provinciale des Mines collecte toutes les informations mensuelles sur la production des titulaires de droits d'exploitation industrielle et de petite mine, des entités de traitement, des coopératives minières, des négociants, des comptoirs agréés ainsi que des marchés boursiers opérant dans le ressort territorial de la province. Il transmet, au début de chaque mois, les informations mentionnées à l'alinéa précédent au secrétaire général des Mines pour consolidation et transmission au ministre des Mines aux fins d'une publication trimestrielle[15].

En matière d'instruction de la demande de la carte d'exploitant artisanal et de la notification de l'avis de la Division provinciale des Mines, chef de division provinciale des Mines examine l'éligibilité du requérant à l'exploitation minière artisanale. Dans le cas où l'instruction est favorable, il invite le requérant à payer le droit fixe y afférent conformément à la législation sur les recettes des provinces et des entités territoriales décentralisées.

Il s'ensuit que le chef de division provinciale des Mines notifie au requérant sa décision et procède à son affichage dans la salle de consultation publique de la Division provinciale des Mines.

Le chef de division provinciale des Mines reçoit pour disposition, les résultats du test d'évaluation organisé à la suite de l'encadrement technique des exploitants artisanaux membres des coopératives minières et/ou des produits de carrières agréées.

Concernant la demande d'autorisation spéciale d'achat des produits miniers et/ou de carrières artisanaux, le chef de division provinciale des Mines rend sa décision d'autorisation spéciale ou de refus d'autorisation dans un délai de dix jours ouvrables à compter de la transmission du dossier de la demande.

À ces fins, suivant l'alinéa 3 de l'article 255 du Règlement minier, le chef de la Division provinciale des Mines transmet immédiatement sa décision d'octroi au Cadastre minier provincial qui affiche le résultat dans la salle de consultation publique. La décision d'octroi ou de refus est notifiée à l'impétrant.

Le chef de division provinciale des Mines peut retirer la carte d'autorisation spéciale d'achat à l'artiste qui enfreint l'interdiction faite à tout artiste agréé par le ministère de la Culture et des Arts qui achète des produits miniers et/ou de carrières artisanaux de les revendre sans les avoir transformés au préalable en œuvre d'art.

---

15 Art. 25*sexies* RM.

I.7. Cellule Technique de Coordination et de Planification Minière, « CTCPM » en sigle

La CTCPM est chargée d'organiser des stages de formation en techniques d'exploitation artisanale.

Il est à noter ici que, jusqu'au moment de la publication de cet ouvrage, aucune formation n'est encore organisée au profit des exploitants artisanaux. Ce qui n'est pas normal, au regard des enjeux de l'exploitation minière artisanale.

C'est par le biais du site web de la CTCPM que le ministre des Mines fait publier les données de production et d'exportation, notamment des coopératives minières, des négociants, des comptoirs agréés ainsi que des marchés boursiers opérant dans le ressort territorial de la province. Cela ressort de l'article 25*sexies*, alinéa 3, du Règlement minier qui dispose que : « *Le Ministre publie les données de production et des exportations à travers le site web de la CTCPM à la fin de chaque trimestre.* »

I.8. Centre d'Évaluation, d'Expertise et de Certification des substances minérales précieuses et semi-précieuses, « CEEC » en sigle

Le CEEC est régi par les dispositions générales applicables aux Établissements publics et par le décret n° 11/28 du 7 juin 2011 fixant les statuts d'un établissement public dénommé Centre d'Expertise, d'Évaluation et de Certification des substances minérales précieuses et semi-précieuses, « CEEC » en sigle.

Le CEEC a, entre autres, pour objet d'expertiser, analyser, évaluer et certifier en RDC les substances minérales de production artisanale. À ce titre, il est notamment chargé de :

- assurer la traçabilité des substances minérales précieuses et semi-précieuses ainsi que des substances minérales d'origine artisanale depuis le comptoir d'achat ou dépôt jusqu'à l'exportation ;
- assurer l'encadrement de comptoirs agréées, des négociants, fondeurs, tailleurs des diamants et pierres de couleur, par le suivi et le contrôle des flux matières et monétaires ;
- certifier les substances minérales, notamment par le certificat d'origine à l'exportation des produits d'exploitation artisanale et le certificat d'origine des métaux ferreux ou non ferreux rentrant dans le processus industriel provenant de l'exploitation minière artisanale ;
- établir et publier les statistiques des substances minérales précieuses et semi-précieuses, des métaux précieux et semi-précieux et métaux rares

associés ou non aux métaux ferreux ou non ferreux ainsi que des substances minérales d'exploitation artisanale ;

- réaliser toutes opérations connexes ou accessoires aux activités énumérées à l'article 14*ter* du Règlement minier, nécessaires à la réalisation de son objet social.

Le CEEC participe au programme de contrôle de conformité des activités minières dans les limites du ressort territorial de la province aux normes de traçabilité et de certification de l'origine des substances minérales. Ce programme est mis en œuvre par le gouverneur de province pour chaque exercice budgétaire[16].

Par ailleurs, le CEEC a pour objectif « de mettre en application et assurer le suivi du programme international du Processus de Kimberley (PK) et du mécanisme régional de certification dans la région des Grands Lacs ainsi que d'autres programmes similaires comme les principes de l'approvisionnement responsable en minerais édictés par l'OCDE, repris par le cadre réglementaire congolais notamment :

- circulaire du 6 septembre 2011 imposant à toutes les entités impliquées dans la production et la commercialisation de l'étain, du tantale, du tungstène et de l'or de mettre en œuvre leur devoir de diligence en conformité avec les recommandations du Guide OCDE ;
- arrêté ministériel n° 0057/CAB.MIN/MINES/01/2012 du 29 février 2012 portant mise en œuvre du Mécanisme régional de la certification de la Conférence Internationale sur la Région des Grands Lacs (CIRGL) en RDC ;
- arrêté ministériel n° 0058/CAB.MIN/MINES/01/2012 du 29 février 2012 fixant les procédures de qualification et de validation des sites miniers (OCDE, 2016) » (Bokondu Mukuli et Cihunda, 2020, p. 4).
- Il est important de signaler que, relativement aux objectifs assignés au CEEC et avec la création de l'ARECOMS, il y aura inévitablement un risque de conflit d'intérêts entre les deux services. Comme l'écrivent G. Bokondu Mukuli et J. Cihunda (2020, p. 4) :

  « Au regard de ces attributions, l'ARECOMS sera sûrement en conflit avec le CEEC en matière de certification du cobalt d'exploitation artisanale et sa traçabilité. De manière concrète, quelle sera la portée du certificat délivré par l'ARECOMS alors que le CEEC délivre déjà les certificats dans le secteur minier artisanal en RDC et ce sont ces certificats qui sont reconnus au plan international ? Pourquoi avoir créé un mécanisme de plus alors

---

16 Art. 25*terdecies* RM.

que le CEEC existe et dispose déjà de l'expertise et de l'expérience en la matière ? Il semble qu'en le faisant, l'on soit tombé dans une certaine inflation institutionnelle. »

I.9. Cadastre minier, « CAMI » en sigle

D'une manière générale, les compétences et attributions du Cadastre sont successivement définies aux articles 12 du Code minier, 14*quater* du Règlement minier ainsi qu'au décret n° 17/005 du 3 avril 2017 portant organisation et fonctionnement d'un Établissement public dénommé « Cadastre minier ».

Il en ressort que le CAMI émet son avis pour l'institution d'une ZEA. Son avis n'est pas requis en cas de fermeture d'une ZEA. Toutefois, cette dernière lui est notifiée pour qu'il radie ladite zone sur la carte de retombes minières ou carte cadastrale. Dans ce même élan lui est notifiée la décision d'octroi ou de refus d'agrément d'une coopérative minière et/ou des produits de carrières par le secrétaire général aux Mines. Lui est également notifiée la décision d'institution d'une ZEA afin qu'il la porte sur la carte de retombes minières ou la carte cadastrale. Ainsi l'article 41, alinéa 5, du Règlement minier dispose-t-il que : « *Le Cadastre minier central ou provincial reporte à titre définitif* [...] *les zones d'exploitation artisanale* [...] ».

Le CAMI intervient aussi bien en amont qu'en aval de la procédure d'octroi exceptionnel d'un Permis de Recherches aux coopératives minières et/ou des produits de carrières.

À ce titre, lors de l'instruction cadastrale, le Cadastre minier vérifie en plus des éléments prévus aux dispositions de l'article 102 du Règlement minier que les conditions ci-dessous sont remplies :

- la coopérative minière et/ou des produits de carrières requérante au Permis de Recherches est agréée ;
- la coopérative minière et/ou des produits de carrières est constituée selon les règles et principes de l'OHADA sur les sociétés coopératives.

Pour ce qui concerne l'achat des produits miniers et/ou de carrières artisanaux par les artistes agréés par le ministère de la Culture et des Arts, suivant l'alinéa 3 de l'article 255 du Règlement minier, le chef de la Division provinciale transmet immédiatement sa décision d'octroi au Cadastre minier provincial qui affiche le résultat dans la salle de consultation publique. La décision d'octroi ou de refus est notifiée à l'impétrant.

Sur proposition du CAMI (et du SAEMAPE), le ministre ayant les Mines dans ses attributions publie chaque année la cartographie nationale permettant de localiser par province, sur base des coordonnées géographiques, les sites miniers situés dans les zones ouvertes à l'exploitation artisanale[17].

Le CAMI participe au programme de contrôle de conformité des activités minières dans les limites du ressort territorial de la province aux normes de traçabilité et de certification de l'origine des substances minérales. Ce programme est mis en œuvre par le gouverneur de province pour chaque exercice budgétaire[18].

I.10. Service d'Assistance et d'Encadrement de l'Exploitation Minière Artisanale et à Petite Échelle, « SAEMAPE » en sigle

Aux termes de l'article 14*quinquies* du Règlement minier, le Service d'Assistance et d'Encadrement de l'Exploitation Minière Artisanale et à Petite Échelle, est chargé de :

- assister et encadrer l'exploitation artisanale et à petite échelle des substances minérales ;
- encourager et s'assurer du regroupement des exploitants artisanaux des substances minérales ou des produits de carrières en coopérative minière ;
- ramener, à l'ensemble des activités de l'exploitation artisanale ou semi-industrielle, les produits de carrières dans le circuit officiel de production et de commercialisation ;
- requérir auprès du ministre des Mines l'institution d'une ZEA ;
- recevoir notification de l'institution d'une ZEA pour encadrement et assistance des exploitants artisanaux affiliés à une coopérative minière agréée, notamment sa localisation ;
- émettre un avis sur :
  - la fermeture d'une ZEA ;
  - la demande d'autorisation préalable de transformation des produits par la coopérative minière ou des produits de carrières agréée ;
- informer les coopératives minières ou des produits de carrières agréées de la fermeture d'une ZEA et, éventuellement, se charger de la relocalisation dans une autre ZEA légalement instituée ;
- veiller au respect des normes en matière de sécurité, d'hygiène, d'utilisation de l'eau et de protection de l'environnement qui s'applique à l'exploi-

---

17 Art. 25*undecies* RM.

18 Art. 25*terdecies* RM.

tation de la coopérative minière ou des produits de carrières agréée et à l'exploitant artisanal des mines ;

- collecter les statistiques de production des coopératives minières et/ou des produits de carrières agréées et veiller à l'indemnisation des exploitants agricoles pour tout dommage engendré par l'activité de la coopérative, sous peine de retrait d'agrément par le ministre.

À propos de la fermeture d'une ZEA, il importe de signaler que le SAEMAPE en est notifié pour qu'il en informe les coopératives minières ou des produits de carrières agréées, selon le cas, et se charge éventuellement de la relocalisation dans une autre ZEA légalement instituée. Dans ce cas, les coopératives minières ou des produits de carrières agréées sont tenues de libérer la ZEA dans les soixante jours à compter de la notification de la décision de fermeture[19].

Relativement à la demande d'agrément au titre de coopérative minière et/ou des produits de carrières, le secrétaire général aux Mines notifie au SAEMAPE la décision d'octroi ou de refus d'agrément d'une coopérative minière et/ou des produits de carrières.

Le SAEMAPE, au même titre que la Direction des Mines, assure l'encadrement technique auquel sont soumis les exploitants artisanaux, au sein de leur coopérative minière et/ou des produits de carrières agréée, durant l'exercice de leurs activités, et ce sans préjudice de l'article 10 *bis* du Code minier[20].

C'est dans ce même cadre que le SAEMAPE est chargé d'organiser des stages de formation en techniques d'exploitation artisanale[21].

Sur proposition du CAMI et du SAEMAPE, le ministre ayant les Mines dans ses attributions publie chaque année la cartographie nationale permettant de localiser par province, sur base des coordonnées géographiques, les sites miniers situés dans les zones ouvertes à l'exploitation artisanale[22].

Le SAEMAPE participe au programme de contrôle de conformité des activités minières dans les limites du ressort territorial de la province aux normes de traçabilité et de certification de l'origine des substances minérales. Ce programme est mis en œuvre par le gouverneur de province pour chaque exercice budgétaire[23].

---

19 Art. 110 CM.

20 Art. 232 RM.

21 Art. 233 RM.

22 Art. 25*undecies* RM.

23 Art. 25*terdecies* RM.

Le SAEMAPE collabore avec le gouverneur de province, concernant les missions de contrôle de conformité initiées par celui-ci, en vue de la publication du registre provincial des sites miniers, en version physique et virtuelle[24].

Il est important de signaler ici que le SAEMAPE n'est pas le seul service à intervenir dans l'encadrement des exploitants artisanaux. À l'ARECOMS, il lui est également confié les missions similaires à celles du SAEMAPE.

En effet, l'ARECOMS a, entre autres, pour missions spécifiques l'organisation et le renforcement du contrôle des travailleurs artisanaux pour soutenir les coopératives formelles établies. Cela résulte du point 6 de l'article 7 du décret n° 19/16 du 5 novembre 2019.

On peut ici chercher à savoir pourquoi l'on a créé l'ARECOMS, cependant qu'il existe déjà des structures étatiques à même d'assurer la régulation et le contrôle des substances minérales, fussent-elles stratégiques. À ce propos, G. Bokondu Mukuli et J. Cihunda (2020, p. 2) se sont également interrogés et ont écrit ceci :

> « Nous nous demandons si la création de l'ARECOMS et de l'EGC par le gouvernement n'est pas considérée comme une multiplicité des structures dans le secteur minier. En effet, il se pose déjà une question de l'interaction entre ces institutions et celle de la délimitation de leurs champs d'action respectifs. La création de ces deux nouvelles structures (ARECOMS et EGC) semble probablement ajouter une confusion sur les compétences des services publics miniers existants. »

Comme on peut le remarquer, au regard des missions assignées au SAEMAPE, il y a risque de conflits de compétence entre celui-ci et l'ARECOMS. En effet, il découle de l'article 1 du décret n° 19/15 du 5 novembre 2019 portant sauvegarde des activités relatives aux substances minérales stratégiques d'exploitation artisanale que l'exploitation des substances minérales stratégiques de production artisanale [ci-après décret n° 19/15 du 5 novembre 2019] se réalise uniquement par les exploitants artisanaux, sous l'encadrement de l'autorité de régulation et de contrôle des marchés des substances minérales stratégiques.

Par ailleurs, les deux auteurs précités (Bokondu Mukuli et Cihunda, 2020, p. 2) soulignent qu'« avec le SAEMAPE, le conflit de compétence peut surgir dans la mesure où les deux services publics interviendront dans la même filière de l'exploitation artisanale. Si du point de vue conceptuel, l'on peut bien faire la démarcation entre les deux services, il n'en est pas le cas en pratique. En effet, le SAEMAPE est chargé notamment d'assister et encadrer l'exploitation artisanale et à petite échelle des substances minérales en les encourageant à se regrouper en coopérative minière ; de ramener l'ensemble des activités de l'exploitation artisanale ou

24 Art. 25*quaterdecies* RM.

semi-industrielle et les produits de carrières dans le circuit officiel de production et de commercialisation ».

Aussi pensent-ils, avec raison, nous semble-t-il, que bien que le SAEMAPE connaisse des difficultés afin de remplir correctement ses missions, il reste compétent en matière d'exploitation minière artisanale et surtout en ce qui concerne l'assistance et l'encadrement des exploitants artisanaux. Les deux décrets précités ne lui ont pas retiré ces attributions et ne devaient pas le faire sans une motivation profonde en conformité avec le Code minier.

À vrai dire, le conflit apparaît entre l'ARECOMS et le SAEMAPE sur les compétences au sujet de l'exploitation artisanale des substances minérales stratégiques. En effet, le décret portant création de l'ARECOMS ne prévoit pas des dispositions relatives à la collaboration entre ces deux structures. Toutefois, le Gouvernement devrait revenir sur sa décision pour éviter la survenance de ces conflits de compétences, sinon l'ARECOMS sera un service mort-né dans le secteur minier.

Pour tout dire, ils recommandent comme solutions, notamment de se conformer aux prescrits de l'article 16 du Code minier de 2018 en évitant de créer de nouvelles structures dans le secteur mais en renforçant celles existantes et de créer une commission technique mixte *ad hoc* composée des experts des services publics miniers existants (CEEC, SAEMAPE, OCC, GCM, DGM, etc.) qui ne pourra siéger que trimestriellement pour discuter et évaluer la régulation et le contrôle des Substances minérales stratégiques, en lieu et place de l'ARECOMS.

Nous pensons que ces recommandations devraient être froidement examinées au niveau du ministère des Mines pour décider ou non de sa mise en œuvre.

I.11. Service Géologique National du Congo, « SGNC » en sigle

Le SGNC est régi par les dispositions générales applicables aux Établissements publics ainsi que par le décret n° 17/016 du 4 décembre 2017 portant création, organisation et fonctionnement du Service Géologique National du Congo, « SGNC » en sigle.

Le SGNC entreprend des études géologiques de base faisant appel à l'étude et l'élaboration des avis techniques, notamment sur l'ouverture et la fermeture d'une ZEA. Sur la base des données pertinentes concernant la minéralisation et la gîtologie d'une zone d'intérêt identifiée par le SGNC, le SAEMAPE peut requérir l'institution d'une ZEA.

Comme on peut le constater, il revient donc au SGNC de procéder en amont à l'étude et à l'évaluation du gisement pour conclure sur le type d'activité minière à exercer.

Aussi le SGNC est-il chargé notamment de procéder à l'investigation du sol et/ou du sous-sol en vue de l'identification des indices des gîtes minéraux et des produits de carrières. Ainsi, en dépit de l'institution d'une ZEA, le SGNC peut y mener des travaux de recherches. L'alinéa 6 *in fine* de l'article 109 du Code minier dispose que : « [...] *l'organisme spécialisé de recherches* [SGNC] *peut à tout moment procéder aux travaux de prospection et de recherches dans les zones d'exploitation artisanale* ».

Le SGNC participe au programme de contrôle de conformité des activités minières dans les limites du ressort territorial de la province aux normes de traçabilité et de certification de l'origine des substances minérales. Ce programme est mis en œuvre par le gouverneur de province pour chaque exercice budgétaire[25].

I.12. Gouverneur de province

Il faut d'entrée de jeu préciser, pour fixer les idées, que, dans la mise en œuvre de la loi organique du 7 octobre 2008 (portant composition, organisation et fonctionnement des Entités Territoriales Décentralisées et leurs rapports avec l'État et les Provinces), la plupart des compétences et attributions jadis reconnues au gouverneur de province sont transférées au ministre provincial des Mines.

Suivant l'article 15, alinéa 1, point 4, du Règlement minier, le gouverneur de province est compétent pour émettre un avis en cas d'institution ou de fermeture d'une ZEA.

Conformément aux procédures et critères fixés par arrêté du ministre portant sur l'identification, du contrôle de conformité et/ou d'évaluation et de viabilisation des sites miniers, le gouverneur de province met en œuvre pour chaque exercice budgétaire, en collaboration avec l'Administration des mines, le SGNC, le CAMI, le SAEMAPE, le CEEC, les partenaires techniques et financiers du Gouvernement, les Coopératives minières et la société civile, le programme de contrôle de conformité des activités minières dans les limites du ressort territorial de la province, aux normes de traçabilité et de certification de l'origine des substances minérales.

Dans cet élan, le gouverneur de province transmet, pour approbation, le rapport de mise en œuvre du programme de contrôle de conformité au ministre ayant les mines dans ses attributions[26].

Aux termes de l'article 108sexies, alinéa 2, du Code minier, la détention des produits miniers par des bijoutiers, joailliers, artistes et dentistes est subordonnée à l'autorisation délivrée par le gouverneur de province.

Remarquons que cette disposition prête à confusion, car ces prérogatives sont également confiées au ministre provincial des Mines, ainsi qu'il ressort de l'ar-

---

25 Art. 25*terdecies* RM.

26 Combinaison des articles 25*duodecies* et 25*terdecies* du RM.

ticle 11*bis*, *littera* d, du Code minier qui dispose que « [ ] *le ministre provincial est compétent, après avis de conformité du chef de division provinciale des Mines, pour* [...] *autoriser la détention des produits miniers par des bijoutiers, joailliers, artistes et dentistes* ».

Comme on peut le constater, le législateur ne précise pas, s'il s'agit des produits miniers d'exploitation artisanale ou d'exploitation industrielle (ou semi-industrielle). Il est sans l'ombre d'un doute qu'il ne puisse question que des produits miniers d'exploitant artisanale, mais pas d'exploitation industrielle ou semi-industrielle, étant donné que les artistes ne sont autorisés qu'à ne détenir que ces derniers. Aussi le gouverneur de province, en cette matière, ne peut agir qu'à l'occasion de l'exploitation minière artisanale.

Il va donc sans dire que cet alinéa 2 de l'article 108*sexies* du Code minier devrait purement et simplement être abrogé, *de lege ferenda*. Ce qui éviterait une compétence matérielle commune ou concurrente entre les deux autorités.

Par ailleurs, sur base du rapport visé à l'article 25*terdecies* du Règlement minier relatif aux missions de contrôle de conformité, le gouverneur de province publie annuellement, en collaboration avec l'Administration des mines et le SAEMAPE, le registre provincial des sites miniers, en version physique et virtuelle[27].

Il résulte de l'article 25*quindecies* du Règlement minier relatif à la formalisation et viabilisation des sites miniers artisanaux et conformément aux normes générales du planning national, que le gouverneur de province élabore, en collaboration notamment avec les services techniques du ministère des Mines, les partenaires techniques et financiers du Gouvernement, les coopératives minières et la société civile, le planning provincial d'identification, d'évaluation et de viabilisation des sites miniers localisés dans les zones ouvertes à l'exploitation minière artisanale.

Le gouverneur de province transmet au ministre le planning provincial pour approbation, après avis de l'assemblée provinciale.

Le gouverneur de province, en consultation avec les autres services de l'État et les organisations de la société civile, étudie et met en place les Centres de négoces. Il définit les règles portant fonctionnement du Centre de Négoce conformément aux dispositions du Code minier, du Règlement minier ainsi que des arrêtés pris par le ministre sur la mise en œuvre des principes de traçabilité et la certification de l'origine des substances minérales[28].

I.13. Ministre provincial des Mines

Avec la décentralisation, le ministre provincial des Mines intervient désormais dans l'application du Code minier ainsi que de ses mesures d'application. De ce

---

27 Art. 25*quaterdecies* RM.

28 Art. 25*octies decies* RM.

fait, bon nombre de tâches ou d'attributions qui étaient jadis dévolues à ce dernier, avant la modification du Code minier, sont dorénavant exercés par le ministre provincial des Mines. Il va sans dire que cette dévolution n'exclut pas la collaboration entre les deux autorités administratives, vu que l'une (ministre provincial des Mines) est sous l'autorité directe de l'autre (gouverneur de province).

En effet, il découle de la combinaison des articles 11bis, 114, 119 du Code minier que le ministre provincial est compétent, après avis de conformité du chef de division provinciale des Mines, entre autres, pour :

- délivrer et retirer les cartes d'exploitant artisanal ;
- délivrer et retirer les cartes des négociants des produits d'exploitation artisanale ;
- autoriser la détention des produits miniers par des bijoutiers, joailliers, artistes et dentistes ;
- exercer, en harmonie avec les services techniques du ministère des Mines et des établissements sous tutelle du ministre, la supervision des activités des services du ministère des Mines installés en province ;
- accorder aux artistes agréés par le ministère en charge de la Culture et des Arts l'autorisation spéciale dont il est question à l'article 115 du Code minier.

Comme nous l'avons souligné supra, le libellé du troisième tiret ci-dessus révèle la contradiction créée par les dispositions de l'article 108sexies du Code minier, dans son alinéa 2, qui dispose que : « *La détention des produits miniers par des bijoutiers, joailliers, artistes et dentistes est subordonnée à l'autorisation délivrée par le gouverneur de province.* »

Il s'avère que cette compétence est en principe dévolue au ministre provincial des Mines, et non pas au gouverneur.

Cet état de choses devrait en principe conduire, *de lege ferenda,* à l'abrogation pure et simple des dispositions dudit alinéa 2 de l'article 108sexies précité, ce qui évitera indéniablement une compétence concurrent ou commune entre le gouverneur de province et son ministre provincial des Mines.

Il est important de souligner que, suivant l'article 15*bis* du Règlement minier, les attributions du ministre provincial des Mines sont définies à l'article 11bis du Code minier, hormis le point « i » dévolu au gouverneur de province. Il s'agit là singulièrement de la prérogative de décider de l'ouverture des carrières pour les travaux d'utilité publique sur les terrains domaniaux.

Le ministre provincial des Mines reçoit le rapport sur l'activité de tout négociant que celui-ci est tenu de lui déposer ainsi qu'à la Division provinciale des Mines, et ce, du seul fait que c'est lui qui a délivré la carte de négociant. Ainsi l'alinéa 2 de l'article 250 du Règlement minier relatif à l'obligation du négociant de tenir un registre et de fournir un rapport en ces termes dispose-t-il que :

> Tout négociant est tenu de déposer un rapport sur son activité au Ministre provincial des Mines qui lui a délivré sa carte de négociant et à la Division provinciale des Mines au début de chaque mois à compter de la date de remise de la carte de négociant. Ce rapport doit comporter les éléments suivants :
>
> - nom et adresse du négociant ;
>
> - nombre d'achats et des ventes réalisés pour le mois antérieur, avec le chiffre d'affaires ;
>
> - pour chaque type de minerai, la quantité et la qualité de minerais achetés ainsi que la valeur payée, la quantité de minerais vendus et la valeur reçue, et la quantité en stock au dernier jour de chaque mois.

Après avoir décrit les organes et services intervenant dans l'application de la loi minière en vigueur concernant l'artisanat minier, il faut noter que ces derniers n'interviennent pas tous dans le contrôle ou suivi de la production artisanale, comme il sera exposé ci-dessous.

I.14. Autorité de régulation et de contrôle des marchés des substances minérales stratégiques, « ARECOMS » en sigle

Aux termes de l'article 1 du décret n° 19/16 du 5 novembre 2019, il est créé sous la dénomination « Autorité de régulation et de contrôle des marchés des substances minérales stratégiques », en abrégé « ARECOMS ».

Cet établissement public à caractère administratif et technique jouit de la personnalité juridique et est doté de l'autonomie administrative et financière. Il est placé sous la tutelle du ministre ayant les Mines dans ses attributions.

L'ARECOMS est l'organe de régulation et d'assainissement des marchés des substances minérales stratégiques ainsi que de l'amélioration du climat des affaires et de l'attractivité économique et industrielle dans ce secteur.

Il résulte de l'article 6 dudit décret que, pour accomplir sa mission générale de régulation et de contrôle du marché des substances minérales stratégiques, l'ARECOMS est chargée de :

- assurer la mise en œuvre et le suivi-évaluation des mesures relatives à la sauvegarde du secteur des substances minérales stratégiques ;

- proposer des réformes et mesures d'application du décret n° 19/15 du 5 novembre 2019 ;
- donner, à la demande du Gouvernement, un avis consultatif en cette matière ;
- réaliser périodiquement des contrôles administratifs et techniques sur les activités relatives aux substances minérales stratégiques ;
- procéder régulièrement à la publication officielle du prix des substances minérales stratégiques, sans préjudice des prérogatives de la Commission Nationale de la Mercuriale des prix des produits exportés de la **RDC** ;
- veiller à l'application des dispositions légales, réglementaires et contractuelles en matière de production et d'exportation des substances minérales stratégiques.

De plus, l'ARECOMS, aux termes de l'article 7 du décret n° 19/15 du 5 novembre 2019 veille à l'assainissement optimal de chaînes d'approvisionnement et de traçabilité par le recours, entre autres, au système de contrôle dématérialisé des minerais stratégiques.

Par ailleurs, les missions spécifiques de l'ARECOMS sont définies à l'article 7 du même texte réglementaire.

II. Organes et services intervenant dans le contrôle ou le suivi de la production artisanale des substances minérales

Comme nous venons de l'épingler, la loi reconnaît à bien des services et organes les compétences et attributions dans l'application des dispositions qui touchent à l'artisanat minier. Seuls quelques-uns d'entre eux exercent le suivi, le contrôle ou la surveillance de la production ou de la commercialisation artisanale des substances minérales. En effet, certains services relevant ou non du ministère des Mines sont appelés à effectuer le suivi ou le contrôle des activités minières artisanales. Il s'agit de :

- Division des Mines
- CEEC
- SAEMAPE
- ARECOMS
- Police des Mines.

II.1. Division des Mines

Outre le fait que la Division des Mines octroie des cartes d'exploitants artisanaux et les cartes de négociants, elle est responsable de l'administration quotidienne des activités minières.

Au fond, relativement à l'exploitation minière artisanale à Beni-Mbau dans le territoire de Beni, dans la province du Nord-Kivu, Kamabu Ngavo et al. (2020, p. 13) écrit ceci : « la Division des Mines collecte les redevances associées aux licences des différents acteurs, licences qui leur permettent d'opérer d'une manière légale. Il s'agit de :

- carte d'exploitant minier artisanal : payée par l'exploitant minier à hauteur de 10 USD, une fois par an ;
- les coopératives doivent payer la "taxe annuelle d'agrément de regroupement minier" s'élevant à 300 USD ;
- taxe sur chantier non renouvelable à 200 USD à l'ouverture d'un nouveau chantier ;
- enregistrement moto pompe : 50 USD par moto pompe, une fois par an ;
- procès-verbal de paiement : il s'agit d'un document à payer par les négociants à la place de la "carte de négociant".
- À ce propos, il y a lieu de souligner que la plupart des petits négociants n'ont pas de carte de négociant. La Division des Mines les favorise en leur faisant payer ce procès-verbal qui leur donne l'autorisation d'exercer le commerce d'or dans la zone. Document à payer à 75 USD annuellement. Ce paiement est constaté dans un bordereau de versement remis par la DGRAD à la Division des Mines. Un seul bordereau de versement peut constater le paiement de deux ou plusieurs négociants. Ce bordereau est gardé par le service des mines et le négociant garde la quittance lui remise par le service des mines comme preuve de paiement et autorisation d'exercer le commerce ;
- les négociants paient 1 % de la valeur de leurs marchandises (or) lors de la déclaration auprès de la Division des Mines. La Division délivre ensuite un bordereau de versement »

II.2. CEEC

Il convient de rappeler ici que « le secteur aurifère de l'est de la RDC a toujours été caractérisé par la contrebande et le financement des conflits armés. Pour lutter contre la sortie frauduleuse de l'or issue de l'exploitation minière artisanale, le Gouvernement, à travers le CEEC, avait lancé l'Initiative pour la Traçabilité de l'Or Artisanale (ITOA). L'objectif est de contrôler toute la masse d'or qui sortait par les voies frauduleuses » (Kamabu Ngavo et al., 2020, pp. 21-22).

Dans le cadre de ses missions, le CEEC est tenu de s'installer au lieu où se trouve le centre commercial. Cela pour lui permettre d'évaluer et certifier les stocks des minerais extraits sur les ZEA, préalablement à toute exportation. De ce fait, il détermine la teneur minérale et la valeur marchande des minerais, avant de délivrer le certificat d'origine à l'exportation des produits d'exploitation artisanale. Signalons toutefois qu'à cause de l'insécurité qui bat son plein à l'est du pays, les services de l'État n'ont toujours pas accès facile aux sites miniers.

Le renforcement des capacités du SAEMAPE, de la Division des Mines et du CEEC aidera à un meilleur contrôle ou suivi dans la commercialisation des substances minérales d'exploitation artisanale.

II.3. SAEMAPE

Pour mémoire, le SAEMAPE a été créé pour apporter un encadrement technique et une assistance aux exploitants miniers artisanaux sur les zones d'exploitation artisanale. Outre ces prérogatives principales, il intervient dans le recouvrement des taxes auprès des acteurs économiques de la chaîne aurifère. Comme l'écrivent Henri Kamabu *et al.* (2020, p. 13) :

> « Les exploitants miniers (par l'intermédiaire de leurs coopératives) doivent payer 10 % de la valeur déclarée au SAEMAPE. Ces frais en rémunération des services rendus sont perçus au niveau du site minier par les agents de ce service. En plus, le SAEMAPE perçoit, avant l'évacuation des minerais du point de vente au comptoir, 1 % de la valeur de la marchandise auprès des négociants.
>
> Les chefs coutumiers trouvaient leur part dans les 10 % versés au SAEMAPE. Deux anciens chefs de groupement de la zone couverte par la recherche ont cependant déclaré n'avoir pas bénéficié trop de ce pourcentage. »

Il semble toutefois que, depuis 2019, les chefs coutumiers ne bénéficient plus dudit pourcentage[29].

D'une manière générale, les agents du SAEMAPE affectés dans les différents sites artisanaux, au lieu de s'acquitter de leur obligation principale qui est d'encadrer et d'assister les exploitants artisanaux, sont plus intéressés par la perception des taxes. Au demeurant, on les voit surtout dans les centres commerciaux pour le suivi de l'achat et la vente des substances minérales. Cette situation a fait dire à bon nombre d'observateurs que le SAEMAPE est devenu un service percepteur des taxes sur les zones d'exploitation artisanale.

---

29 Lire à ce propos H. Kamabu Ngavo *et al.* (2020, p. 13).

Sur le terrain, le travail du SAEMAPE n'est pas très visible. Cette situation peut s'expliquer par le fait que, dans certaines provinces (c'est le cas du Sud-Kivu), le SAEMAPE n'est pas représenté dans toutes les zones d'exploitation artisanale. Avec un effectif restreint d'agents, il est impossible que ces derniers couvrent toutes les zones minières d'une province. Le chef de division technique du SAEMAPE du Sud-Kivu (Kamabu Ngavo *et al.*, 2020, p. 100) s'en est plaint de la manière suivante :

> « Notre institution n'est pas dans toutes les zones minières, car ces dernières sont disséminées dans tous les territoires de la province et sont vraiment dispersées dans les collines et plateaux de la province. Avec un personnel de 250 personnes que nous avons au Sud-Kivu au sein du SAEMAPE, nous ne couvrons pas toutes les zones minières de la province du Sud-Kivu. Cela demeure un grand défi pour nous en termes d'assistance et d'encadrement minier, mais également pour la collecte des frais rémunératoires. »

Par ailleurs, le travail du SAEMAPE sur le terrain ne se déroule pas sans entrave des autres services, et même ne s'accomplit pas comme il se doit à cause des abus dont ses services font souvent l'objet de la part de certaines autorités publiques, civiles ou militaires. Cette situation est dénoncée par les services du SAEMAPE, souvent sur les réseaux sociaux. Ce fut le cas en date des 16 et 17 mars 2022 dans la province de Lualaba (RDC) où les agents du SAEMAPE auraient été chassés de leur poste de travail par les délégués des autorités provinciales. Deux inspecteurs affectés au poste de contrôle de Mutaka et trois affectés au poste de Samukinda auraient été arrêtés, lisait-on le 18 mars 2022 sur le forum WhatsApp « RDC Mines », créé le 24 avril 2018 par un certain René, alors agent au sein de l'Administration des Mines, uniquement pour le partage des informations en rapport avec le secteur minier de la **RDC**.

II.4. ARECOMS

L'article 6, point 6, du décret 19/16 du 5 novembre 2019 confie à l'ARECOMS la mission de veiller à l'application des dispositions légales, réglementaires et contractuelles en matière de production et d'exportation des substances minérales stratégiques.

Par ailleurs, le point 3 de l'article 7 du même texte dispose que l'ARECOMS doit garantir le respect du droit exclusif reconnu à l'entité juridique commerciale visé par le décret n° 19/15 du 5 novembre 2019, en l'occurrence l'EGC.

En tant qu'organe de régulation et d'assainissement des marchés des substances minérales stratégiques ainsi que de l'amélioration du climat des affaires et de l'attractivité économique et industrielle dans ce secteur, il est souhaitable que l'ARECOMS se déploie dans les différents sites miniers où l'exploitation des substances minérales stratégiques se dérouler afin d'en assurer le suivi et le contrôle.

II.5. Police des Mines

L'État congolais est appelé à exercer une police des mines, qui devrait avoir, entre autres, pour objet de contrôler et d'inspecter les activités minières ainsi que de prévenir et de faire cesser les dommages, voire les nuisances, qui leur sont imputables, d'assurer la bonne exploitation du gisement et de faire respecter les exigences et intérêts.

« Conformément à l'article 24 du décret n° 15/028 du 9 décembre 2015 déterminant l'organisation et le fonctionnement des unités territoriales et locales de la Police Nationale Congolaise, les Escadrons de la Police des Mines, ont pour mission de participer à l'exécution des mesures relatives à la protection des ressources minières. À ce titre, ils sont chargés de :

- participer au maintien et rétablissement de l'ordre public dans les sites miniers ;
- participer à la prévention et à la répression des infractions relatives à la protection des ressources minières ;
- participer à la protection de l'environnement et aux initiatives visant la conservation de la nature, en collaboration avec les services et organismes spécialisés compétents en la matière » (**RDC,** Ministre de l'Intérieur, Sécurité et Affaires coutumières, 2020, p. 5).

Il est important d'indiquer qu'ailleurs la police des mines est assurée par la population civile et n'est donc pas une branche de la Police nationale. Comme on peut le lire dans l'« étude sur les mines artisanales et les exploitations minières à petite échelle au Mali », document rédigé par l'ingénieur géologue Seydou Keita (2001, p. 17) qui, parlant de la structure organisationnelle de l'orpaillage traditionnel, a écrit :

> « La police des mines (ou Tomboloma) qui est constituée par un groupe de jeunes du village, est chargée du maintien d'ordre et de l'observation de la réglementation traditionnelle, de l'arbitrage des litiges et des rapports avec l'administration publique. Le Tomboloma est choisi à l'unanimité pour sa connaissance des coutumes et de son intégrité. De par sa présence permanente sur le placer, le Tomboloma représente l'autorité morale du Damantigui et à ce titre, il est le plus informé et le plus documenté sur la vie du placer. »

Le chapitre suivant sera axé sur l'institution et la fermeture d'une ZEA.

CHAPITRE 2

INSTITUTION ET FERMETURE D'UNE ZONE D'EXPLOITATION ARTISANALE

L'artisanat minier est répandu en RDC et les estimations varient entre 500 000 et 2 000 000 pour le nombre de personnes employées. Il faut reconnaître que l'existence d'un gisement contribue à la vie économique des populations parce qu'elles développent autour de cette exploitation certaines activités qui leur permettent de gagner un peu de revenus pour leur survie. On observe néanmoins beaucoup de déviations quant à l'accès et à l'exploitation d'une Zone d'Exploitation Artisanale [ci-après ZEA].

Il semble que l'augmentation de la production artisanale des mines et de carrières soit la motivation première de l'initiative du Gouvernement d'instituer une ZEA, à cause notamment de l'envahissement des sites des périmètres miniers et de carrières des opérateurs miniers, détenteurs des titres miniers et/ou de carrières.

Cette situation, qui a été longtemps à la base des troubles, des conflits entre les communautés locales et les opérateurs miniers a forcément interpellé les pouvoirs publics qui ont cherché à y mettre fin. Et l'institution des ZEA a évidemment été l'une des solutions idoines à cette situation, ce qui a conduit à la baisse de cette tension et a ainsi permis à ces populations de profiter également des ressources minières qui les environnent, comme c'est le cas pour les opérateurs miniers.

S'il est vrai que l'existence des facteurs techniques et économiques caractérisant les gîtes des substances minérales classées en mines ou carrières est la condition du recours à une exploitation industrielle ou à une exploitation semi-industrielle, il est également vrai qu'elle peut donner lieu à une exploitation artisanale, qui ne peut être exercée que dans le cadre de l'institution d'une Zone d'Exploitation Artisanale (section I « Institution d'une Zone d'Exploitation Artisanale »). Cette dernière doit répondre à certains impératifs et que son fonctionnement nécessite l'observation des règles préétablies. La cessation des conditions de son institution conduit de manière inéluctable à sa fermeture (section II « Fermeture d'une Zone d'Exploitation Artisanale »). Faisons remarquer d'ores et déjà que, jusqu'à ce jour, aucune mesure d'application des dispositions du Code minier en rapport avec l'institution et la fermeture d'une ZEA n'a été prise.

I. Institution d'une Zone d'Exploitation Artisanale

De même que les activités minières intéressent les investisseurs nationaux, et surtout étrangers venus de différents horizons, qui disposent des moyens financiers suffisants pour investir dans le secteur des mines, elles intéressent aussi les communautés locales vivant dans les milieux ruraux ou les territoires riches en ressources minières. Au demeurant, il est vrai que l'exploitation des substances minérales préoccupe certaines personnes qui sont dans le voisinage des espaces à forte densité minière.

Voilà pourquoi une attention accrue devrait être accordée au rôle que les mines artisanales pourraient jouer dans les processus de développement, ainsi qu'à la manière par laquelle elles pourraient, outre profiter directement aux populations locales, cohabiter avec les mines industrielles.

Ainsi a-t-il été jugé opportun d'instituer des ZEA afin de permettre à ces populations de se livrer à l'exploitation minière artisanale et pour qu'elles tirent profit économiquement et socialement de ces ressources minières.

Pour ce faire, le législateur a prévu deux modes d'institution d'une ZEA. Dès lors, cette dernière est instituée :

- principalement, sur un périmètre libre de tout droit. C'est le cas le plus régulier ou ordinaire d'institution d'un ZEA. En effet, sur tout périmètre non couvert d'un droit minier ou de carrières peut y être institué une ZEA, tel qu'il ressort de l'article 109 du Code minier ;
- exceptionnellement, sur un périmètre couvert par un droit minier ou de carrières, comme c'est le cas d'empiétement autorisé au *littera* e de l'article 30 du Code minier.

Pour mieux saisir la portée de l'institution d'une ZEA, il est important en premier lieu de définir l'expression « exploitation artisanale » (1), avant de dégager le cadre légal qui la sous-tend (2), en second lieu de connaître ses modes (3) et sa nature (4), et en dernier lieu d'examiner tour à tour ses conditions (5), sa procédure (6), le mode d'accès et les conditions d'accès à une ZEA (7), la délimitation géographique d'une ZEA (8), la présentation schématique de l'institution d'une ZEA (9).

I.1. Définition de l'« exploitation artisanale »

D'après le législateur du Code minier, l'exploitation artisanale est toute activité par laquelle un exploitant artisanal se livre dans une zone d'exploitation artisanale à l'extraction et à la concentration des substances minérales en utilisant des outils, des méthodes et des procédés non industriels conformément aux dispositions de ce texte de loi. Tel qu'il ressort de l'article 1, point 21, du Code minier.

Il faut signaler qu'à l'instar de la RDC d'autres pays, à travers leurs lois minières respectives, ont adopté des définitions de l'expression « exploitation artisanale », comme notamment le Burkina Faso et le Niger.

Au Burkina Faso, spécialement aux termes de l'article 1er de la loi n° 036-2015/CTN portant Code minier au Burkina Faso, l'exploitation artisanale de substances de mine est définie comme l'ensemble des opérations qui consistent à extraire et concentrer des substances minérales comme l'or, le diamant et les autres gemmes, provenant des gîtes primaires et secondaires affleurant ou subaffleurant, et en récupérer les produits marchands en utilisant des méthodes et procédés manuels et traditionnels. Elle n'utilise pas d'équipements ni d'énergies mécaniques et n'est pas fondée sur la mise en évidence d'un gîte ou d'un gisement[30].

Au Niger, précisément aux termes des articles 43 et 44 de l'ordonnance n° 93-16 du 2 mars 1993 portant loi minière au Niger, l'exploitation minière artisanale consiste à extraire et concentrer les minerais en vue de récupérer la ou les substances utiles qu'ils renferment par des méthodes et procédés artisanaux. L'exploitation artisanale s'applique aux indices de minéralisation de certaines substances, dont l'exploitation sous forme artisanale est traditionnelle, ou aux gisements pour lesquels il est clairement démontré qu'une exploitation industrielle n'est pas économiquement rentable.

Dans le cas du Mali, « L'exploitation artisanale inclut également deux notions, à savoir :

- l'orpaillage traditionnel : toute activité qui consiste à récupérer par des procédés artisanaux, des substances précieuses, en l'occurrence l'or et le diamant contenu dans les alluvions, les éluvions provenant de gîtes primaires, affleurants ou subaffleurants. Cette activité reste organisée par la communauté villageoise ;
- l'orpaillage mécanisé : toute activité d'orpaillage mieux structurée que l'orpaillage traditionnel et qui fait appel à l'usage de certaines machines telles que : outils à main, treuils manuels, motopompes, pompes à membranes électriques, compresseurs, treuils mécaniques, marteaux piqueurs, broyeurs » (Seydou Keita, 2002, p. 8).

> « En fait, l'artisanat occupe tout l'espace de production correspondant à des activités qui ne sont ni mécanisables ni standardisables et qui donc ne correspondent ni aux exigences ni aux possibilités de la production industrielle » (Barthélemy, 2002, p. 5).

---

30 Loi n° 036-2015/CTN portant Code minier au Burkina Faso, *J.O.*, n° 44, 29 octobre 2015.

I.2. Cadre légal

Le cadre légal qui sous-tend l'institution d'une ZEA se trouve, d'une part, dans l'article 109 du Code minier (A), d'autre part, dans le *littera* e de l'article du même texte de loi (B) qu'il importe de présenter chacun sous un point distinct.

A. Article 109 du Code minier

En principe, l'institution d'une ZEA est prévue à l'article 10 du Code minier qui dispose que :

> Lorsque les facteurs techniques et économiques qui caractérisent certains gîtes des substances minérales classées en mines ou carrières ne permettent pas d'en assurer une exploitation industrielle ou semi-industrielle, mais permettent une exploitation artisanale, de tels gîtes sont érigés, dans les limites d'une aire géographique couvrant maximum deux carrés, en zone d'exploitation artisanale.
>
> L'institution d'une zone d'exploitation artisanale est faite par voie d'arrêté du ministre après avis de l'Organisme spécialisé de recherches, du *gouverneur* de province, du chef de division provinciale des Mines, de l'autorité de l'entité territoriale décentralisée et du Cadastre minier.
>
> Un périmètre minier ou de carrières faisant l'objet d'un titre minier ou de carrières en cours de validité ne peut être transformé en zone d'exploitation artisanale. Un tel périmètre est expressément exclu des zones d'exploitation artisanale instituées conformément aux dispositions de ce chapitre.
>
> L'institution d'une zone d'exploitation artisanale est notifiée par le secrétaire général aux Mines au SAEMAPE pour l'encadrement et l'assistance des exploitants artisanaux affiliés à une coopérative minière agréée et au Cadastre minier qui la porte sur la carte de retombes minières. Tant qu'une zone d'exploitation artisanale existe, aucun titre minier ou de carrières ne peut y être octroyé.
>
> Sur la base des données pertinentes sur la minéralisation et la gîtologie d'une zone d'intérêt identifiée par l'organisme spécialisé de recherches, le SAEMAPE peut requérir l'institution d'une zone d'exploitation artisanale.
>
> Toutefois, l'organisme spécialisé de recherches peut à tout moment procéder aux travaux de prospection et de recherches dans les zones d'exploitation artisanale.

B. *Article 30, littera e, du Code minier*

Exceptionnellement, la ZEA peut être instituée suivant les dispositions de l'article 30 du Code minier qui dispose que :

> Les périmètres des droits miniers et de carrières ainsi que les zones d'exploitation artisanale sont exclusifs. Ils ne peuvent empiéter les uns sur les autres, sauf dans les cas suivants :
>
> a) Le périmètre d'un droit minier de recherches peut être superposé sur le Périmètre d'un droit de carrières de recherches ou d'exploitation temporaire ;
>
> b) le périmètre d'un droit minier d'exploitation peut être superposé sur le périmètre d'un droit de carrières de recherches ou d'exploitation temporaire. Le droit sur la partie du périmètre de l'Autorisation de recherches des produits de carrières sur laquelle le périmètre d'un droit minier d'exploitation est superposé, est éteint moyennant une juste indemnisation ;
>
> c) le périmètre d'une autorisation de recherches des produits de carrières peut être superposé sur le périmètre d'un droit minier de recherches, moyennant le consentement du titulaire du Permis de Recherches ;
>
> d) le périmètre d'une autorisation de carrières d'exploitation peut être superposé sur le périmètre d'un droit minier de recherches ou, avec le consentement du titulaire, sur une partie du périmètre d'un Permis d'exploitation ;
>
> e) le périmètre d'une zone d'exploitation artisanale peut être superposé sur le périmètre d'un droit minier ou de carrières avec l'autorisation expresse et écrite du titulaire. Dans tous les cas, le titulaire est tenu de déposer concomitamment une demande de renonciation sur la partie du périmètre empiétée par la zone d'exploitation artisanale.

Il est important de souligner que les *litteras* a, b et d ci-dessus rentrent dans la première catégorie des empiétements autorisés d'office par le législateur. Par contre, les *litteras* c, d et e font partie, non pas des cas d'empiétement qui sont autorisés de plein droit par le texte de loi les régissant, mais de la catégorie des empiétements qui requièrent, selon le cas, le consentement ou l'autorisation expresse et écrite du titulaire du droit minier ou de carrières.

Aussi est-il important de souligner que ledit *littera* e a été reproduit *in extenso* à l'article 40*bis*, alinéa 1, point 5, du Règlement minier.

I.3. Modes d'institution

Il résulte du cadre légal que deux modes d'institution d'une ZEA sont prévus. Il s'agit de l'institution d'une ZEA suivant l'article 109 du Code minier (A) et de l'institution d'une ZEA conformément à l'article 30, littera e, du Code minier (B).

A. Institution d'une ZEA suivant l'article 109 du Code minier

En principe, une ZEA est instituée sur un périmètre libre de tout droit. Il est à noter ici que l'expression « libre de tout droit » laisse entrevoir la possibilité d'octroyer un droit minier ou de carrières ou d'instituer une ZEA sur un périmètre donné.

Cette expression est reprise à l'article 61, alinéa 2, du Code minier en ces termes : « *Dans ce cas, le périmètre couvert par le Permis de Recherches est libre de tout droit à compter de la date de l'expiration du Permis.* » Elle est également reprise à l'article 144, alinéa 2, de ce même texte de loi.

En effet, lorsque le législateur prévoit que le périmètre est libre de tout droit, il veut simplement souligner le fait que rien ne peut empêcher que ledit périmètre couvert par un droit expiré, caduc ou renoncé soit octroyé encore une fois à une personne éligible à ce droit, autrement dit, le périmètre devient disponible pour l'octroi de nouveaux droits. Sur ce point, la doctrine avec Émile Lambert Owenga Odinga (2014, n° 452, p. 332) affirme ceci : « Lorsqu'il est libre de tous droits, le droit minier ou de carrières peut être octroyé à tout celui qui le demande pourvu que ce dernier remplisse les conditions légales. »

On s'aperçoit dès lors qu'une ZEA peut être instituée sur un périmètre qui n'est pas couvert par un droit minier ou de carrières, et même sur un périmètre non couvert d'une autre ZEA. Pourtant, à titre exceptionnel, la loi autorise qu'un périmètre d'une ZEA soit superposé sur celui d'un droit minier ou de carrières.

B. Institution d'une ZEA conformément à l'article 30, littera e, du Code minier

Tout en reconnaissant que les périmètres des droits miniers et de carrières ainsi que les ZEA sont exclusifs, ne pouvant empiéter les uns sur les autres, le législateur a prévu certaines circonstances pouvant conduire à l'empiétement. C'est le cas du périmètre d'une ZEA qui peut être superposé sur le périmètre d'un droit minier ou de carrières, et ce, avec l'autorisation expresse et écrite du titulaire. Il s'agit là d'un empiétement autorisé ou légal. Comme l'écrit la Coordination des plaidoyers de la Société Civile pour la Gouvernance des ressources naturelles (2018, p. 29) :

> « En principe, une Zone d'Exploitation minière Artisanale (ZEA) ne doit pas être superposée sur le périmètre d'un Droit Minier (concession minière).

> Cependant, la loi prévoit une exception à ce principe. C'est en cas d'un accord (contrat) écrit et express entre le titulaire du droit minier d'exploitation et la Coopérative minière autorisant une exploitation artisanale sur une partie de son périmètre qu'une ZEA peut être superposé sur le périmètre d'un droit minier ou de carrières. »

Toujours est-il que, pour qu'une ZEA soit instituée en pareille circonstance, il faudra impérativement que le titulaire puisse préalablement renoncer sur la partie du périmètre devant faire l'objet d'empiétement par cette ZEA. Autrement dit, « le titulaire du droit minier concerné, devra renoncer à la partie du périmètre empiétée ainsi par la ZEA ». Cet état de choses est aussi affirmé dans les « Normes d'approvisionnement responsable de l'EGC » (EGC, 2021, p. 6) en ces termes :

> Les coopératives minières doivent être enregistrées et opérer soit dans une zone minière artisanale (ZMA) instituée par arrêté ministériel et affectée à la coopérative, ou dans une zone désignée au sein d'une concession privée qui a été allouée à cet effet par le titulaire de la concession. Lorsque le site minier se trouve dans le périmètre d'une concession privée, la coopérative doit apporter la preuve de l'existence d'une autorisation écrite du titulaire de la concession.

Puisqu'il existe un droit minier ou de carrières qui couvre le périmètre susceptible d'y être institué une ZEA, seule la renonciation peut ouvrir la voie à l'institution de celle-ci. Il est de fait que le périmètre couvert par un droit minier ou de carrières renoncé devient « libre de tout droit », et peut donc faire l'objet d'institution d'une ZEA. Car, sans cette renonciation, il y aura coexistence de deux types d'exploitation (exploitation artisanale et exploitation industrielle ou semi-industrielle) sur un même périmètre. Or une telle hypothèse n'est pas prévue en droit minier congolais. Autrement dit, les deux types d'exploitations sont alternatifs et non cumulatifs.

Il en résulte que les exploitants artisanaux, affiliés à une coopérative minière ou des produits de carrières agréée, ne peuvent pas concomitamment exploiter une mine ou une carrière sur un même périmètre avec un titulaire d'un droit minier ou de carrières, sans violation de la loi. Cela découle du principe d'exclusivité qui caractérise un droit minier ou de carrières, voire une ZEA.

Compte tenu du caractère exclusif, il est requis que le titulaire consente expressément et formellement pour qu'il soit institué une ZEA sur une partie du périmètre couvert par son droit minier ou de carrières, et afin qu'une coopérative minière ou des produits de carrières agréée y exploite indépendamment de lui (titulaire).

Il y a lieu d'insister sur le fait que l'accord préalable et express du titulaire est requis pour instituer une ZEA dans cette partie du périmètre de celui-ci, peu importe la raison qui pourrait être évoquée par l'État en vertu de son pouvoir de contrôle prévu au troisième chapitre du dixième titre du Code minier relatif à la réglementation de change et des garanties de l'État.

Il faut que les autorités publiques s'imprègnent bien de la *ratio legis* du *littera* e de l'article 30 précité afin d'éviter toute confusion ou abus chaque fois que c'est possible d'y avoir recours et que ce soit approprié. Il va sans dire que toute institution d'une ZEA en dehors de ce prescrit sera illégale et la décision du ministre des Mines pourrait être attaquée par voie judiciaire, comme en matière de contentieux d'indemnité d'expropriation. Il faut donc arriver à faire entendre raison au titulaire concerné.

Seulement, le problème peut se poser lorsqu'on est face d'un titulaire qui refuse catégoriquement de renoncer volontairement à la partie de son périmètre minier dans laquelle doit être instituée la ZEA, et ce malgré les raisons évidentes – notamment la recherche de la paix sociale au sein de la population ou la formalisation de l'exploitation artisanale – et les sollicitations de l'État, appelé à répondre aux besoins pressants de développement social et communautaire.

À ce sujet, nous sommes d'avis qu'au moment où le titulaire fait montre de mauvaise foi, l'État est en droit de recourir à la procédure d'expropriation prévue à l'article 275 du Code minier. Une telle mesure prise dans le cadre de l'application dudit *littera* e de l'article 30 du Code minier devrait ni plus ni moins être considérée comme faisant partie des circonstances exceptionnelles auxquelles l'État peut recourir pour exproprier les biens du titulaire d'un droit minier ou de carrières.

Au fond, il paraît juste que les populations locales, qui doivent tirer profit des ressources minières les avoisinant, ne soient pas purement et simplement abandonnées à leur triste sort, à l'effet de privilégier les intérêts du titulaire d'un droit minier ou de carrières, comme c'est souvent le cas.

Au demeurant, cet état de choses a souvent été décrié par les membres de la société civile, voire les ONG œuvrant dans l'artisanat minier. L'État fait preuve de laxisme dans cette situation en faisant passer l'intérêt des populations locales après des considérations financières. On dirait même que la duplicité des autorités publiques laisse à désirer, quand on voit combien d'entre elles prennent parti pour tel ou tel autre titulaire, sacrifiant ainsi l'intérêt général de la population.

Notons que cet article 275 prévoit une juste indemnité à payer au titulaire concerné par la décision d'expropriation au moins six mois avant l'exécution de cette dernière. En sus, il fixe les modalités de l'indemnité d'expropriation en cas d'accord ou de désaccord entre l'État et le titulaire qui est concerné.

Dans cette logique et en application des dispositions de cet article, une indemnité d'expropriation est d'office allouée au titulaire du droit minier ou de carrières lorsque le ministre ayant la Culture, les Arts et les Musées dans ses attributions décide de conserver des indices archéologiques découverts lors des opérations minières ou de carrières. C'est ce que prévoit l'article 489 du Règlement minier relatif à la sécurisation et de la conservation des éléments du patrimoine culturel national.

Dans tous les cas, le souci du législateur n'est pas de laisser sans protection ni issue le titulaire du doit minier ou de carrières dont les installations minières ou de carrières peuvent faire l'objet d'expropriation par l'État. Cela répond au respect des prescrits du *littera* h de l'article 273 du Code minier concernant les libertés garanties accordées aux titulaires des droits miniers et de carriers.

Par ailleurs, dans la pratique, il est étonnant de constater que certains titulaires des droits miniers ou de carrières se permettent de signer des contrats ou des accords avec des coopératives minières **ou des produits de carrières agréées** pour leur céder une partie de leur périmètre afin qu'elles l'exploitent et que, eux, en contrepartie, perçoivent certains droits. Ce qui constitue une violation flagrante de la loi minière en vigueur, car une telle possibilité n'y est pas prévue.

À ce propos, on peut d'ailleurs chercher à savoir quelle sera la valeur juridique d'un tel contrat ou accord. S'agit-il d'un contrat d'amodiation, de cession ou d'un contrat d'option ? Vraisemblablement il ne s'agit ni de l'un ni de l'autre.

Le législateur a prévu différents contrats légaux pouvant intervenir en droit minier et les a assortis de conditions de forme et de fond. L'accord conclu par un titulaire d'un droit minier et/ou de carrières avec une coopérative minière ou des produits de carrières agréée ne rentre pas dans l'un desdits contrats prévus dans le Code minier ainsi que ses mesures d'application.

Il est temps que les autorités publiques, dans ce cas précis le ministère des Mines, ouvrent l'œil sur cette pratique parmi tant d'autres qui gangrènent le secteur des mines. Il y a lieu de protéger les exploitants artisanaux contre cette pratique qui est récurrente. En fait, les titulaires des droits miniers et de carrières profitent de l'ignorance de la loi minière par les exploitants artisanaux ainsi que de l'inadvertance de l'Administration des mines, en l'occurrence la Division provinciale des mines, censée exercer le contrôle et la surveillance des activités minières en province, et surtout de laxisme des autorités du pays à sévir contre les actes qui violent délibérément ce texte de loi.

Une telle pratique a souvent lieu avec la complicité des autorités du pays (au niveau provincial et national), dont certaines tirent profit de cette situation, étant elles-mêmes promotrices de bien des coopératives minières **ou des produits de carrières agréées**.

Au demeurant, les exploitants artisanaux, affiliés aux coopératives minières **ou des produits de carrières agréées,** qui se livrent à l'exploitation artisanale des mines ou des carrières en dehors d'une ZEA instituée à leur profit, conformément à la loi, peuvent être poursuivis pour activités minières illicites, sur pied de l'article 299 du Code minier. Dans ce cas devraient donc considérés comme coauteurs de cette infraction les titulaires des droits miniers et de carrières qui auront signé de tels contrats ou accords.

S'il est vrai que les titulaires peuvent signer des contrats ou accords portant sur leurs droits miniers et/ou de carrières avec les tiers, il est aussi vrai qu'ils ne peuvent pas les signer avec les coopératives minières ou des produits de carrières agréées, du seul fait que celles-ci ne sont autorisées à se livrer qu'à l'exploitation minière artisanale, alors que, ceux-là exploitent les mines ou les carrières d'une façon industrielle ou semi-industrielle. Autant dire que les droits miniers et de carrières sont octroyés dans le cadre de l'exploitation industrielle ou semi-industrielle, mais non artisanale. Il est dès lors inconcevable que, sur un même périmètre couvert par un droit minier ou de carrières, dont une partie n'a pas été formellement renoncée, il y ait une coïncidence de ces deux types d'exploitation.

En définitive, les titulaires des droits miniers ou de carrières, n'étant pas des services de l'État de recouvrement des droits, taxes et redevances, ne doivent pas percevoir ces derniers sur base d'un prétendu contrat ou accord passé avec telle ou telle autre coopérative minière agréée. Sinon ils subiront toute la rigueur de la loi. Ce qui comprend de lourdes peines.

I.4. Nature juridique d'une ZEA

La ZEA est un droit exclusif, non cessible, non transmissible et non amodiable. Tel qu'il ressort de l'analyse des dispositions légales et réglementaires en la matière.

Il convient de signaler que la nature juridique d'une ZEA est la même que celle de certains droits de carrières, plus précisément de l'Autorisation de Recherches des Produits de Carrières (ci-après ARPC) et de l'Autorisation d'Exploitation de Carrières Temporaire (ci-après AECT)[31]. Examinons chacun des traits caractéristiques d'une ZEA.

A. La ZEA est un droit exclusif

L'article 40bis du Règlement minier dispose que : « Les périmètres des droits miniers et de carrières ainsi que les zones d'exploitation artisanale sont exclusifs. Ils ne peuvent empiéter les uns sur les autres [...]. »

Il s'ensuit que les exploitants artisanaux, étant installés dans une ZEA qui leur a été expressément et légalement instituée, ne peuvent pas être privés de leur droit de jouissance et surtout ne doivent pas faire l'objet de concurrence, c'est-à-dire qu'ils ne peuvent cohabiter avec les autres exploitants artisanaux, membres d'une coopérative autre que la leur. En d'autres termes, il ne peut y avoir coexistence de

31 La loi a prévu trois droits de carrières, à savoir : l'Autorisation de Recherches des Produits de Carrières (ARPC) ; l'Autorisation d'Exploitation de Carrières Temporaires (AECT) ; l'Autorisation d'Exploitation de Carrières Permanentes (AECP).

deux ou plusieurs coopératives minières ou des produits de carrières agréées sur une même ZEA, comme il est actuellement constaté çà et là.

Il paraît que cette situation est due au fait qu'avant la modification du Code minier, la loi n'avait pas limité le nombre de carrés devant comprendre une ZEA. Cela a conduit à l'institution des ZEA de plus de 20 à 30 carrés. De la sorte, au regard de l'étendue d'une ZEA et en s'appuyant sur le principe « tout ce qui n'est pas interdit est permis », semblerait-il, le ministre des Mines avait voulu contenter les besoins de certaines populations locales, constituées en différents regroupements des exploitants artisanaux, en permettant ou autorisant leur installation simultanée sur un périmètre couvert par une seule et unique ZEA.

Puisque le nombre de carrés est désormais limité à deux pour une étendue d'une ZEA, cet argument, assez compréhensible, ne doit plus être de rigueur à ce jour. Il est temps que cette coexistence de plus d'une coopérative minière ou des produits de carrière agréée cesse définitivement et que soit instituée une ZEA pour une seule et unique coopérative minière ou des produits de carrières agréée, le but étant de se conformer à l'article 233*sexies* du Règlement minier relatif à l'accès à la zone d'exploitation artisanale.

B. La ZEA est un droit non cessible

La ZEA ne peut faire l'objet de cession, comme c'est le cas pour l'ARPC et l'AECT. Cela veut dire que la coopérative minière ou des produits de carrières qui est installée dans une ZEA déterminée ne peut pas céder le périmètre minier ou de carrières agréée couvert par cette dernière à une autre coopérative minière ou des produits de carrières agréée, et même à toute autre personne, pour quelque raison que ce soit.

Au demeurant, aucune disposition de la loi minière n'autorise un tel transfert des droits reconnus à une coopérative minière ou des produits de carrières agréée pour laquelle une ZEA a été instituée.

C. La ZEA est un droit non transmissible

À l'instar de la carte artisanale qui ne peut faire l'objet de la transmission pour cause de décès, la ZEA instituée pour une coopérative minière ou des produits de carrière agréée ne peut pas être transmise à une autre, même en l'absence de tous ses membres.

Prenons, par exemple, le cas d'une coopérative minière ou des produits de carrières agréée dont tous les membres viennent de trépasser, à la suite d'un éboulement lors de travaux en tranchée ou de travaux de terrassement. Cette situation ne constitue pas une occasion de voir chacun des héritiers ou ayants droit desdits membres se prévaloir d'un quelconque droit sur la ZEA dans laquelle ceux-ci se livraient à l'exploitation minière artisanale.

En pareille circonstance, on pourrait envisager même la fermeture d'une ZEA, ou alors qu'il y soit installé une nouvelle coopérative minière ou des produits de carrières agréée distincte de la précédente qui en exprimerait le désir, en instituant ainsi une autre ZEA avec un nouveau numéro.

D. La ZEA est un droit non amodiable

Le législateur a voulu qu'une ZEA ne fasse pas l'objet d'amodiation, n'étant pas un droit minier pouvant être amodiable. À vrai dire, une coopérative minière ou des produits de carrières agréée ne peut pas faire louer une ZEA dans laquelle elle est installée à une personne, peu importe qu'il s'agisse d'une société minière, ou à un autre regroupement des personnes constitué en une coopérative minière ou des produits de carrières agréée. Autrement dit, une coopérative minière ou des produits de carrières agréée ne peut pas donner en location, par un contrat, la ZEA à qui que ce soit pour être exploitée moyennant ou non une redevance périodique.

Sur ce point, il semble que le législateur ait jugé utile de ne pas prévoir une pareille possibilité pour éviter que les étrangers, par un arrangement avec telle ou telle autre coopérative, se livrent également et directement à l'exploitation artisanale des substances minérales, laquelle est pourtant réservée aux seules personnes physiques de nationalité congolaise.

Il ne s'agit pas ici de la pratique du préfinancement dont peut bénéficier d'une tierce personne une coopérative minière ou des produits de carrières agréée afin de mener à bien ses activités minières ou de carrières d'exploitation artisanale. À ce propos, on doit admettre que le préfinancement dans *l'exploitation minière artisanale* est un élément clé du fonctionnement de la chaîne du commerce des minerais. C'est ce qui se passe dans la pratique au sein de plusieurs villes du pays où s'effectue l'exploitation minière artisanale, comme dans celle de Butembo.

En effet, « les activités de certains exploitants miniers artisanaux et négociants exerçant sur les sites miniers et les centres commerciaux sont financés par certains grands commerçants de la ville de Butembo. En contrepartie, l'or produit par ces personnes doit être ramené à leur bailleur de fonds, c'est-à-dire aux commerçants de Butembo » (Kamabu Ngavo *et al.*, 2020, p. 11).

> « Au niveau de la mine, le concept de "préfinancement" a un impact ambigu [soit par manque de précision et peut désigner plusieurs sens].
>
> D'un côté, le système est souvent critiqué en raison de la relation asymétrique qu'il créé entre le négociant et les exploitants miniers artisanaux. Les exploitants étant obligés de vendre leur production aux négociants qui les ont préfinancés, ces derniers peuvent unilatéralement déterminer le prix.

De l'autre côté, le préfinancement permet aux creuseurs de faire circuler l'argent avant même que la production soit réalisée. Le préfinancement aide ou permet aux exploitants miniers artisanaux à couvrir des dépenses des matériels, de nourriture, de soins de santé et autres besoins familiaux » (Kamabu Ngavo *et al.*, 2020, p. 11).

Comme on peut s'en douter, le système de préfinancement repose sur la confiance entre la personne préfinançant et l'exploitant artisanal. S'agissant de la confiance entre les deux parties, on peut lire dans la publication produite par l'USAID (2015, p. 18) ceci :

> « La confiance se développe au fil du temps, et une fois la confiance gagnée, ce mineur devient un soi-disant "client honorable". On ne demande pas aux "clients honorables" des accords écrits, car cela serait considéré comme une insulte. Les mineurs peuvent faire des affaires avec d'autres commerçants, à condition de respecter les engagements pris avec chacun d'eux. »

Dans la pratique, c'est le négociant qui est le plus souvent la personne qui préfinance. À vrai dire, ce dernier joue un rôle crucial non seulement dans la chaîne d'approvisionnement, mais aussi pour les activités des exploitants artisanaux, voire les communautés. Comme on peut lire dans la publication précitée (USAID, 2015, p. 18) ce qui suit :

> « De plus, les commerçants locaux accordent également du crédit aux propriétaires de puits et aux mineurs EMAPE pour l'équipement, la nourriture, les boissons, les vêtements, etc. Sans le crédit, les sites miniers ne produiraient pas autant ; c'est donc une situation gagnant-gagnant pour les commerçants et les mineurs locaux. En raison de cette réciprocité, les commerçants et les mineurs interagissent à plusieurs reprises et tentent de personnaliser leurs relations pour réduire l'incertitude. Dans de nombreux cas, des accords sont conclus pour partager les bénéfices ou pour payer un salaire mensuel.
>
> Certains commerçants locaux qualifient le crédit accordé aux mineurs de cadeau, bien que la plupart du temps ce « cadeau » doive être remboursé sous forme d'or et, en fait, est en réalité un prêt. Certaines dettes restent dues pendant très longtemps (plus de 10 ans). Le crédit varie de petits montants à 100 000 USD dans certains cas. Avant d'accorder un crédit, les commerçants locaux doivent savoir si le mineur paie normalement ses dettes ou non en évaluant son puits et son projet minier, ainsi qu'en tenant compte des qualités du client. En tant que stratégie commerciale pour attirer des clients, certains commerçants locaux donnent de petits « cadeaux » aux

mineurs, qui n'ont pas besoin d'être remboursés, notamment de l'argent pour acheter de l'essence pour la pompe à eau, des haricots à manger, des branches pour étayer le puits, ou ils deviennent amis avec les mineurs. »

Par ailleurs, il est curieux de voir des étrangers prétendre être propriétaires des coopératives minières ou des produits de carrières, comme si une société coopérative avait le statut qu'une société unipersonnelle. Il semble que ce sont surtout ces étrangers qui financent la création de certaines coopératives minières ou des produits de carrières, ce qui leur permet d'avoir le contrôle non seulement sur le fonctionnement de celles-ci, mais aussi sur toutes les activités minières auxquelles se livrent leurs membres, en l'occurrence les exploitants artisanaux. Dans ces conditions, il paraît normal que lesdits étrangers passent pour les vrais responsables de la plupart des coopératives minières ou des produits de carrières agréées disséminés çà et là.

Il est donc dommage que cette pratique, qui est récurrente, soit orchestrée par les mêmes populations qui devraient pourtant contribuer à la combattre par la dénonciation. Comme qui dirait : « Le Congolais est la somme de ses propres malheurs. »

Dans tous les cas, il y a lieu de souligner que tout accord, verbal ou écrit, conclu entre une coopérative minière ou des produits de carrières agréée avec une personne physique (de nationalité congolaise ou étrangère) ou une personne morale (de droit congolais ou étranger), dans l'intention de céder ou de louer une ZEA, insistons là-dessus, est nul et de nul effet. Un pareil accord devrait d'ailleurs constituer un motif valable pouvant conduire au retrait d'agrément au titre de coopérative minière ou des produits de carrières et, conséquemment, au retrait des cartes d'exploitants artisanaux aux membres de cette coopérative. Cette mesure aura un effet dissuasif pour empêcher la récurrence d'une telle pratique.

En somme, le fait pour le responsable (ou les responsables) d'une coopérative minière ou des produits de carrières agréée d'associer une tierce personne, autre qu'un des membres de cette structure, à l'effet de mener ensemble les activités minières dans la même ZEA instituée uniquement pour cette coopérative constitue un acte illégal qui devrait en principe être assorti d'une sanction, par exemple le retrait d'agrément.

Au fond, l'exploitation simultanée dans une même ZEA par plusieurs regroupements distincts d'exploitants artisanaux a définitivement cessé à la suite de la réforme intervenue en 2018, avec la modification du Code minier.

Après tout, il faut rappeler qu'une coopérative minière ou des produits de carrières agréée doit travailler dans la ZEA qui est instituée pour elle. Mais toujours est-il que le législateur a soumis cette institution à des conditions qu'il importe de connaitre.

I.5. Conditions d'institution d'une ZEA

Il est à remarquer qu'en *RDC* l'exploitation minière artisanale n'est pas conditionnée par l'étape préalable de la recherche, comme c'est le cas pour l'exploitation industrielle ou semi-industrielle, principalement pour les droits miniers et de carrières d'exploitation (PE, PEPM et AECP) qui requièrent préalablement de détenir, selon le cas, un PR ou une ARPC avant de les solliciter. Et cette réalité n'est pas une caractéristique de l'exploitation minière artisanale de la RDC. En effet, c'est ce qui est également prévu au Mali. Ainsi que nous renseigne Seydou Keita (2001, p. 32) en ces termes :

> « Aux termes des dispositions du Code minier, l'exploitation artisanale des ressources minérales est classée dans la catégorie des opérations d'exploitation directe sans qu'elle ne soit précédée d'une phase de recherche préalable ; elle n'est donc soumise à aucune obligation de détention de titre minier de recherche. »

L'institution d'une ZEA est soumise à certaines conditions sans lesquelles elle ne peut avoir lieu. Il s'agit de :

- l'existence des facteurs techniques et économiques de certains gîtes des substances minérales sur un périmètre ;
- l'impossibilité de se livrer à une exploitation industrielle ou semi-industrielle ;
- l'inexistence d'un droit minier ou de carrières octroyé, d'une aire protégée, d'une zone interdite dans le périmètre susceptible d'institution d'une ZEA.

Il faut noter que, en ce qui concerne la dernière condition, force est de constater qu'elle ne se conçoit que dans le cas du mode d'institution prévu à l'article 109 du Code minier, et non pas dans celui découlant du *littera* e de l'article 30 de ce même texte qui autorise l'institution d'une ZEA, en dépit de l'existence d'un droit minier ou de carrières, sous certaines conditions.

Aussi faut-il noter que toutes ces conditions sont cumulatives, mais pas alternatives. Cela veut dire que l'une d'elles ne suffit pas pour donner lieu à l'institution d'une ZEA. Il s'agit là des conditions devant être remplies dans leur ensemble, ou plutôt leur totalité pour donner lieu à l'institution d'une ZEA. À ce titre, examinons tour à tour chacune des conditions d'institution d'une ZEA.

A. L'existence des facteurs techniques et économiques

Pour qu'un périmètre déterminé soit constitué en ZEA, il faut impérativement qu'il y ait la présence des indices des substances minérales pouvant conduire à une exploitation des mines ou de carrières.

Il s'avère que l'absence d'une activité commerciale rentable dans une contrée donnée peut justifier l'institution d'une ZEA. Cette dernière contribuera, dans la mesure du possible, à réduire la pauvreté dans des zones où des populations locales ne disposent pas d'autres moyens de survie que les activités minières. Comme l'explique le Centre Arrupe pour la Recherche et la Formation (2015, p. 44) en ces termes :

> « [...] Pour une certaine opinion, la carrière contribue à la vie économique des populations car elles développent autour de cette exploitation certaines activités qui leur permettent de gagner un peu de sous pour leur survie, pour la satisfaction de certains besoins comme la scolarisation des enfants, les besoins médicaux, la ration alimentaire, l'équipement de travail et faire quelques investissements [...]. »

De plus, l'absence de perspectives qu'offre l'exploitation industrielle peut amener le Gouvernement à instituer des ZEA. Au fond, l'institution de nouvelles ZEA serait une aide aux populations et contribuerait à diminuer les tensions entre exploitants industriels et artisanaux, surtout lorsque ces derniers vivent près des gisements des sites industriels et se trouvent dans l'impossibilité d'y accéder. Comme on peut le lire dans un document publié sur internet (https://www.crisisgroup.org/fr/africa/central-africa/democratic-republic-congo/290-mineral-concessions-avoiding-conflict-dr-congos-mining-heartland, consulté le 5 décembre 2021) :

> « La concurrence directe et parfois violente entre les mineurs artisanaux et industriels est répandue en RDC. Une étude de 2015 sur des sites miniers artisanaux de l'est et du sud-est du pays indique que 63 % d'entre eux se trouvent sur des terres où des sociétés industrielles détiennent des permis d'exploitation minière. Selon cette étude, moins de 1 % de l'exploitation minière artisanale se déroule dans des zones que le gouvernement a affectées à cette activité. »

B. L'impossibilité d'une exploitation industrielle ou semi-industrielle

Avant les réformes de 2002 et 2018, celle de 1981, à travers l'ordonnance-loi n° 81-013 du 2 avril 1981 portant législation générale sur les mines et les hydrocarbures telle que modifiée et complétée par l'ordonnance-loi n° 82-039 du 5 novembre 1982 et ordonnance-loi n° 86-008 du 27 décembre 1986, avait amené le législateur à prévoir que certains gisements d'or, de diamant ou de toute autre matière ou substance concessible déclarée précieuse, puissent faire d'objet d'une exploitation artisanale. Et l'article 30 de cette ordonnance-loi disposait ceci :

> Il y a exploitation artisanale, lorsque les facteurs techniques et économiques qui caractérisent les gisements ci-dessus décrits ne permettent pas d'en assurer une exploitation industrielle au sens de la présente législation et de ses mesures d'exécution.

Dans la même logique, le législateur de 2018 a prévu certaines conditions préalables à l'institution d'une ZEA. Ainsi, l'article 109 du Code minier dispose que :

> Lorsque les facteurs techniques et économiques qui caractérisent certains gîtes des substances minérales classées en mines ou carrières ne permettent pas d'en assurer une exploitation industrielle ou semi-industrielle, mais permettent une exploitation artisanale, de tels gîtes sont érigés, dans les limites d'une aire géographique couvrant maximum deux carrés, en zone d'exploitation artisanale.

Il faut savoir que, lorsque les facteurs techniques et économiques peuvent donner lieu à l'exploitation industrielle ou semi-industrielle sur un périmètre donné, il ne peut y être institué une ZEA. C'est dans ce cadre qu'un organisme spécial de recherches a été institué, entre autres, pour confirmer ou non l'impossibilité de l'institution d'une ZEA, et ce, partant des facteurs techniques et économiques existants.

En effet, il revient au SGNC de procéder en amont à l'étude et à l'évaluation du gisement pour conclure du type d'activité minière à exercer. Il s'agit, en effet, de déterminer si l'exploitation minière ou de carrières sera à grande ou petite échelle, ou encore s'il s'agira de l'exploitation minière ou de carrières artisanales. Dans la pratique, il est dommage de constater que certaines ZEA ont été instituées sans que le SGNC ait émis son avis.

Pourtant, dans la pratique, il est curieux de constater que, jusqu'à ce jour, certaines ZEA ont été instituées sans que le SGNC ait émis son avis. Autrement dit, l'institution des ZEA ne se fait pas au strict respect de la loi minière en vigueur. En effet, le SGNC, qui est l'organe attitré et devant émettre son avis en premier, avant les autres organes intervenant dans le processus de cette institution, n'est pas consulté. Il est à noter que les données pertinentes sur la minéralisation et la gîtologie d'une zone d'intérêt identifiée par le SGNC sont les seuls deux éléments pouvant permettre au SAEMAPE de requérir l'institution d'une ZEA. On voit bien que, dans la mesure où le SGNC n'émet pas son avis, rien ne peut démontrer que le périmètre couvrant une ZEA instituée ne pourra être exploité que d'une manière artisanale, mais pas industrielle ou semi-industrielle. L'institution des ZEA sans une étude préalable du SGNC confirmant la minéralisation, comme c'est le cas actuellement, est une violation flagrante des textes de loi en la matière.

De même, il se trouve que certaines ZEA ont été instituées, non pas sur base de la requête du SAEMAPE, mais plutôt sur une demande des coopératives minières ou des produits de carrières, adressée directement au ministre des Mines. Ce qui est contraire à l'esprit et à la lettre des dispositions de l'alinéa 5 de l'article 109 du Code minier tel que révisé à ce jour.

Ainsi que l'on peut s'en rendre compte, « le législateur du Code minier tel que révisé à ce jour a voulu, à cet égard, que l'institution d'une ZEA ne se fasse plus de n'importe quelle manière, mais suivant les règles précises. Cela a l'avantage d'éviter le gaspillage de certains gisements qui peuvent nécessiter qu'ils soient exploités d'une façon industrielle, mais pas en utilisant des méthodes et procédés manuels et peu mécanisés » (Cim's Mulungulungu, 2021, p. 206).

On s'accorde à affirmer que l'exploitation minière artisanale renvoie à l'exploitation de substances minérales par des procédés artisanaux sans que cette exploitation ne soit précédée de la mise en évidence d'un gisement.

En somme, il s'agit là d'une opération minière aisément maîtrisée ou maîtrisable technologiquement et financièrement par des populations peu ou faiblement équipées et disposant de moyens réduits, pris à l'échelon individuel, familial, d'associations ou de coopératives corporatistes.

C. L'inexistence d'un droit minier ou de carrières, d'une aire protégée, d'une zone interdite

Pour rappel, l'article 109, alinéa 3, du Code minier dispose que : « Un périmètre minier ou de carrières faisant l'objet d'un titre minier ou de carrières en cours de validité ne peut être transformé en zone d'exploitation artisanale. Un tel périmètre est expressément exclu des zones d'exploitation artisanale instituées conformément aux dispositions de ce chapitre. »

Il en découle qu'une ZEA ne peut pas être instituée sur un périmètre couvert par un droit minier ou de carrières existant. Le caractère exclusif d'un droit minier ou de carrières ne permet pas la coïncidence d'une ZEA avec un droit minier ou de carrières sur un même périmètre. C'est ce qu'explique, en d'autres termes, Gabriel Kamundala Byemba (2012, p. 8) comme suit :

> « Cette exploitation devait se faire en dehors des concessions couvertes par des titres miniers exclusifs (Defailly, 2000). La compréhension, par les creuseurs artisanaux, du terme "en dehors des concessions couvertes par des titres miniers" a posé pas mal de problèmes et a souvent donné lieu à des confrontations entre les concessionnaires et les creuseurs. Cette situation de confrontation demeure une réalité aujourd'hui dans les provinces minières de la RDC. Pour faire face aux menaces des creuseurs, les sociétés ont recouru à des brigades minières constituées principalement d'unités spéciales de la police pour la protection de leurs concessions respectives. »

Il arrive que certaines coopératives, en dépit de l'existence d'un titre minier qui couvre un périmètre, se permettent de réclamer bec et ongles qu'il leur soit institué une ZEA afin qu'elles s'y livrent aux activités minières artisanales. Cette situation est souvent à la base des graves conflits entre ces coopératives et les titulaires des droits miniers ou de carrières, entraînant parfois mort d'homme. À ce propos, Patient Lwango Mirindi (2014, p. 568) écrit ceci :

> « La mine de Bisie dans le territoire de Walikale au Nord-Kivu est un cas supplémentaire du chaos qui peut régner sur un site minier. Sur ce site, un exploitant titulaire d'un droit minier d'exploration (voulu exclusif par le Code minier) se disputait le droit d'exploitation avec deux coopératives minières. Dans le même temps, les deux coopératives étaient concurrentes et prétendaient chacune avoir le droit exclusif d'exploiter la mine. Elles avaient soumis leur litige à la justice, mais n'hésitaient pas à recourir à des groupes armés et parfois à l'armée nationale pour régler leur différend. »

Par ailleurs, il ne peut pas être érigé une ZEA dans une aire protégée ou sur une superficie comprise dans cette zone interdite (combinaison des articles 3, alinéas 3 et 4, alinéa 1, du Règlement minier).

Pour rappel, notons noter que, conformément à l'article 30, *littera* e, du Code minier, le périmètre d'une ZEA peut être superposé sur le périmètre d'un droit minier ou de carrières avec l'autorisation expresse et écrite du titulaire. Dans tous les cas, le titulaire est tenu de déposer concomitamment une demande de renonciation sur la partie du périmètre empiétée par la ZEA.

S'agissant de la possibilité d'ériger une ZEA dans une zone réservée, il paraît évident que l'institution d'une ZEA puisse avoir lieu. Car il ressort de l'article 5 du Règlement minier que des droits miniers ou de carrières peuvent être octroyés sur des périmètres qui empiètent sur des zones de réserve. De ce fait, rien ne peut empêcher d'instituer une ZEA dans une zone de réserve. Ce qui s'applique pour l'octroi d'un droit minier ou de carrières s'applique mutatis mutandis pour l'institution d'une ZEA.

Toujours est-il que le législateur a prévu, ainsi que nous l'avons souligné *supra*, une exception quant à l'existence d'un droit minier ou de carrières.

I.6. Procédure d'institution d'une ZEA

La procédure d'institution d'une ZEA est soumise à une demande préalable d'institution de celle-ci (A), suivie de son instruction ainsi que de sa décision d'institution (B).

A. Demande d'institution d'une ZEA

Selon les termes de l'article 109, alinéa 5, du Code minier, sur la base des données pertinentes sur la minéralisation et la gîtologie d'une zone d'intérêt identifiée par l'organisme spécialisé de recherches, le SAEMAPE peut requérir l'institution d'une ZEA. Aussi ressort-il de l'article 14*quinquies* du Règlement minier que le

SAEMAPE est chargé, entre autres, de requérir auprès du ministre des Mines l'institution d'une ZEA.

Il est patent qu'au regard des dispositions de ces deux articles que l'organe compétent pour solliciter l'institution d'une ZEA reste le SAEMAPE.

À ce propos, Gary Sakata M. Tawab (2022, p. 166) écrit ceci : « De manière pratique, la personne morale la plus intéressée, en l'espèce la coopérative minière, pourra également introduire la requête en vue de la création d'une ZEA auprès du ministre des Mines parce qu'elle y est éligible pour l'exercice des activités. Cependant, il n'est pas interdit au gouverneur et aux autres autorités décentralisées d'introduire une telle requête. » Ce qui n'est pas vrai.

D'ailleurs, il y a lieu de remarquer que l'auteur ne mentionne même pas ne fût-ce qu'un article de la loi qui autorise l'une ou l'autre personne, autre que le SAEMAPE, à introduire une demande d'institution d'une ZEA auprès du ministre des Mines.

Il faut savoir que le législateur a distinctement confié des tâches précises à tel ou tel autre organe qui intervient dans l'application du Code minier ainsi que de ses mesures d'application. Nulle part dans la loi minière, la prérogative de requérir l'institution d'une ZEA n'est dévolue au gouverneur de province ou à une quelconque autorité décentralisée, encore moins à une coopérative minière ou des produits de carrières agréée, comme il est faussement affirmé ci-dessus. Du reste, le fait d'être éligible à l'exercice des activités minières artisanales pour une coopérative minière ou des produits de carrières agréée ne confère pas à cette dernière la compétence de solliciter toute seule l'institution d'une ZEA auprès le ministre des Mines.

L'incompréhension ou l'interprétation incorrecte de la loi minière a conduit, dans la pratique, à sa mauvaise application en cette matière. Effectivement, certaines coopératives minières ou des produits de carrières agréées prennent seules l'initiative de saisir sans intermédiaire le ministre des Mines pour solliciter l'institution des ZEA. Il s'ensuit regrettablement que plusieurs ZEA ont été instituées en violation des prescrits des articles précités, c'est-à-dire sans le moindre respect de la loi minière en vigueur.

Pour s'en rendre compte, on peut indiquer, pour information, que, sur une vingtaine des demandes adressées au ministre des Mines par les coopératives minières ou des produits de carrières, il se dégage que plus d'une dizaine des ZEA ont été instituées. Comme c'est le cas, à titre d'illustration, des ZEA n°s 876, 873 et 860 qui ont été instituées, après vérification faite de notre part, non pas à la diligence du SAEMAPE, mais à la suite des demandes adressées directement au ministre des Mines par trois coopératives minières agréées, ce qui n'est pas conforme à la loi.

En réalité, il est déjà arrivé que le ministre des Mines lui-même transmette sans ambages aux différentes autorités reprises à l'article 109 du Code minier les demandes d'institution des ZEA qui lui sont tout droit adressées par les différentes coopératives minières ou des produits de carrières agréées pour que lesdites autorités émettent leurs avis respectifs. Cela découle, par exemple, des lettres du ministre des Mines, qui sont référencées CAB.MIN/MINES/02/0621/2019 du 12 août 2019, CAB.MIN/MINES/MKN/02205/03/2022 du 8 juillet 2022 et CAB.MIN/MINES/MKN/02198/03/2022 du 8 juillet 2022. Cet état de choses est inacceptable et devrait donc cesser.

Pourtant, il résulte de l'esprit et de la lettre des dispositions de la loi que les demandes d'institution des ZEA doivent plutôt émaner du SAEMAPE.

À l'avenir, il serait préférable que le ministre des Mines rejette toutes les requêtes formulées et qui lui sont directement adressées par lesdites coopératives ou n'importe quelle autorité publique en vue de l'institution des ZEA. À la rigueur, le ministre des Mines doit inviter tout demandeur d'institution d'une ZEA de s'adresser préalablement au SAEMAPE qui, reste le seul et unique organe compétent, à même de juger de l'opportunité ou non de requérir l'institution d'une ZEA auprès de lui, et ce, insistons là-dessus, sur pied de l'alinéa 5 de l'article 109 du Code minier et du 4e point de l'article 14quinquies du Règlement minier.

B. Instruction et décision de la demande

L'instruction de la demande d'une ZEA exige préalablement l'émission des avis (1), suivie de la prise de décision de l'institution d'une ZEA (2), de la notification de celle-ci (3) ainsi que de la réception de la décision et ses conséquences qui en découlent (4).

1) Émission des avis

Le point de départ pour l'institution d'une ZEA concerne l'émission des avis des services ou organes habilités. Ce qui est préalable à la prise de décision par voie d'arrêté du ministre des Mines. L'article 109, alinéa 2, du Code minier en dispose en ces termes : « *L'institution d'une zone d'exploitation artisanale est faite par voie d'arrêté du ministre après avis de l'Organisme spécialisé de recherches, du Gouverneur de province, du chef de division provinciale des Mines, de l'autorité de l'entité territoriale décentralisée et du Cadastre minier.* »

Cinq services et organes interviennent dans l'institution d'une ZEA :

- le Service Géologique National du Congo (ci-après SGNC) ;
- le gouverneur de province ;
- le chef de division provinciale des Mines ;
- l'Autorité de l'entité territoriale décentralisée ;
- et le Cadastre minier.

Aux termes de l'article 14septies, alinéa 1, point 5, du Règlement minier, le SGCN est notamment chargé de procéder à l'étude et l'élaboration des avis techniques sur l'ouverture et la fermeture d'une ZEA.

Puisque le SGNC, qui est l'organisme spécialisé de recherches, procède en amont à l'étude et à l'évaluation du gisement pour conclure sur le type d'activité minière à exercer, il est normal que son avis soit requis en premier. En cas de son avis défavorable pour l'institution d'une ZEA, les avis des autres organes ne sont plus de rigueur.

Suivant les articles 11 du Code minier et 15 du Règlement minier, le gouverneur de province est compétent pour émettre un avis en cas d'institution (ou de fermeture) d'une ZEA.

Selon l'article 13, point 9, du Règlement minier, le chef de division provinciale des Mines est compétent pour émettre un avis sur l'institution d'une ZEA.

La compétence de l'Autorité de l'entité territoriale décentralisée d'émettre un avis pour l'institution d'une ZEA figure dans les dispositions de l'alinéa 2 de l'article 109 du Code minier.

Conformément à l'article 14quater, alinéa 7 in fine, du Règlement minier, le Cadastre minier émet un avis pour l'institution d'une zone d'exploitation artisanale.

En fin de compte, il est tout à fait logique d'admettre que, lorsque les avis de tous les services et organes sont favorables à l'institution d'une ZEA, le dossier est transmis au ministre des Mines pour décision.

2) Décision de l'institution d'une ZEA

Suivant l'article 10, littera d, du Code minier, le ministre des Mines est compétent pour instituer les zones d'exploitation artisanale.

À l'issue de l'instruction de la demande d'institution d'une ZEA, le ministre des Mines signe un arrêté d'institution d'une ZEA et le transmet au Secrétariat général des Mines pour notification aux services concernés.

3) Notification de la décision

La notification de l'arrêté instituant la ZEA est faite par le secrétaire général aux Mines en vertu de l'alinéa 4 de l'article 109 du Code minier qui dispose que :

> *L'institution d'une zone d'exploitation artisanale est notifiée par le Secrétaire général aux mines au SAEMAPE pour l'encadrement et l'assistance des exploitants artisanaux affiliés à une coopérative minière agréée et au Cadastre minier qui la porte sur la carte de retombes minières. Tant qu'une zone d'exploitation artisanale existe, aucun titre minier ou de carrières ne peut y être octroyé.*

Il arrive toutefois que dans la pratique le ministre des Mines s'emploie personnellement à notifier directement à une coopérative minière agréée, par le truchement de son président, son installation sur la ZEA instituée, et cela, sans aucune référence légale en la matière.

Une telle procédure n'est prévue nulle part dans la loi minière en vigueur. Ce constat découle des lettres du ministre des Mines n° CAB.MIN/MINES/01/1192/2019 du 30 novembre 2018 et n° CAB.MIN/MINES/01/0053/2019 du 5 février 2019 ayant le même objet : notification/installation des coopératives minières dans les ZEA.

Logiquement et légalement, le ministre des Mines ne devrait que signer l'arrêté instituant la ZEA et le transmettre aussitôt au secrétaire général aux Mines pour notification au SAEMAPE.

Il revient donc à ce dernier de prendre les dispositions nécessaires pour informer la coopérative minière ou des produits de carrières agréée concernée par la décision ministérielle et procéder à son installation. L'interférence du ministre des Mines dans l'étape de la notification de la décision instituant la ZEA peut prêter à confusion et faire penser à autre chose.

4) Réception de la décision et ses conséquences

Deux services sont principalement concernés par la notification de cet arrêté : le SAEMAPE et le CAMI.

D'une part, le SAEMAPE reçoit la notification de l'institution d'une ZEA pour encadrement et assistance des exploitants artisanaux affiliés à une coopérative minière agréée. Comme il ressort de l'article 14quinquies, alinéa 1, point 6, du Règlement minier. Il est à noter que le SAEMAPE a été créé pour apporter un encadrement technique aux exploitants miniers artisanaux sur les sites miniers artisanaux et dans les mines à petite échelle.

D'autre part, le CAMI central ou provincial devrait également recevoir la copie de cet arrêté pour reporter définitivement la ZEA instituée sur la carte de retombes minières. Ainsi qu'il résulte de l'article 41, alinéa 5, point 2, du Règlement minier.

I.7. Mode d'accès et conditions d'accès à une ZEA

Il est évident que les zones ouvertes à l'exploitation minière artisanale doivent faire partie de la cartographie nationale des sites miniers ou de carrières.

En effet, l'article 25undecies du Règlement minier dispose que :

> Sur proposition du Cadastre Minier et du SAEMAPE, le Ministre ayant les mines dans ses attributions publie chaque année la cartographie nationale permettant de localiser par province, sur base des coordonnées géographiques, les sites miniers situés dans les zones ouvertes à l'exploitation artisanale.

Le mode d'accès à une ZEA (A) sera ausculté avant de dégager ses conditions (B).

A. *Mode d'accès à une ZEA*

Aux termes de l'article 111, alinéa 1, du Code minier, dans la zone d'exploitation artisanale, seuls les membres des coopératives minières ou des produits de carrières agréées sont autorisés à y accéder pour exploiter toute substance minérale classée en mines ou produits de carrières.

De plus, le Règlement minier, en son article 233sexies, alinéa 1, dispose que :

> Seuls les membres d'une coopérative minière ou des produits de carrières agréées sont autorisés à accéder à la zone d'exploitation artisanale pour exploiter toute substance minérale classée en mine ou produit de carrières.

À la lecture des dispositions de ce second article, en symbiose avec dudit alinéa 1 de l'article 111 du Code minier précité, on s'aperçoit que la ZEA doit être occupée par une et une seule coopérative minière agréée. Évidemment, l'accès à la ZEA n'est réservé qu'aux seuls membres de la coopérative minière ou des produits de carrières agréée pour lesquels cette zone a été instituée.

Malheureusement, dans la pratique, le constat est plutôt tout autre. En effet, il arrive qu'une ZEA soit occupée par plusieurs coopératives, en violation de la loi. Au fond, cela explique pourquoi les populations de différentes contrées s'entretuent lorsque les unes accèdent dans le site où elles n'ont aucun droit d'y exercer les activités liées à l'exploitation minière artisanale.

Il est étonnant de constater que plusieurs des coopératives minières ou des produits de carrières agréées sont installées dans une même ZEA, par l'entremise de ceux-là mêmes qui sont appelés à appliquer correctement la loi minière, en l'occurrence le ministre des Mines. Ainsi que le révèle l'ONG Justice et Paix (2019, p. 4) en écrivant ceci :

> « Plusieurs coopératives peuvent être présentes sur un seul site minier, ce qui augmente le risque de conflit. À Nyamurhale par exemple il y a plus de cinq coopératives sur un seul site. De plus, ces dernières n'ont bien souvent de coopérative que le nom. Elles manquent de professionnalisme.
>
> Il faudrait que les coopératives s'améliorent pour que les creuseurs voient effectivement l'intérêt de se constituer en coopérative et de payer une rétribution pour cela (avec donc des protections réelles de leurs droits). »

Évidemment, cette situation va en l'encontre du caractère exclusif reconnu à une ZEA et viole intentionnellement les dispositions de l'article 233sexies, alinéa 1, du Règlement minier cité ci-dessus.

Ainsi qu'on peut le remarquer, la violation de la loi minière est flagrante dans le chef aussi bien des pouvoirs publics que des acteurs du secteur minier artisanal. Le SAEMAPE, qui est chargé entre autres de recevoir notification de l'institution d'une ZEA pour encadrement et assistance des exploitants artisanaux affiliés à une coopérative minière agréée devrait veiller pour que plusieurs coopératives minières ou des produits de carrières ne coexistent pas dans une même ZEA.

Soulignons, en outre, que « souvent ces coopératives s'occupent aussi de la commercialisation des minerais produits sur leurs sites miniers. À l'est de la RDC, plusieurs coopératives détiennent un monopole sur la vente des minerais. Cependant, dans le Territoire de Beni, l'insécurité empêche de nombreuses coopératives minières d'être plus présentes et avoir un contrôle effectif sur les sites miniers. D'où beaucoup d'exploitations ne sont pas réellement encadrées par ces coopératives » (Kamabu Ngavo et al., 2020, p. 10).

Aussi convient-il de souligner qu'il résulte de l'article 223 du Règlement minier que, conformément aux dispositions de l'article 111 du Code minier et sans préjudice des dispositions des articles 113 et 116 de ce même texte, le détenteur d'une carte d'exploitant artisanal des mines et/ou des produits de carrières en cours de validité peut réaliser au sein d'une coopérative dans laquelle il est affilié, les opérations suivantes :

- les travaux d'exploitation artisanale dans la ZEA précisée sur la carte d'exploitant artisanal ;
- l'aménagement du site d'exploitation, l'utilisation du bois et l'approvisionnement en eau pour les besoins de l'exploitation, selon les modalités précisées dans le code de conduite de l'exploitant artisanal dont le modèle est repris dans l'annexe IV au Règlement minier (voir annexe 1).

B. Conditions d'accès à une ZEA

Suivant l'alinéa 3 de l'article 233sexies du Règlement minier, l'accès à la zone d'exploitation artisanale repose sur les conditions suivantes :

- être éligible à l'exploitation artisanale des mines et/ou des produits de carrières, conformément aux dispositions de l'article 222bis du Règlement minier ;
- être membre d'une coopérative minière et/ou des produits de carrières agréée ;
- avoir une carte d'exploitant artisanal en cours de validité pour les membres des coopératives minières et/ou des produits de carrières ;
- s'engager à respecter le code de bonne conduite de l'exploitant artisanal et les normes en matière de sécurité, d'hygiène, d'utilisation d'eau et de la protection de l'environnement.

Soulignons que, contrairement à ce qui est affirmé dans ledit alinéa 3, il n'existe pas d'article 222bis dans le Règlement minier. Il nous semble qu'il devrait s'agir plutôt de l'article 224 du Règlement minier. Un correctif devrait donc y être apporté.

Au sujet des conditions d'accès au site minier, l'EGC a pris un certain nombre des mesures pour veiller à ce que seules les personnes qualifiées puissent avoir accès à la ZEA. Comme on peut le lire dans les « Normes d'approvisionnement responsable de l'EGC » (EGC, 2021, p. 9) :

> Les coopératives minières doivent veiller à ce que toutes les personnes présentes sur le(s) site(s) minier(s) détiennent les permis et/ou enregistrements pertinents requis par la loi (par exemple, enregistrement auprès des autorités réglementaires compétentes, possession de permis de négociants/revendeurs et d'exploitants artisanaux, etc.).
>
> Les coopératives minières exigeront que tous les travailleurs soient enregistrés auprès de la coopérative et portent sur eux, à tout moment, une carte d'identité valide délivrée par la coopérative. Les personnes sans carte d'identité valide ne seront pas autorisées à entrer sur le site minier.

Dans la pratique, il faut reconnaître que l'accès au site minier ne respecte pas strictement les conditions susmentionnées. À vrai dire, il est parfois facilité par certaines autorités civiles, et même militaires. En effet, ces dernières contribuent au désordre qui sévit dans l'exploitation artisanale des substances minérales, notamment en facilitant aux personnes non habilitées d'accéder dans tel ou tel autre site minier ou de carrières, sans détenir aucun document légal. Ce qui concourt là encore à l'anarchie et au désordre tant décriés dans le secteur minier artisanal et, par ricochet, à la violation de la loi. L'exemple le plus frappant est celui de l'ancien ministre provincial des Mines, Ressources hydrauliques et Hydrocarbure du Sud-Kivu qui, en date du 22 avril, a fait l'objet d'une motion de défiance par les députés provinciaux. Plus précisément, il lui a été reproché de faciliter l'exploitation illicite des substances minérales dans ladite province. Il en est résulté que ce ministre a été révoqué de ses fonctions par le gouverneur de province, à travers l'arrêté provincial n° 22/068/GP/SK du 23 avril 2022 portant révocation d'un membre du Gouvernement provincial du Sud-Kivu.

On ne peut ici que saluer l'intrépidité du gouverneur de province qui avait pris une décision forte et courageuse. Voilà l'attitude que se devraient d'afficher les autres autorités publiques lorsqu'il faut sévir contre les actes posés par toute personne, sans aucune exception, qui enfreignent les dispositions de la loi minière en matière d'exploitation minière dans notre pays.

I.8. Méthode d'extraction

L'exploitation minière artisanale est caractérisée par l'inexistence de prospection préalable systématique, à la différence de l'exploitation industrielle ou semi-industrielle qui nécessite impérieusement une prospection préalable rationnelle ou scientifique.

En effet, la méthode artisanale, comme le soulignent Pierre Legoux et André Marelle (1991, p. 220), « est caractérisée par une étape unique : la mise en exploitation directe. L'origine de l'extraction se situe toujours, soit :

- à partir d'un ancien puits de prospection de reconnaissance générale industrielle, connu pour avoir décelé la présence de diamant [ou d'une autre substance minérale], même avec de très faibles teneurs ;
- carrément sur un placer en cours d'exploitation par une entreprise minière, avec envahissement massif et brutal. »

I.9. Délimitation géographique d'une ZEA

D'une part, l'alinéa 1 in fine de l'article 109 du Code minier fixe à un maximum de deux, le nombre de carrés couvrant une ZEA. Ce qui n'était pas le cas avant la modification de ce texte de loi, car le législateur n'avait pas limité le nombre de carrés lors de l'institution d'une ZEA.

D'autre part, l'article 233sexies du Règlement minier prévoit qu'il ne peut être attribué qu'une zone d'exploitation artisanale composée de deux carrés à la coopérative minière.

Il y a lieu de relever qu'en dépit de la révision du Code minier intervenue en 2018, bien des ZEA continuent d'avoir jusqu'à ce jour plus de deux carrés. C'est notamment le cas de la ZEA n° 275 qui comprend 36 carrés, de la ZEA n° 380 ayant 35 carrés et de la ZEA n° 175 comptant 30 carrés.

Plus de quatre ans après l'entrée en vigueur de ce texte de loi, il est anormal que cette situation demeure comme telle ou continue à perdurer. On peut redouter que les coopératives minières ou des produits de carrières agréées qui sont toujours en activité dans certaines ZEA, par exemple les ZEA n°s 600 (avec 5 carrés) et 523 (avec 3 carrés), se retrouvent dans l'hypothèse d'une exploitation illicite des substances minérales du fait de cette limitation légale. Car elles sont censées travailler dans un périmètre comprenant uniquement deux carrés. Pourquoi cette situation doit-elle persister d'autant plus que le législateur du Code minier en a tranché ? Que cache le silence des autorités publiques en cette matière ? Est-ce là un problème de vulgarisation de la loi minière ?

Il urge que le ministre des Mines se penche sur la question afin que tous les périmètres des ZEA dépassant le nombre des carrés prescrit se conforment aux dispositions de l'alinéa 1 précité, c'est-à-dire que leur nombre de carrés soit réduit à deux, selon la volonté du législateur. Comme le souligne si bien G. Sakata M. Tawab (2022, p. 165), « le ministre des Mines devrait prendre des arrêtés de réajustement desdits périmètres ».

Pour ce faire, l'Administration des mines et le CAMI devraient travailler en étroite collaboration avec les différentes coopératives minières qui y sont installées pour délimiter de commun accord les deux carrés devant couvrir les périmètres miniers ou de carrières qui les intéressent. Ce qui éviterait le mécontentement des exploitants artisanaux qu'aurait suscité une décision arbitraire prise sans leur collaboration ou implication.

Par ailleurs, un état des lieux de l'existence des coopératives minières s'impose pour que les dispositions en rapport avec la limitation du nombre de carrés, devant comporter une ZEA, ne restent pas lettre morte.

En conclusion de cette première section, une lecture ou une présentation sous forme de schéma permettra de visualiser et comprendre la description du processus d'institution d'une ZEA.

I.10. Représentation schématique de l'institution d'une ZEA

SGNC

Déterminer les données pertinentes sur la minéralisation et la gîtologie d'une zone d'intérêt identifiée

↓ *Transmission des données* ↓

SAEMAPE

Requérir auprès du ministre des Mines l'institution d'une ZEA

↓ *Requérir l'institution d'une ZEA* ↓

MINISTRE DES MINES

- requérir les avis des organes ou services habiletés ;
- signature de l'arrêté instituant la ZEA ;
- transmission de l'arrêté signé au Secrétariat Général aux Mines.

INSTITUTION D'UNE ZEA

- Institution d'une ZEA sur un périmètre libre de tout droit (article 109 du CM) ;
- Institution d'une ZEA sur un périmètre couvert par un droit minier ou de carrières (article 30, littera « e », du CM).

→ *Transmission en vue de requérir les avis avant signature de la décision* →

AVIS REQUIS

- Service Géologique National du Congo
- Gouverneur de province
- Chef de division provinciale des Mines
- Autorité de l'entité territoriale décentralisée
- Cadastre minier

N.B. Tous les avis doivent être favorables pour l'institution d'une ZEA.

← *Transmission des avis pour signature de la décision* ←

↓ *Transmission de l'arrêté signé pour notification au SAEMAPE et au CAMI* ↓

SECRÉTAIRE GÉNÉRAL AUX MINES

Notification de l'arrêté signé au SAEMAPE et au CAMI

→

CAMI

Report d'une ZEA sur la carte de retombes minières

↓

SAEMAPE

Encadrement et assistance des exploitants artisanaux affiliés à une coopérative minière ou des produits de carrières agréée

→

COOPÉRATIVE MINIÈRE OU DES PRODUITS DE CARRIÈRES AGRÉÉE

Installation sur la ZEA instituée

II. Fermeture d'une Zone d'Exploitation Artisanale

Cette section précise le cadre légal sur la base duquel la fermeture d'une ZEA trouve sa raison d'être (1), puis analyse successivement ses conditions (2), sa procédure (3), ses conséquences et ses effets (4) ainsi que sa représentation schématique (5).

II.1. Cadre légal

La fermeture d'une ZEA trouve sa source à l'article 110 du Code minier qui dispose que :

> Lorsque les facteurs qui ont justifié l'institution d'une zone d'exploitation artisanale ont cessé d'exister ou qu'un nouveau gisement ne relevant pas de l'exploitation artisanale vient à être découvert, le ministre, sur avis de l'organisme spécialisé de recherches, du SAEMAPE et du Gouverneur de la province concernée, procède à la fermeture de la zone d'exploitation artisanale.
>
> La fermeture d'une zone d'exploitation artisanale est notifiée par le Secrétaire général aux mines, à la Division provinciale des mines du ressort, au Cadastre minier et au SAEMAPE. Ce dernier en informe les coopératives minières ou des produits de carrières agréées, selon le cas, et se charge éventuellement de la relocalisation dans une autre zone d'exploitation artisanale légalement instituée. Dans ce cas, les coopératives minières ou des produits de carrières agréées sont tenues de libérer la zone d'exploitation artisanale dans les soixante jours à compter de la notification de la décision de fermeture.
>
> La coopérative minière ou de produits de carrières agréée travaillant dans la zone d'exploitation artisanale concernée dispose d'un droit de préemption pour solliciter un Permis en vue d'une exploitation à petite échelle conformément aux dispositions du présent Code [Code minier].
>
> Cette coopérative minière ou de produits de carrières agréée dispose d'un délai de cent quatre-vingts jours, à compter de la notification de fermeture par le secrétaire général aux Mines, pour faire connaître si elle entend faire jouer son droit de préemption conformément aux dispositions du présent Code [Code minier].
>
> La coopérative minière ou de produits de carrières agréée se conforme, dans le délai de préemption lui imparti, aux conditions fixées à l'article 69 du présent Code [Code minier] pour l'obtention d'un Permis d'exploitation ou d'exploitation de petite mine.

II.2. Conditions de fermeture d'une ZEA

Nous envisagerons, d'une part, les conditions prévues dans le Code minier (A) et, d'autre part, celles non prévues dans le Code minier (B).

A. *Conditions de fermeture prévues dans le Code minier*

Suivant la loi, seules deux conditions alternatives peuvent conduire à la fermeture d'une ZEA. Il s'agit de :

- l'inexistence des facteurs techniques et économiques ne permettant pas d'en assurer une exploitation artisanale, mais permettant plutôt une exploitation industrielle ou semi-industrielle ;
- la découverte d'un gisement ne relevant pas de l'exploitation minière artisanale.

L'une des conditions suffit pour provoquer la fermeture d'une ZEA. En d'autres termes, une ZEA peut être fermée dès l'instant où l'une desdites conditions apparaît.

1) L'inexistence des facteurs techniques et économiques

Le législateur a estimé que lorsque les facteurs ayant conduit à l'institution d'une ZEA ont cessé d'exister, il y a lieu de procéder à sa fermeture. Et cette condition n'est pas l'unique.

2) La découverte d'un gisement

Il paraît normal que la ZEA soit fermée une fois que l'on a découvert un gisement pouvant être exploité, non pas d'une manière artisanale, mais par le procédé industriel ou semi-industriel.

Seulement, la découverte du gisement dont il est question ici devrait nécessairement conduire à l'exploitation à petite échelle, étant donné que la coopérative minière ou des produits des carrières ne peut solliciter que le Permis d'Exploitation de Petite Mine [ci-après PEPM]. Car, la loi n'autorise pas cette dernière à solliciter un Permis d'Exploitation [ci-après PE], sans qu'elle soit titulaire d'un PR lui octroyé, à la suite de la procédure d'octroi exceptionnel d'un PR prévu par le Code minier. Nous y reviendrons.

> « On peut chercher à connaître les critères qui ont amené le législateur à arrêter le principe selon lequel le nouveau gisement ne peut relever que de l'exploitation à petite échelle, mais pas celle à grande échelle, sans qu'on ait procédé à l'étude de faisabilité » (Mulungulungu, 2021, p. 210).

Est-il toujours vrai que le nouveau gisement découvert dans une ZEA ne peut relever que de l'exploitation à petite échelle, et jamais à grande échelle ? Qu'arrivera-t-il si l'étude de faisabilité permet de conclure à une possibilité d'exploitation à grande échelle ? Ce sont là des préoccupations auxquelles le législateur devrait donner des réponses *de lege ferenda.*

Hormis ces deux conditions légales, d'autres circonstances non prévues dans la loi minière sont à même de conduire à la fermeture d'une ZEA qu'il est important d'ausculter au point suivant.

B. Conditions de fermeture non prévues dans le Code minier

Logiquement, le législateur devrait également retenir, comme motif valable pouvant entraîner la fermeture d'une ZEA, le fait pour une coopérative minière ou des produits de carrières agréée ou les exploitants artisanaux de signer un accord avec les tiers, les étrangers surtout, dans l'intention de leur céder la ZEA où ils sont censés exercer seuls les activités minières, ou encore de les autoriser à y exercer concomitamment avec eux les activités minières. Cette mesure aura certainement un effet dissuasif et évitera la duplicité ou, pour mieux dire, la complicité des nationaux dans l'exploitation minière artisanale illicite par des étrangers, tant décriée par tous.

Aussi le législateur aurait-il dû prévoir la fermeture d'une ZEA, pour des raisons de sécurité publique, lorsqu'il survient des troubles à l'ordre public, occasionnés par des guerres tribales ou des disputes des communautés locales, entraînant ou non mort d'homme. En pareille circonstance, seule la fermeture du site favoriserait la baisse de la tension dans la contrée.

Il devrait en être de même en cas de décès de tous les membres affiliés à une coopérative minière ou des produits de carrières agréée. Puisque la ZEA est instituée pour le compte de la coopérative minière ou des produits de carrières agréée, qui comprend les exploitants artisanaux, il paraît logique qu'elle soit fermée en l'absence de ces derniers. Il est à noter qu'une coopérative minière ou de carrières ne peut exister à défaut des membres qui la composent.

Par ailleurs, une ZEA devrait être fermée lorsqu'une coopérative minière ou des produits de carrières agréée réalise les travaux d'excavation qui dépassent la limite permise ou autorisée. On suppose ici que les excavations effectuées au-delà de 30 mètres de profondeur devraient donner lieu à l'exploitation minière à petite échelle ou à grande échelle, par le recours à des procédés semi-industriels ou industriels, plutôt qu'à l'exploitation minière artisanale. Car, il ressort de l'article 9 du Code de conduite de la coopérative minière ou des produits de carrières agréée et de l'exploitant artisanal que la coopérative minière ou des produits de carrières agréée ou l'exploitant artisanal est tenu de ne pas creuser de tunnels et à ne pas réaliser d'excavations de plus de 30 mètres de profondeur.

Il semble que le législateur ait pensé que les travaux d'excavation pour une exploitation artisanale des mines ne doivent pas dépassés une profondeur de 30 mètres. À ce propos, il importera *de lege ferenda,* que le législateur dise *expressis verbis* que le dépassement de 30 mètres de profondeur pour les travaux d'excavation est une des causes de fermeture d'une ZEA, ce qui éviterait la mauvaise compréhension de l'alinéa 1 de l'article 110 du Code minier. En définitive, il se trouve que, dans l'une ou l'autre hypothèse, rien ne devrait empêcher le ministre des Mines de décider de la fermeture d'une ZEA.

II.3. Procédure de fermeture d'une ZEA

Sous ce point, il sera question d'analyser comment formuler une demande de fermeture d'une ZEA (A), comment instruire la fermeture d'une ZEA (B), la manière dont la décision est prise (C) et la façon dont la notification est faite (D).

A. Demande de fermeture d'une ZEA

Avant les réformes législatives intervenues en 2002 et 2018, la fermeture d'une zone ouverte à l'exploitation minière artisanale ne requérait pas de demande particulière de fermeture, à partir du moment où il était démontré que le périmètre couvert par cette zone ne pouvait plus faire l'objet d'exploitation artisanale. C'est ce que disposait l'alinéa 4 de l'article 30 de l'ordonnance-loi de 1981 en ces termes :

> Le statut d'une zone ouverte à l'exploitation artisanale cesse d'office dès l'instant où le Service des Mines estime, d'après les critères indiqués à l'alinéa 2 ci-dessus, que tel gisement ne relève plus de l'exploitation artisanale, ou lorsque de nouveaux gisements ne relevant pas d'une exploitation artisanale auront été découverts.

Notons qu'actuellement, la loi impose en innovant qu'il y ait des avis de certains organes ou services pour procéder à la fermeture. Dans cette logique, il est requis qu'une demande de fermeture d'une ZEA soit adressée au ministre des Mines. Et cette dernière doit forcément émaner du SAEMAPE, étant entendu que c'est celui-ci qui requiert l'institution d'une ZEA, et ce, par application du principe du parallélisme de formes et des compétences.

Au fond, même si le SGNC, après des travaux de prospection et de recherches dans les zones d'exploitation, indique que les facteurs techniques et économiques caractérisant certains gîtes des substances minérales doivent conduire à une exploitation industrielle ou semi-industrielle, il revient au SAEMAPE de saisir le ministre des Mines pour solliciter la fermeture d'une ZEA.

Il se peut également que la coopérative minière ou des produits de carrières manifeste le désir de procéder à la recherche de substances minérales classées en mines ou de carrières à l'intérieur d'une ZEA à l'aide de procédés industriels ou semi-industriels. Dans ce cas, elle est tenue de solliciter l'octroi exceptionnel d'un Permis de Recherches auprès du ministre des Mines. En pareille circonstance, la fermeture de ladite ZEA n'est pas de rigueur.

B. Instruction de la fermeture d'une ZEA

À la différence de la procédure d'institution d'une ZEA, seuls trois structures ou organes, au lieu de cinq, interviennent dans l'émission des avis de sa fermeture :

- le SGNC
- le SAEMAPE
- le gouverneur de province concernée.

C. Décision de fermeture d'une ZEA

L'article 110 *in fine* du Code minier dispose que : « *le ministre* [...] *procède à la fermeture de la zone d'exploitation artisanale.* » Il paraît ici normal que ce soit le ministre des Mines, seul compétent en la matière, ferme la ZEA qu'il a instituée, et ce, suivant le principe du parallélisme de formes et des compétences.

Il s'agit bien ici d'un principe juridique selon lequel « un acte pris selon une certaine procédure ne peut être modifié ou abrogé qu'en suivant la même procédure »[32].

D. Notification de la décision de fermeture d'une ZEA

C'est au secrétaire général aux Mines que revient la prérogative de notifier la fermeture d'une ZEA à la division provinciale des mines du ressort de la ZEA, au CAMI et au SAEMAPE. Ce dernier est tenu d'en informer les exploitants artisanaux. Cela ressort de l'article 14*quinquies*, alinéa 5, du Règlement minier qui dispose :

> Le Service d'Assistance et d'Encadrement de l'Exploitation Minière Artisanale et à Petite Échelle, « SAEMAPE » [...] est chargé d'informer les coopératives minières ou de produits de carrières agréées de la fermeture d'une ZEA et, éventuellement, se charger de la relocalisation dans une autre ZEA légalement instituée.

En matière de notification de la décision de fermeture d'une ZEA, le législateur ne prescrit pas expressément la forme par laquelle celle-ci devrait se faire. À ce propos, Émile Lambert Owenga Odinga (2014, p. 622) écrit ceci : « Le législateur n'a pas précisé la forme sous laquelle l'information est portée à la connaissance des exploitants artisanaux. Nous pensons qu'il faille exclure la forme orale car le Cadastre minier sera buté au problème de preuve, il lui sera difficile de prouver que l'information a été donnée, en cas d'information verbale ou orale. »

32 Repéré sur le site : https://fr.wikipedia.org/wiki/Parall%C3%A9lisme_des_formes, consulté le 22 octobre 2021.

Pour paraphraser l'auteur précité, il paraît normal que le SAEMAPE puisse penser aux correspondances en raison du fait qu'elle a en son sein des services appropriés censés collaborer avec les autres services de l'Administration des mines, et même des services spécialisés, comme le CAMI.

II.4. Conséquences et effets de la fermeture d'une ZEA

La fermeture d'une ZEA a des conséquences d'un côté (A) et entraîne des effets préjudiciables sur les biens et l'environnement de l'autre (B).

A. Conséquences de la fermeture d'une ZEA

La fermeture d'une ZEA donne le droit de préemption à la coopérative minière ou des produits de carrières agréée de solliciter un droit minier d'exploitation en vue d'une exploitation à petite échelle, mais pas à grande échelle. Il s'agit là d'une exception à la règle selon laquelle la détention d'un PR est l'une des conditions de l'octroi du PEPM.

Contrairement à une certaine opinion, la coopérative minière ou des produits de carrières agréée ne peut solliciter qu'un PEPM, et non pas un PE. C'est ce qui ressort *expressis verbis* des alinéas 3 et 5 de l'article 111 du Code minier. Pour cela, il faudrait que la ZEA soit préalablement fermée. Par contre, pendant que la coopérative minière ou des produits de carrières agréée est encore en activité dans la ZEA, soit dans celle qui n'est pas encore fermée, elle peut toutefois solliciter l'octroi exceptionnel d'un PR. Il va sans dire que la fermeture d'une ZEA n'est pas une condition d'octroi exceptionnel d'un PR à la coopérative minière ou des produits de carrières agréée.

Soulignons que le droit de préemption reconnu à la coopérative minière ou des produits de carrières agréée ne s'applique qu'en cas de fermeture d'une ZEA et pour l'obtention d'un PEPM, et non d'un PR. Tout semble indiquer ici que la coopérative minière ou des produits de carrières agréée ne peut pas se prévaloir de son droit de préemption pour réclamer l'application du principe de la priorité d'instruction, prévu à l'article 34 du Code minier, lorsque la demande d'octroi du PR sur le périmètre couvert par la ZEA fermée émane d'une autre personne, et ce, quand elle n'a pas fait jouer son droit de préemption.

En définitive, il revient au SAEMAPE d'informer la coopérative minière ou des produits de carrières agréée de la fermeture et de se charger éventuellement de sa relocalisation ou réinstallation dans une autre ZEA légalement instituée. Dans ces conditions, cette coopérative est tenue de libérer la ZEA dans les soixante jours, à compter de la notification de la décision de fermeture.

B. Effets de la fermeture d'une ZEA

Comme les opérations minières de recherches et d'exploitation, qui rentrent dans le cadre de l'exploitation minière industrielle ou semi-industrielle, l'exploitation minière artisanale peut également laisser des retombées significatives sur les biens et l'environnement, c'est-à-dire que l'exploitation minière artisanale a des impacts écologiques et socio-économiques. Il faut souligner, dans ce sens, que le potentiel d'impacts significatifs est plus grand lorsque l'activité minière se déroule lors de l'exploitation industrielle ou semi-industrielle.

En principe, les coopératives minières ou des produits de carrières devraient financer des mesures correctives pour des sites miniers fermés affectant des communautés et des écosystèmes. Ainsi, lorsqu'il y a un glissement de terrain ou un éboulement de parois par exemple, il faudra mobiliser des fonds pour trouver des matériaux de remplissage servant de support des parois internes.

D'ailleurs, cela ressort de l'esprit de l'article 417 du Règlement minier qui dispose qu'en plus des obligations définies au Code de conduite de la Coopérative minière, cette dernière est tenue de contribuer au fonds de réhabilitation institué en vue de financer la réalisation des mesures d'atténuation et de réhabilitation des zones d'exploitation artisanale. Le taux de cette contribution est fixé à 5 % du revenu annuel de la coopérative minière.

Aussi ressort-il de l'article 1, *littera* c, du Code de conduite de la coopérative minière ou des produits de carrières agréée et de l'exploitant artisanal que la coopérative minière ou des produits de carrières agréée et l'exploitant artisanal s'engagent à atténuer l'impact de ses activités sur la faune et la flore, ainsi que les cours et points d'eau.

On peut remarquer que l'activité minière est uniquement une utilisation temporaire des terres ; il faut donc définir un objectif clair de réhabilitation, cohérent avec l'utilisation prévue pour le futur de cette zone.

Il s'ensuit qu'en ce qui concerne l'exploitation minière artisanale, l'absence de planification des risques lors du planning d'une fermeture ne facilite pas la gestion des risques après la fermeture d'une ZEA. Pourtant un processus de fermeture bien planifié et géré protégera la collectivité contre des conséquences involontaires bien après que la coopérative minière ou des produits de carrières agréée aura quitté le site minier.

Qu'il s'agisse de l'exploitation minière artisanale ou industrielle, une identification précoce des risques de fermeture dès le stade de la planification de la mine permet de minimiser les risques à éviter ou les responsabilités liées à la fermeture. À vrai dire, l'évaluation des risques est un outil utile pouvant être déployé à travers un certain nombre d'étapes lors de la planification de la fermeture des mines.

À tout prendre, le Gouvernement devrait élaborer une bonne politique sur la fermeture des ZEA. Il devrait s'agir, par exemple, de déterminer un cadre réglementaire pour que, lorsque l'exploitation minière prend fin, des mesures appropriées soient mises en œuvre ou encore de définir des « fonds suffisants » devant être fournis à la suite de la fermeture d'une ZEA. Le but étant de protéger les intérêts du public et de l'environnement.

Il ne faut pas perdre de vue que la fermeture d'une ZEA dans certaines circonstances, comme celle d'épuisement de gisement, soulève la problématique de la reconversion économique des exploitants artisanaux.

De la sorte, il serait de bon aloi qu'un bilan du devenir des anciens exploitants artisanaux, ayant exercé les activités minières dans une ZEA fermée, puisse être mené pour envisager la mise en place d'une bonne politique de la prise en charge lors de la fermeture d'une ZEA. Dans cette perspective, il faudrait dès lors encourager les développements d'activités économiques alternatives, comme l'agriculture, la pêche ou l'élevage industriel que l'État devrait à tout prix financer. Dans ce même ordre d'idées, il y a lieu d'envisager d'autres formations professionnelles pour certains exploitants artisanaux, ayant un minium d'instruction, afin de leur permettre de rejoindre d'autres métiers.

À défaut d'une telle politique, il est à redouter que les exploitants artisanaux se sentent délaissés et abandonnés à leur triste sort. Il ne sera pas étonnant, dans ce cas précis, que certains d'entre eux ne trouvent mieux à faire, comme c'est le cas dans l'Est du pays, que de se rallier à des groupes armés qui profitent de leur difficulté de survie, afin de les recruter en leur promettant monts et merveilles, mais que, en réalité, rien ne sera fait.

Comme on peut le constater, à l'instar de l'institution d'une ZEA, la fermeture de celle-ci obéit à une procédure tout aussi complexe dont il est convenable d'en schématiser dans un tableau au point qui suit.

II.5. Représentation schématique de la fermeture d'une ZEA

Le schéma ci-dessous résume les différentes étapes qui entrent en ligne de compte dans le processus de fermeture d'une ZEA.

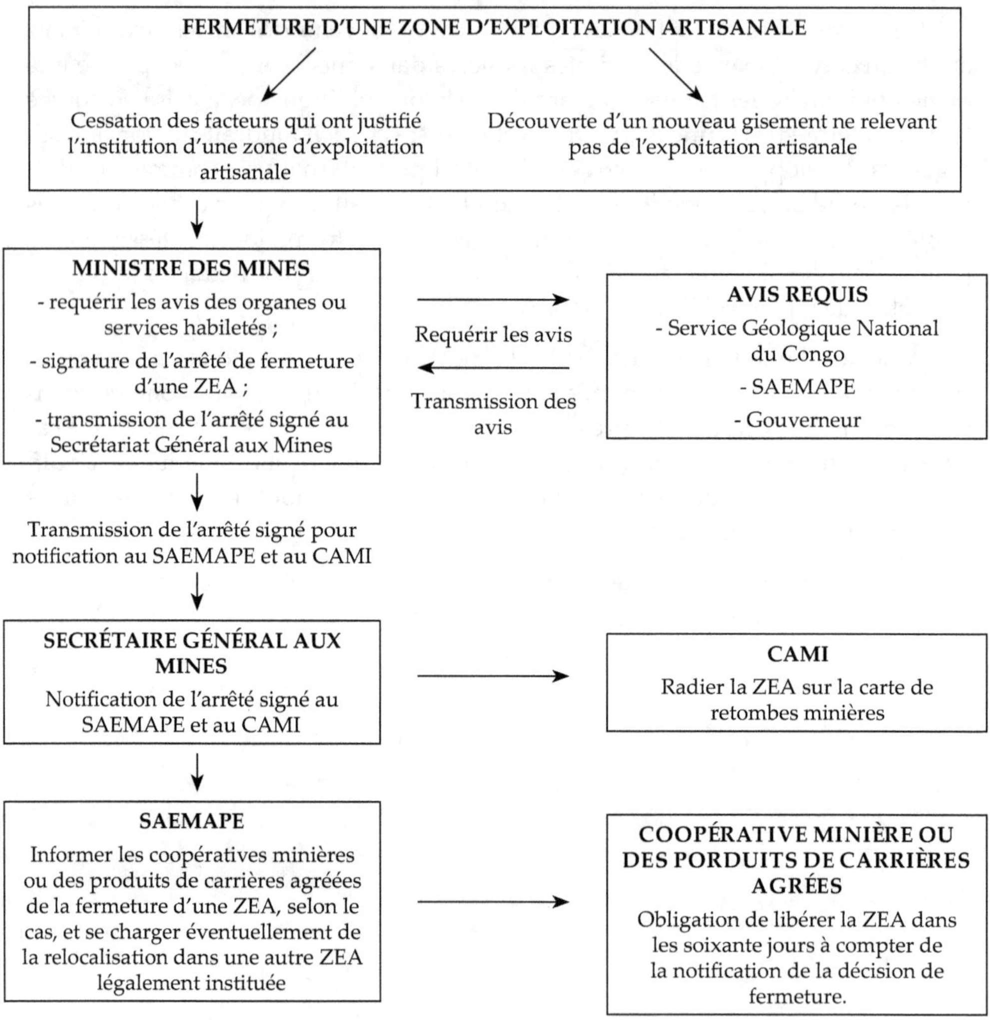

CHAPITRE 3

EXPLOITANT ARTISANAL ET CARTE D'EXPLOITANT ARTISANAL

Comme il a été examiné *supra*, la ZEA est instituée par le ministre des Mines, sur demande du SAEMAPE, au profit d'une coopérative minière constituée d'exploitants artisanaux qui doivent impérativement détenir des cartes d'exploitants artisanaux. Ceci démontre l'importance de saisir les tenants et les aboutissants des notions relatives à l'exploitant artisanal et à la carte d'exploitant artisanal. En effet, l'un (exploitant artisanal) et l'autre (carte d'exploitant artisanal) sont étroitement liés.

Pour s'en rendre compte, nous allons d'abord dégager la définition de l'expression « exploitant artisanal » (section I), avant d'examiner successivement la portée de la carte d'exploitant (section II), les conditions d'accès à l'exploitation minière artisanale (section III), la procédure d'acquisition et de renouvellement de la carte d'exploitation artisanale (section IV), les droits et obligations du détenteur de la carte d'exploitant artisanal (section V), le régime fiscal et douanier applicable à l'exploitant artisanal (section VI) et le mode d'extinction de la carte d'exploitant artisanal (section VII).

I. Définition de l'exploitant artisanal

D'après le manuel des procédures de traçabilité des produits miniers élaboré par les ministères des Mines et Finances (2014, p. 8), l'exploitant minier artisanal est défini comme toute personne physique de nationalité congolaise qui se livre, à l'intérieur des zones ouvertes, aux travaux d'exploitation artisanale.

L'article 1, point 19*bis*, du Code minier définit l'expression « exploitant artisanal » comme toute personne physique majeure de nationalité congolaise, détentrice d'une carte d'exploitant artisanal en cours de validité, membre d'une coopérative minière qui se livre aux travaux d'exploitation artisanale des substances minérales à l'intérieur d'une zone d'exploitation artisanale.

De l'analyse minutieuse dudit point, il découle qu'en droit minier congolais la qualité d'exploitant artisanal est conditionnée par la détention d'une carte d'exploitant artisanal. Autant dire que la qualité de l'exploitant artisanal est dépendante de la détention de la carte d'exploitant artisanal dont la portée mérite d'être dégagée au point suivant.

II. Portée de la carte d'exploitant artisanal

Pour décrire la portée de la carte d'exploitant artisanal, il faudra se pencher sur sa nature juridique (I), sa durée, son renouvellement et sa perte (II).

II.1. Nature juridique de la carte d'exploitant artisanal

La carte d'exploitant artisanal est comparable au permis d'exploitation artisanale, jadis délivré à une personne physique de nationalité congolaise ou à une coopérative minière sous l'empire de l'ordonnance-loi n° 67-231 du 11 mai 1967 portant législation générale sur les mines et les hydrocarbures.

Il est important de signaler que, sous l'empire de l'ordonnance-loi de 1967, en lieu et place d'une carte d'exploitant artisanal, il était délivré à la personne physique de nationalité congolaise qui désirait se livrer à l'exploitation minière artisanale, un permis d'exploitation artisanale qui rentrait dans la catégorie des droits miniers. C'est ce qui ressort de l'article 5 de cette ordonnance-loi qui dispose que :

> Les droits miniers sont accordés en vertu d'autorisations personnelles de prospection, de permis de recherches, de permis d'exploitation, de concessions, de permis d'exploitation artisanale ou de zones exclusives de recherche découlant de conventions particulières.

Le recours à cette ordonnance-loi permettra de mieux saisir la nature juridique de la carte d'exploitant artisanal qui est un droit *intuitu personae*, non cessible et non transmissible.

D'abord, la carte d'exploitant artisanal est un document *intuitu personae*, c'est-à-dire qu'elle est délivrée en tenant compte de la personne ou, pour mieux dire, en fonction de la personne qui la sollicite. C'est pourquoi elle ne peut pas être délivrée, par exemple, à une femme enceinte qui désire se livrer à l'exploitation minière artisanale.

Ensuite, la carte d'exploitant artisanal est non cessible, c'est-à-dire que son détenteur ne peut la céder ni à titre gratuit ni à titre onéreux à un tiers, quelle que soit la raison.

Enfin, en cas de décès du détenteur de la carte d'exploitant artisanal, les droits découlant de cette dernière ne sont pas transmissibles. Cela veut dire que l'héritier ou l'ayant droit dudit détenteur ne peut pas se prévaloir d'un quelconque droit. En d'autres termes, il faut dire que le droit qui découle de la carte d'exploitant artisanal est ni plus ni moins un droit viager, c'est-à-dire un droit qui n'a d'effet que pour une durée fixée au temps de la vie de l'exploitant artisanal.

À la différence de la carte d'exploitant artisanal, le Permis d'exploitation artisanale est un droit minier, cessible et transmissible pour cause de décès. La transmissibilité du permis d'exploitation se révèle *expressis verbis* à l'article 32, alinéa 4, de ladite ordonnance-loi qui disposait : « *En cas de décès du titulaire, les droits découlant du permis d'exploitation artisanale seront transmis à un seul héritier ou légataire.* »

Comme c'est le cas pour la carte d'exploitant artisanal, le permis d'exploitation artisanale n'était délivré que pour les activités liées à l'exploitation minière artisanale. Ainsi, l'alinéa 2 de l'article 32 de ladite ordonnance-loi disposait ceci : « *Ce permis ne pourra être délivré que pour des gisements réservés à l'exploitation artisanale et sous réserve des droits acquis.* »

Le renouvellement était de droit sur justification d'une activité normale et sous réserve que le gisement soit toujours considéré par les services des Mines comme relevant de l'exploitation minière artisanale. Ce qui diffère de la durée et du renouvellement de la carte d'exploitant artisanal.

II.2. Durée, renouvellement et perte de la carte d'exploitant

A. Durée de la carte d'exploitant

L'article 111bis, alinéa 3, du Code minier dispose que : « *La durée de la carte d'exploitant artisanal est d'un an, renouvelable pour la même durée sans limitation.* » Aussi l'article 231, alinéa 1, du Règlement minier dispose-t-il que : « *La durée de validité de la Carte d'Exploitant Artisanal est de un an renouvelable pour la même durée sans limitation.* »

Comparativement à la carte d'exploitant artisanal, il découlait du *littera* b de l'article 35 de l'ordonnance-loi de 1967 que la durée du permis d'exploitation artisanale est de deux ans.

B. Renouvellement de la carte d'exploitant

Il ressort de l'alinéa 2 de l'article 231 du Règlement minier que sous réserve du respect des obligations à charge du détenteur de la carte d'exploitant artisanal prévues à l'article 112 du Code minier, la carte d'exploitant artisanal est renouvelable dans les mêmes conditions que la carte initiale, c'est-à-dire *mutatis mutandis* avec l'ancienne carte. Dès lors, « en cas de renouvellement, le ministre provincial des

Mines apporte sur l'ancienne carte les indications nécessaires portant les nouvelles dates de validité » (art. 231, 3, du Règlement minier).

Contrairement à la carte d'exploitant artisanal, le permis d'exploitation artisanale était renouvelable quatre fois pour la même durée. Il est à noter que le renouvellement était de droit sur justification d'une activité normale et sous réserve que le gisement soit toujours considéré par le service des Mines comme relevant de l'exploitation artisanale. (Art. 35, *littera* b, de l'ordonnance-loi de 1967).

C. Perte de la carte

En cas de perte, de destruction ou de vol de la carte d'exploitant artisanal, aucun *duplicata* ne sera délivré. Le détenteur est tenu de faire opposition, avant d'en solliciter une nouvelle.

III. Conditions d'accès à l'exploitation minière artisanale

Pour se livrer à l'exploitation minière artisanale, la loi impose cinq conditions, à savoir :

- être majeur (1) ;
- avoir la nationalité congolaise (2) ;
- être éligible à la sollicitation et à la détention de la carte d'exploitant artisanal (3) ;
- détenir une carte artisanale (4) ;
- être affilié à une coopérative minière ou des produits agréée (5).

Il est à noter que ces conditions sont cumulatives et non alternatives. Cela veut dire qu'il faut impérativement réunir simultanément les cinq conditions pour exploiter artisanalement les substances minérales, que celles-ci soient dites stratégiques ou non. Autrement dit, l'absence d'une seule d'entre elles suffit pour constituer un empêchement à l'accès à l'exploitation minière artisanale.

III.1. La majorité

Le législateur a jugé que l'exploitation minière artisanale est une activité dangereuse qui peut mettre à mal la sécurité, la santé et l'hygiène de l'enfant. C'est pourquoi il a estimé qu'un enfant ne peut pas se livrer aux activités minières en général et, en particulier, à l'exploitation minière artisanale. Soulignons ici qu'au sens de l'article 2, point 1, de la loi n° 09/001 du 10 janvier 2009 portant protection de l'enfant, celui-ci est désigné comme toute personne âgée de moins de dix-huit ans.

À la suite de cette prohibition, le législateur sanctionne, à l'article 299*bis* du Code minier, les activités minières menées en violation, notamment, de la protection des droits de l'enfant.

Dans cet élan, l'EGC soutient que « les coopératives minières ne doivent pas autoriser les personnes de moins de 18 ans à accéder au(x) site(s), y compris, mais sans s'y limiter : les zones de production minière, les zones d'excavation, les décharges de déchets minéraux, les stations de lavage/traitement, les stations d'achat ou les véhicules transportant du minerai ou d'autres matériaux connexes » (EGC, 2021, p. 9).

> « L'utilisation des enfants comme main-d'œuvre dans les mines est courante car ils peuvent se faufiler dans les galeries étroites. Les conditions de travail des creuseurs et notamment des enfants sont précaires et dangereuses pour leur santé » (Jacquemot, 2009, p. 38).

Il est indubitable que la présence des enfants dans les ZEA est une réalité. Cette situation est entretenue par certaines coopératives minières qui les emploient. C'est d'ailleurs ce que nous révèlent Henri Kamabu Ngavo *et al.* (2020, p. 19) de la manière suivante :

> « Relativement au rôle des enfants dans l'exploitation minière artisanale à Beni, plusieurs notables ont expliqué qu'ils déploraient le fait que des enfants abandonnent leurs études pour l'exploitation de l'or. On peut rencontrer quelques enfants dans différents sites miniers de la zone, à l'exception des sites sous contrôle des ADF, en raison de l'insécurité.
>
> Pendant les interviews, il est apparu que certaines coopératives minières s'engagent à contrôler la présence d'enfants sur les sites miniers, par exemple à Cantine. Néanmoins, des enfants continuent à travailler sur certains chantiers de ces sites miniers.
>
> Les équipes de chercheurs ont observé des enfants de moins de 15 ans en train de travailler dans 10 mines, réalisant le plus souvent des services indirects (restauration, transport de la nourriture, transport de l'eau, mais aussi prostitution). Ils contribuaient directement à l'exploitation minière sur les sites de Kisitu et de Mununze. Ils utilisaient même, dans le premier (le site minier Kisitu), le mercure pour le traitement de l'or. »

Il faut savoir que « dans les sites miniers chacun a son rôle : le creusage est d'ordinaire plutôt réservé aux hommes pendant que les femmes s'occupent des activités de concassage, de lavage et de triage des minerais » (Justice et Paix, 2019, p. 4).

En ce qui concerne la femme, détentrice de la carte d'exploitant artisanal, bien qu'elle soit majeure, son état de grossesse constitue un empêchement dirimant à l'exploitation minière artisanale, selon la volonté du législateur.

Il est de fait que les femmes sont de plus en plus nombreuses dans les ZEA. En effet, « les femmes forment une part importante des effectifs dans le secteur minier artisanal. À l'est de la RDC, elles contribuent en général et directement à l'exploitation minière sur la moitié des sites miniers. Néanmoins, le nombre total de mineurs artisanaux féminins sur le site demeure souvent assez bas par rapport à celui des exploitants masculins. » (Ken Matthysen, 2019, p. 34).

Partout ailleurs où se déroulent les activités minières artisanales, on observe la présence accrue des femmes. Ces dernières participent activement à l'exploitation. Elles interviennent directement aux activités liées à la production minière proprement dite, et jouent également un rôle majeur dans des activités annexes : ce sont elles qui font la cuisine, qui ravitaillent les sites en nourriture et en eaux… Relativement à ce sujet, Seydou Keita (2002, pp. 17-18) écrit ce qui suit :

> « Au Mali, les femmes ont de tout temps, joué un rôle prépondérant dans l'organisation sociale des sites miniers et leur taux de participation dans l'artisanat minier dépasse largement les 50 %, soit environ 60 à 70 000. Les raisons de leur présence sur les sites miniers ont plusieurs explications parmi lesquelles on peut citer entre autres les effets de la sécheresse, le mode de vie familiale traditionnelle et la pratique culturelle de l'exploitation aurifère dans les zones rurales. Concernant les postes d'intervention dans le circuit de production, on peut dire que les femmes sont présentes à tous les niveaux du circuit, depuis la remontée du minerai, son transport jusqu'au traitement. C'est ainsi que sur certains sites de Kéniéba ou Kangaba par exemple, les femmes constituent plus de 90 % des travailleurs impliqués dans la remontée et le lavage des minerais aurifères. »

Au demeurant, le niveau élevé de l'insécurité dans la région est un facteur qui limite l'accès d'un grand nombre des femmes dans les ZEA. Ainsi que l'écrit H. Kamabu Ngavo *et al.* (2020, p. 18) :

> « Peu de femmes accèdent aux sites fréquentés par les groupes armés car elles y courent le risque d'être victimes des abus. Le niveau d'insécurité élevée met en danger la population, et même plus en particulier des femmes. Elles sont exposées à certains risques spécifiques à Beni-Mbau, entre autres, le viol ou l'esclavage sexuel à l'issue de leur kidnapping. Des cas de violences sexuelles ont été rapportés à Visiki et à Mabalako. Cependant, des femmes travaillent sur les sites contrôlés par les services de l'État ainsi que dans les sites où les groupes armés ne sont pas excessivement hostiles.

Comparativement aux hommes, les femmes occupent les positions les moins rentables dans les mines. Dans la plupart des cas, elles sont juste impliquées dans les travaux de traitement et de transport des minerais. Sur toutes les mines visitées, seule une mine dénombrait six femmes effectivement exploitantes minières. »

Il faut signaler qu'en dépit de ces apports importants, le statut social de la femme dans l'artisanat minier demeure peu favorable. Nonobstant ses multiples obligations, celle-ci n'a que peu de droits et ne bénéficie pas encore de concours significatifs pouvant valoriser son travail et renforcer ses capacités. Malgré tout, on peut dire que, si la femme rencontre beaucoup plus de difficultés dans la pratique de l'exploitation minière artisanale, il n'en est pas moins vrai qu'elle se donne corps et âme pour améliorer ses conditions de vie, car nul ne se saigne aux quatre âmes pour favoriser son ascension sociale. À ce sujet, l'ONG Justice et Paix (2019) écrit ceci :

> « Généralement, les femmes sont moins rémunérées que les hommes pour leur travail, et sont moins bien informées sur leurs droits comme le souligne l'organisation IMPACT : moins de 40 % des femmes sondées savaient que la RD Congo disposait d'un code minier, comparativement à 85 % des hommes. Environ 90 % des femmes sondées ont indiqué n'avoir jamais reçu de formation sur l'exploitation, la sécurité et les lois minières. » De plus, il est difficile pour ces dernières de formuler des revendications, d'exprimer des préoccupations ou tout simplement de participer à la prise de décisions car elles sont le plus souvent exclues des systèmes de gestion communautaire des mines artisanales. »

Comme nous l'avons souligné ci-dessus, nonobstant sa majorité, le législateur a estimé que la femme enceinte ne devrait pas être éligible à l'exploitation minière artisanale. Toutefois, il ne précise pas si cette interdiction devrait s'appliquer à quelle période de la grossesse. La question reste sujette à discussion.

Le législateur ne dit pas non plus à quelle mesure recourir concrètement lorsque la femme à qui la carte d'exploitant était délivrée, alors qu'elle n'était pas enceinte, mais qu'après quelques mois ou années elle a été engrossée. C'est une autre question.

Il importera, *de lege ferenda*, de considérer comme un motif valable devant conduire au retrait de la carte d'exploitant artisanal à une femme si l'on prouve médicalement qu'elle est enceinte, et ce, peu importe le nombre des jours de la grossesse.

Suivant la volonté du législateur, l'ARECOMS est chargée, aux termes de l'article 7, alinéa 2, du décret n° 19/15 du 5 novembre 2019, d'assurer, notamment, de l'absence d'enfants, de femmes enceintes ou d'autres personnes vulnérables ou non autorisées, dans les sites d'extraction et sur toutes les chaînes d'approvisionnement des substances minérales stratégique. Malheureusement, force est de constater que, s'agissant des femmes enceintes, l'EGC, qui a la responsabilité opérationnelle ou le contrôle de gestion de la chaîne d'approvisionnement en cobalt, dans les « Normes d'approvisionnement responsable de l'EGC applicables aux coopératives » qu'elle a édictées en mars 2021, encourage expressément le travail des femmes enceintes sur les sites miniers. On peut lire dans le document cité en p. 8, au point 2.12.3 :

> « Dans le respect du Code minier de la RDC, les coopératives minières doivent prendre des dispositions pour permettre aux femmes enceintes de travailler en toute sécurité sur le site. »

On s'aperçoit là que l'EGC, qui est censée appliquer correctement la loi, fait également partie des sociétés minières et organes ou services de l'État qui sont les premiers à la méconnaître ou même à la violer.

III.2. La nationalité congolaise

L'exclusivité de l'exploitation minière artisanale aux seuls nationaux remonte à la période d'après l'indépendance.

Pour rappel, le premier texte de loi qui a véritablement marqué l'accession du Congo à l'indépendance fut l'ordonnance-loi du 11 mai 1967 portant législation générale sur les mines et les hydrocarbures. En effet, il ressortait de l'exposé des motifs de ce texte de loi, au 11e paragraphe que la création d'un permis d'exploitation artisanale réservé aux seuls nationaux pour l'exploitation de certains types de gisements, constitue une innovation importante du nouveau Code minier.

Il ressortait aussi du chapitre IV du même exposé des motifs que, dans le but de favoriser l'accession des nationaux à l'exploitation des mines et de ramener à la légalité les exploitations clandestines, il était prévu que le Permis d'exploitation artisanale serait réservé aux nationaux et aux Coopératives artisanales minières.

À l'instar de la réforme de 1967, les récentes réformes, celles de 2002 et 2018, ne se sont pas écartées de ce principe. Ainsi a-t-on voulu que l'exploitation minière artisanale soit réservée aux seules personnes physiques de nationalité congolaise.

Cette évidence a également été affirmée dans l'article 1 du décret n° 19/15 du 5 novembre 2019, qui dispose que l'exploitation des substances minérales stratégiques de production artisanale se réalise uniquement par les exploitants artisanaux, sous l'encadrement de l'autorité de régulation et de contrôle des marchés des substances minérales stratégiques.

Il est cependant regrettable qu'à cause du laxisme de certains services de l'administration quelques étrangers se livrent également à l'exploitation artisanale des substances minérales. En effet, il a été constaté que, dans les faits, bien des ZEA sont envahies par des étrangers qui se livrent à l'exploitation minière artisanale, parfois avec la complicité des Congolais, exploitants artisanaux. Cette situation a toujours été décriée, sans pour autant que les autorités du pays prennent une décision pour mettre fin à ce désordre, ou plutôt à cette violation flagrante de la loi.

À l'évidence, la présence des étrangers dans des ZEA est aussi encouragée par certaines autorités tant militaires que civiles qui leur facilitent l'accès. À ce propos, on se souviendra de la lettre référencée 01/0250/CAB/PROGOU/PI/2021 du 4 octobre 2021 du gouverneur de la province de l'Ituri en rapport avec la désignation d'un certain monsieur Han Yibo, de nationalité chinoise. Il en résulte que le gouverneur a confié à ce dernier la mission d'encadrer les exploitants miniers chinois installés dans les territoires de Djugu et de Mambasa. Ainsi qu'on peut le constater, cette correspondance est une reconnaissance implicite de l'exploitation minière artisanale par les étrangers, ce qui est une violation flagrante de la loi. L'ignorance de la loi minière en vigueur par ceux-là mêmes qui sont appelés à l'appliquer correctement est un handicap sérieux à la bonne gouvernance du secteur minier artisanal congolais.

Heureusement, la réaction du vice-ministre des Mines, assumant l'intérim de la ministre des Mines en mission, ne s'est pas fait attendre, comme en témoigne la lettre référencée CAB.MIN/MINES/ANSK/02432/01/2021 du 19 octobre 2021. Dans cette dernière, non seulement le comportement du gouverneur a été stigmatisé, mais il lui a aussi été rappelé qu'en vertu des articles 111 et 114*bis* du Code minier, l'accès à la ZEA reste l'apanage exclusif des personnes physiques majeures, membres d'une coopérative minière ou des produits de carrières agréées.

Dans cet élan, Madame Antoinette N'samba Kalambayi, alors ministre des Mines, a pris la question à bras-le-corps pour interdire la présence des étrangers et des engins lourds dans les sites d'exploitation artisanale.

En effet, par sa décision référencée CAB.MIN/MINES/ANSK/03237/01/202 du 20 décembre 2021, la ministre des Mines a rappelé que l'exploitation minière artisanale reste l'apanage exclusif des personnes physiques majeures de nationalité congolaise, détentrices d'une carte d'exploitant artisanal en cours de validité, membres d'une coopérative minière agréée. Par conséquent, souligne-t-elle, il est interdit aux étrangers de se livrer aux travaux d'exploitation des minerais sur tous les sites. Pour cela, un délai de 30 jours à compter de la signature de ladite circulaire a été accordé à tous les hors-la-loi pour se conformer à la loi.

Cette décision courageuse met hors d'état de nuire les personnes de nationalités étrangères qui envahissent clandestinement les ZEA, de sorte que l'anarchie et le désordre régnant en la matière cessent définitivement.

Il est à noter que le non-respect de cette mesure expose ces derniers à la sanction prévue à l'article 299 du Code minier relatif aux activités minières illicites.

Avec une telle mesure, si les chefs des divisions provinciales des Mines et les directeurs provinciaux de SAEMAPE ne sont pas laxistes dans leurs agissements, il y a lieu d'espérer qu'aujourd'hui les étrangers ne seront plus présents dans les différentes ZEA. Aussi faudrait-il que les exploitants artisanaux et la population eux-mêmes dénoncent toute présence d'étrangers dans lesdits sites. Ce n'est qu'ainsi que l'on peut réussir à mettre fin à cette pratique *contra legem*.

Fort malheureusement, six mois plus tard, la ministre des Mines, en dressant les grandes lignes des défis auxquels fait face le secteur artisanal minier, a continué de déplorer non seulement la présence d'engins lourds dans les ZEA, mais aussi la présence de sujets étrangers dans l'exploitation minière artisanale. Ce fut lors du séminaire de réflexion organisé les 9 et 10 juillet 2022, au Centre touristique Seli Safari Resort à Zongo dans la province du Kongo-Central en RDC. Ces assises, qui se tenaient sur le thème principal de la « Réflexion sur la problématique de la formalisation de l'exploitation minière artisanale en RDC », avaient un double caractère : échange et réflexion[33].

La situation, caractérisée par la présence des étrangers sur les sites miniers artisanaux, est quasiment restée la même sur le terrain dans beaucoup de provinces. C'est notamment le cas de la province de Lualaba où, dans certaines zones, les étrangers continuent de se livrer à l'exploitation artisanale du cobalt.

Pour pallier ce manquement, « la société civile du Lualaba invite le Gouvernement à retirer tous les expatriés des sites d'exploitation artisanale minière de la province. Le porte-parole de cette structure, Chadrack Mukad Mway, l'a affirmé le vendredi 1er juillet 2022, lors d'une conférence de presse organisée à Kinshasa. Il a dit précisément ceci :

> « En vue d'apporter des solutions durables dans ce secteur, nous plaidons pour la dépolitisation du secteur minier artisanal, le retrait de tous les expatriés dans les sites d'exploitation minière artisanale et la découverture des zones d'exploitation artisanale qui existent au profit des creuseurs. »

En outre, ce porte-parole de la société civile du Lualaba pense qu'il y a insuffisance de contrôle et persistance de la fraude dans le secteur minier. Il fustige le fait qu'aucun négociant congolais ne peut vendre ses minerais auprès d'une entité de traitement sans l'intermédiaire d'un sujet chinois. Il recommande au Gouvernement, entre autres, l'opérationnalisation de l'Entreprise Générale du Cobalt pour la sauvegarde des activités relatives aux substances minérales pour l'exploitation artisanale.

33 Cf. le rapport de ce séminaire.

En conclusion, il a estimé qu'il revient au gouvernement congolais de poser des actes concrets prouvant sa volonté réelle de rechercher des solutions durables aux problèmes qui minent le secteur minier artisanal en RDC[34].

La présence des étrangers dans l'artisanat minier n'est pas seulement le fait de la RDC. Dans son témoignage cité dans l'ouvrage *Les mines et la recherche minière en Afrique Occidentale Française* (Legoux et Marelle, 1991, p. 216), R. Causse, ingénieur des mines, parlant de la situation du diamant en Guinée en 1957-1958, a rapporté ceci :

> « De nombreux essais d'organisation ont été tentés sans succès. Devant ces échecs, une opération manu militari, ayant pour objectif d'expulser les étrangers de la région, refoule brutalement Guinéens et liens qui se réfugient en Haute-Guinée voisine. »

Dans la foulée des réactions, deux avocats ont pris l'initiative citoyenne et patriotique de dénoncer, à travers leur lettre non référencée du 8 juillet 2022 adressée au procureur général près la Cour de cassation, la présence des citoyens chinois dans des sites miniers se trouvant dans la province du Haut-Uélé. Ainsi ont-ils écrit ceci :

> « […] Cette situation paradoxale non profitable à la Province du Haut-Uélé en général et aux communautés locales touchées en particulier a suscité beaucoup d'interrogations angoissées de la part de la population, qui ne sait à quel saint se vouer d'autant plus que toutes les autorités étatiques de la place (gouverneur de province, président de l'Assemblée provinciale, le chef de division provinciale des Mines et d'autres chefs des services spécialisés) n'arrivent pas, pour fixer l'opinion, à clarifier la situation de ces Chinois qui exploitent jour et nuit de l'or dans les différents sites d'exploitation artisanale disséminés dans la province.
>
> […] l'exploitant artisanal désireux de faire affaire avec les Chinois devra accepter de verser une somme d'argent au gouverneur selon la taille de son affaire et aura droit, de la part des Chinois exploitants, à 5 000 USD ou plus chaque mois, les pas de porte variant entre 50 000 USD sont versés au gouverneur de province de la part de chaque coopérative intéressée ou de l'exploitant artisanal agissant à titre indépendant sur financement des Chinois avant toutes activités et qu'en contrepartie, ces derniers sont auto-

34 Repéré sur le site : https://www.radiookapi.net/2022/07/02/actualite/economie/lualaba-la-societe-civile-appelle-au-retrait-de-tous-les-expatries-des#:~:text=La%20soci%C3%A9t%C3%A9%20civile%20du%20Lualaba,de%20presse%20organis%C3%A9e%20%C3%A0%20Kinshasa.

risés à exploiter avec leurs moyens tant matériels que financiers à condition pour eux de verser pour le compte du gouverneur de province à chaque production soit 5 000 grammes d'or, soit 1 kilogramme d'or [...]. »

Toujours dans la même veine, le président de la République, lors de la soixante-quatrième réunion du Conseil des ministres, tenue le vendredi 12 août 2022, abordant la question en rapport avec les activités minières illicites dans la Province du Haut-Uélé, a indiqué qu'il a été informé des activités minières illicites dans la Province du Haut-Uélé, où est signalée la présence des sujets étrangers exploitant les minerais d'or au moyen d'engins lourds. Il a souligné que ces activités minières illicites s'effectuent soit dans les zones d'exploitation artisanale, en complicité avec les coopératives minières qui laissent les étrangers accéder avec des engins lourds sur les sites pourtant réservés exclusivement à l'exploitation minière artisanale et aux nationaux, soit dans les périmètres de recherches non encore transformés en permis d'exploitation ou encore dans les aires protégées. Il a rappelé que ces pratiques violent les dispositions du Code minier relatif à l'éligibilité, à l'exploitation minière artisanale et celles relatives aux aires protégées.

Tout en rappelant ses instructions données lors de la 29e réunion du Conseil des ministres en rapport avec la lutte contre la fraude minière, notamment la poursuite de l'identification des périmètres de recherches où s'effectuent les activités minières illicites, et compte tenu de la recrudescence de ce phénomène dans la partie est de notre pays, le président de la République a instruit le vice-premier ministre, ministre de l'Intérieur, Sécurité, Décentralisation et Affaires coutumières à prendre des mesures urgentes pour stopper, sans délai, ces exploitations illicites.

L'implication étroite de la ministre d'État, ministre de la Justice et garde des Sceaux, ainsi que de la ministre des Mines, a été requise par le chef de l'État, afin d'initier une mission d'enquête sur les activités illicites dans cette partie du territoire national et d'obtenir un rapport, assorti de recommandations, lors du premier Conseil des ministres du mois de septembre prochain (cf. compte rendu de la soixante-quatrième réunion du Conseil des ministres du vendredi 12 août 2022).

Il est plus que temps de mettre fin à cette aberration. Car rien ne peut en aucune manière justifier l'indifférence ou le silence des autorités publiques qui se limitent à prendre des mesures, sans s'assurer de leur application sur le terrain. Les autorités concernées font preuve d'un laxisme sans bornes vis-à-vis de ces étrangers, en fermant les yeux sur la violation continuelle de la loi en cette matière. Or de tels actes doivent être punis avec une sévérité inflexible.

III.3. L'éligibilité à la carte artisanale

La sollicitation et l'obtention de la carte artisanale sont conditionnées à l'éligibilité de son requérant à cette dernière. Pour le législateur congolais, toute personne physique, fût-elle majeure, n'est pas autorisée à solliciter et à détenir une carte artisanale. Il faut que lui soit reconnue cette prérogative.

Dès lors, il ressort de l'article 27 du Code minier que, ne sont pas éligibles pour solliciter et obtenir les cartes d'exploitant artisanal :

a) les agents et fonctionnaires de l'État, les magistrats, les membres des forces armées, les agents de la Police nationale et des services de sécurité, les employés des organismes publics habilités à procéder aux opérations minières. Toutefois, cette incompatibilité ne concerne pas leur prise de participation dans le capital des sociétés minières ;

b) toute personne frappée d'incapacité juridique prévue à l'article 215 de la loi n° 87-010 du 1er août 1987 portant Code de la famille, telle que modifiée à ce jour ;

c) toute personne frappée d'interdiction, notamment :

a. la personne condamnée par un jugement coulé en force de chose jugée pour des infractions à la législation minière et de carrières ou à celles se rapportant aux activités économiques de ses droits miniers et de carrières et de ses sociétés affiliées, et ce, pendant dix ans ;

b. la personne à laquelle la carte d'exploitation artisanale ou de négociant a été retirée, et ce, pendant trois ans ;

c. la personne à laquelle l'agrément au titre des comptoirs d'achat et de vente des substances minérales d'exploitation artisanale a été retiré, et ce, pendant cinq ans.

III.4. La détention d'une carte artisanale

Pour se livrer à l'exploitation minière artisanale, il ne suffit pas d'être une personne majeure de nationalité congolaise, il faut en outre détenir obligatoirement une carte artisanale. Cela laisse supposer que tout Congolais qui serait pris en flagrant délit dans une ZEA en train de se livrer aux activités minières ou de carrières sans détenir la carte d'exploitant artisanal doit être puni sur pied de l'article 299 du Code minier relatif aux activités minières illicites.

> « Cependant, dans la pratique, de nombreux exploitants miniers artisanaux ne sont pas détenteurs de cartes d'exploitants artisanaux. Par exemple, au Nord-Kivu et au Sud-Kivu, des dizaines de milliers de personnes, dont des enfants, travaillent comme creuseurs artisanaux… Impossible d'en connaître le nombre exact car ils ne sont pas inscrits » (Lwango Mirindi, 2014, p. 567).

Le pouvoir d'achat faible de ces exploitants serait à la base de leur non-enregistrement par l'État. Ils se refusent ainsi de solliciter la délivrance des cartes d'exploitants artisanaux, au motif qu'ils n'ont pas les moyens de payer certains droits du fait de la qualité d'exploitants artisanaux. Comme l'a écrit P. Lwango Mirindi (2014, p. 567) :

> « La présence dans les zones minières d'exploitants artisanaux non enregistrés par l'État s'explique non seulement par la modicité des revenus de ces exploitants, qui ne leur permettent pas de solliciter et obtenir les cartes d'exploitants artisanaux.
>
> En effet, « ces revenus journaliers ne dépassant pas 10 USD pour la plupart d'entre eux sont dépensés sur place pour se nourrir et s'acheter des produits finis disponibles sur le site minier ». Elle s'explique aussi par le fait que certains exploitants artisanaux ne veulent tout simplement pas être identifiés pour ne pas payer les multiples frais exigés par les services de l'État. »

En définitive, il est important de souligner que la détention d'une carte d'exploitant artisanal ne donne aucun droit à son détenteur d'acheter et de vendre seul les produits issus de l'exploitation minière artisanale. Il ne peut le faire qu'à travers la coopérative à laquelle il est affilié. C'est ce que dispose l'alinéa 4 de l'article 5 du Code minier de la manière suivante : « *L'exploitant détenteur d'une carte d'exploitant artisanal ne peut commercialiser les produits issus de l'exploitation artisanale que par le truchement de la coopérative minière à laquelle il a adhéré.* »

III.5. L'affiliation à une coopérative minière agréée

Aux termes de l'article 5 du Code minier, « toute personne physique majeure de nationalité congolaise, excepté la femme enceinte, qui désire se livrer à l'exploitation artisanale des substances minérales sur toute l'étendue du territoire national, ne peut le faire que dans le cadre d'une coopérative minière agréée, conformément aux dispositions du Code minier et dont l'adhésion est subordonnée à la détention d'une carte d'exploitant artisanal ».

S'il est vrai que la qualité de majeur, la possession de la nationalité congolaise et la détention d'une carte artisanale sont les éléments indispensables à l'exploitation minière artisanale, il est aussi vrai que sans l'affiliation à une coopérative minière ou des produits de carrières agréée, nul ne peut véritablement s'y livrer.

En réalité, l'exploitation minière artisanale, en tant qu'activité minière ou de carrière, n'est que de l'apanage de la coopérative minière ou des produits de carrières agréée. Il faut dire à cet effet que les activités d'un détenteur d'une carte artisanale ne peuvent se concevoir que dans le cadre de son affiliation à une coopérative minière agréée, c'est-à-dire qu'elles sont liées à l'appartenance à une coopérative minière agréée.

Il s'ensuit qu'une personne qui n'est pas affiliée à une coopérative minière ou des produits de carrières agréée ne peut en principe pas se livrer à l'exploitation minière artisanale, sans violer les dispositions en la matière. Ainsi que le dit l'alinéa 3 de l'article 5 du Code minier, « *l'exploitant détenteur d'une carte d'exploitant artisanal ne peut commercialiser les produits issus de l'exploitation artisanale que par le truchement de la coopérative minière à laquelle il a adhéré* ».

IV. Procédure d'acquisition et de renouvellement de la carte d'exploitant artisanal

Il est logique que le renouvellement de la carte d'exploitant artisanal soit la conséquence de son acquisition. C'est pourquoi il convient de décrire de prime abord la procédure d'acquisition de la carte d'exploitant artisanal (1), puis celle de son renouvellement (2).

IV.1. Procédure d'acquisition de la carte d'exploitant artisanal[35]

A. Du dépôt de la demande de carte d'exploitant artisanal

Suivant l'article 226 du Règlement minier, tout requérant de cartes d'exploitant artisanal dépose sa demande à la Division provinciale des Mines où se situe la ZEA.

En effet, la demande de la carte d'exploitant doit être déposée à la division provinciale des Mines et adressée, non pas au chef de Division provinciale, mais plutôt au ministre provincial des Mines du ressort où l'exploitation doit se dérouler.

Il paraît logique que ce soit au moment du dépôt de la demande de carte d'exploitant artisanal que l'article 225 du Règlement minier devrait trouver tout son sens. En effet, ce dernier dispose que :

> La Division provinciale des Mines du ressort s'assure, avant la transmission de la demande au ministre provincial des Mines, que le demandeur d'une carte d'exploitant artisanal a compris l'intégralité des dispositions contenues dans la réglementation en matière de protection de l'environnement, de l'hygiène et de la sécurité dans les zones d'exploitation artisanale et le Code de conduite de l'exploitant artisanal repris dans l'annexe IV au présent décret [du Règlement minier].

35 Art. 224 à 230 RM.

À cet effet, la Division provinciale des Mines est chargée de vulgariser les textes concernés dans les dialectes de la Province.

Au fond, c'est lors du dépôt de la demande de carte d'exploitant artisanal que le chef de division provinciale des Mines devrait s'acquitter de sa mission qui est de vulgariser les textes en matière d'exploitation artisanale dans les dialectes de sa Province. Pour cela, il est prescrit que la demande peut être établie sur un formulaire rédigé dans une des langues nationales. Cela ressort de l'alinéa 2 de l'article 224 du Règlement minier qui dispose que :

> La demande est établie sur un formulaire en français ou dans l'une des langues nationales à retirer auprès de la Division provinciale des Mines ou au Service des Mines du ressort.

Il semble que cette mesure a été prise pour faciliter cette demande aux populations de l'intérieur du pays, qui ont du mal à bien comprendre le français, vu que la demande d'une carte d'exploitant artisanal ne requiert ni la représentation par un avocat ni son assistance.

Vraisemblablement, l'obligation d'information du public par l'autorité locale qui délivre les cartes d'exploitant artisanal rentre dans le cadre de la vulgarisation du Code minier ainsi que de ses mesures d'application, dont les pouvoirs devraient en faire leur cheval de bataille. Voilà pourquoi le chef de division provinciale des Mines est tenu d'expliquer à tout demandeur de la carte d'exploitant artisanal les tenants et aboutissants de l'activité minière à laquelle il veut se livrer, ou plutôt tout ce qui s'y rattache ou s'y trouve impliqué.

B. Du formulaire de demande de carte d'exploitant artisanal

Le formulaire de demande de carte d'exploitant artisanal comporte notamment[36] les mentions suivantes :

- l'identité complète, l'adresse et les autres coordonnées du requérant ;
- le niveau d'étude et la profession ;
- l'indication d'un retrait antérieur d'une carte d'exploitant artisanal et, le cas échéant, s'il a suivi un stage de formation en techniques d'exploitation artisanale.

L'exigence de l'indication du stage de formation en techniques d'exploitation est requise car la participation à ce stage est un élément qui rentre en compte lors du renouvellement de la carte d'exploitant artisanal. Ainsi, l'article 233, alinéa 6, du Règlement dispose que :

---

36 L'emploi de l'adverbe « notamment » laisse entrevoir la possibilité pour le formulaire de reprendre d'autres mentions non expressément prévues par le Règlement minier.

> Seules les personnes ayant réussi l'examen des connaissances seront inscrites sur un registre des exploitants artisanaux ayant réussi à un stage de formation, tenu par le SAEMAPE. Cette inscription leur permettra d'obtenir une nouvelle carte d'exploitant artisanal.

Il est à noter qu'au Sud-Kivu, le formulaire, qui devrait pourtant être gratuit, serait fixé à 6 USD. Il paraît que ce sont les nantis des membres de la coopérative minière ou des produits de carrières à agréer qui prennent en charge le paiement dudit montant pour les autres membres dépourvus de moyens financiers. Le souci, comme on peut s'en douter, est de vite réunir le minimum de 20 personnes pour répondre à l'une des conditions d'agrément au titre de coopérative minière ou des produits de carrières.

C. Des documents joignables au formulaire de demande de carte d'exploitant artisanal

À la demande de carte d'exploitant artisanal doivent être joints les documents ci-après :

- l'engagement de respecter la réglementation en matière de protection de l'environnement, de l'hygiène et de la sécurité dans les zones d'exploitation artisanale, le code de conduite de l'exploitant artisanal comme condition de la validité de sa carte d'exploitant artisanal ;
- la carte d'exploitant artisanal expirée en cas de demande de renouvellement éventuel ;
- deux photographies récentes du requérant, en format passeport.

D. De la recevabilité ou de l'irrecevabilité de la demande de carte d'exploitant artisanal

La demande de carte d'exploitant est reçue par les services de la Division provinciale des Mines qui la transmettent au chef de division provinciale des Mines pour examen. C'est au moment du dépôt de ladite demande qu'elle est déclarée recevable ou irrecevable. En effet, la demande est recevable si elle est dûment remplie, signée et accompagnée des documents requis à l'article 224 du Règlement minier, soit repris au point précédent. Suivant les éléments joints au dossier, la demande peut être déclarée recevable ou irrecevable.

En cas d'irrecevabilité, le chef de Division provinciale restitue le dossier de demande avec mention des motifs de renvoi au requérant et mention des pièces manquantes. Par contre, lorsque la demande est déclarée recevable, il y a lieu qu'elle soit instruite. Autant dire que la recevabilité donne lieu à l'instruction de la demande de carte d'exploitant artisanal.

E. De l'instruction de la demande de carte d'exploitant artisanal

Aux termes de l'article 228 du Règlement minier, à la réception du dossier de demande, le chef de division provinciale des Mines examine l'éligibilité du requérant à l'exploitation artisanale. Dans le cas où l'instruction est favorable, il invite le requérant à payer le droit fixe y afférent conformément à la législation sur les recettes des provinces et des entités territoriales décentralisées. Ce montant, qui est de 5 USD, à titre de déclaration de l'exploitant artisanal, est établi par l'arrêté interministériel n° 0340/CAB.MIN/MINES/2022 et n° 054/CAB/MIN/ FINANCES/2022 du 2 août 2022 portant fixation des taux des droits, taxes et redevances à percevoir à l'initiative du ministère des Mines.

En plus de ce montant, une taxe annuelle de 15 USD et le timbre de 1 USD sont redevables, comme c'est le cas dans la province de la Tshopo. Ce montant est réparti de la manière suivante : 12 USD relatifs au taux d'acte et 3 USD de frais administratifs. Ceci est repris dans le tableau annexé à la circulaire n° MIN.PRO/ FECIPME/PT/BBK/002/2019 du 12 novembre 2019, contenant les taux applicables en matière d'impôts, droits, taxes et redevances en province de la Tshopo pour l'exercice fiscal 2019.

Force est malheureusement de constater que, dans la pratique, ce taux de 5 USD n'est toujours pas appliqué. Il arrive qu'une province n'y recoure pas et fixe son taux, ainsi que l'affirme P. Pelo (2015, p. 6) en ces termes :

> « Il sied de noter que cette réglementation est en conflit avec les arrêtés provinciaux de plusieurs provinciales en cette matière. Cas illustratif est celui de la province du Sud-Kivu pour laquelle la carte d'exploitant minier artisanal coûte 10 USD[37]. Ce prix est applicable au Sud-Kivu depuis l'exercice budgétaire 2013 à 2015. »

On peut remarquer que ce taux varie d'une province à une autre. À présent, comme c'est le cas au Sud-Kivu, la carte d'exploitant artisanal coûte annuellement 20 USD, suivant les indications des arrêtés interministériels provinciaux n° 01/AB/ MIN-PRO/MRH/SK/2022 et n° 06/022/GP/SK/CAB/MINFIN.ECO&COM/2022 du 15 janvier 2022 fixant les taux des droits, taxes et redevances à percevoir à l'initiative du ministère provincial des Mines, Ressources hydrauliques et Hydrocarbures en province du Sud-Kivu (ci-après arrêté interministériel provincial du 15 janvier 2022). Soulignons que ce montant concerne également la demande d'autorisation.

Soulignons, en outre, que le droit fixe dont le requérant doit s'acquitter n'est exigé qu'à la suite de l'instruction favorable, mais pas au dépôt de la demande de

37 Arrêté provincial n° 015/003/GP/SK du 5 janvier 2015 portant fixation de l'assiette des impôts, taxes et redevances à percevoir par la Province du Sud-Kivu et taux applicables au cours de l'exercice 2015, inédit.

carte d'exploitant artisanal. Cette mesure est à saluer parce qu'elle permet d'épargner aux requérants de payer un droit pour quelque chose dont ils ne sont pas certains d'obtenir une issue favorable et vu que le pouvoir d'achat de la plupart des requérants est faible. Il aurait été injuste d'exiger d'eux les frais de dépôt, en ce compris les frais d'instruction, avant qu'un avis favorable ne soit émis.

Remarquons aussi que le Règlement minier ne dit pas ce qu'il adviendrait lorsqu'à l'issue de l'instruction un avis défavorable serait émis. Doit-on comprendre par là que toute demande de carte d'exploitant artisanal reçue aboutit forcément à l'émission d'un avis favorable ? Ce n'est pas le cas.

La réponse à cette interrogation se trouve à l'article 229 du Règlement minier. Au fond, lorsqu'on analyse ce Règlement, on s'aperçoit que l'instruction de la demande de carte d'exploitant artisanal peut également donner lieu à l'émission d'un avis défavorable. En pareille situation, le requérant ne s'acquitte pas d'un droit fixe afférent à l'instruction. Ce qui est un principe de bon sens.

Puisque le requérant a payé le droit fixe de l'instruction de sa demande, il y a lieu qu'il soit notifié de l'avis favorable émis par le chef de division provinciale des Mines.

F. De la notification de l'avis favorable

Dès que la preuve de paiement est déposée, le chef de division provinciale des Mines émet et notifie son avis au requérant par le moyen le plus rapide et le plus fiable, dans les deux jours ouvrables à compter de son dépôt. Aussi doit-il, dans ce même élan, transmettre le dossier au ministre provincial des Mines pour décision, en respectant ce délai de deux jours ouvrables.

G. De la décision d'octroi ou du refus d'octroi de la carte d'exploitant artisanal

En vertu de l'article 229, alinéa 1, du Règlement minier, dans un délai de dix jours ouvrables à compter de la transmission du dossier de la demande avec avis favorable par la Division provinciale, le ministre provincial des Mines prend la décision d'octroi ou de refus d'octroi de la carte d'exploitant artisanal.

Seule la non-éligibilité du requérant justifie la décision de refus.

D'autre part, l'alinéa 2 dudit article 229 dispose que : « *Passé ce délai, le récépissé du paiement vaut carte de négociant et le chef de Division est tenu d'inscrire le nom du requérant dans le registre des négociants.* »

Il y a lieu de noter ici que cet alinéa 2 devrait être corrigé, car il ne s'agit pas là d'une carte de négociant, encore moins du registre des négociants, mais plutôt d'une carte d'exploitant artisanal et du registre des cartes d'exploitant artisanal.

H. Notification de la décision d'octroi ou de refus d'octroi

Après la signature de la décision d'octroi ou du refus d'octroi de la carte d'exploitant artisanal, le chef de division provinciale des Mines notifie au requérant, non pas sa décision, comme il est repris à l'alinéa 3 de l'article 229 du Règlement minier, mais celle du ministre provincial des Mines et procède à son affichage dans la salle de consultation publique de la Division provinciale des Mines.

I. De la délivrance de la carte d'exploitant artisanal

Dans le délai prévu à l'article 229 du Règlement minier, soit dans un délai de dix jours ouvrables à compter de la transmission du dossier de la demande avec avis favorable par la Division provinciale des Mines, le ministre provincial des Mines signe la carte d'exploitant artisanal et la transmet au chef de division provinciale des Mines qui la remet au requérant après enregistrement. Cette carte contient notamment[38] les mentions ci-après :

- les noms et post-noms, adresse, date de naissance et signature de l'exploitant artisanal ;
- l'engagement de l'exploitant artisanal d'adhérer à une coopérative minière et/ou des produits de carrières ;
- la photographie la plus récente de l'exploitant artisanal ;
- les substances minérales pour lesquelles la carte est établie ;
- la date de délivrance de la carte et celle de son expiration ;
- la Division provinciale des Mines, le nom et la signature du ministre provincial des Mines ayant délivré la carte d'exploitant artisanal.

En vertu de l'article 230 du Règlement minier, la Division provinciale des Mines inscrit la date de remise de la carte ou de son renouvellement ainsi que le nom du détenteur dans le registre des cartes d'exploitant artisanal qu'elle tient à jour.

IV.2. Procédure de renouvellement de la carte d'exploitant artisanal

Avant de parler du renouvellement proprement dit (B), il y a lieu de connaître ses préalables (A).

38 L'emploi de l'adverbe « notamment » laisse entrevoir la possibilité pour le formulaire de reprendre d'autres mentions non expressément prévues par le Règlement minier.

A. Des préalables au renouvellement de la carte d'exploitant artisanal

Conformément à l'article 112 du Code minier, la coopérative minière ou des produits de carrières et l'exploitant artisanal des mines, chacun en ce qui le concerne, respectent les normes en matière de sécurité, d'hygiène, d'utilisation de l'eau et de protection de l'environnement qui s'appliquent à son exploitation conformément à la réglementation en vigueur.

Il ressort de l'article 416 du Règlement minier que, conformément à l'article 112 du Code minier, tout exploitant artisanal ou toute coopérative minière est tenu(e) de s'engager à respecter le code de conduite de la Coopérative minière et de l'exploitant artisanal dont le modèle est repris à l'annexe IV dudit Règlement (voir annexe 1).

Le renouvellement de la carte d'exploitant artisanal est subordonné au strict respect des obligations prévues aux articles 112 et 416 précités. Il convient de noter ici que le renouvellement ne concerne que le détenteur de la carte d'exploitant artisanal dont la validité est arrivée à terme. Il ne s'agit pas là du cas d'un détenteur dont la carte a été retirée et qui doit solliciter, non pas le renouvellement de cette dernière, mais plutôt l'octroi d'une nouvelle carte.

Par ailleurs, le renouvellement de la carte est conditionné par la réussite du test organisé à la suite de l'encadrement technique des exploitants artisanaux, membres des coopératives minières et/ou des produits de carrières agréées, qui est assuré par l'Administration des Mines, notamment le SAEMAPE et la Direction des Mines, les services techniques spécialisés.

Ainsi l'article 232 du Règlement minier dispose-t-il que :

> Sans préjudice de l'article 10bis du Code minier, durant l'exercice de leurs activités, les exploitants artisanaux sont soumis à un encadrement technique, au sein de leur coopérative minière et/ou des produits de carrières agréée, assuré par l'Administration des Mines, notamment SAEMAPE et la Direction des Mines, les Services techniques spécialisés, et ce, conformément à leurs attributions spécifiques.
>
> Cet encadrement qui porte, notamment, sur les modalités du respect du Code de bonne conduite environnemental, des règles de l'art, de la sécurité et de l'hygiène, est sanctionné par un test d'évaluation dont les résultats sont transmis pour disposition au chef de division provinciale des Mines du ressort.
>
> L'exploitant dont la carte n'est pas renouvelée au motif qu'il n'a pas réussi au test dont mention à l'alinéa précèdent peut bénéficier d'un nouvel encadrement dans le but d'obtenir le renouvellement.

B. Du renouvellement proprement dit

La carte d'exploitant artisanal est renouvelable dans les mêmes conditions que la carte initiale, c'est-à-dire *mutatis mutandis* avec l'ancienne carte. En cas de renouvellement, le ministre provincial des Mines apporte sur l'ancienne carte les indications nécessaires portant les nouvelles dates de validité. Avant ou après son renouvellement, toute carte d'exploitant artisanal peut s'éteindre pour tel ou tel autre motif.

V. Droits et obligations du détenteur de la carte d'exploitant artisanal

Examinons d'abord les droits du détenteur de la carte d'exploitant artisanal (1), avant de nous pencher sur ses obligations (2).

V.1. Droits du détenteur de la carte d'exploitant artisanal

Les droits reconnus au détenteur de la carte d'exploitant artisanal sont prévus à l'article 223 du Règlement minier. Suivant ce dernier, le détenteur d'une carte d'exploitant artisanal des mines et/ou des produits de carrières en cours de validité peut réaliser au sein d'une coopérative dans laquelle il est affilié, les opérations suivantes :

- les travaux d'exploitation artisanale dans la ZEA précisée sur la carte d'exploitant artisanal ;
- l'aménagement du site d'exploitation, l'utilisation du bois et l'approvisionnement en eau pour les besoins de l'exploitation, selon les modalités précisées dans le code de conduite de l'exploitant artisanal dont le modèle est repris dans l'annexe IV au Règlement minier (voir annexe 1) ;
- la vente de leurs produits miniers aux négociants, aux marchés boursiers, aux comptoirs ou organismes agréés ou créés par l'État. Ils peuvent également vendre leurs produits miniers aux artistes agréés par le ministère de la Culture, dans les limites des autorisations visées à l'alinéa 2 de l'article 115 du Code minier ;
- la participation des exploitants miniers artisanaux, durant l'exercice de leurs activités, à un encadrement technique assuré par les Services techniques spécialisés du ministère des Mines.

Sur ce dernier aspect, il y a lieu qu'un effort soit fourni pour apporter l'encadrement nécessaire aux exploitants artisanaux. En effet, il faut reconnaître que les droits des exploitants artisanaux ne sont pas toujours respectés. Ces derniers sont abandonnés à leur triste sort. Pourtant, tout le monde sait que le travail auquel ils se livrent est très risqué et occasionne même des pertes en vies humaines. C'est ce que signale l'ONG Justice et Paix (2019, p. 3) en ces termes :

> « Les creuseurs artisanaux travaillent donc dans des conditions difficiles et dangereuses. Sans matériel de travail ou protection, les accidents sont nombreux. Les maladies respiratoires liées à l'inhalation continue de poussière et à l'humidité des galeries sont le lot quotidien des travailleurs. Malgré la difficulté du travail, les salaires sont très faibles. Ils fluctuent en fonction des quantités trouvées qui varient d'un jour à l'autre rendant ainsi très précaire la vie des travailleurs. En moyenne, on peut dire qu'un creuseur gagne entre 2 et 10 dollars par jour (soit plus ou moins 160 dollars par mois). Il n'existe pas de syndicat et les creuseurs artisanaux, malgré les changements législatifs récents, n'ont pas réellement de possibilité de faire valoir leurs droits ou de voir évoluer leurs conditions de travail.

L'encadrement et l'assistance du SAEMAPE sont d'autant plus nécessaires pour les exploitants détenteurs de carte d'exploitant au regard de la dangerosité de l'exploitation minière artisanale, comme le souligne le Guide OCDE (2016, p. 132) :

> « Dans les zones touchées par un conflit et à haut risque, les mineurs artisanaux et à petite échelle sont particulièrement exposés à des impacts préjudiciables et à de graves exactions en relation avec l'extraction, le transport, le commerce, la manutention et l'exportation de l'or. Les mineurs artisanaux et à petite échelle sont encore plus vulnérables quand l'exploitation minière artisanale et à petite échelle opère en l'absence d'un environnement réglementaire encourageant une production d'or responsable et ne contribuant pas au conflit, et le commerce légitime de ce métal. »

De notre point de vue, les formations, devant être organisées, assurées ou dispensées par le SAEMAPE, devraient être axées sur plusieurs domaines, notamment sur celles ayant trait à la sécurité en milieu de travail.

À ce propos, l'EGC a prévu, dans ses « Normes d'approvisionnement responsable de l'EGC », concernant l'exploitation du cobalt, que les coopératives minières accueillent, fournissent et/ou supervisent la formation et l'assistance technique de tous les travailleurs sur le site concernant les risques auxquels ils sont confrontés ou que les activités minières présentent pour la communauté environnante. Qui plus est, elle estime que les coopératives minières doivent tenir des registres de la formation dispensée aux travailleurs sur place, y compris les sujets traités. Ces enregistrements doivent être mis à sa disposition sur simple demande. En définitive, elle encourage les coopératives minières à inclure dans les registres de formation les détails des personnes qui ont suivi la formation.

S'agissant du Guide OCDE, il importe de souligner que sa mise en œuvre, spécialement son Appendice sur les mesures suggérées pour la création de possibilités d'activités économiques et de développement pour les exploitants de mines artisanales et à petite échelle, serait nécessaire pour une bonne régulation de l'artisanat minier congolais.

Pour ce qui est de l'encadrement dont bénéficient les exploitants artisanaux de la part du SAEMAPE, il y a lieu de redouter qu'il y ait confusion entre l'encadrement du SAEMAPE et celui que doit leur assurer l'ARECOMS, et ce, à défaut des textes fixant leur collaboration. En effet, aux termes de l'article 1 du décret n° 19/15 du 5 novembre 2019, l'exploitation des substances minérales stratégiques de production artisanale se réalise uniquement par les exploitants artisanaux, sous l'encadrement de l'autorité de régulation et de contrôle des marchés des substances minérales stratégiques. De quel encadrement s'agit-il réellement ? Telle est la question que l'on peut se poser.

Il semble que l'encadrement de l'ARECOMS ne diffère pas de celui du SAEMAPE. L'ARECOMS ne peut toutefois encadrer les exploitants artisanaux que si ces derniers se livrent à l'exploitation artisanale des substances minérales stratégiques, dont le cobalt, le coltan et le germanium. Autant dire que l'ARECOMS ne peut pas encadrer les exploitants artisanaux qui ne se livrent pas aux substances minérales stratégiques. Cette compétence est dévolue au SAEMAPE.

Toujours est-il qu'il faut reconnaître que le législateur du Code minier n'avait pas envisagé une telle situation. On peut craindre que la mise en œuvre d'une telle mesure pose problème dans la pratique. Les deux services devraient œuvrer en étroite collaboration afin d'éviter un éventuel conflit de compétences, surtout dans les zones minières où l'exploitation des substances minérales stratégiques se déroule sans la présence ou l'encadrement de l'ARECOMS.

V.2. Obligations du détenteur de la carte d'exploitant artisanal

Lorsqu'on parle des obligations de l'exploitant artisanal, détenteur de la carte d'exploitant artisanal, il faut faire la différence entre, d'une part, celles pouvant découler de la loi minière en vigueur et, d'autre part, celles émanant des « Normes d'approvisionnement responsable de l'EGC applicables aux travailleurs ». Il s'agit là des obligations dites ordinaires (A) et celles dites exceptionnelles (B) qu'il convient d'examiner.

A. Obligations ordinaires du détenteur de la carte d'exploitant artisanal

Pour assurer un bon déroulement de l'exploitation artisanale des substances minérales, le détenteur de la carte d'exploitant artisanal est tenu de :

- se soumettre aux règles et principes repris dans le Code de conduite de la coopérative minière ou des produits de carrières agréée et de l'exploitant artisanal (voir annexe 1) ;
- se conformer absolument à la déclaration de l'exploitant artisanal (voir annexe 2) ;
- observer scrupuleusement les normes en matière de sécurité, d'hygiène, d'utilisation de l'eau et de protection de l'environnement qui s'appliquent à son exploitation conformément à la réglementation en vigueur. Pour cela, il est tenu d'indemniser les exploitants agricoles pour tout dommage engendré par son activité ;
- se faire identifier auprès du SAEMAPE ;
- s'acquitter de ses redevances minières ;
- rapporter les statistiques de production aux services de l'administration des mines du ressort ;
- ne vendre ses produits miniers ou de carrières issus de l'exploitation minière artisanale qu'aux négociants, comptoirs agréés et aux marchés boursiers ;
- obtenir une autorisation préalable accordée par le ministre des Mines avant de procéder à la transformation des produits de l'exploitation minière artisanale. En effet, il ressort des dispositions de l'article 113 du Code minier que le fait de détenir la carte d'exploitant artisanal n'autorise pas son détenteur à transformer les produits de l'exploitation minière artisanale ;
- participer aux séances d'encadrement technique des exploitants artisanaux membres des coopératives minières et/ou des produits de carrières agréées à l'issue desquelles un test doit être organisé ;
- prendre intégralement part au stage de formation en techniques d'exploitation artisanale organisé par le SAEMAPE et CTCPM, à l'issue duquel seul le SEAMAPE délivre un certificat de participation aux personnes qui ont suivi l'intégralité du stage.

Relativement à l'encadrement technique dont devraient bénéficier les exploitants membres de la coopérative minière et/ou des produits de carrières agréée, il faut noter que ce dernier porte notamment sur les modalités du respect du Code de bonne conduite environnementale, des règles de l'art, de la sécurité et de l'hygiène, est sanctionné par un test d'évaluation dont les résultats sont transmis pour disposition au chef de division provinciale des Mines du ressort.

Concernant le stage de formation en techniques d'exploitation artisanale, les dates et lieux de ce stage sont publiés dans la salle de consultation publique du SAEMAPE, au moins quinze jours ouvrables avant la date du stage.

Enfin, lors du stage, les techniques d'exploitation artisanale sont expliquées ainsi que les mesures de sécurité et de protection de l'environnement telles que prévues dans le Code de bonne conduite de l'exploitant artisanal en annexe IV au Règlement minier (voir annexe 1).

Il est regrettable de constater que, jusqu'à ce jour, plus de quatre ans après l'entrée en vigueur du Code minier ainsi que de ses mesures d'application, aucun stage de formation en techniques d'exploitation artisanale n'ait été organisé en faveur des exploitants artisanaux. En pareille situation, il n'est pas étonnant que ces derniers se comportent comme des hors-la-loi. Dans cet élan, il n'est pas étonnant, par exemple, de les voir détruire l'environnement sans observance des règles et principes édictés dans ce domaine. Et pourtant, tous savent que les mines représentent une grande menace pour la santé et l'environnement des habitants au niveau local, et qu'elles ont un impact positif sur les conditions de vie des populations locales. Ainsi donc, sans cette formation, il est difficile que l'exploitation minière artisanale se déroule de la manière dont il convient que les choses soient faites.

Comment peut-on expliquer une telle insouciance de la part de ceux qui sont appelés à appliquer la loi ? Comment peut-on envisager de mettre fin à l'anarchie dans l'artisanat minier congolais si les exploitants artisanaux continuent de travailler dans les sites miniers ou de carrières sans être formés ? N'y a-t-il pas des moyens financiers disponibles pour organiser de tels stages ? Que font finalement le SAEMAPE et la CTCPM face à ce constat malheureux ?

Ce désintérêt laisse entrevoir la place que l'on accorde à l'artisanat minier, qui semble être relégué au second plan, comparativement à l'exploitation industrielle ou semi-industrielle. Ce qui n'est pas normal, quand on sait que les désordres relevant du secteur minier découlent le plus souvent du fait de l'exploitation minière artisanale. En d'autres termes, on peut dire que l'artisanat minier est principalement à la base de bien des maux qui gangrènent le secteur minier congolais. Un effort devrait donc être mené pour remédier à cette non-application de la loi.

Il est temps que les responsables du SAEMAPE et de la CTCPM s'en occupent sérieusement pour permettre aux exploitants artisanaux de travailler dans le strict respect des dispositions légales fixant les règles à suivre pour l'exploitation minière artisanale formelle.

B. Obligations exceptionnelles du détenteur de la carte d'exploitant artisanal

Au sujet de l'exploitation artisanale des substances minérales stratégiques, il existe des obligations subsidiaires qui tirent leur origine, non pas de la loi minière en vigueur, mais des règles établies par l'EGC. En effet, cette dernière, qui détient le monopole de l'achat, du traitement, de la transformation, de la vente et de l'exportation du cobalt extrait par les exploitants artisanaux, a mis en place des « Normes d'approvisionnement responsable de l'EGC applicables aux travailleurs », en ce compris lesdits exploitants artisanaux.

Il en résulte que toutes les règles édictées sont obligatoires pour ces travailleurs sur tous les sites de l'EGC et que les personnes qui ne respectent pas ces normes peuvent être exclues du site et ne pas être autorisées à travailler. Ces normes, dans ce cas précis, concernent l'accès au site, la conduite à adopter par les travailleurs, la manière dont l'exploitation doit se dérouler, l'établissement des rapports liés aux activités minières, notamment en cas de survenance d'un problème ou incident de sécurité[39].

VI. Régime fiscal et douanier applicable à l'exploitant artisanal

Il ressort de l'article 261 du Code minier que le régime fiscal et douanier applicable aux exploitants artisanaux, aux négociants et aux comptoirs agréés est régi par voie réglementaire conformément aux modalités fixées par le Règlement minier. Les articles 536*bis* à 538*bis* de ce Règlement constituent les mesures d'application du régime douanier, fiscal et parafiscal applicables à l'exploitation minière artisanale.

Concernant l'article 536*bis* dudit Règlement, il sied de préciser qu'il détermine les redevables visés par ces mesures et dispose que la coopérative minière, l'exploitant artisanal, le négociant et le comptoir agréé sont soumis au régime douanier, fiscal, ainsi que des recettes non fiscales applicables à l'exploitation minière artisanale.

Les autres articles, soit les articles 537 à 538*bis* du même texte, se rapportent respectivement au régime spécifique fiscal, douanier, ainsi que des recettes non fiscales applicables aux coopératives minières, aux négociants et aux comptoirs agréés (art. 537), au régime général fiscal, douanier ainsi que des recettes non fiscales applicables aux coopératives minières, aux négociants et aux comptoirs agréés (art. 538) et au recouvrement de la taxe due par la coopérative minière et du régime d'importation des matériels (article 538*bis*).

VII. Mode d'extinction de la carte d'exploitation artisanale

La carte d'exploitant artisanal peut s'éteindre de deux manières : le retrait (1) et l'expiration (2).

[39] Pour de plus amples informations, voir EGC (2021, p. 4 et suiv.).

VII.1. Le retrait de la carte d'exploitant artisanal

Le législateur a prévu le retrait comme mode principal d'extinction de la carte d'exploitant artisanal, et ce, en cas de tout manquement aux obligations prévues à l'article 112 du Code minier. À titre de rappel, ce dernier dispose que :

> La coopérative minière ou des produits de carrières et l'exploitant artisanal des mines, chacun en ce qui le concerne, respectent les normes en matière de sécurité, d'hygiène, d'utilisation de l'eau et de protection de l'environnement qui s'appliquent à son exploitation conformément à la réglementation en vigueur.

En effet, comme le souligne l'article 231, alinéa 5, du Règlement minier, en cas de manquement aux obligations de respect des normes en matière de sécurité, d'hygiène, d'utilisation de l'eau, de protection de l'environnement et du code de bonne conduite de l'exploitant artisanal et à défaut pour le détenteur de la carte d'exploitant artisanal de remédier à la situation aux termes de la mise en demeure de 30 jours ouvrables, le ministre provincial des Mines peut lui retirer sa carte d'exploitant artisanal.

Le retrait de la carte n'exclut pas la possibilité pour l'exploitant artisanal de se faire octroyer une nouvelle carte d'exploitation, lorsqu'il remplit de nouveau les conditions quant à ce.

Suivant l'article 233, alinéa 6, du Règlement minier, « seules les personnes ayant réussi à l'examen des connaissances seront inscrites sur un registre des exploitants artisanaux ayant réussi à un stage de formation, tenu par le SAEMAPE. Cette inscription leur permettra d'obtenir une nouvelle carte d'exploitant artisanal ».

On peut remarquer ici que l'obtention de la nouvelle carte est conditionnée par l'inscription du nom de requérant dont la carte d'exploitant artisanal a été retirée sur le registre des exploitants artisanaux ayant réussi à un stage de formation. En effet, lorsqu'une carte d'exploitant a été retirée à un exploitant artisanal, il lui est imposé de passer un examen de connaissances relatif aux sujets abordés pendants le stage, c'est-à-dire à la fin de la formation en techniques d'exploitation artisanale, ainsi que le dit l'alinéa 5 de l'article 233 du Règlement minier de la manière suivante :

> Aux termes de la formation en techniques d'exploitation artisanale, les personnes dont la carte d'exploitant artisanal a été retirée, conformément aux dispositions de l'article 114 du Code minier, doivent également passer un examen de connaissances relatives aux sujets abordés pendant le stage.

Nous sommes d'avis que la découverte d'une femme enceinte, après que la carte d'exploitant artisanal lui est délivrée, puisse constituer un motif valable du retrait de cette dernière. Et, comme l'affirme Héribert Kabwe Sabwa (2019, p. 307),

« le retrait de la carte d'exploitant artisanal donne droit aux voies de recours administratif ».

VII.2. L'expiration de la carte d'exploitant artisanal

La carte d'exploitant artisanal n'est pas un document qui a une durée indéterminée. Elle est délivrée pour une durée d'une année. Elle expire donc au terme de sa validité. Le renouvellement lui permet d'avoir une autre validité.

Force est de constater que, comme nous l'avions souligné plus haut, l'acquisition ainsi que la détention de sa carte seules ne suffisent pas à un exploitant artisanal pour pouvoir effectivement se livrer à l'exercice de l'exploitation minière artisanale, encore faut-il être affilié dans une coopérative minière ou des produits de carrières agréée qui est l'un des acteurs de l'artisanat minier.

Ces derniers ainsi que toutes les activités minières qui rentrent dans le cadre de l'exploitation minière artisanale méritent d'être scrutés dans la seconde partie.

SECONDE PARTIE

DES ACTIVITÉS MINIÈRES ARTISANALES : ACTEURS ET CHAÎNES DE PRODUCTION

À l'instar de la première, cette seconde partie sera divisée en trois chapitres :

– Chapitre 1 : Acteurs de l'artisanat minier

– Chapitre 2 : Actes de commerce en rapport avec l'exploitation minière artisanale

– Chapitre 3 : Exercice des activités minières par la détention d'un titre minier

CHAPITRE 1
ACTEURS DE L'ARTISANAT MINIER

L'artisanat minier vit et est vivifié grâce à ses acteurs. Ces derniers sont appelés à exercer leurs activités dans le respect strict des règles établies. Il en est ainsi, par exemple, de l'exploitation des substances minérales par les coopératives minières. Cette exploitation ne peut se dérouler que dans une ZEA et parce que ces zones d'exploitation ne peuvent vendre lesdites substances qu'auprès des négociants, des marchés boursiers, des comptoirs et des artistes agréés par le ministère de la Culture et des Arts. Autant de règles et de principes auxquels sont soumis lesdits acteurs.

C'est à travers les dispositions de l'article 115 du Code minier qu'il convient de déterminer les acteurs principaux et exceptionnels de l'artisanat minier congolais. Il s'agit là de ceux qui sont autorisés à détenir ou transporter les produits miniers ou de carrières de l'exploitation minière artisanale.

Comme on le verra dans ce chapitre, l'exploitation artisanale des substances minérales est exercée par un bon nombre d'acteurs miniers principaux[40], parmi lesquels il y a lieu de citer :

- les coopératives minières ou des produits de carrières (sous-chapitre premier) ;
- les négociants (sous-chapitre deuxième) ;

---

40 L'entité de traitement ou de transformation des substances minérales ne sera pas examinée dans cette étude, étant donné qu'elle est considérée davantage comme un acteur qui intervient principalement dans le cadre de l'exploitation semi-industrielle ou industrielle et est, du reste, soumise à des règles qui ne sont pas appliquées dans le cas de l'exploitation minière artisanale. À noter également que la coopérative minière ou des produits de carrières agréée, en tant qu'acteur du secteur minier artisanal, peut, au même titre qu'une entité de transformation, se livrer à la transformation des produits issus de l'exploitation minière artisanale sous certaines conditions.

– les comptoirs agréés (sous-chapitre troisième).

À côté de cette catégorie principale, il faut mentionner une autre catégorie dite « spéciale » ou « exceptionnelle », qui comprend les artistes agréés par le ministère de la Culture et des Arts.

Il est important d'analyser tous ces acteurs tour à tour, dans des trois sous-chapitres distincts. Soulignons toutefois que, s'agissant d'artistes agréés par le ministère de la Culture et des Arts, ils seront étudiés lors de l'examen des actes de commerce en rapport avec l'exploitation minière artisanale (chapitre 2), au vu de la particularité de l'achat auquel ils se livrent.

SOUS-CHAPITRE PREMIER

COOPÉRATIVES MINIÈRES OU DES PRODUITS DE CARRIÈRES

Les activités minières de type artisanal sont très répandues en RDC. La loi impose que seules les personnes physiques de nationalité congolaise peuvent se livrer à l'exploitation artisanale des mines ou de carrières. Seulement, il ne suffit pas d'être une personne physique de nationalité congolaise pour se livrer auxdites activités, encore faut-il être détenteur d'une carte d'exploitant artisanal et être membre d'une coopérative minière ou des produits de carrières agréée.

La nécessité de regrouper les exploitants artisanaux au sein d'une structure est l'une des importantes innovations intervenues par la réforme de 2018. Autrement dit, le regroupement des exploitants artisanaux au sein des coopératives minières est une des nouveautés de la réforme de 2018. Effectivement, le législateur de 2018, contrairement à celui de 2002, a jugé bon que les creuseurs artisanaux aient une structure appropriée pour leur permettre de se livrer correctement à l'exploitation minière artisanale, en respectant les prescrits des textes légaux et réglementaires en la matière. Pour tout dire, la coopérative minière doit être structurée comme toute société coopérative.

> « Le regroupement des exploitants miniers artisanaux a été [...] considéré par l'État comme l'une des solutions pour arriver à identifier et contrôler lesdits exploitants » (Lwango Mirindi, 2014, p. 568).

En fait, l'absence d'une organisation structurelle et le manque des moyens financiers conséquents rendent les creuseurs artisanaux moins compétitifs en comparaison des acteurs du secteur minier industriel dans l'acquisition des droits miniers et de carrières. Comme l'avait écrit G. Kamundala Byemba (2012, p. 14) :

> « Ils éprouvent d'énormes difficultés organisationnelles et ils sont moins compétitifs dans l'acquisition de permis de recherches et d'exploitation au regard des acteurs industriels qui ont des capacités managériales et financières qui leur facilitent l'acquisition de ces permis auprès du ministère des Mines via le Cadastre minier. »

Selon le même auteur, « la tentative d'organisation des creuseurs artisanaux à travers les coopératives minières semble être une formule appropriée pour leur permettre d'être compétitifs, de migrer vers l'exploitation semi-industrielle et ainsi de réussir le pari de formalisation. » (Kamundala Byemba, 2012, p. 14).

Par cette structure organisationnelle, le législateur espère, d'une part, organiser ces creuseurs afin de les voir œuvrer dans un cadre approprié et, d'autre part, permettre au Gouvernement d'avoir le contrôle sur les activités de ces derniers avec pour finalité de lutter contre l'exploitation clandestine des substances minérales. L'artisanat minier évoluerait ainsi vers le secteur formel.

On peut toutefois chercher à comprendre comment, malgré cette organisation, beaucoup de coopératives minières ou de produits de carrières ne se développent pas de façon réellement significative. On dirait même que seuls les représentants de ces exploitants artisanaux vivent dans le luxe et l'opulence, cependant que le reste des membres est plongé dans la misère et continue de croupir dans la pauvreté. Il est évident que tout cela n'est pas normal.

Dans tous les cas, l'institution de la coopérative minière, en tant que structure de regroupement des exploitants artisanaux, devrait encourager ces derniers à ne pas rester stationnaires, mais plutôt à s'organiser afin de passer à une autre échelle d'exploitation, celle de la petite mine ou de la mine semi-industrielle.

L'exploitation artisanale des substances minérales par les exploitants artisanaux exige que l'État apporte à ceux-ci, par le biais de leurs coopératives minières ou des produits de carrières agréées auxquelles ils sont affiliés, un appui financier pour assurer le meilleur déroulement de leurs activités. Ainsi, l'État est appelé à mettre en place une politique de financement pour la promotion de l'exploitation minière artisanale.

Ce premier sous-chapitre analysera tour à tour la constitution de la société coopérative (section I), la procédure d'agrément au titre de coopérative minière ou des produits de carrières (section II), les droits de la coopérative minière ou des produits de carrières agréée (section III), les obligations de la coopérative minière ou des produits de carrières agréée (section IV), le fonds de facilitation d'accès au crédit minier (section V), le régime fiscal et douanier applicable à la coopérative minière (section VI) et le mode d'extinction de la coopérative minière ou des produits de carrières (section VII).

I. Constitution de la société coopérative

Il y a lieu de noter d'ores et déjà qu'il sera question ici d'étudier sommairement la structure et l'organisation d'une société coopérative, étant donné que cette matière est abordée dans l'AUSCOOP, qu'il convient de consulter, au besoin, pour plus d'amples informations.

Dans cette section, il s'agira d'abord de dégager la définition de la société coopérative (1), ensuite d'analyser les différentes catégories des sociétés coopératives (2) et enfin d'étudier les principes régissant les coopératives minières ou des produits de carrières (3).

I.1. Définition de la société coopérative

> « Les coopératives sont des entreprises centrées sur les personnes, qui sont détenues et contrôlées par leurs membres pour satisfaire leurs aspirations et besoins économiques, sociaux et culturels communs[41]. »

En RDC, la coopérative minière est une des formes des sociétés coopératives régies par l'Acte uniforme OHADA du 15 décembre 2010 relatif au droit des sociétés coopératives (ci-après AUSCOOP).

Comme il ressort de l'article 1, point 10*ter*, du Code minier, la coopérative minière est une société coopérative régie par l'Acte uniforme du 15 décembre 2010 relatif au droit des sociétés coopératives regroupant les exploitants artisanaux, agréée par le ministre, et s'adonnant à l'exploitation artisanale de substances minérales ou des produits de carrières à l'intérieur d'une ZEA.

Aux termes de l'article 4 de l'AUSCOOP, la société coopérative est un groupement autonome de personnes volontairement réunies pour satisfaire leurs aspirations et besoins économiques, sociaux et culturels communs, au moyen d'une entreprise dont la propriété et la gestion sont collectives et où le pouvoir est exercé démocratiquement et selon les principes coopératifs.

La coopérative minière ne peut être constituée que conformément à l'Acte uniforme sur le droit de sociétés coopératives, en prenant l'une des catégories desdites sociétés.

---

41 Repéré sur le site : https://www.ica.coop/fr/coop%C3%A9ratives/quest-ce-quune-cooperative, consulté le 6 décembre 2021.

I.2. Différentes catégories des sociétés coopératives

Selon l'AUSCOOP, il existe deux catégories de sociétés coopératives : la société coopérative simplifiée et la société coopérative avec un conseil d'administration. Le législateur congolais n'a pas laissé aux exploitants artisanaux le libre choix entre les deux catégories des sociétés coopératives. Il leur impose l'une à l'exclusion de l'autre.

A. *La société coopérative simplifiée*

Suivant l'article 204 de l'AUSCOOP, la société coopérative simplifiée est constituée entre cinq personnes physiques ou morales au minimum. La constitution de la société coopérative simplifiée est décidée par une assemblée générale constitutive.

Cette forme de la société coopérative ne correspond pas à la coopérative minière prévue dans le Code minier. Cette dernière s'apparente à la société coopérative avec un conseil d'administration.

B. *La société coopérative avec un conseil d'administration*

Aux termes de l'article 267 de l'AUSCOOP, la société coopérative avec conseil d'administration est constituée entre quinze personnes physiques ou morales au moins.

C'est cette catégorie qui correspond à la coopérative minière, conformément à l'esprit et à la lettre des dispositions la régissant. Cela s'explique par le fait qu'en droit congolais, une coopérative minière est composée au minimum de vingt personnes physiques majeures. On s'aperçoit qu'il ne peut pas s'agir de la première catégorie, dont la composition peut être de moins de vingt personnes.

Cette exigence d'avoir au minimum vingt personnes physiques est une des conditions d'obtention de l'agrément au titre de coopérative minière et/ou des produits de carrières. Le *littera* b de l'article 114*bis*, alinéa 5, du Code minier dispose que :

> L'obtention de l'agrément au titre de coopérative minière et/ou des produits de carrières, est subordonnée aux conditions suivantes : [...] être composée au minimum de vingt personnes physiques majeures de nationalité congolaise détentrices des cartes d'exploitant artisanal des mines et/ou des produits de carrières valable pour une province donnée [...].

C. *Principes régissant la coopérative minière ou des produits de carrières*

Il a été jugé opportun de déterminer un certain nombre de principes sur lesquels doit reposer l'organisation de toutes les coopératives, quelle que soit leur forme. C'est ainsi que dans la déclaration sur l'identité de l'Alliance coopérative internationale en 1995[42], il a été annoncé que les coopératives se rassemblent autour des mêmes principes et valeurs.

Les coopératives d'habitation sont régies par des principes de base. Ces lignes directrices théoriques représentent le fondement philosophique du fonctionnement d'une coopérative.

> « En tant qu'entreprises guidées par des valeurs et pas exclusivement par le profit, les coopératives partagent des principes reconnus au niveau international et agissent ensemble pour bâtir un monde meilleur grâce à la coopération. En plaçant l'équité, la justice sociale et l'égalité au cœur de leurs préoccupations, les coopératives du monde entier permettent aux individus de travailler ensemble pour fonder des entreprises durables qui créent des emplois et assurent la prospérité à long terme[43]. »

Aux termes de l'article 233*bis*, alinéa 2, du Règlement minier, les membres de la coopérative minière et/ou des produits de carrières ont l'obligation d'adhérer aux principes coopératifs ci-après :

- l'adhésion volontaire ouverte à tous ;
- le pouvoir démocratique exercé par les coopérateurs ;
- la participation économique des coopérateurs ;
- l'autonomie et l'indépendance ;
- l'éducation, la formation et l'information ;
- la coopération entre organisations à caractère coopératif ;
- l'engagement volontaire envers la communauté.

L'alinéa 2 de l'article 233*bis* reprend *in extenso* les dispositions de l'article 6, alinéa 1, de l'AUSCOOP.

Par ailleurs, il ressort de l'alinéa 2 de ce même article 6 que toute discrimination fondée sur le sexe ou sur l'appartenance ethnique, religieuse ou politique est interdite. Dans cette intention, il faut noter que l'exclusion de la femme enceinte de

---

42 L'Alliance Coopérative Internationale est la voix des coopératives dans le monde entier. Elle a été créée en 1895 pour promouvoir le modèle coopératif. Aujourd'hui, les membres des coopératives représentent au moins 12 % de l'humanité. En tant qu'entreprises motivées par les valeurs et non par la rémunération du capital, les trois millions de coopératives sur terre agissent ensemble pour construire un monde meilleur. Repéré sur le site : https://www.ica.coop/fr, consulté le 7 décembre 2021.

43 Repéré sur le site : https://www.ica.coop/fr/coop%C3%A9ratives/quest-ce-quune-cooperative, consulté le 6 décembre 2021.

l'exercice de l'exploitation minière artisanale n'est pas une mesure discriminatoire. Il s'agit là plutôt d'une mesure de protection au regard de son état, ainsi que de l'enfant à naître.

L'organisation des creuseurs artisanaux en coopérative a permis de dépasser l'échelon familial à travers lequel les gains qui résultaient de l'exploitation étaient généralement détenus et gérés par le chef de famille. Lorsque l'exploitation est faite sous l'organisation en coopératives ou en associations, les gains qui en résultent sont partagés entre tous les membres.

On peut remarquer ici que « la raison principale étant l'association des efforts et des capitaux afin de mieux pouvoir rétribuer le travail et d'augmenter l'efficacité de l'exploitation. Ces coopératives qui disposent d'une structure organisationnelle formelle et de petits matériels d'exploitation investissent en général leurs productions dans l'initiation de projets communautaires et le développement de la coopérative en petite entreprise minière » (Seydou Keita, 2001, p. 16).

> « Les coopératives aident les individus à prendre le contrôle de leur avenir économique et, du fait qu'elles n'appartiennent pas aux actionnaires, les avantages économiques et sociaux résultant de leurs activités restent entre les mains des communautés où elles sont établies. Les bénéfices générés sont soit réinvestis dans l'entreprise, soit reversés aux membres[44]. »

Malheureusement, dans la pratique, le principe de participation économique des coopérateurs, qui, à l'ordinaire, devrait conduire à une meilleure affectation des profits générés par l'activité commerciale entre tous les membres, même à des proportions différentes, n'est pas une réalité vécue par la plupart des coopératives minières ou des produits de carrières agréées. En effet, les membres, ou plutôt la classe dirigeante, qui détiennent le pouvoir de décision se taillent la part du lion des bénéfices et ne se soucient guère des autres qui, pourtant, travaillent durement dans les sites miniers ou de carrières, au risque parfois de perdre leur vie en raison des conditions de travail très difficiles.

Au fond, le modèle de gouvernance démocratique, tel qu'il est pratiqué dans les coopératives, comme l'une des solutions les plus efficaces pour les gestions des biens communs, est en déphasage avec la gouvernance adoptée par les coopératives minières ou des produits de carrières en **RDC**, vu que ces dernières ne mobilisent pas des ressources collectives pour un usage collectif. Il y a lieu d'y apporter des correctifs si l'on veut voir ces coopératives se développer au mieux des intérêts de tous les membres. En effet, il n'est pas normal qu'une catégorie des membres profite des retombées de l'exploitation artisanale des substances minérales au détriment des autres.

---

44 Repéré sur le site : https://www.ica.coop/fr/coop%C3%A9ratives/quest-ce-quune-cooperative, consulté le 6 décembre 2021.

II. Procédure d'agrément au titre de coopérative minière ou des produits de carrières

La procédure d'agrément au titre de coopérative minière ou des produits de carrières sera analysée à travers les sept étapes principales ci-dessous qu'il importe d'examiner successivement et distinctement.

II.1. Dépôt de la demande d'agrément au titre de coopérative minière ou des produits de carrières

La demande d'agrément au titre de coopérative minière et/ou des produits de carrières, qui est adressée au ministre des Mines, est déposée auprès de la Division provinciale des Mines du ressort concerné.

En effet, suivant l'article 11*ter* du Code minier, le chef de division provinciale des Mines est compétent notamment pour réceptionner les dépôts de demande d'agrément au titre des coopératives minières adressée au ministre.

La demande d'agrément au titre de coopérative minière n'est pas gratuite. Un droit fixe dont le montant est déterminé par voie réglementaire est perçu lors de l'agrément.

Pour ce qui concerne la province du Sud-Kivu, l'arrêté interministériel provincial du 15 janvier 2022 fixe le montant de la demande d'agrément à 300 USD par coopérative. Il est annuellement perçu le même montant au titre de la taxe d'agrément annuelle de groupement minier d'exploitation artisanale.

Un montant de 5 000 USD est fixé à titre de taxe d'agrément de coopérative par l'arrêté interministériel n° 0340/CAB.MIN/MINES/2022 et n° 054/CAB/MIN/FINANCES/2022 du 2 août 2022 portant fixation des taux des droits, taxes et redevances à percevoir à l'initiative du ministère des Mines.

II.2. Éléments constitutifs du dossier de demande

Au dossier de demande sont joints les éléments suivants :

- les statuts dûment notariés de la coopérative d'exploitants artisanaux signés par les fondateurs ;
- la liste reprenant les noms et adresses des fondateurs ;
- la photocopie certifiée conforme de la carte d'exploitant artisanal de chaque membre ;
- le procès-verbal de l'assemblée générale constitutive ;
- les noms, adresse et profession des dirigeants ;

- la preuve de l'adhésion libre de chaque membre au groupement d'exploitants artisanaux ;
- la preuve que les conditions d'adhésion au groupement ne sont pas prohibitives ;
- les preuves de versements effectués au titre de souscription au capital social ;
- les moyens techniques et financiers ainsi que les ressources humaines que la coopérative entend mettre en œuvre pour la réalisation de ses objectifs (art. 114*bis*, alinéa 4, RM).

En plus de ces éléments, il faut savoir que, conformément à l'article 233*ter* du Règlement minier, le formulaire joint à la demande d'agrément de coopérative minière et/ou des produits de carrières, à retirer à la Division provinciale des Mines du ressort, reprend les informations ci-dessous :

- les dénominations, date de création, adresse de la coopérative minière et/ou des produits de carrières ;
- les identités complètes, adresse et autres coordonnées des membres fondateurs ;
- la zone d'exploitation artisanale et les substances minérales pour lesquelles l'agrément est demandé ;
- l'engagement de respecter la réglementation en matière de protection de l'environnement, de l'hygiène et de la sécurité dans les zones d'exploitation artisanale.

Le formulaire de demande de l'agrément est dûment rempli et signé par la ou les personne(s) statutairement établie(s) pour engager la coopérative minière et/ou des produits de carrières.

II.3. Conditions d'obtention d'agrément au titre de coopérative minière ou des produits de carrières

L'obtention de l'agrément au titre de coopérative minière et/ou des produits de carrières est subordonnée aux conditions suivantes :

- être constituée conformément à l'Acte uniforme sur le droit de sociétés coopératives ;
- être composée au minimum de vingt personnes physiques majeures de nationalité congolaise, détentrices des cartes d'exploitant artisanal des mines et/ou des produits de carrières valables pour une province donnée ;

- avoir pour objet social, principalement les activités minières et/ou des produits de carrières (art. 114*bis*, alinéa 5, RM).

Par ailleurs, il faut indiquer que, suivant l'article 26 du Code minier, sans préjudice des dispositions de l'article 27 de ce même texte, seules les personnes physiques majeures de nationalité congolaise détentrices des cartes d'exploitant artisanal et affiliées aux coopératives minières ou des produits de carrières agréées sont éligibles à l'exploitation minière artisanale.

On peut remarquer que l'obtention d'agrément au titre de coopérative minière ou des produits de carrières est conditionnée par l'éligibilité des membres de celle-ci à solliciter et à obtenir ledit agrément.

Ainsi, en vertu de l'article 27 du Code minier, ne sont pas éligibles pour solliciter l'agrément au titre de coopérative minière ou des produits de carrières :

a) les agents et fonctionnaires de l'État, les magistrats, les membres des forces armées, les agents de la Police nationale et des services de sécurité, les employés des organismes publics habilités à procéder aux opérations minières. Toutefois, cette incompatibilité ne concerne pas leur prise de participation dans le capital des sociétés minières ;

b) toute personne frappée d'incapacité juridique prévue à l'article 215 de la loi n° 87-010 du 1er août 1987 portant Code de la famille, telle que modifiée à ce jour ;

c) toute personne frappée d'interdiction, notamment :

a. la personne condamnée par un jugement coulé en force de chose jugée pour des infractions à la législation minière et de carrières ou à celles se rapportant aux activités économiques de ses droits miniers et de carrières et de ses sociétés affiliées, et ce, pendant dix ans ;

b. la personne à laquelle la carte d'exploitation artisanale ou de négociant a été retirée, et ce, pendant trois ans ;

c. la personne à laquelle l'agrément au titre des comptoirs d'achat et de vente des substances minérales d'exploitation artisanale a été retiré, et ce, pendant cinq ans.

II.4. Instruction de la demande d'octroi de l'agrément

Suivant l'article 233*quater* du Règlement minier, dès que la demande d'agrément de coopérative minière et/ou des produits de carrières est déclarée recevable, la Division provinciale des Mines du ressort instruit le dossier quant au fond.

Dans un délai de 10 jours, elle émet ses avis et les adresse au ministre par voie hiérarchique, *via* la Direction des Mines, avec copie au requérant.

II.5. Autorité d'octroi de l'agrément ou du refus d'agrément

D'une part, aux termes de l'article 10, *littera* e, du Code minier, le ministre des Mines agrée et retire l'agrément des coopératives minières ou des produits de carrières.

C'est ce qui procède également de l'article 114*bis*, alinéa 6, du Code minier aux termes duquel l'agrément au titre de coopérative minière et/ou des produits de carrières est accordé ou refusé par le ministre.

D'autre part, il résulte de l'article 233*quinquies* du Règlement minier que :

> Dans un délai de vingt jours ouvrables à compter de la transmission du dossier de la demande avec avis de la Division provinciale du ressort, le ministre prend la décision d'octroi ou de refus d'octroi de l'agrément de la coopérative minière et/ou des produits de carrières.
>
> La décision d'octroi ou de refus est notifiée dans un délai de 30 jours ouvrables, à dater de la décision du ministre, au SAEMAPE et au Cadastre minier par le secrétaire général aux Mines.
>
> Toute décision de refus doit être motivée et ne peut se fonder que sur la non-éligibilité du requérant.

II.6. Notification et recours de la décision d'octroi de l'agrément

D'un côté, le chef de division provinciale des Mines est chargé de notifier au requérant la décision d'octroi de l'agrément ou de refus d'octroi d'agrément et de procéder à son affichage dans la salle de consultation publique de la Division provinciale des Mines.

D'un autre côté, suivant l'article 233*quinquies*, alinéa 2, du Règlement minier, la décision d'octroi ou de refus est notifiée dans un délai de 30 jours ouvrables, à dater de la décision du ministre, au SAEMAPE et au Cadastre minier par le secrétaire général aux Mines.

II.7. Recours de la décision de refus d'agrément

En combinaison de l'article 114*bis*, alinéa 8, du Code minier et l'article 233*quinquies*, alinéa 4, du Règlement minier, la décision du refus doit toujours être motivée et ne peut se fonder que sur la non-éligibilité du requérant. Elle donne donc droit au recours, conformément aux dispositions des articles 313 et 316 du Code minier.

Il importe de signaler ici que le recours auquel fait allusion ledit alinéa 8 est le recours administratif prévu aux articles 313 et 314 du Code minier. On peut facilement remarquer que le législateur a commis une erreur matérielle en écrivant 316 en lieu et place de 314. D'où il importera, *de lege ferenda*, de modifier cet alinéa en remplaçant « 316 » par « 314 ».

III. Droits de la coopérative minière ou des produits de carrières

La décision d'agrément d'une coopérative minière ou des produits de carrières agréée crée des droits dont celle-ci peut se prévaloir.

Il ressort de l'article 233*nonies* du Règlement minier que, conformément aux dispositions des articles 110, 111, 113, 114*bis* et 115 du Code minier, la coopérative minière et/ou des produits de carrière est autorisée à :

- exploiter toute substance minérale exploitable artisanalement ; pour cela, il a le droit de travailler dans la zone d'exploitation artisanale concernée ;
- commercialiser localement les produits de la substance minérale exploitable artisanalement ;
- transporter des produits des mines et de carrières vers un centre de négoce ou une entité de traitement ;
- transformer les produits miniers et de carrières moyennant une autorisation préalable accordée par le ministre.

Aussi la coopérative minière ou des produits de carrières agréée a-t-elle, entre autres, le droit de :

- être exonérée de l'impôt sur les bénéfices et profits. Elle est soumise aux autres impôts conformément au droit commun ;
- user de son droit de préemption dont le délai est de cent quatre-vingts jours pour solliciter un Permis en vue d'une exploitation à petite échelle (Permis d'Exploitation de Petite Mine), et ce, en cas de la fermeture d'une ZEA ;
- solliciter un Permis de Recherches exceptionnel auprès du ministre des Mines, et ce, conformément aux dispositions du Code minier, lorsqu'elle désire procéder à la recherche de substances minérales classées en mines ou carrières à l'intérieur d'une ZEA à l'aide de procédés industriels ou semi-industriels.

Qui plus est, il résulte de l'article 538*bis*, alinéa 3, du Règlement minier que la coopérative minière dûment constituée et agréée bénéficie du régime douanier préférentiel prévu aux articles 225 et 232 du Code minier pour l'importation des petits matériels et équipements à usage strictement minier.

Dans le cadre du processus de fermeture d'une ZEA, le législateur reconnaît à toute coopérative minière ou des produits de carrières agréée, ayant travaillé dans la ZEA venant de faire l'objet de fermeture, un droit de préemption pour solliciter un Permis en vue d'une exploitation à petite échelle conformément aux dispositions du Code minier. En effet, cette coopérative dispose d'un délai de cent quatre-vingts jours, à compter de la notification de fermeture par le secrétaire général aux Mines, pour faire connaître si elle entend faire jouer son droit de préemption conformément aux dispositions du Code minier. La coopérative minière ou des produits de carrières agréée se conforme, dans le délai de préemption lui imparti, aux conditions fixées à l'article 69 du Code minier pour l'obtention d'un Permis d'Exploitation ou Permis d'Exploitation de Petite Mine.

L'établissement, le dépôt, la recevabilité et l'instruction de la demande du Permis d'exploitation de petite mine sont régis par les dispositions de l'article 103 du Code minier.

Par ailleurs, le Règlement minier, en son article 25*vecies*, permet aux coopératives minières et de carrières agréées de bénéficier des mesures incitatives qui rentrent dans le cadre de la promotion de l'exploitation minière artisanale. Ainsi, ledit article 25*vecies* dispose ceci :

> Sans préjudice des dispositions des articles 261 du Code minier ainsi que des articles 537 et 538 du présent décret [Règlement minier], les ministres ayant respectivement les Mines et les Finances dans leurs attributions fixent les conditions d'octroi d'avantages fiscaux, douaniers et parafiscaux plus favorables aux coopératives minières.
>
> L'éligibilité aux avantages dont question à l'alinéa précédent est conditionnée par la demande de la Coopérative minière à laquelle est annexé un projet de développement de ses activités comportant notamment :
>
> - le programme de formation incluant notamment les techniques en matière d'exploitation, de sécurité, d'hygiène, de santé et de protection de l'environnement minier ainsi que de gestion de la coopérative ;
>
> - l'amélioration des conditions de travail et de rendement de production par l'introduction progressive du petit matériel d'exploitation approprié aux conditions du gisement et du milieu ;
>
> - la promotion de la chaîne locale de valeur ;

- le programme de viabilisation à moyen et/ou long terme de la Zone d'Exploitation Artisanale en vue de sa transformation en permis de petite mine.

La demande dont question à l'alinéa 2 est adressée au ministre en quatre exemplaires dont copie est réservée au ministre ayant les Finances dans ses attributions.

À ce sujet, il y a à craindre que cette prérogative accordée aux ministres des Mines et des Finances soit une source de discrimination et de favoritisme. Ces mesures incitatives peuvent se muer en des exonérations qui seront un handicap pour l'augmentation des recettes fiscales du secteur artisanat. Par conséquent, elles ne devraient pas être accordées par voie administrative. Car certaines coopératives minières ou des produits de carrières agréées peuvent profiter de cette situation pour se faire accorder des avantages fiscaux, surtout quand on sait que la plupart des hommes politiques en sont leur promoteur. Vraisemblablement, cet article ouvre une brèche que des coopératives minières peuvent ainsi utiliser, par un lobbying directement auprès de ces deux ministères pour obtenir des avantages fiscaux exorbitants.

Il est évident que, pour éviter le népotisme, et même la corruption tant passive qu'active, qui continue de gangrener le secteur minier congolais en général, ces mesures soient prévues dans la loi lors de la prochaine réforme. Sinon, elles devraient se faire dans la transparence en tout temps lorsqu'il y a lieu d'y recourir.

IV. Obligations de la coopérative minière ou des produits de carrières

Les obligations de la coopérative minière ou des produits de carrières agréée peuvent résulter, d'une part, de la loi minière en vigueur, et d'autre part, des « Normes d'approvisionnement responsable de l'EGC applicable aux coopératives ».

Cette section analysera d'abord les obligations dites ordinaires (1), ensuite celles dites exceptionnelles (2).

IV.1. Obligations ordinaires de la coopérative minière ou des produits de carrières

Des obligations pèsent sur la coopérative minière du fait de son agrément. Autant elle a des droits qui lui sont reconnus, autant la coopérative minière ou des produits de carrières agréée est astreinte à un bon nombre d'obligations. Ainsi, elle est notamment tenue de :

- solliciter l'agrément auprès du ministre des Mines après sa constitution conformément au droit OHADA ;

- payer un droit fixe dont le montant est déterminé par voie réglementaire et qui est perçu lors de l'agrément ;
- s'acquitter, au plus tard le 31 mars de chaque année, d'une redevance annuelle ; et ce, pour la validité de l'agrément ;
- s'engager à respecter le Code de conduite de la Coopérative minière dont le modèle est repris à l'annexe IV du Règlement minier (voir annexe 1) ;
- respecter les normes en matière de sécurité, d'hygiène, d'utilisation de l'eau et de protection de l'environnement qui s'appliquent à son exploitation conformément à la réglementation en vigueur ;
- contribuer au fonds de réhabilitation institué en vue de financer la réalisation des mesures d'atténuation et de réhabilitation des zones d'exploitation artisanale.
- solliciter préalablement une autorisation auprès du ministre des Mines avant de procéder à la transformation des produits miniers ou de carrières. Ce qui explique que le fait de détenir un agrément ne donne pas *ipso facto* droit à la coopérative minière ou des produits de carrières agréée de procéder à la transformation des substances minérales d'exploitation artisanale ;
- déclarer son ou ses propriétaires réels conformément au formulaire publié par les parties prenantes, en application de la norme de l'Initiative de Transparence dans les Industries Extractives ou de toute autre norme nationale, régionale et internationale poursuivant des objectifs similaires auxquels le Gouvernement aura librement souscrit (combinaison des articles 25*quater* et 25*bis* du Règlement minier) ;
- transmettre les statistiques de production aux services de l'administration des mines du ressort ;
- indemniser les exploitants agricoles pour tout dommage engendré par son activité ;
- organiser, avec l'Administration des Mines, spécifiquement le SAEMAPE, des sessions de formation de ses membres ;
- disposer d'un certificat de conformité, délivré par l'ARECOMS, pour la vente des substances minérales stratégiques d'exploitation artisanale.

Concernant les droits et taxes auxquels les coopératives minières ou des produits de carrières agréées sont assujetties, l'EGC n'entend pas encourager celles d'entre elles qui ne paient pas les taxes fixées par les pouvoirs publics. Ainsi, il exige la présentation des preuves de paiement afférentes à ces taxes. C'est ainsi qu'elle prescrit dans les « Normes d'approvisionnement responsable de l'EGC » ce qui suit :

> Les coopératives minières doivent payer tous les impôts, droits et redevances juridiques au gouvernement aux fins de l'extraction, du commerce, de la manutention et du transport des minéraux. La preuve de ces paiements devra être conservée et mise à la disposition de l'EGC sur simple demande.

À ce propos, il y a lieu de signaler que, dans la province du Sud-Kivu, il est prévu, dans l'arrêté interministériel provincial du 15 janvier 2022, une taxe sur chantier d'exploitation artisanale de diamant et d'or dont le montant est annuellement de 100 USD par puits.

D'un autre côté, il faut dire que, puisque la coopérative minière ou des produits de carrières agréées est tenue de réhabiliter le site minier, cet arrêté fixe un taux annuel de 5 % du revenu annuel à titre de la redevance pour atténuation et réhabilitation de l'environnement minier de l'exploitation minière artisanale. C'est d'ailleurs ledit arrêté qui fixe tous les taux des droits, taxes et redevances à percevoir à l'initiative du ministère provincial des mines, ressources hydrauliques et hydrocarbures en province du Sud-Kivu.

Il faut ici stigmatiser l'existence des taxes illégales handicape la production minière artisanale. Cet état de choses est dénoncé par plusieurs membres des sociétés civiles, voire les ONG, qui suivent de près le déroulement des activités minières artisanales. C'est le cas de PricewaterhouseCoopers.

En effet, « à l'issue de son audit ayant porté sur le secteur minier artisanal à l'est de la **RDC**, PricewaterhouseCoopers a pu énoncer la nomenclature de ces taxes illégales : taxes pour entrer et sortir de la mine, taxe pour travailler dans les puits de mine, les frais d'enregistrement des minerais, les sommes versées à la police et aux chefs traditionnelles » (Odya Kalinda et Ingonde Botshindo, 2021, pp. 131 et 132).

Pourtant, il existe un décret n° 17/007 du 16 août 2017 portant interdiction de perception des taxes et frais d'intervention ou administratifs illégaux aux frontières et sur l'ensemble du territoire national. Et l'article 3 dudit décret ordonne aux services d'assiette, ayant la mission de déterminer l'assiette fiscale ou parafiscale dont dépend le montant de l'impôt ou de la taxe), habilités à exercer aux frontières, d'afficher les taux des taxes et frais administratifs. Il est dommage que, dans la pratique, rien de tel n'est fait dans certains territoires.

Pour ce qui est du « certificat de conformité », l'ARECOMS a, entre autres, pour mission spécifique, la délivrance de certificat de conformité aux coopératives sélectionnées qui se conforment aux principes posés par le décret n° 19/15 du 5 novembre 2019, sans lequel lesdites substances ne peuvent être traitées ou exportées. C'est ce qui ressort de l'article 7, point 1, du décret n° 19/16 du 5 novembre 2019.

Au sujet des sessions de formation, il y a lieu de noter que la coopérative minière ou des produits de carrières agréée a l'obligation de faire soumettre ses membres, qui sont les exploitants artisanaux, détenteurs de la carte d'exploitant artisanale, à l'encadrement et à l'assistance du SAEMAPE. Il s'agit ici de l'encadrement technique, conformément à l'article 232 du Règlement minier.

En outre, elle doit faire participer ses membres au stage de formation en techniques d'exploitation artisanale organisé par le SAEMAPE et la CTCPM, conformément à l'article 233 du Règlement minier.

> « Au regard du respect du code de bonne conduite, l'exploitant minier artisanal est obligé à prendre l'engagement de n'utiliser pas les produits explosifs pour l'abattage des minerais et les produits chimiques toxiques ainsi que le mercure qui, est abusivement manipulé par les exploitants miniers dans plusieurs sites aurifères de la RDC » (Pelo, 2015, pp. 9 et 10).

Ce stage est de rigueur, notamment, pour que les exploitants artisanaux soient suffisamment informés du danger qui les guette sur l'utilisation du mercure, un métal non-biodégradable, dont la toxicité est éprouvée. Comme l'explique Mario Bettati (2012, p. 37), parlant de la pollution métallique, précisément du mercure en ces termes :

> « [...] En raison de son extrême volatilité (puisqu'il peut être facilement respiré), de sa relative solubilité dans l'eau et les graisses (il peut être facilement transporté dans le corps), et de sa capacité de se lier avec d'autres molécules qu'il va modifier ou dont il va transformer les fonctions. On sait que les chercheurs d'or (orpailleurs) l'utilisent pour séparer l'or des autres matériaux qu'ils extraient. Ils en subissent des graves intoxications. »

IV.2. Obligations exceptionnelles de la coopérative minière ou des produits de carrières

Concernant l'exploitation artisanale des substances minérales stratégiques, il existe des obligations complémentaires ou supplémentaires auxquelles sont soumises les coopératives minières ou des produits de carrières agréées et qui découlent des règles établies par l'EGC. Il s'agit là des normes qui s'écartent parfois des celles prescrites par la loi minière en vigueur. Au demeurant, cette évidence est même souligné dans le document « Normes d'approvisionnement responsable de l'EGC » (EGC, 2021, p. 5) où il est écrit ceci :

> Les coopératives minières doivent se conformer à toutes les lois et réglementations nationales en vigueur, tout en notant que certains des requis dans les normes d'approvisionnement responsable de l'EGC peuvent dépasser les lois et réglementations nationales.

Cette situation est également affirmée, dans le même document en ces termes :

Les coopératives minières doivent veiller à ce que tous les membres se conforment au Code de bonne conduite de l'exploitant artisanal mentionné dans l'Article 416 [sic] du Code minier de la RDC, tout en notant que les normes d'approvisionnement responsable de l'EGC imposent des obligations supplémentaires dans certains domaines.

Il sied de souligner que les « Normes d'approvisionnement responsable de l'EGC applicables aux coopératives » portent principalement, d'une part, sur la gouvernance et gestion organisationnelle, d'autre part, sur la gestion du site. Parmi ces normes, on peut citer notamment celles se rapportant :

- à l'engagement à l'égard des normes d'approvisionnement responsable de l'EGC. De ce fait, les coopératives minières s'engagent, par écrit, à respecter les normes d'approvisionnement responsable de l'EGC. Dans ce même élan, les coopératives minières et leurs membres doivent participer à la formation fournie par l'EGC relative à l'application concrète de ces normes ;
- aux pots-de-vin, à la corruption et au blanchissement d'argent qui ne sont pas tolérés. Ainsi, les coopératives minières sont encouragées à développer et à promouvoir activement des procédures anticorruptions, en accordant une attention particulière aux paiements effectués dans le but de dissimuler l'origine des minerais ou d'éviter les paiements d'impôts ;
- à la traçabilité des matériaux. De la sorte, les coopératives minières sont encouragées à développer et à promouvoir activement des procédures anticorruptions, en accordant une attention particulière aux paiements effectués dans le but de dissimuler l'origine des minerais ou d'éviter les paiements d'impôts ;
- aux dossiers de production et de transaction devant être maintenus à jour. Dès lors, les coopératives minières sont encouragées à tenir des registres d'inventaire et de transactions indiquant les poids, volumes, teneurs de minerai, dates et vendeurs attribuables pour toute la production minérale détenue sur place et/ou transférée aux stations d'achat de l'EGC. Les données de production sont mises à jour quotidiennement, dans la mesure du possible ;
- à la documentation du contrôle organisationnel. Par conséquent, les coopératives minières doivent tenir à jour un registre de toutes les personnes actives sur le site et mettre ce registre à la disposition de l'EGC sur simple demande ;
- à l'exploitation minière doit être sécurisé. Partant, les coopératives minières travailleront avec l'EGC pour surveiller la profondeur des zones d'excavation, coordonner l'enlèvement des déblais et s'assurer qu'aucune zone d'excavation ne dépasse 10 mètres de profondeur. Il sied de souligner ici qu'aux termes de l'article 9 du Code de conduite de la coopérative minière

ou des produits de carrières agréée et de l'exploitant artisanal, la coopérative minière ou des produits de carrières agréée ou l'exploitant artisanal est tenu de ne pas creuser de tunnels et à ne pas réaliser d'excavations de plus de 30 mètres de profondeur. Il s'ensuit que le dépassement de 10 mètres de profondeur, tel que l'interdit l'EGC, ne devrait en aucune façon constituer une faute dans le chef des coopératives minières ;

- aux risques environnementaux et ceux en matière de sécurité et de santé devant être évalués et gérés. Comme cela, sur une base continue et systématique, les coopératives minières ou des produits de carrières doivent identifier et documenter les risques importants pour l'environnement résultant de l'exploitation du site, pour la sécurité des personnes travaillant ou autrement associés à l'exploitation minière artisanale, au traitement et au transport des minéraux sur le site minier et les risques posés à la sécurité des communautés environnantes et pour la santé des travailleurs sur le site minier, y compris les travailleurs engagés dans le traitement et le transport des minéraux, ainsi que les risques posés aux communautés environnantes (par exemple, les risques causés par la circulation des véhicules).. La documentation relative à l'évaluation des risques pour la sécurité doit être rendue disponible pour examen par l'EGC sur simple demande[45].

Puisque les coopératives minières agréées sont obligées de ne vendre le cobalt qu'à l'EGC, qui dispose du monopole d'achat, elles se voient dans la contrainte de respecter lesdites normes. Toujours est-il que ces dernières ne devraient pas se conformer aux normes qui violent l'esprit et/ou la lettre des dispositions légales et réglementaires en matière d'exploitation artisanale des substances minérales, fussent-elles stratégiques.

V. Fonds de facilitation d'accès au crédit minier

Cette section analysera le contexte dans lequel s'inscrit le fond de facilitation d'accès au crédit minier (1), dégagera la définition qu'il convient de donner au fond de facilitation d'accès au crédit minier (2), scrutera l'objectif et le rôle du fond de facilitation d'accès au crédit minier (3), examinera la nature du fond de facilitation d'accès au crédit minier (4), les conditions d'accéder au crédit minier (5), l'origine du fonds de facilitation d'accès au crédit minier (6) et mettra en évidence les tâches qu'il faut attribuer aux différents intervenants dans la mise en œuvre du crédit minier (7).

45 Lire au sujet des normes d'approvisionnement responsable de l'EGC applicable aux coopératives : EGC, « Normes d'approvisionnement responsable de l'EGC », mars 2021.

V.1. Contexte

Il paraît que, jusqu'à ce jour, aucune coopérative minière ou des produits de carrières agréée n'a eu à bénéficier du crédit auprès d'une banque ou d'une institution bancaire, et ce, à cause notamment du manque de garantie, qui doit en principe être constituée de ses capitaux propres. Le manque de moyens financiers pour une coopérative minière ou des produits de carrières agréée, et même le manque d'accès au crédit bancaire, entravent considérablement son développement et reste un handicap majeur à la promotion de l'artisanat minier congolais.

Il est certain que l'accès aux crédits n'est pas une chose facile pour tout le monde, peu importe le domaine dans lequel on évolue. Les crédits dans le secteur minier congolais sont encore plus difficiles à obtenir. C'est le cas des exploitants artisanaux qui ont plus de mal à les obtenir auprès des banques ou institutions financières. L'une des issues de ce problème peut être l'accès des ressources de l'État à cette catégorie d'acteurs miniers artisanaux qui peinent autant à trouver des financements adaptés à leurs besoins.

En effet, au regard de leur faible pouvoir d'achat, les exploitants artisanaux rencontrent d'énormes difficultés liées essentiellement à l'insuffisance de ressources financières pour le financement de leurs activités : achats de matériel et d'équipements appropriés, commercialisation, etc. Cette situation ne les favorise pas.

Il en résulte que beaucoup de banques craignent que ces derniers ne parviennent pas à rembourser les crédits contractés. C'est pourquoi, afin de réduire son risque, toute banque demande, en contrepartie du crédit sollicité, des garanties. Malheureusement, de nombreuses coopératives ne sont pas en capacité d'offrir aux banques des garanties suffisantes et satisfaisantes, ce qui justifie la réticence de celles-ci à leur octroyer des prêts.

C'est dans cette logique que le Gouvernement américain, à travers l'USAID (Agence américaine pour le développement international), a disponibilisé des fonds pour faciliter l'inclusion financière des exploitants artisanaux en **RDC**. Pour ce faire, l'Agence américaine a signé un accord de partenariat avec la banque Equity BCDC le 2 juin 2022 à Lubumbashi, à la 2e journée de la 17e édition de DRC Mining Week ou la semaine minière de la **RDC**.

> « En tant que l'une des plus grandes banques de la RDC, Equity BCDC investira 500 000 USD de ses propres fonds combinés à 200 000 USD de subvention du projet Zahabu Safi (or propre) de l'USAID pour créer une solution de financement mixte conçue pour réduire le risque des prêts au secteur de l'exploitation minière artisanale. Ce partenariat permettra

d'accélérer le déploiement par la banque des produits financiers dans un nouveau segment de marché, ainsi que de catalyser les prêts à un secteur largement informel[46]. »

Il faut savoir que le projet Zahabu Safi (or propre) de l'USAID est une initiative de développement inclusif de cette agence en **RDC**. L'objectif du projet est de mettre en place des chaînes d'approvisionnement en or issues de l'exploitation minière artisanale à petite échelle et provenant de l'Est du pays.

Il a été décidé que cet argent constituera un fonds de garantie pour faciliter l'accès au crédit bancaire aux exploitants artisanaux. Ce partenariat vise encore à accompagner ces deniers dans le processus de transformation de leurs coopératives minières agréées en titulaires des droits miniers d'exploitation de petite mine. De ce point de vue, on ne peut que saluer une telle démarche.

Toutefois, il y a lieu de signaler que ce partenariat est réalisé sans la collaboration ou la participation des organes ou services étatiques intervenant dans l'application de la loi en matière d'exploitation artisanale, dont principalement le SAEMAPE. Cela peut faire en sorte que l'État ne soit plus en mesure d'assurer convenablement le contrôle ou le suivi de la production artisanale des substances minérales.

Aussi faut-il remarquer que cet appui financier, dont le caractère est visiblement éphémère, devra un jour ou l'autre prendre fin, ce qui risque d'entraver l'élan pris dans la promotion tant souhaitée de l'exploitation minière artisanale. On peut même dire que, dans une certaine mesure, ce partenariat ne donne aucune garantie quant à son immutabilité.

Voilà pourquoi nous sommes d'avis que le Gouvernement congolais, quant à lui, devrait intervenir en cette matière pour aider les exploitants artisanaux à accéder facilement aux financements de leurs activités, indépendamment d'une aide ou d'un appui financier provenant d'un tiers, comme celui apporté par l'USAID.

Il faut donc trouver une solution pérenne à ce manque d'accès au crédit pour les coopératives minières ou des produits de carrières agréées. En somme, l'État congolais devrait créer une solution de financement permanente pour réduire le risque des prêts au secteur de l'exploitation minière artisanale.

Concrètement, il est question de la mise à la disposition des fonds, soit des liquidités, aux banques ou institutions financières pour que celles-ci ouvrent des lignes de crédits à moyen ou long terme au profit des coopératives minières ou des produits de carrières agréées, désireuses de recourir au prêt bancaire.

---

46 Repéré sur le site : https://cd.usembassy.gov/fr/usaid-and-equity-bank-partner-to-unlock-5m-in-lending-to-artisanal-and-small-scale-mining-operators-in-eastern-drc/.

Au fond, il paraît très utile que, dans le cadre de la mise en œuvre de ces mesures incitatives pour la promotion de l'exploitation minière artisanale, prévues à l'article 25*vecies* du Règlement minier, le Gouvernement envisage de mettre en place en urgence un fonds dénommé « Fonds de facilitation d'accès au crédit minier », « FFACM » en abrégé, dans le but de permettre aux coopératives minières ou des produits de carrières agréées viables de bénéficier des crédits auprès des établissements bancaires.

Un tel fonds devrait viser principalement à assurer les opérations de renforcement de la structure financière des coopératives minières ou des produits de carrières agréées, à travers le crédit qui leur sera accordé. Dans cette logique, l'appui financier gouvernemental apparaîtrait comme une véritable bouffée d'oxygène pour les exploitants artisanaux.

À travers ce mécanisme de facilitation, l'État pourra mieux contrôler et suivre le déroulement des activités des coopératives minières ou des produits de carrières agréés, pour mieux dire, la production de l'exploitation minière artisanale, et veillera à ce que ces dernières s'acquittent de leurs droits et taxes prévues en ce domaine. Ce qui devrait augmenter les recettes fiscales.

V.2. Définition du FFACM

Le FFACM peut être défini comme un fonds mis en place par le Gouvernement avec pour objectif de garantir les opérations de renforcement de la structure financière des coopératives minières ou des produits de carrières et d'ainsi permettre aux exploitants artisanaux, à travers les coopératives minières ou des produits de carrières auxquelles ils sont agréés, d'avoir accès au crédit bancaire pour bien mener leurs activités minières.

À travers cette définition, le FFACM se révèle être une garantie pour couvrir le risque de non-remboursement du crédit octroyé par la banque, c'est-à-dire qu'il doit servir à couvrir les risques d'impayés. Autrement dit, il sera utilisé pour couvrir les garanties demandées par la banque (cautionnement du crédit), en vue de mettre en place le crédit et de sorte à minimiser les pertes ou les risques à défaut de paiement.

À l'instar du fonds de facilitation d'accès au crédit mis en place pour le compte d'étuveuses de riz au Burkina Faso (lire à ce propos : CECI, 2019), le FFACM devrait servir de caution pour inciter les banques ou les institutions financières à s'engager dans un partenariat avec lesdites coopératives, en limitant les risques encourus lors de l'octroi de prêts.

V.3. Objectif et rôle du FFACM

Le FFACM a pour objectif d'aider les exploitants artisanaux, par le biais de leurs coopératives minières ou des produits de carrières agréées, à financer leurs activités minières. Il doit contribuer à la promotion de l'exploitation minière artisanale, afin de consolider le développement durable dans l'artisanat minier.

C'est grâce à ce fonds que l'on peut perfectionner les systèmes de production dans l'artisanat minier, ce qui pourra vraisemblablement accroître la productivité. Il faut noter que la modernisation d'un système de production ne touche pas à la caractéristique intrinsèque du produit artisanal. Il ne s'agit pas ici d'user des procédés industriels ou semi-industriels auxquels seuls les titulaires des droits miniers et de carrières peuvent recourir.

Par sa mise en œuvre, le FFACM contribuera à pallier le manque d'accès au crédit pour les coopératives minières ou des produits de carrières agréées. Qui plus, le FFACM doit permettre d'améliorer les conditions de vie, les conditions de travail des exploitants artisanaux, notamment par l'achat des : motos, qui sont probablement les seuls moyens de transport adaptés aux chemins carrossables, pour lui permettre d'accéder facilement au site minier isolé ; concasseurs, des dragues et des motopompes ; équipements individuels (casques, bottes, lunettes de protection), etc.

V.4. Nature du FFACM

Pour pouvoir accéder au crédit, le gérant ou préposé d'une coopérative minière ou des produits de carrières agréée doit signer le contrat de prêt avec la banque ou l'institution financière.

À ce propos, la question reste de savoir de quel type de contrat doit bénéficier cette coopérative minière ou des produits de carrières agréée. Logiquement, il doit s'agir d'un contrat à durée déterminée.

De plus, le FFACM doit avoir un caractère général, c'est-à-dire qu'il doit être mis en place pour l'intérêt général. Autant dire qu'il doit indistinctement bénéficier à toutes les coopératives minières ou des produits de carrières agréées sur tout le territoire où se trouvent les ZEA et indifféremment de la substance minérale à extraire. Ce qui le distinguera du fonds de l'USAID qui ne bénéficie qu'aux exploitants artisanaux se livrant à l'exploitation de l'or provenant de l'est de la **RDC**.

En raison du manque de professionnalisme de certains exploitants artisanaux et du grand risque que comporte tout un investissement minier, il est souhaitable que le crédit minier soit accordé à un taux d'intérêt préférentiel (taux préférentiel) par rapport au taux directeur de la banque ou de l'institution financière et qu'il puisse être remboursé à long terme.

V.5. Conditions d'accès au crédit minier

Les procédures d'octroi du crédit devraient être celles qui sont habituellement appliquées par la banque. Les coopératives minières ou des produits de carrières agréées doivent remplir les conditionnalités posées par l'institution sauf celles (caution et garantie) couvertes par le FFACM.

Il ne suffit pas d'être agréée au titre de coopérative minière ou des produits de carrières pour bénéficier du FFACM, il faut encore réunir d'autres conditions pour accéder au crédit minier.

En principe, l'accès au crédit minier devrait notamment être conditionné par :

- l'agrément de la coopérative minière ou des produits de carrières ;
- l'institution d'une ZEA au profit de la coopérative minière ou des produits de carrières agréé ;
- la présentation d'un projet de développement des activités de la coopérative minière ou des produits de carrières agréé, tel que précisé à l'alinéa 2 de l'article 25vecies du Règlement minier.

V.6. Origine du fonds de facilitation d'accès au crédit minier

Il faut reconnaître que l'exploitation industrielle ou semi-industrielle des mines apporte d'énormes recettes au Trésor public, parmi lesquelles figure la redevance minière. Il est souhaitable qu'une partie de celle-ci soit affectée au financement des activités des exploitants artisanaux.

En effet, il est normal que le secteur des mines de type industriel ou semi-industriel, qui est le pivot de l'économie nationale, tire vers le haut les autres secteurs, comme l'artisanat minier.

Dès lors, nous proposons, de lege ferenda, qu'un pourcentage soit prélevé sur la redevance minière pour constituer le FFACM. Pour cela, il faut que l'article 243 modifié du Code minier soit de nouveau modifié. Il en résulterait que la redevance minière serait versée par le titulaire du titre minier ou de carrières d'exploitation à raison de :

- 47 % acquis au Pouvoir central ;
- 25 % versés sur un compte désigné par l'Administration de la province où se trouve le projet ;
- 15 % sur un compte désigné par l'entité territoriale décentralisée dans le ressort de laquelle s'opère l'exploitation ;
- 10 % au Fonds minier pour les générations futures ;
- 3 % au fonds de facilitation d'accès au crédit.

Pour rappel, l'article 242 relatif à la répartition de la redevance du Code minier, modifié à la suite de la réforme intervenue en 2018, dispose que :

La redevance minière est versée par le titulaire du titre minier d'exploitation à raison de :

50 % acquis au Pouvoir central ;

25 % versés sur un compte désigné par l'Administration de la province où se trouve le projet ;

15 % sur un compte désigné par l'entité territoriale décentralisée dans le ressort de laquelle s'opère l'exploitation ;

10 % au Fonds minier pour les générations futures.

Comme on peut le constater, ces trois pourcentages devraient être pris dans la quotité du pouvoir central à qui revient la charge de la politique minière du pays. Il en découlerait que, par ce financement, l'État devrait prendre des parts sociales à l'occasion de la transformation d'une coopérative minière ou des produits de carrières agréée en une société minière devant solliciter un Permis d'Exploitation de Petite Mine, c'est-à-dire lors du passage de l'exploitation minière artisanale à l'exploitation semi-industrielle des mines.

En l'absence d'une réforme législative, il appert que le Gouvernement central trouve des moyens pour créer le FFACM, de manière à répondre au besoin du financement des activités minières des coopératives minières ou des produits de carrières agréées, lequel financement fait défaut jusqu'à présent dans ce domaine.

V.7. Intervenants dans la mise en œuvre du crédit minier

Plusieurs parties prenantes sont appelées à prendre part à la mise œuvre correcte du FFACM. Il s'agit :

- de la coopérative minière ou des produits de carrières agréée ;
- de la banque ou l'institution financière ;
- du SAEMAPE ;
- du service de gestion du FFACM.

Il est important, à ce stade, de connaître le rôle que chacune d'elles doit jouer en amont et/ou en aval dans l'implémentation du crédit minier.

A. La coopérative minière ou des produits de carrières agréée

La demande de crédit devrait émaner de la coopérative minière ou des produits de carrières agréée, et ce, à travers son gérant ou son représentant. Elle ne doit donc pas provenir directement des exploitants artisanaux, qu'ils soient pris individuellement ou collectivement, en tant que membres d'une telle ou telle autre coopérative minières ou des produits de carrières agréée.

Cette affirmation découle de l'esprit des dispositions de l'alinéa 5 de l'article 5 du Code minier qui dispose que :

> L'exploitant détenteur d'une carte d'exploitant artisanal ne peut commercialiser les produits issus de l'exploitation artisanale que par le truchement de la coopérative minière à laquelle il a adhéré.

Puisque la demande vient de la coopérative minière ou des produits de carrières agréée, comme structure, il paraît juste que tous les membres puissent indistinctement bénéficier des retombées de ce crédit minier.

B. La banque ou l'institution financière

À la suite du dépôt du dossier de crédit par le gérant ou le représentant la coopérative minière ou des produits de carrières agréée, la banque le reçoit, l'analyse et donne son avis.

Notons que, lors de l'analyse, la banque devrait s'assurer auprès du service de gestion du FFACM que la coopérative minière ou des produits de carrières est agréée et est réellement installée dans une ZEA. En effet, il est anormal d'octroyer un crédit minier à une coopérative minière ou de carrières, bien qu'elle soit agréée, qui n'est pas sur le terrain, c'est-à-dire pour laquelle aucune ZEA n'a été instituée par le ministre des Mines.

À l'instar de toute créance, après la mise en place du crédit minier, la banque ou l'institution financière doit suivre et s'assurer de son recouvrement.

C. Le SAEMAPE

Il sied de rappeler qu'aux termes de l'article 14*quinquies* du Règlement minier, le SAEMAPE est notamment chargé d'assister et d'encadrer l'exploitation artisanale et à petite échelle des substances minérales, ce qui suppose l'encadrement des exploitants artisanaux, affiliés aux coopératives minières ou des produits de carrières agréées.

C'est donc le SAEMAPE qui est censé mieux connaître les localisations de toutes les coopératives minières ou des produits de carrières agréées[47] et, par ricochet, tient les statistiques concernant leur nombre. À ce titre, il devra jouer un rôle de relais d'informations entre les différentes coopératives minières ou des produits de carrières agréées et le service de gestion du FFACM qui devrait être mis en place et dont le rôle doit être précisé ci-dessous.

---

47 Cf. art. 14*quinquies*, point 5, du Règlement minier.

D. Le service de gestion du FFACM

De notre point de vue, le fonctionnement pour la mise en œuvre efficace du FFACM nécessite impérativement la création d'un nouveau service dont les missions seront autres que celles dévolues au SAEMAPE. C'est ce service qui doit gérer le FFACM.

Compte tenu du rôle qu'elle doit jouer dans la réalisation du FFACM, l'entité ainsi créée doit entre autres :

- aider les coopératives minières ou des produits de carrières agréées à préparer des projets de qualité et viables, susceptibles de booster leurs activités, et cela en fournissant des avis et une assistance technique pour l'analyse desdits projets ;
- faire le suivi du crédit minier rendu disponible pour les coopératives minières ou des produits de carrières agréées ;
- évaluer le crédit minier mis en place ;
- veiller à l'utilisation correcte et au remboursement du crédit mis à la disposition des coopératives minières ou des produits de carrières agréées ;
- sonner l'alarme ou alerter le projet en cas de non-respect de l'objet du crédit minier ;
- s'assurer auprès du SAEMAPE de l'existence et de la fiabilité de telle ou telle autre coopérative minière ou des produits de carrières agréée.

En fonction de son importance, il appert que ce fonds ne doit pas être géré par le SAEMAPE, d'autant plus que celui-ci a d'autres tâches qu'il n'arrive pas à accomplir ou qu'il n'a toujours pas accomplies comme prévu.

C'est le cas, par exemple, pour la collecte des statistiques de production des coopératives minières et/ou des produits de carrières agréées tenues par ce service, alors qu'il n'existe pas, à ce jour, d'après nos investigations, des données statistiques de production, à l'occasion de l'exploitation minière artisanale.

C'est aussi le cas pour l'encadrement des exploitants artisanaux qui, jusqu'aujourd'hui, ne bénéficient pas d'un encadrement technique de la part du SAEMAPE, c'est-à-dire que celui-ci n'a toujours pas organisé de stages de formation en techniques d'exploitation artisanale au bénéficie des exploitants artisanaux, comme l'exige la loi. Les exemples de cas semblables sont légion.

Voilà pourquoi il paraît juste de ne pas confier au SAEMAPE la gestion d'un tel fonds, au risque de voir les autres tâches lui dévolues être reléguées à l'arrière-plan, cependant qu'elles sont importantes et qu'elles doivent être accomplies pour la bonne régulation du secteur minier artisanal.

VI. Régime fiscal et douanier applicable à la coopérative minière

Le régime douanier, fiscal et des recettes non fiscales applicable aux coopératives minières porte sur les impôts, taxes, droits et redevances suivants :

- les droits d'entrée et la TVA à l'importation pour le petit matériel, équipements, liés à l'exploitation minière artisanale ;
- les droits d'entrée pour réactifs ;
- la taxe rémunératoire sur la carte d'exploitant artisanal ;
- la taxe d'agrément d'une coopérative minière ;
- la redevance annuelle anticipative pour le maintien de validité d'une coopérative minière.

Sans préjudice des dispositions de l'article 261 du Code minier qui se rapportent au régime fiscal et douanier applicable à l'exploitation artisanale, l'article 25*vecies* du Règlement minier détermine les mesures incitatives pour la promotion de l'exploitation minière artisanale. Ainsi, ce dernier dispose :

> Sans préjudice des dispositions des articles 261 du Code minier ainsi que des articles 537 et 538 du présent décret [Règlement minier], les ministres ayant respectivement les Mines et les Finances dans leurs attributions fixent les conditions d'octroi d'avantages fiscaux, douaniers et parafiscaux plus favorables aux coopératives minières.
>
> L'éligibilité aux avantages dont question à l'alinéa précédent est conditionnée par la demande de la Coopérative minière à laquelle est annexé un projet de développement de ses activités comportant notamment :
>
> - le programme de formation incluant notamment les techniques en matière d'exploitation, de sécurité, d'hygiène, de santé et de protection de l'environnement minier ainsi que de gestion de la coopérative ;
>
> - l'amélioration des conditions de travail et de rendement de production par l'introduction progressive du petit matériel d'exploitation approprié aux conditions du gisement et du milieu ;
>
> - la promotion de la chaîne locale de valeur ;
>
> - le programme de viabilisation à moyen et/ou long terme de la Zone d'Exploitation Artisanale en vue de sa transformation en permis de petite mine.

La demande dont question à l'alinéa 2 est adressée au ministre en quatre exemplaires dont copie est réservée au ministre ayant les Finances dans ses attributions.

Soulignons que l'article 536bis du Règlement minier détermine les redevables visés par ces mesures et dispose que la coopérative minière ou des produits de carrières, l'exploitant artisanal, le négociant et le comptoir agrée sont soumis au régime douanier, fiscal ainsi que des recettes non fiscales applicable à l'exploitation minière artisanale. Il s'agit là des mesures d'application du régime douanier, fiscal et parafiscal applicable à l'exploitation minière artisanale.

Il est à noter que la coopérative minière ou des produits de carrières agréée est exonérée de l'impôt sur les bénéfices et profits. Elle est soumise aux autres impôts conformément au droit commun. C'est ce qui découle de l'alinéa 2 de l'article 538 du Règlement minier.

Rappelons que la coopérative minière dûment constituée et agréée bénéficie du régime douanier préférentiel prévu aux articles 225 et 232 du Code minier pour l'importation des petits matériels et équipements à usage strictement minier.

VII. Mode d'extinction de l'agrément de la coopérative minière ou des produits de carrières

Le seul mode d'extinction de l'agrément d'une coopérative minière ou de carrière est son retrait.

Aux termes de l'article 114*bis*, alinéa 9, du Code minier, sous peine du retrait d'agrément par le ministre, la coopérative minière et/ou des produits de carrières agréée est tenue, en sus des obligations prévues à l'article 112 du même texte, de transmettre mensuellement au SAEMAPE les statistiques de sa production et d'indemniser les exploitants agricoles pour tout dommage engendré par son activité.

Le retrait de l'agrément de la coopérative minière ou des produits de carrières agréée peut intervenir pour plusieurs motifs. Ainsi, cet agrément peut être retiré notamment en cas de :

- non-respect des obligations prévues à l'article 112, lesquelles sont reprises dans le code de conduite de la coopérative minière ou des produits de carrières ;
- non-transmission mensuellement des statistiques de sa production ;
- non-indemnisation des exploitants agricoles pour tout dommage engendré par son activité.

Par ailleurs, en l'absence de son agrément pour la transformation des produits de l'exploitation minière artisanale, le ministre des Mines retire l'agrément de la coopérative minière et/ou de carrières agréée lorsque celle-ci entreprend seule ladite transformation, et ce, en utilisant soit le mercure, soit le cyanure ou des produits chimiques dangereux, sans recourir à un atelier ou une usine de transformation agréée par le ministre. Tel qu'il résulte de l'alinéa 4 in fine de l'article 238 du Règlement minier.

En définitive, il y a lieu d'indiquer que le retrait de l'agrément met fin aux prérogatives de la coopérative minière ou des produits de carrières, mais n'entraîne pas d'office la dissolution, voire la liquidation de la société coopérative, telle que constituée au regard du droit OHADA.

Après l'étude des notions sur les « coopératives minières ou des produits de carrières », il importe de passer à présent à l'examen de notions se rapportant au « négociant », en tant qu'acteur de l'artisanat minier, dont le rôle dans les activités minières artisanales n'est pas le moindre.

SOUS-CHAPITRE DEUXIÈME

NÉGOCIANTS

L'exploitation artisanale des mines et de carrières passe avant tout par l'extraction des minerais. C'est à la suite de celle-ci que les exploitants artisanaux se présentent devant les négociants pour les leur vendre.

Après avoir acheté les minerais, le plus souvent, des sites miniers ou de carrières, les négociants les transportent dans les villes comptant un meilleur réseau d'exportateurs, en l'occurrence les comptoirs agréés d'achat, pour les leur vendre et qui, par la suite, se chargeront de leur exportation. Soulignons ici le fait suivant : qu'il s'agisse de la vente par les négociants ou de l'exportation par les comptoirs agréés des minerais, ces deux opérations ne se déroulent qu'après que les uns et les autres ont accumulé une quantité suffisante.

En réalité, les négociants font partie des acteurs majeurs de l'artisanat minier. Ils jouent un rôle important pour les coopératives minières ou des produits de carrières agréées, en ce sens qu'ils interviennent très souvent dans le financement des activités de ces dernières et sont les acheteurs traditionnels des minerais extraits directement des mines ou des carrières, avant leur traitement ou transformation.

Traitant ici de ces acteurs miniers principaux que sont les négociants, nous donnerons d'abord la définition de ce qu'est réellement un négociant (section I), avant de saisir l'étendue ou la limite de l'exercice du commerce auquel il se livre dans une ZEA (section II). Nous chercherons ensuite à saisir les critères de l'éligibilité à la carte de négociant (section III), à nous faire une idée claire de la portée de la carte qu'il doit impérativement détenir pour exercer ses activités (section IV) et à comprendre le déroulement de la procédure d'établissement de ladite carte (section V). Nous détaillerons les droits dont jouit ce négociant ainsi que les obligations auxquelles il est soumis (section VI), ce qui nous amènera à dégager le régime fiscal et douanier sous lequel il est placé (section VII). Finalement, nous examinerons la manière dont la carte de négociant peut s'éteindre (section VIII) et envisagerons les conséquences qui résultent de cette extinction (section IX).

I. Définition

L'analyse définitionnelle du concept de « négociant » en droit minier congolais trouve *a priori* son assiette dans la loi et dans la doctrine.

Le Code minier, en son article 1, point 33, définit le négociant comme toute personne physique majeure de nationalité congolaise, détentrice d'une carte de négociant délivrée conformément aux dispositions du Code minier. Il ressort du point 8 du même article que la carte de négociant est un titre délivré conformément aux dispositions du Code minier, qui autorise la personne au nom de laquelle il est établi de se livrer aux opérations d'achat des substances minérales provenant de l'exploitation artisanale auprès des coopératives minières agréées et de les revendre aux comptoirs agréés et aux entités de traitement.

Par ailleurs, rappelons aussi que, selon les termes de l'article 2 de l'arrêté ministériel n° 0918/CAB.MIN/MINES/01/2015 du 29 octobre 2015 portant mise en œuvre d'un système de traçabilité dénommé « Initiative de traçabilité de l'or d'exploitation artisanale » « ITOA » en sigle, le négociant est toute personne physique de nationalité congolaise autorisée, moyennant obtention préalable de la carte de négociant délivrée par l'autorité compétente qui se livre aux opérations d'achat et de vente des substances minérales provenant de l'exploitation artisanale, conformément aux dispositions du Code minier et de ses mesures d'exécution. Dans ce même ordre d'idées, le même article dispose :

> Est également considéré comme « négociant », la personne physique de nationalité congolaise qui, moyennant obtention préalable de la carte de négociant délivrée par l'autorité compétente, achète et vend en son nom ou vend toute substance minérale de production artisanale pour le compte d'un commettant.

Dans le « Manuel des procédures de traçabilité des produits » élaboré par les ministères des Mines et Finances (2014, p. 10), le négociant est entendu comme toute personne physique de nationalité congolaise qui se livre aux opérations d'achat et de vente des substances minérales provenant de l'exploitation artisanale conformément aux dispositions du Code minier.

II. Limitation de l'exercice du commerce à la zone d'exploitation artisanale

Aux termes de l'alinéa 1 de l'article 117 du Code minier, les détenteurs de la carte de négociant pour une zone d'exploitation artisanale en cours de validité sont autorisés à acheter l'or, le diamant ou toute autre substance minérale exploitable artisanalement auprès des personnes qui détiennent les cartes d'exploitant artisanal.

À la lecture de ces dispositions, on peut comprendre que l'autorisation accordée au négociant, détenteur d'une carte de négociant, ne s'étend pas en dehors d'une ZEA où les exploitants artisanaux se livrent à l'exploitation artisanale des substances minérales. Tel qu'il découle d'ailleurs de l'article 242 du Règlement minier qui dispose : « *L'autorisation accordée au détenteur de la carte de négociant à l'alinéa premier de l'article 117 du Code minier ne vaut que dans la zone d'exploitation artisanale pour laquelle elle a été octroyée.* »

Il va sans dire que le négociant dont la carte a été délivrée pour exercer ses opérations d'achat pour une ZEA « X » ne peut pas se permettre d'aller acheter les minerais auprès des exploitants artisanaux qui exploitent dans une ZEA « Y ».

À ce sujet, bien des ONG renseignent que certaines personnes, non autrement identifiées, se promènent librement dans des territoires où les ZEA ont été instituées, se font passer pour les négociants, alors qu'elles ne détiennent pas de cartes de négociant, et ce, au mépris de la loi minière en vigueur. C'est le cas de la situation du secteur Beni-Mbau dans le territoire de Beni, dans la province du Nord-Kivu.

En effet, comme l'écrivent H. Kamabu Ngavo *et al.* (2020, p. 11), « plusieurs dizaines des négociants circulent dans le secteur Beni-Mbau. Le Code minier les oblige à détenir la "carte de négociant". En réalité, il y en a beaucoup qui ne sont pas reconnus officiellement. Néanmoins, en début 2019, l'axe Cantine-Mabalako comptait 25 négociants reconnus. Suite à l'insécurité sur cet axe, aujourd'hui, le nombre des négociants a diminué jusqu'à 20 ».

Il s'ensuit que, dans certaines contrées du pays où s'effectue l'exploitation artisanale, lorsqu'une personne est prise en flagrant délit, en train d'exercer l'activité d'un négociant, alors qu'elle ne l'est pas, la Division des Mines établit un procès-verbal de paiement. Ce dernier n'est pas à confondre avec la carte de négociant ; il vient simplement couvrir l'irrégularité constatée par le manque de carte de négociant. Ce qui n'est pas légal.

Dans ledit secteur de Beni-Mbau, « la plupart des petits négociants n'ont pas de carte de négociant. La Division des Mines les favorise en leur faisant payer ce Procès-Verbal qui leur donne l'autorisation d'exercer le commerce d'or dans la zone. Document à payer à 75 USD annuellement. Ce paiement est constaté dans un bordereau de versement remis par la DGRAD à la Division des Mines. Un seul bordereau de versement peut constater le paiement de deux ou plusieurs négociants. Ce bordereau est gardé par le service des mines et le négociant garde la quittance lui remise par le service des mines comme preuve de paiement et autorisation d'exercer le commerce. »

III. L'éligibilité à la carte de négociant

Sans préjudice des dispositions de l'article 27 du Code minier, seules les personnes physiques majeures de nationalité congolaise peuvent acquérir et détenir les cartes de négociant.

Il est évident que la sollicitation et l'obtention de la carte de négociant sont conditionnées par l'éligibilité de son demandeur à cette dernière. En effet, le législateur a exclu un bon nombre de personnes du droit de solliciter et obtenir la carte de négociant.

De ce fait, aux termes de l'article 27 du Code minier, ne sont pas éligibles pour solliciter et obtenir la carte de négociant :

- les agents et fonctionnaires de l'État, les magistrats, les membres des forces armées, les agents de la Police nationale et des services de sécurité, les employés des organismes publics habilités à procéder aux opérations minières. Toutefois, cette incompatibilité ne concerne pas leur prise de participation dans le capital des sociétés minières ;

- toute personne frappée d'incapacité juridique prévue à l'article 215 de la loi n° 87-010 du 1er août 1987 portant Code de la famille, telle que modifiée à ce jour ;

- toute personne frappée d'interdiction, notamment :

- la personne condamnée par un jugement coulé en force de chose jugée pour des infractions à la législation minière et de carrières ou à celles se rapportant aux activités économiques de ses droits miniers et de carrières et de ses sociétés affiliées, et ce, pendant dix ans ;

- la personne à laquelle la carte d'exploitation artisanale ou de négociant a été retirée, et ce, pendant trois ans ;

- la personne à laquelle l'agrément au titre des comptoirs d'achat et de vente des substances minérales d'exploitation artisanale a été retirée, et ce, pendant cinq ans.

IV. Portée de la carte de négociant

La portée de la carte repose sur les modèles de la carte de négociant (1) et la validité de la carte de négociant (2).

IV.1. Modèles de la carte de négociant

Dans la pratique, on distingue souvent, mais pas toujours, deux modèles de carte des négociants, à savoir : carte des négociants modèle A et carte de négociant modèle B.

C'est ce qui ressort, par exemple, de l'arrêté interministériel provincial du 15 janvier 2022 cité *supra*. Ce dernier distingue, pour ce qui est du taux d'imposition applicable à l'or, la carte des négociants d'or modèle A (qui concerne les villes de Bukavu, Uvira, Baraka et Kamituga) de la carte des négociants de modèle B (concernant les territoires).

Par conséquent, les autorités provinciales du Sud-Kivu ont estimé, dans cette optique, qu'il fallait appliquer deux taux tarifaires différents selon les cas : la première est taxée annuellement à un montant de 800 USD, alors que la seconde est fixée à 500 USD par an. Ces modèles des cartes ne portent que sur l'or.

Dans cette optique, il n'est pas inutile de signaler que la carte de négociant pour la cassitérite, le coltan et la wolframite (ci-après WO_4), est fixée annuellement à 500 USD, tandis que celle se rapportant à la tourmaline est de 300 USD par an.

Pour ce qui est de la province de la Tshopo, les taxes sont fixées selon qu'il s'agit du négociant d'or et de celui de diamant. Dans le premier cas, le négociant de la catégorie A paie 300 USD et celui de la catégorie B 200 USD ; par contre, dans le second cas, la taxe est fixée à 400 USD pour le négociant de la catégorie A et à 250 USD pour le négociant de la catégorie B.

Qu'il s'agisse du premier ou du second modèle, ou encore de toutes les autres cartes, la validité de la carte de négociant reste la même.

IV.2. Validité de la carte de négociant

La validité de la carte de négociant répond à la question, d'un côté, de sa durée et de son renouvellement (A) de sa perte, de l'autre (B).

A. Durée et renouvellement

La durée de la carte de négociant est d'un an. Elle est renouvelable pour la même durée et sans limitation.

B. Perte de la carte

En cas de perte, de destruction ou de vol de la carte de négociant, le détenteur est tenu de faire opposition. Cependant, ce dernier peut en solliciter une nouvelle.

Il s'ensuit que la perte de la carte de négociant ne donne pas lieu à l'établissement d'un *duplicata,* mais plutôt peut conduire à l'établissement d'une nouvelle carte.

V. Procédure d'établissement de la carte de négociant

La procédure de l'établissement de la carte de négociant suppose le dépôt du dossier de demande de carte de négociant (1), ensuite la réunion des éléments constitutifs dudit dossier (2), l'observance de la condition de sa recevabilité (3) ainsi que de l'instruction de la demande (4) et, enfin, la prise de décision (5), suivie *ipso facto* de l'établissement et de la délivrance de la carte de négociant (6).

V.1. Dépôt du dossier de demande de carte de négociant

Le dossier de demande de carte de négociant est déposé à la Division provinciale des Mines où se situe la ZEA. Il est à noter que le chef de division provincial des Mines n'est pas le destinataire de la requête, car la demande de carte de négociant est adressée au ministre provincial des Mines.

V.2. Éléments constitutifs du dossier de demande

Le demandeur doit retirer le formulaire au bureau de la Division provinciale des Mines compétent pour le remplir. Ce formulaire comporte les éléments suivants :

- l'identité et l'adresse du requérant ;
- le nom et l'emplacement de la ZEA pour laquelle la carte est sollicitée.
- De plus, le requérant est tenu de joindre à son dossier de demande, les documents suivants :
- une copie de sa carte d'identité ;
- une copie de la preuve de son immatriculation au Registre du Commerce et de Crédit Mobilier ;
- l'engagement écrit et signé de n'acheter les produits miniers et/ou de carrières artisanaux que dans la zone artisanale sollicitée, de ne vendre ces produits qu'aux organismes agrées ou crées par État ainsi qu'aux marchés boursiers agréés par l'État et de respecter les mécanismes institués de traçabilité des substances minérales ;
- le cas échéant, sa carte de négociant qui est arrivée à expiration pour toute demande de renouvellement (art. 245 du Règlement minier).

Le formulaire est payant dans certaines provinces, comme le Sud-Kivu. Pourtant, il devrait, à notre avis, être gratuit. Son montant varie de 60 USD à 80 USD selon le type de substances minérales.

V.3. Recevabilité du dossier de demande

Dès le dépôt du dossier de demande de carte de négociant, la Division provinciale des Mines vérifie si la demande est recevable. La détermination de la recevabilité consiste à se rassurer que le dossier de demande comprend tous les éléments constitutifs requis au point précédent. Il s'agit là des éléments repris aux articles 244 et 245 du Règlement minier.

Si la demande est recevable, le requérant paie à la Division provinciale des Mines les frais de dépôt fixés par les ministres ayant les Mines et les Finances dans leurs attributions.

Ces frais sont différemment payés, selon qu'il s'agit de telle ou telle autre province. Par exemple, dans la province du Sud-Kivu, les frais de dépôt sont fixés à 6 USD, tandis que dans la Tshopo, ils sont de l'ordre de 25 USD, peu importe la catégorie de la carte de négociant.

La Division provinciale des Mines délivre un récépissé du paiement des frais de dépôt au requérant. Autant dire que le paiement des frais de dépôt est conditionné à la recevabilité du dossier de demande. Vraisemblablement, ces frais ne sont pas payés en cas d'irrecevabilité du dossier de demande.

Si la demande n'est pas recevable, la Division provinciale des Mines restitue le dossier de demande au requérant avec mention des pièces manquantes.

V.4. L'instruction de la demande

Il ressort de l'article 247 du Règlement minier que lors de l'instruction de la demande, la Division provinciale des Mines vérifie si :

- le requérant est éligible à obtenir la carte de négociant ;
- il est immatriculé au Registre du Commerce et de Crédit Mobilier, « RCCM » en sigle.

À la réception du dossier de demande, le chef de division provinciale des Mines examine l'éligibilité du requérant à l'obtention de la carte. Dans le cas où l'instruction est favorable, il invite le requérant à payer le droit fixe y afférent conformément à la législation sur les recettes des provinces et des entités territoriales décentralisées.

Dès que la preuve de paiement est déposée, la Division provinciale des Mines émet et notifie au requérant par le moyen le plus rapide et le plus fiable son avis dans les deux jours ouvrables à compter de son dépôt.

Dans le délai de deux jours, la Division provinciale des Mines transmet son avis avec le dossier de demande au Ministre provincial des Mines pour décision.

V.5. Décision

Aux termes de l'article 11*bis*, alinéa 1, *littera* c, le ministre provincial des Mines est compétent, après avis de conformité du chef de division provinciale des Mines, pour délivrer les cartes des négociants des produits d'exploitation artisanale.

Conformément à l'article 248 du Règlement minier :

> Dans un délai de quinze jours ouvrables à compter de la transmission du dossier de demande au Ministre provincial, celui-ci prend une décision de délivrance ou de refus de délivrance de la carte de négociant. Toute décision de refus doit être motivée et ne peut être fondée que sur le fait que le demandeur n'est pas éligible ou n'est pas immatriculé au Registre du Commerce.
>
> Le ministre provincial des Mines transmet immédiatement sa décision à la Division provinciale des Mines qui en affiche une copie dans la salle de consultation publique de ses locaux.
>
> Le ministre provincial des Mines notifie la décision à l'impétrant par le moyen le plus rapide et fiable.
>
> Passé ce délai, le récépissé du paiement vaut carte de négociant et le chef de Division est tenu d'inscrire le nom du requérant dans le registre des négociants.

V.6. Établissement et délivrance de la carte de négociant

À la demande du requérant qui a reçu une décision de délivrance et en échange du paiement d'un droit fixe déterminé chaque année par arrêté des ministres ayant les Mines et les Finances dans leurs attributions, le ministre provincial des Mines remet une carte de négociant contenant les éléments suivants :

- nom, adresse et date de naissance du négociant ;
- photographie d'identité du négociant ;
- zone d'exploitation artisanale pour laquelle l'autorisation est établie ;
- date de la remise de la carte et date d'expiration de la carte ;
- nom et signature du ministre provincial des Mines qui a délivré la carte.

Si la demande est celle de renouvellement, le ministre provincial des Mines remet la carte de négociant expirée avec rature des anciennes dates de la délivrance de la carte et date d'expiration de la carte et le tampon du renouvellement de la carte avec la date de renouvellement et la mention de la nouvelle date d'expiration.

Le ministre provincial des Mines inscrit aussitôt la date de délivrance de la carte de négociant ou de son renouvellement et le nom de son détenteur sur le registre des cartes de négociant délivrées qu'il tient à jour. Il fournit un relevé de l'inscription au chef de division provinciale des Mines qui veille à sa transcription dans un registre des négociants que la Division provinciale des Mines tient à jour.

VI. Droits et obligations du négociant

La délivrance de la carte engendre à la fois, pour le négociant, des droits (1) et des obligations (2) qu'il convient d'examiner dans les lignes qui suivent.

VI.1. Droits du négociant

Le négociant agréé a le droit de se livrer aux opérations d'achat des substances minérales provenant de l'exploitation minière artisanale auprès des coopératives minières agréées. Ce qui laisse sous-entendre qu'il ne peut pas acheter les produits miniers et/ou de carrières provenant de l'exploitation industrielle ou semi-industrielle.

> « Seuls les négociants seront habilités, grâce à une carte qu'ils achètent chaque année auprès des autorités congolaises (entre 300 et 500 dollars), à vendre ensuite l'or [tout minerai] auprès des comptoirs situés en ville. Ce sont eux qui sont responsables du transport des précieuses ressources. Ce dernier se fait généralement par la route (avec le risque de croiser des barrages et de se faire taxer ou voler la marchandise) » (Justice et Paix, 2019, p. 4).

À propos des activités du négociant, dans le document intitulé « L'exploitation minière artisanale à Beni-Mbau : état des lieux et cartographie des sites miniers », H. Kamabu Ngavo *et al.* (2020, p. 10) renseignent ce qui suit :

> « Les coopératives ou exploitants miniers artisanaux eux-mêmes vendent la production aux petits négociants, communément appelés "commissionnaires" ou "managers". Ces derniers achètent au niveau de leurs maisons de négoce, ou se rendent sur les chantiers dans les sites miniers. Sur les 33 sites miniers, les commissionnaires ou les managers se rendent sur 12 sites miniers pour acheter l'or auprès des exploitants miniers. Cependant dans 21 autres sites, les commerçants ne se rendent pas souvent sur les sites à cause de l'insécurité, les exploitants miniers artisanaux apportent alors eux-mêmes leur production aurifère aux centres commerciaux vers ces commissionnaires. »

Dans la pratique, les négociants achètent directement des minerais auprès des exploitants artisanaux, par le biais de leur coopérative minière ou des produits de carrières agréée. Très souvent, ils les préfinancent pour leur faciliter le travail dans la ZEA où ils sont installés. Ils profitent de leur inorganisation, malgré le fait qu'ils soient affiliés à une coopérative minière ou des produits de carrières, dont d'ailleurs la plupart sont néophytes. Ce sont eux qui fixent les prix des minerais extraits. Et les exploitants sont appelés à discuter les prix, mais dans la plupart des cas, ils les acceptent comme tels. Ce qui crée un climat de confiance entre les deux parties.

Ainsi que nous l'avons mentionné, dans certaines contrées, on distingue le négociant détenteur de la carte modèle A et celui de la carte modèle B. Généralement, celui-ci achète les minerais pour le compte de celui-là, qui a le statut de commettant. C'est ce dernier qui, à son tour, les revendra aux comptoirs d'achat agréés. Sinon, il peut commettre le négociant de la carte modèle A de les revendre en son nom et pour son compte.

> « Un grand nombre d'intermédiaires tire parti de l'exploitation des minerais tout au long de la chaîne, de la mine au marché. Leurs statuts sont différents aux termes de la réglementation congolaise. De manière générale, les "négociants" vendent les minerais aux comptoirs qui les exportent. Ils sont toutefois habilités à faire des achats sur le terrain et à vendre à n'importe quel exportateur du pays. Les comptoirs "autorisés" ou "agréés" ne sont théoriquement pas autorisés à acheter directement sur le terrain. Ils ne peuvent vendre qu'à l'exportation » (Jacquemot, 2009, p. 38.)

Le négociant est l'intermédiaire privilégié entre la mine et le comptoir, achetant en gros ou demi-gros à la mine pour le revendre au comptoir au prix du marché.

La plupart des négociants contribuent largement à la contrebande minière, spécialement ceux œuvrant au Sud-Kivu. C'est ce qu'on peut lire entre les lignes dans un rapport final du Groupe d'experts des Nations unies sur la **RDC** (S/2014/42, p. 38, § 176) :

> « En 2014, le Groupe d'experts des Nations Unies signalait dans un rapport que des employés d'une mine avaient trouvé 64 colis contenant entre 15 et 20 kg d'or dans un camion parti de la région minière de Misisi à destination de Bukavu. Les colis portaient le nom de négociants de Bukavu, mais n'étaient accompagnés d'aucun document officiel. L'or a été rendu aux propriétaires et aucune enquête n'a été ouverte. »

Il ressort aussi de l'entretien d'IMPACT avec le directeur d'une des maisons d'achat du Sud-Kivu, alors agent de police et ancien négociant de la région, que, « en 2017, un groupe de négociants collaborant régulièrement pour transporter leur or de la région minière de Misisi jusqu'à Bukavu avait utilisé un camion dont le réservoir d'essence avait été modifié pour contenir d'importantes quantités d'or.

L'or était acheminé vers une propriété de Bukavu appartenant à un négociant, où il était réparti entre les membres du groupe » (Impact, 2020, p. 18).

Il faut encore savoir que, dans la mise en œuvre du système ITOA, il est prévu que l'achat d'or s'effectue dans une « maison d'achat ». En effet, celle-ci est définie, selon l'arrêté ministériel du 29 octobre 2015 susmentionné, comme un bureau d'achat détenu par un négociant de catégorie A identifié et reconnu par l'Administration des Mines du ressort. Il va sans dire qu'un négociant de catégorie B ne peut détenir une maison d'achat.

Soulignons qu'au niveau de la province du Sud-Kivu, il est prévu une taxe de 1 % de la valeur des produits de transaction d'or et de diamant d'exploitation artisanale perçue sur les transactions entre exploitants artisanaux, les négociants et les comptoirs. C'est ce qui est prévu dans l'annexe de l'arrêté interministériel provincial du 15 janvier 2022.

VI.2. Obligations du négociant

De même que le négociant agréé peut se prévaloir de ses droits, de même l'on peut lui opposer les obligations auxquelles il est soumis dans l'exercice de son activité.

D'abord, le négociant est tenu de ne revendre les substances minérales provenant de l'exploitation artisanale qu'aux comptoirs ou organismes agréés ou créés par l'État ainsi qu'aux marchés boursiers agréés par l'État. Les produits de l'exploitation artisanale qu'il achète chez les coopératives minières ou des produits de carrières agréées.

Ensuite, tout négociant a l'obligation de tenir à jour un registre sur lequel il consigne pour chaque transaction les éléments suivants :

- date, lieu et nom de l'acheteur ou du vendeur ;
- quantité, qualité et prix des minerais achetés ou vendus.

Enfin, tout négociant est tenu de déposer un rapport sur son activité au ministre provincial des Mines qui lui a délivré sa carte de négociant et à la Division provinciale des Mines au début de chaque mois à compter de la date de remise de la carte de négociant. Ce rapport doit comporter les éléments suivants :

- nom et adresse du négociant ;
- nombre d'achats et des ventes réalisés pour le mois antérieur, avec le chiffre d'affaires ;
- pour chaque type de minerai, la quantité et la qualité de minerais achetés ainsi que la valeur payée, la quantité de minerais vendus et la valeur reçue, et la quantité en stock au dernier jour de chaque mois.

Le négociant qui ne dépose pas son rapport à la Division provinciale des Mines selon les modalités ci-dessus s'expose au retrait de sa carte de négociant conformément aux dispositions de l'article 119 du Code minier.

VII. Régime fiscal et douanier applicable au négociant

En droit minier congolais, le régime douanier, fiscal, ainsi que des recettes non fiscales applicables aux négociants porte sur une seule taxe, à savoir : la taxe rémunératoire sur la carte de négociant.

Toutefois, le régime douanier, fiscal ainsi que des recettes non fiscales ne soustrait pas les négociants de leurs obligations douanières, fiscales, ainsi que des recettes non fiscales du paiement des autres impôts, droits, taxes ou redevances prévus par la législation douanière, fiscale et parafiscale.

VIII. Mode d'extinction de la carte de négociant

Le seul mode d'extinction d'une carte de négociant est le retrait. De la sorte, la carte de négociant peut être retirée par le ministre provincial qui l'a émise si, après une mise en demeure de trente jours, le négociant n'a pas remédié au manquement afférent lui incombant en vertu de l'article 118 du Code minier, c'est-à-dire qu'il n'a pas fourni les rapports de son activité.

Il en sera de même lorsqu'il vend à d'autres personnes ou acteurs du secteur minier qu'aux comptoirs ou organismes agréés ou créés par l'État.

IX. Conséquences du retrait de la carte de négociant

La personne à laquelle la carte a été retirée n'est pas éligible pour obtenir une nouvelle carte de négociant pendant trois ans.

Le retrait de la carte de négociant et le refus de son renouvellement donnent droit aux recours précisés dans les articles 315 et 316 du Code minier, à savoir le recours judiciaire.

Puisqu'il est établi que les négociants ne peuvent revendre leurs produits miniers et/ou de carrières, hormis les marchés boursiers, qu'aux comptoirs agréés et/ou organismes créés par l'État, il est important de dire un mot sur cette catégorie d'acteurs de l'artisanat minier.

SOUS-CHAPITRE TROISIÈME

COMPTOIRS AGRÉÉS

Les comptoirs agréés n'interviennent pas directement dans l'extraction des minerais, une opération minière réservés aux seuls exploitants artisanaux, affiliés à des coopératives minières ou des produits de carrières agréées et installés dans une ZEA déterminée. Ils n'interviennent pas non plus dans le transport des produits miniers ou de carrières des zones d'extraction vers les villes ou terroirs où ils sont généralement installés. Un tel travail est régulièrement accompli par les négociants qui, eux, achètent immédiatement les minerais auprès des exploitants artisanaux, bien entendu, à travers leurs coopératives respectives.

Tout en opérant dans l'achat et la vente des substances minérales d'exploitation artisanale, les comptoirs agréés peuvent également exporter celles-ci. C'est ce dernier aspect qui les distingue des autres acteurs de l'artisanat minier, comme les coopératives minières ou des produits de carrières agréées et les négociants qui, eux, ne sont pas autorisés à les exporter. Il va sans dire que ces derniers sont tenus de n'acheter et de ne vendre les substances minérales que sur le territoire national.

Dans ce troisième sous-chapitre, il y a lieu successivement de définir l'expression « comptoir agréé » (section I), de dégager les conditions d'éligibilité au titre de comptoir d'achat (section II), d'examiner l'accès à l'exercice d'acheteur d'un comptoir agréé (section III), de passer en revue la procédure d'agrément au titre de comptoir (section IV), de dégager la durée d'agrément et le nombre des comptoirs agréés (section V), les droits et les obligations des comptoirs agréés (section VI), de comprendre le régime fiscal et douanier sous lequel ceux-ci sont placés (section VII) et d'analyser la façon dont leur agrément peut prendre fin (section VIII).

I. Définition

Le Code minier, en son article 1, point 10, définit le comptoir agréé comme étant une personne autorisée à acheter des substances minérales d'exploitation artisanale provenant des négociants ou des exploitants artisanaux, en vue de les revendre localement ou de les exporter conformément aux dispositions de ce texte.

Reprenant en gros les termes de cet article du Code minier, l'arrêté ministériel n° 0918/CAB.MIN/MINES/01/2015 du 29 octobre 2015 portant mise en œuvre d'un système de traçabilité dénommé Initiative de Traçabilité de l'or d'exploitation artisanale, « ITOA » en sigle, définit le comptoir agrée d'achat et de vente des substances minérales comme une personne autorisée par le ministre des Mines dans ses attributions à acheter des substances minérales d'exploitation artisanale provenant des négociants ou exploitants artisanaux en vue de les revendre localement ou les exporter conformément aux dispositions du Code minier et de ses mesures d'exécution.

Il ressort du point 1 du même article que l'acheteur est tout employé agréé d'un comptoir d'achat, d'une entité de traitement d'or, de diamant et autres substances minérales d'une exploitation artisanale, qui exerce ses activités conformément aux dispositions de ce texte de loi.

II. Éligibilité au titre d'achat et de vente des substances minérales

Dans le strict respect des dispositions de l'article 27 du Code minier, sont éligibles au titre de comptoir d'achat des substances minérales d'exploitation artisanale :

- - toute personne physique majeure de nationalité congolaise ;
- - toute personne physique majeure de nationalité étrangère ayant un domicile dans le territoire national ;
- - toute personne morale de droit congolais ayant son siège social et administratif dans le Territoire national et dont l'objet social porte sur l'achat et la vente des substances minérales d'exploitation artisanale (art. 26, alinéa 3, du Code minier).

Par ailleurs, selon le même article 27, ne sont pas éligibles pour solliciter l'agrément au titre de comptoir d'achat et de vente des substances minérales d'exploitation artisanale :

- - les agents et fonctionnaires de l'État, les magistrats, les membres des forces armées, les agents de la Police nationale et des Services de sécurité, les employés des organismes publics habilités à procéder aux opérations minières. Toutefois, cette incompatibilité ne concerne pas leur prise de participation dans le capital des sociétés minières ;

- \- toute personne frappée d'incapacité juridique prévue à l'article 215 de la loi n° 87-010 du 1er août 1987 portant Code de la famille, telle que modifiée à ce jour ;
- \- toute personne frappée d'interdiction, notamment :
- \- la personne condamnée par un jugement coulé en force de chose jugée pour des infractions à la législation minière et de carrières ou à celles se rapportant aux activités économiques de ses droits miniers et de carrières et de ses sociétés affiliées, et ce, pendant dix ans ;
- \- la personne à laquelle la carte d'exploitation artisanale ou de négociant a été retirée, et ce, pendant trois ans ;
- \- la personne à laquelle l'agrément au titre des comptoirs d'achat et de vente des substances minérales d'exploitation artisanale a été retiré, et ce, pendant cinq ans.

Il s'ensuit qu'aux termes de l'article 260 du Règlement minier, pour exercer la profession d'acheteur des comptoirs agréés, il faut :

- \- être porteur d'une carte de travail pour étranger du secteur minier artisanal en cours de validité pour les expatriés ou d'une carte de travail en cours de validité pour les nationaux ;
- \- déposer à la Direction des Mines des photographies récentes de format moyen ;
- \- se conformer à la réglementation des activités des comptoirs.

Toute personne dont l'agrément a été retiré par le ministre n'est pas éligible pour obtenir le titre d'acheteur des comptoirs agréés pendant trois ans.

III. Accès à l'exercice d'acheteur d'un comptoir agréé

Aux termes de l'article 258 du Règlement minier, seul l'acheteur des comptoirs agréés ayant reçu l'agrément du ministre et dont le nom figure sur la liste annuelle des acheteurs agréés est autorisé à acheter l'or, le diamant ou toute autre substance minérale de production artisanale auprès des coopératives minières et des négociants pour le compte des comptoirs agréés. Le nombre d'acheteurs par comptoir est limité par arrêté du ministre qui est publié au *Journal officiel* chaque année au mois de janvier.

Il est étonnant de constater que les comptoirs d'achat ne sont pas implantés dans tous les terroirs où se déroulent les activités minières artisanales. Ainsi que l'a déploré M. Patrick Kitembo, alors directeur provincial de SAEMAPE/Maniema, le 1er mars de l'année en cours, lors du journal du matin à la Radio Okapi où il a été invité. Il affirme que le Maniema produit de l'or, mais sa traçabilité pose un problème ; ce qui encourage la fraude. Cette situation, insiste-t-il, qui constitue un manque à gagner pour la province, s'explique par le fait qu'il n'y a pas des comptoirs d'achat d'or au Maniema[48]. Une telle posture ne peut pas permettre une meilleure canalisation du circuit de la vente des minerais et ainsi de connaître av précision leurs statistiques.

Il sied de souligner que « la traçabilité repose essentiellement sur la certification de certains sites miniers et sur l'étiquetage des sacs contenant les minerais au gré des différentes étapes de la chaîne d'approvisionnement. Ces mécanismes sont complexes à mettre en œuvre et connaissent aujourd'hui de nombreuses limites. L'opacité des réseaux d'exportation notamment reste un enjeu de taille, tout comme les risques de contamination au long du parcours (c'est-à-dire de mélange de minerais "propres et certifiés" avec d'autres qui ne le sont pas). Et le degré de fiabilité de la traçabilité est ainsi relatif » (Justice et Paix, 2019, p. 7).

On peut remarquer que l'absence de comptoirs agréés d'achat ouvre la voie à la fraude minière[49] et, de ce fait, occasionne de pertes énormes pour le trésor public. Qui plus est, cette absence facilite la sortie clandestine des minerais du pays. Au fond, en pareille circonstance, il y a plus de valeurs dans l'extraction et le commerce illégaux des substances minérales que dans les voies légales. Au demeurant, cela favorise l'achat des minerais de contrebande illégale de la RDC par les opérateurs miniers ou les commerçants basés dans des pays voisins. Autant dire que le défaut d'implantation des comptoirs agréés d'achat serait à la base des marchés internationaux illégaux d'achat et de vente des minerais provenant de la RDC.

Cet état de choses offre l'opportunité aux différents négociants de se substituer aux comptoirs agréés pour se livrer, illégalement bien entendu, aux exportations

---

48 Interview disponible sur le site : https://www.radiookapi.net/2022/03/01/emissions/linvite-du-jour/patrick-kitembo-invite-les-hommes-daffaires-douvrir-des, consulté le 1er mars 2022.

49 La fraude en droit minier est sanctionnée par le Code minier. Ce dernier, en son article 305, la définit comme toute exportation ou tentative d'exportation frauduleuse des substances minérales en contravention du régime douanier et des accises prévu par le présent Code et soumise aux pénalités et amendes prévues par la législation douanière et accisienne en la matière. D'autre part, l'arrêté interministériel n° 0719/CAB.MIN/MINES/01/2010 du 20 octobre 2010 portant création, organisation et fonctionnement de la Commission nationale de lutte contre la fraude minière, définit la fraude minière comme l'exploitation, la détention, le transport, la commercialisation ou l'exportation des produits en violation du Code minier et de ses mesures d'application, du Code douanier, du Code des impôts ainsi que des dispositions de la réglementation de change et ce dans le but de se procurer un bénéfice illicite au détriment des intérêts de l'État.

des minerais. Pourtant, cette prérogative est réservée aux comptoirs agréés d'achat et de vente des substances minérales d'exploitation artisanale. À qui revient alors ce manquement ?

À vrai dire, la faute ne revient pas aux négociants qui profitent de la faiblesse de l'État. En effet, alors qu'ils sont tenus de ne revendre les substances minérales provenant de l'exploitation artisanale qu'aux comptoirs ou aux organismes agréés ou créés par l'État ainsi qu'aux marchés boursiers agréés par l'État, les négociants réussissent par des voies frauduleuses à revendre en dehors du pays les produits de l'exploitation minière artisanale qu'il achète chez les coopératives minières agréées.

Le législateur ne considère pas les négociants comme des grands commerçants, les privant dès lors du droit d'exporter les substances minérales.

À défaut d'implantation de comptoirs dans les différents territoires ou districts, l'État devrait mettre en place des structures qui achèteraient des produits miniers ou de carrières que les petits commerçants ou les négociants sont censés revendre.

Dans cette optique, G. Bokondu Mukuli et J. Cihunda (2020, p. 11) recommandent de réguler et contrôler le minerai de l'or exploité artisanalement qui sort frauduleusement du territoire congolais par la création d'une société sur le modèle de l'Entreprise Générale du Cobalt, « EGC » en sigle, par l'installation des raffineries dans l'Est de la RDC.

L'EGC, n'étant compétent que pour un seul minerai stratégique, le cobalt, on peut chercher à savoir si les autres substances minérales, en plus de coltan et germanium comme substances stratégiques, n'ont pas besoin d'être gérées comme le cobalt.

Il sied de rappeler que c'est en application des dispositions des articles 3 et 4 du décret n° 19/15 du 5 novembre 2019 que le ministre des Mines en collaboration avec son collègue du Portefeuille a instruit la Gécamines de créer la société commerciale dénommée EGS. Pour rappel, l'EGC est une filiale de la Générale des Carrières et des Mines, « GÉCAMINES » en sigle, créée en 2019 et ayant reçu pour mandat de l'État d'exercer en RDC un monopole d'achat sur le cobalt issu de l'exploitation minière artisanale nécessitant une transformation préalable à son exportation avant de le commercialiser et de veiller à ce que cette production respecte les meilleurs standards en matière de responsabilité sociale et environnementale et de traçabilité[50].

50 Repéré sur le site web : https://www.egcobalt-rdc.com/app/uploads/2021/03/DP-EGC-FR.pdf, consulté le 3 mars 2022.

Lors de la présentation de l'EGC au grand public, M. Jean Dominique Takis, alors directeur général de cette dernière, a parlé de l'intégrité et la sécurité de cette société en ces termes :

> « Nous assurons l'achat, la transformation et la commercialisation exclusive des substances minérales stratégiques de la RDC en veillant à respecter des normes rigoureuses en la matière. Nous œuvrons à l'amélioration permanente des conditions de travail des artisans miniers dans un cadre conforme aux meilleures normes sociales et environnementales.
>
> Notre priorité est de garantir la sécurité des artisans qui travaillent dans les zones d'exploitation artisanale et de protéger la santé de l'ensemble de nos collaborateurs en RDC. Notre rôle est d'assurer un environnement de travail sain et sécurisé à tous nos employés, directs ou indirects ainsi qu'aux communautés avoisinantes. »
>
> Avec la création de l'EGC et l'opérationnalisation de l'ARECOMS, on espère non seulement maîtriser et contrôler le cobalt d'exploitation artisanale en **RDC**, mais aussi offrir des conditions de travail saines et rémunératrices aux exploitants artisanaux. Cela permettra d'endiguer totalement la présence d'enfants mineurs, de femmes enceintes ou d'autres personnes vulnérables et/ou non autorisées, dans les sites d'extraction et sur toutes les chaînes d'approvisionnement des substances minérales stratégiques. Aussi espère-t-on que la création de cette entreprise contribuera à la production d'un cobalt d'exploitation artisanale « responsable », non extrait par les personnes mineures (les enfants) et les femmes vulnérables.

IV. Procédure d'agrément au titre de comptoir

L'agrément au titre de comptoir est soumis à une procédure allant du dépôt de la demande d'agrément (1), en passant par la recevabilité de cette demande (2) ainsi que par son instruction pour aboutir à la décision d'agrément ou de son refus d'agrément (3). Cette procédure se poursuit à travers la notification de la décision faite au requérant (4) et, le cas échéant, l'inscription sur la liste annuelle des acheteurs agréés (5) en cas de décision d'agrément. Examinons ces étapes.

IV.1. Dépôt de la demande d'agrément

Conformément à l'article 120, alinéa 5, du Code minier, le requérant à l'agrément au titre de comptoir est tenu de constituer une caution conformément aux modalités de versement fixées par voie réglementaire (art. 120, al. 5, du Code minier).

L'article 123 du Code minier dispose que :

> La demande d'agrément au titre de comptoir d'achat et de vente des substances minérales d'exploitation artisanale est adressée, par toute personne éligible conformément à l'alinéa 2 de l'article 25 du présent Code [Code minier], à la Direction des Mines et comporte les éléments ci-après :
>
> - la preuve de l'inscription au Registre de Commerce et de Crédit Mobilier ;
>
> - les statuts notariés, s'il s'agit d'une personne morale ;
>
> - l'extrait de casier judiciaire de la première résidence datant de trois mois au plus et l'attestation de bonne conduite, vie et mœurs, s'il s'agit d'une personne physique ;
>
> - le numéro d'Identification Nationale ;
>
> - le numéro impôt ;
>
> - la preuve de détention d'un compte ouvert au nom du requérant dans une banque agréée ;
>
> - la lettre d'immatriculation à la Banque Centrale du Congo et le numéro Import-Export.

Soulignons que cet article établit la liste des éléments que doit comporter la demande d'agrément au titre de comptoir d'achat et de vente des substances minérales.

Cependant, les conditions d'éligibilité au titre d'acheteur de comptoir d'achat et de vente des substances minérales d'exploitation artisanale sont fixées aux articles 26, alinéa 3, du Code minier et 260 du Règlement minier relatif à l'éligibilité à la profession d'acheteur des comptoirs agréés, mais pas à l'alinéa 2 de l'article 25 de ce texte de loi qui, lui, se rapporte plutôt aux mandataires en mines et carrières, précisément à leur mission. Ce renvoi erroné peut rendre le texte inintelligible et créer l'imbroglio.

De ce fait, un amendement à l'article 123 du Code minier s'impose *de lege ferenda*. Il faudra alors supprimer le groupe des mots « *conformément à l'alinéa 2 de l'article 25 du présent Code* » pour le remplacer par le groupe des mots « *conformément à l'alinéa 3 de l'article 26 du présent Code* [Code minier] ».

En outre, à la lecture des dispositions de cet article, on peut penser, à tort bien entendu, que c'est la Direction des Mines à laquelle la demande d'agrément est adressée, qui est l'organe habilité à agréer le demandeur au titre de comptoir d'achat et de vente des substances minérales d'exploitation artisanale. Cette confusion due à l'imprécision du législateur, à travers cet article, peut amener à des interprétations diverses et erronées, et rendre encore le texte inintelligible.

Par ailleurs, il résulte de l'article 261 du Règlement minier que toute demande d'agrément est adressée au ministre et déposée à la Direction des Mines entre le 1er janvier de l'année et le 1er mars. Elle comporte les éléments suivants :

- nom et adresse du siège du domicile ou de la résidence du requérant dans le territoire national ;
- pour les nationaux, copie certifiée conforme de la carte de travail délivrée par le comptoir employeur ;
- pour les requérants de nationalité étrangère, copie certifiée conforme de la carte de travail pour étranger ainsi qu'une autorisation de séjour et de circulation dans les zones minières et/ou de carrières artisanales en cours de validité ;
- nom et adresse du comptoir agréé pour lequel l'acheteur exerce ses activités, s'il s'agit d'une personne physique ;
- raison sociale ou dénomination sociale et siège social du comptoir agréé pour le compte duquel l'acheteur exerce ses activités, s'il s'agit d'une personne morale ;
- deux photographies récentes de format moyen du requérant ;
- engagement écrit et signé du requérant de n'acheter les produits miniers artisanaux qu'auprès de coopératives minières agréées et/ou des négociants ayant une carte en cours de validité pour la zone d'exploitation artisanale et de respecter la réglementation relative aux activités des comptoirs agréés ainsi que les mécanismes institués de traçabilité des substances minérales ;

Ces conditions sont reprises à l'article 123, alinéa 1er, du Code minier.

IV.2. Recevabilité de la demande

En vertu de l'article 262, alinéa 1, du Règlement minier, la Direction des Mines vérifie si la demande est recevable.

La demande est recevable si le dossier de la demande comprend les éléments prévus par les dispositions de l'article précédent.

IV.3. Instruction de la demande

Il ressort de l'article 10 du Règlement minier que la Direction des Mines est chargée d'assurer l'instruction technique sur les demandes d'agrément au titre de comptoirs d'achat et de vente des substances minérales d'exploitation artisanale et leur renouvellement.

La Direction des Mines accuse réception de la demande, l'inscrit sur un registre *ad hoc*, l'instruit et s'assure qu'elle est régulière quant à la forme, la fait rectifier ou compléter pour autant que de besoin. Elle peut provoquer toute enquête nécessaire.

En cas d'enquête, elle requiert des informations utiles sur l'authentification des documents annexés auprès de services publics qui les ont émis.

Dans tous les cas, l'instruction de la demande ne peut excéder trente jours à compter de la date du dépôt de la demande d'agrément. Passé ce délai, l'avis favorable de la Direction des mines est réputé acquis, et ce, sans préjudice des dispositions de l'article 123 du Code minier relatif à la demande d'agrément au titre de comptoir d'achat et de vente des substances minérales d'exploitation artisanale.

C'est dans ce même élan que l'article 262, alinéa 2 et suivants du Règlement minier disposent que l'instruction de la demande ne peut excéder trente jours à compter de la date de demande. Passé ce délai, l'avis favorable de la direction des mines est réputé acquis et ce, sans préjudice des dispositions de l'article 123 du Code minier. Dans ce cas, la Direction des Mines doit notifier au requérant l'avis favorable d'office et transmettre sans délai le dossier au ministre.

Si la demande est recevable, le requérant paie les frais de dépôt et autres droits dus conformément à la législation en la matière et dépose les preuves de paiement à la Direction des Mines. Ainsi qu'en dispose l'alinéa 4 de l'article 120 du Code minier, une redevance dont le montant est déterminé par voie réglementaire est perçue au profit du Trésor public lors de l'agrément et à chaque renouvellement.

À ce sujet, il faut signaler qu'au Sud-Kivu par exemple, les frais de dépôt sont fixés à 200 USD pour l'agrément au titre de comptoir d'achat et de vente. Par contre, les frais de dépôt pour un acheteur de comptoir est de 150 USD.

Dans cette optique, il y a lieu d'indiquer qu'il est exigé, d'une part, une caution pour agrément de comptoir d'achat et de vente de 2 500 USD et une redevance anticipative de 5 000 USD pour agrément de comptoir d'achat et de vente d'or, d'autre part, une caution de 50 000 USD (pour le diamant), 2 500 USD (pour l'or) et une redevance annuelle de 200 000 USD pour le comptoir d'achat et de vente de diamant.

Tous ces taux sont repris dans l'arrêté interministériel n° 0340/CAB.MIN/MINES/2022 et n° 054/CAB/MIN/ FINANCES/2022 du 2 août 2022 portant fixation des taux des droits, taxes et redevances à percevoir à l'initiative du ministère des Mines.[51].

[51] C'est cet arrêté qui fixe les différent taux applicables pour le compte du ministère des Mines. Dans ce cadre, il reprend également les taux de la caution et de la redevance pour agrément de comptoir d'achat et de vente des pierres de couleur et autres substances

Par la suite, la Direction des Mines transmet dans les deux jours ouvrables de la recevabilité de la demande, le dossier de la demande au ministre des Mines, pour décision.

Si la demande n'est pas recevable, la Direction des Mines rend le dossier de la demande au requérant avec mention des pièces manquantes.

Après instruction, la Direction des Mines émet son avis favorable ou défavorable. Par conséquent, elle notifie au requérant son avis et sa transmission au ministre des Mines pour décision d'agrément ou de refus d'agrément.

IV.4. Décision d'agrément ou de refus d'agrément

Aux termes de l'article 120, alinéa 2, du Code minier, l'agrément au titre de comptoir d'achat et de vente des substances minérales d'exploitation artisanale est accordé par le ministre des Mines.

Si l'avis de la Direction des Mines est favorable, le ministre des Mines prend la décision dans un délai qui ne peut excéder trente jours ouvrables.

Passé ce délai, le requérant a droit à un recours conformément aux dispositions des articles 313 et 314 du Code minier, soit le recours administratif.

Si l'avis de la Direction des Mines est défavorable, le ministre prend la décision de refus d'agrément dans un délai qui ne peut excéder quinze jours ouvrables à compter de la date de la réception du dossier transmis par la Direction des Mines.

Suivant l'article 263 du Règlement minier, dans un délai de quinze jours ouvrables à compter de la réception du dossier de demande, le ministre accorde ou refuse l'agrément au requérant.

Toute décision de refus doit être motivée et ne peut être fondée que sur la non-éligibilité du demandeur ou sur le fait que le quota annuel d'acheteurs a été atteint.

> La décision de refus est motivée et donne droit aux recours prévus par les dispositions des articles 313 et 314 du Code minier, soit le recours administratif. (Art. 125, alinéa 4, du Code minier).

Le ministre des Mines transmet sa décision à la Direction des Mines qui affiche le résultat dans sa salle de consultation publique.

---

minérales. Ces taux sont respectivement fixés, pour la redevance, à 1 000 USD (pierre de couleur) et à 800 USD (autres substances minérales), et pour la caution, à 700 USD (pierre de couleur) et à 500 USD (autres substances minérales).

IV.5. Notification de la décision d'agrément ou de refus d'agrément.

Suivant les alinéas 4 et 5 de l'article 263 du Règlement minier, la décision de refus ou d'agrément est notifiée à l'impétrant par le moyen le plus rapide et fiable.

Passé ce délai, le requérant peut saisir le tribunal compètent. La décision du tribunal vaut agrément et le ministre des Mines est tenu de régulariser la procédure.

IV.6. Inscription sur la liste annuelle des acheteurs agréés

Les modalités applicables aux éléments à inscrire sur la liste annuelle des acheteurs agréés sont fixées à l'article 265 du Règlement minier.

En effet, il en ressort que la Direction des Mines inscrit le nom de l'acheteur agréé et la date d'expiration de l'agrément sur la liste annuelle des acheteurs agréés et appose sa photo d'identité dans les deux jours ouvrables à compter du premier jour de publication des résultats de la décision du ministre.

La Direction des Mines a l'obligation de tenir à jour la liste annuelle des acheteurs agréés et affiche cette liste dans la salle de consultation publique.

Les comptoirs agréés ont l'obligation de lever copie moyennant paiement des frais de cette liste, après qu'elle a été affichée à la Direction des Mines.

Ils doivent également adresser un rapport mensuel à la Division provinciale des Mines du ressort avec copie à la Direction des Mines reprenant notamment la liste actualisée des acheteurs exerçant en leur sein.

V. Durée d'agrément et nombre des comptoirs agréés

De la même façon que le législateur fixe la durée d'agrément (1), il détermine le nombre des comptoirs agréés (2).

V.1. Durée d'agrément

D'une part, il ressort de l'alinéa 3 de l'article 120 du Code minier que l'agrément au titre de comptoir d'achat et de vente des substances minérales d'exploitation artisanale est valable pour une durée d'un an, renouvelable sans limitation.

D'autre part, l'article 259 du Règlement minier dispose : « *La durée de l'agrément est d'un an renouvelable.* »

V.2. Nombre des comptoirs agréés

Il résulte de l'article 121 du Code minier que le nombre de comptoirs agréés d'achat de l'or, de diamant et d'autres substances minérales d'exploitation artisanale dans le Territoire national est illimité. Toutefois, le nombre d'acheteurs par comptoir est limité par voie réglementaire.

VI. Droits et obligations des comptoirs agréés

Autant les comptoirs agréés ont des droits (1), autant ils sont assujettis à diverses obligations (2).

VI.1. Droits des comptoirs agréés

Les droits des comptoirs agréés sont fixés à l'alinéa 1 de l'article 120 du Code minier. En effet, ce dernier dispose que les comptoirs agréés sont autorisés à acheter, à vendre et à exporter les substances minérales d'exploitation artisanale conformément aux dispositions du Code minier et de ses mesures d'application.

En d'autres termes, les droits des comptoirs d'achat reposent sur la commercialisation des substances minérales d'exploitation artisanale. Ils se résument à l'achat, la vente et l'exportation desdites substances.

Il va sans dire qu'ils ont le droit d'acheter l'or, le diamant et autres substances minérales d'exploitation artisanale qui leur sont présentées, et ce, quelles que soient leur grosseur, quantité et qualité.

La grande majorité des exportations se font sans transformation industrielle. Après le premier tri effectué par les creuseurs, le minerai est acheminé vers un premier comptoir. Celui-ci analyse le poids et la pureté des minerais. Les minerais sont ensuite distribués vers un ensemble de comptoirs pour la vente et/ou l'exportation. En ce sens, P. Jacquemot (2009, p. 38) considère le comptoir comme un espace commercial qui achète, diffuse les marchandises en les vendant à l'exportation ou à des particuliers.

VI.2. Obligations des comptoirs agréés

Il ressort de l'alinéa 5 de l'article 120 du Code minier que le requérant à l'agrément au titre de comptoir est tenu de constituer une caution conformément aux modalités de versement fixées par voie réglementaire. Aux termes de l'article 126 du Code minier, les comptoirs agréés doivent :

- d'une part, se soumettre au contrôle lors de l'achat et de la vente des produits de l'exploitation minière artisanale par l'Administration des Mines et par un organisme public chargé de l'expertise ;

- d'autre part, fournir les rapports de leurs activités conformément au Code minier ainsi qu'à ses mesures d'application.
- Les comptoirs agréés sont également tenus aux obligations ci-après :
- communiquer au ministre et à la Banque centrale du Congo à dater de l'agrément, les emplacements fixes et contrôlables des bureaux d'achat de l'or, du diamant et des autres substances minérales d'exploitation artisanale ;
- payer les impôts et taxes relatifs à leurs activités ;
- disposer en propriété d'au moins un immeuble en matériaux durables dans chaque centre d'activités endéans une année ;
- avoir au sein de la société une participation de 25 % au moins du capital social réservée aux Congolais.

Le comptoir doit aussi déclarer son ou ses propriétaires réels, conformément au formulaire publié par les parties prenantes en application du décret du Premier ministre visé à l'article 25*bis* du Règlement minier.

De plus, le régime douanier, fiscal ainsi que des recettes non fiscales ne soustrait pas les comptoirs agréés de leurs obligations douanières, fiscales, ainsi que des recettes non fiscales du paiement des autres impôts, droits, taxes ou redevances prévus par la législation douanière, fiscale et parafiscale.

Par ailleurs, pour détenir ou transporter les produits de l'exploitation artisanale des substances minérales, il faut être acheteur agréé au service d'un comptoir d'achat.

VII. Régime fiscal et douanier applicable aux comptoirs agréés

Pour les comptoirs agréés, le régime douanier, fiscal, ainsi que des recettes non fiscales applicable aux coopératives minières, aux négociants ainsi qu'aux comptoirs agréés porte sur les impôts, taxes, droits et redevances suivants :

- la redevance annuelle anticipative à payer au trésor public, lors de l'agrément du comptoir et du renouvellement de celui-ci ;
- la caution à payer lors de l'agrément ;
- la taxe *ad valorem*, les droits de sortie, la TVA à l'exportation, les taxes rémunératoires pour les services intervenants ;
- la taxe d'intérêt commun de 1 % sur les transactions d'or et de diamant ;
- les impôts et taxes pour lesquels les comptoirs agréés sont des redevables légaux ;

- la taxe rémunératoire sur la carte de travail d'étranger ;
- le frais de dépôt pour agrément de l'acheteur des comptoirs des substances minérales de production artisanale ;
- l'agrément des acheteurs des comptoirs d'achat et de vente des substances minérales de production artisanale.

Il est à noter que la taxe d'intérêt commun visée au 4e tiret peut être étendue à d'autres substances minérales de production artisanale par voie d'arrêté interministériel des ministres ayant les Mines et les Finances dans leurs attributions.

Il ressort aussi de l'alinéa 3 de l'article 537 du Règlement minier que les ministres ayant les Mines et les Finances dans leurs attributions fixent par voie d'arrêté interministériel conjointement le taux, l'assiette et les modalités de perception des droits, taxes et redevances relevant du régime douanier, fiscal ainsi que des recettes non fiscales applicables à l'exploitation artisanale ainsi que les sanctions applicables en cas de contravention.

En ce qui concerne les comptoirs agréés, l'arrêté interministériel susvisé détermine également :

- les valeurs minimales des achats annuels et les quotités trimestrielles d'achat des substances minérales précieuses ;

- le montant de la caution à payer lors d'agrément du comptoir ;

- le montant de la redevance annuelle anticipative à verser au compte du Trésor, lors de l'agrément et le renouvellement de celui-ci ;

- le taux de la taxe ad valorem à payer à chaque exportation ;

- le montant de la taxe sur la carte de travail d'étranger ;

- les modalités de la caution et de la perception des redevances et taxes visées. (Article 537, alinéa 4, du Règlement minier)

VIII. Mode d'extinction d'un comptoir agréé

Il faut noter ici que seul le retrait d'agrément peut mettre un terme à la validité d'un comptoir agréé.

En effet, suivant l'article 265, alinéa 1, du Règlement minier, l'acheteur qui viole les dispositions du Règlement minier s'expose au retrait de son agrément par le ministre après une mise en demeure de trente jours faite par la Direction des Mines lorsqu'il n'a pas remédié à la situation prévue à l'article 126 du Code minier.

Tout acheteur dont l'agrément a été retiré par le ministre des Mines n'est pas éligible pour obtenir un nouvel agrément pendant cinq ans.

Ainsi qu'on peut s'en rendre compte au terme de ce premier chapitre, il importe d'aborder un nouveau chapitre portant sur les actes de commerce en rapport avec l'exploitation minière artisanale.

CHAPITRE 2

ACTES DE COMMERCE EN RAPPORT AVEC L'EXPLOITATION MINIÈRE ARTISANALE

C'est à travers les actes de commerce qui sont exercés dans l'artisanat minier qu'il est possible de découvrir l'effectivité du véritable rôle que jouent les différents acteurs de ce secteur.

Toutefois, avant de décrire les opérations pratiquées par lesdits acteurs, du fait de l'exploitation artisanale des substances minérales, il est impérieux de souligner l'importance que revêtent les marchés boursiers. En effet, à côté de toutes les activités minières de type artisanal, le législateur congolais a prévu une sorte de plate-forme sur laquelle les substances minérales peuvent être achetées et vendues.

Concrètement, ce deuxième chapitre sera subdivisé en deux sous-chapitres : le premier aura trait aux marchés boursiers (sous-chapitre premier) et le second portera sur les activités connexes à l'exploitation minière artisanale (sous-chapitre second).

SOUS-CHAPITRE PREMIER

MARCHÉS BOURSIERS

Il convient de signaler d'ores et déjà qu'en **RDC** les marchés boursiers n'interviennent que dans le cadre de l'exploitation minière artisanale, et non à l'occasion de l'exploitation industrielle ou semi-industrielle.

Comme les titulaires des droits miniers d'exploitation et de petite mine, les coopératives minières, les négociants, les comptoirs agréés, les centres de négoces et les marchés boursiers font partie de l'« Industrie extractive ». Cette dernière est définie, aux termes de l'article 2, au point 25, du Règlement minier comme étant toute unité d'extraction, de transformation et de commercialisation œuvrant dans le secteur des mines conformément au Code minier et ses mesures d'application.

> « Lorsque l'on souhaite valoriser ses économies, il est possible de les investir sur un compte en bourse. Ces placements sont rémunérateurs mais nécessitent une réelle implication. Investir en bourse c'est dans un premier temps choisir un portefeuille d'actions. Il faut ensuite comparer les frais boursiers et choisir le mode de gestion[52]. »

Il importe de prendre connaissance de l'expression « marché boursier » en dégageant d'abord sa définition (section I), avant d'examiner ses conditions d'accès (section II), sa procédure d'agrément (section III) ainsi que ses droits et obligations (section IV).

---

52 Repéré sur le site : https://www.lelynx.fr/finance/bourse/investir/marche/, consulté le 30 novembre 2021.

I. Définition

D'emblée, il y a lieu de noter que le législateur du Code minier n'a pas défini l'expression « marché boursier ». Toutefois, il existe une documentation fournie qui en reprend quelques définitions. Par « marché boursier », on entend un marché sur lequel les investisseurs, qu'ils soient particuliers ou professionnels, propriétaires d'un ou plusieurs comptes en bourse, peuvent acheter ou vendre différentes valeurs mobilières. Il existe différents types de marchés boursiers, chacun d'entre eux représente un secteur particulier.

Ainsi le marché boursier est-il entendu comme un marché financier, traditionnellement nommé « bourse ». Un marché boursier est un marché financier sur lequel les capitaux sont disponibles. Ces derniers sont offerts par les investisseurs pour répondre à un besoin de financement. Le marché boursier peut être défini comme le lieu de la rencontre de l'offre et de la demande en matière financière. Ces investisseurs peuvent être des investisseurs institutionnels, des compagnies d'assurance, des fonds de pension, des holdings financiers[53].).

II. Conditions d'accès

Aux termes de l'article 128 du Code minier, aucun marché boursier d'achat et vente des autres substances minérales d'exploitation artisanale ne peut opérer sur le territoire national sans agrément préalable de la Banque centrale du Congo et du ministre des Mines.

Il en découle que, seuls les marchés boursiers ayant reçu l'agrément de la Banque centrale du Congo et du ministre des Mines ; et dont les noms figurent sur la liste annuelle des marches boursiers agréés, sont autorisés à organiser les marchés d'achat et de vente des substances minérales de production artisanale auprès des comptoirs, des coopératives minières agréées et des négociants ayant une carte en cours de validité pour la Zone d'Exploitation Artisanale.

III. Procédure d'agrément

Trois étapes rentrent dans la procédure d'agrément d'un marché boursier. Il s'agit de :

- la présentation du dossier par le requérant ;

---

[53] Repéré sur le site : https://leganews.cd/index.php/analyses/6701-un-marche-boursier-pour-une-republique-democratique-du-congo-emergente/#_ftn3, consulté le 30 novembre 2021.

- la prise de décision et la transmission du dossier par le gouverneur de la Banque centrale du Congo ;
- la prise de la décision par le ministre.

III.1. Présentation du dossier

Les personnes désirant créer les marchés boursiers présentent une étude détaillée du projet au gouverneur de la Banque centrale du Congo.

III.2. Décision du gouverneur

Le gouverneur de la Banque centrale du Congo, qui en apprécie l'opportunité, prend sa décision et la communique au ministre des Mines.

III.3. Décision du ministre des Mines

Le ministre des Mines prend la décision d'octroi d'agrément d'un marché boursier.

Soulignons que l'agrément du marché boursier emporte autorisation d'organiser des marchés d'achat et de vente des substances minérales précieuses et semi-précieuses de production artisanale.

Soulignons également que, suivant l'article 268 du Règlement minier, un Comité d'agrément composé des représentants des ministères ayant les Mines et les Finances dans leurs attributions et de la Banque centrale du Congo sera constitué par la Banque centrale du Congo qui en fixe la mission ainsi que les règles d'organisation et de fonctionnement.

IV. Droits et obligations

Dans cette section, il sera question d'analyser les droits reconnus aux marchés boursiers (1) ainsi que ses obligations (2).

IV.1. Droits des marchés boursiers

Les marchés boursiers ont le droit d'organiser les transactions, des échanges qui portent sur l'achat et la vente des substances minérales de production artisanale auprès des comptoirs, des coopératives minières agréées et des négociants ayant une carte en cours de validité pour la ZEA instituée.

IV.2. Obligations des marchés boursiers

Les marchés boursiers sont tenus de se conformer aux dispositions de l'article 25*quater* du Règlement minier relatif à la déclaration du bénéficiaire réel ou propriétaire réel qui dispose que :

> Tout marché boursier exerçant ses activités en vertu des dispositions du Code minier déclare son ou ses propriétaires réels, conformément au formulaire publié par les parties prenantes en application du décret du Premier ministre visé à l'article 25bis du présent décret.

L'exploitation minière artisanale, en tant qu'activité minière principale dans l'artisanat minier, engendre d'autres activités connexes dont il convient nécessairement de dire un mot dans le sous-chapitre suivant.

SOUS-CHAPITRE SECOND

ACTIVITÉS CONNEXES À L'EXPLOITATION MINIÈRE ARTISANALE

Les activités minières qui rentrent dans le cadre de l'exploitation artisanale des substances minérales sont de quatre ordres, à savoir :

- la détention et le transport des produits de l'exploitation minière artisanale (section I) ;
- la transformation des produits de l'exploitation minière artisanale (section II) ;
- la commercialisation des produits de l'exploitation minière artisanale (section III) ;
- l'achat des produits miniers et/ou de carrières artisanaux par les artistes agréés par le ministère de la Culture et des Arts (section IV).

S'agissant de l'exploitation minière artisanale, la détention, le transport et le commerce sont soumis à une réglementation précise. Toutefois, il est important de signaler d'ores et déjà que les activités minières découlant du fait de l'exploitation des substances minérales stratégiques sont régies par des dispositions autres que celles qui s'appliquent aux autres substances minérales.

Cette évidence découle de l'esprit des dispositions de l'article 7ter du Code minier qui dispose que l'accès, la recherche, l'exploitation et la commercialisation des substances stratégiques sont régis par des dispositions réglementaires particulières. C'est dans cette logique qu'a été pris l'arrêté n° 19/15 du 5 novembre 2019 portant sauvegarde des activités relatives aux substances minérales stratégiques.

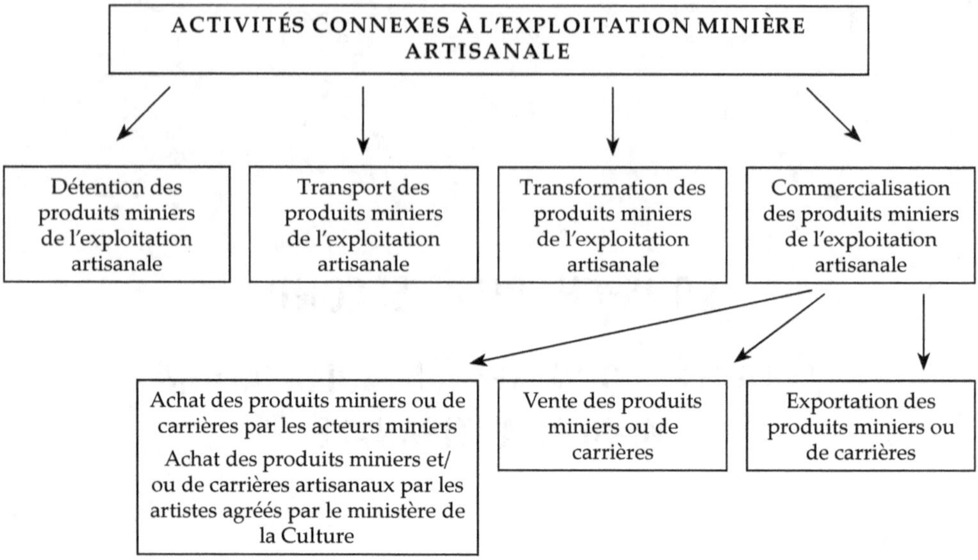

I. La détention et le transport des produits miniers et/ou de carrières de l'exploitation minière artisanale

Dans cette section, il sera question en premier lieu de poser le principe de la détention et du transport des produits de l'exploitation minière artisanale (1), en deuxième lieu d'étudier les conditions de la détention et du transport des produits de l'exploitation minière artisanale (2) et en dernier lieu, d'examiner l'exception auxdites conditions (3).

I.1. Principe

Le législateur du Code minier limite la détention et le transport des produits d'exploitation artisanale à une certaine catégorie de personnes, en dehors desquelles toute autre personne qui en détiendrait commettrait une infraction. En effet, suivant l'article 115, alinéa 1, du Code minier, sans préjudice des dispositions de l'alinéa 2 ci-dessous, à l'intérieur de l'ensemble du territoire national, mais en dehors des périmètres faisant l'objet des titres miniers exclusifs, nul ne peut détenir ou transporter les produits de l'exploitation artisanale des substances minérales :

- s'il n'a pas la carte d'exploitant artisanal et n'agit pas au nom et pour le compte d'une coopérative minière ou des produits de carrières ;
- s'il n'a pas la carte de négociant en cours de validité ;
- s'il n'est pas acheteur agréé au service d'un comptoir d'achat, d'une entité de traitement ou de transformation agréé ;

- s'il n'est pas gérant ou préposé d'une coopérative minière ou des produits de carrières.

De ce principe découlent les conditions de détention et de transport des produits miniers ou de carrières, qu'il importe d'analyser au point suivant.

I.2. Conditions de détention et du transport des produits miniers ou de carrières de l'exploitation minière artisanale

Pour pouvoir détenir ou transporter les produits de l'exploitation minière artisanale, il faut impérativement répondre à l'une ou l'autre des conditions suivantes :

- être titulaire d'une carte d'exploitant artisanal ;
- avoir la carte de négociant ;
- être un acheteur agréé :
- être gérant ou préposé d'une coopérative minière ou des produits de carrières agréée ;
- payer la taxe sur la détention et/ou le transport des minerais.

A. Être titulaire d'une carte d'exploitant artisanal

Le fait de ne pas avoir une carte d'exploitant artisanal ne peut donner lieu à la détention ou au transport des produits de l'exploitation minière artisanale. Toutefois, il ne suffit pas de détenir une carte d'exploitant artisanal pour posséder les produits de l'exploitation minière artisanale. Il faut en plus et impérativement agir au nom et pour le compte d'une coopérative minière ou des produits de carrières.

Cela veut dire que l'exploitant artisanal qui détiendrait ou transporterait les produits de l'exploitation pour son propre et unique compte peut être poursuivi sur pied de l'article 303 du Code minier relatif à la détention illicite des substances minérales. Car le fait de détenir illicitement les substances minérales est punissable par la loi en la matière.

Le seul fait d'avoir une carte de négociant donne droit à la détention ou au transport des produits de l'exploitation minière artisanale.

B. Être un acheteur agréé

Il est de fait que tout acheteur agréé est en droit de détenir ou de transporter les produits de substance minérale, à la condition d'être au service d'un comptoir d'achat, d'une entité de traitement ou de transformation agréé.

C. Être gérant ou préposé d'une coopérative minière

Tout membre d'une coopérative n'est pas autorisé à détenir ou à transporter les produits de l'exploitation minière artisanale. Seule la personne revêtue de la qualité de gérant ou de préposé d'une coopérative minière agréée peut les détenir ou les transporter.

D. Payer la taxe sur la détention et/ou le transport des minerais

La détention et le transport ou transfert des minerais ne peuvent se faire que moyennant paiement d'une taxe, qui est fixée par un arrêté provincial. C'est le cas pour le Sud-Kivu dont l'arrêté interministériel provincial du 15 janvier 2022 fixe, d'une part, le taux sur la détention et la vente de diamant dit spécial stone de plus de 5 carats à 10 % de la valeur, d'autre part, le montant à 10 USD par lot pour le transport des minerais.

Dans cette logique, il est prévu une taxe sur l'autorisation de transfert des minerais dont le taux est fixé à 1 % de la valeur d'achat. Ce taux s'applique principalement à l'or et à la pierre précieuse, dans ce cas précis la tourmaline.

Dans la pratique, le transport des minerais se fait à tête d'homme, dans les seaux ou des sacs jusqu'au lieu de la vente qui peut se situer à un endroit plus lointain que celui d'extraction. Voilà pourquoi les coopératives minières ou des produits de carrières devraient bénéficier des crédits bancaires pour moderniser leur mode d'exploitation des substances minérales.

I.3. Exception aux conditions de détention ou transport des produits miniers ou de carrières de l'exploitation minière artisanale

L'exception aux conditions de détention ou de transport des produits se trouve spécialement à l'alinéa 2 de l'article 115 du Code minier qui dispose :

> Toutefois, l'Administration des Mines accorde aux artistes agréés par le ministère de la Culture et des Arts une autorisation spéciale de détenir ou de transporter une quantité limitée de ces substances pour les besoins de leur métier.

On peut remarquer que cette exception n'est applicable qu'aux artistes agréés par le ministère des Mines. Elle ne concerne pas l'un ou l'autre cas prévu dans l'alinéa 1 de l'article 115 du Code minier, ainsi qu'il est souligné ci-dessus. C'est donc par le processus d'achat des produits de l'exploitation minière artisanale que les artistes agréés par le ministère en charge de la Culture et des Arts peuvent les détenir.

II. La transformation des produits miniers et/ou de carrières de l'exploitation minière artisanale

Pour comprendre comment a lieu la transformation des produits de l'exploitation minière artisanale, il faut examiner tout d'abord ses conditions (1), puis sa nature (2) et enfin la procédure de son autorisation préalable (3).

II.1. Conditions de transformation des produits miniers ou de carrières de l'exploitation minière artisanale

Le fait pour une coopérative minière ou des produits de carrières d'être agréée afin de se livrer à l'exploitation artisanale des mines ou des carrières, et par conséquent de détenir celles-ci ou les transporter, ne lui confère pas par voie de conséquence le droit d'en transformer sans être préalablement agréée par le ministre des Mines.

Effectivement, l'agrément au titre de coopérative minière donne droit à la commercialisation des produits de l'exploitation, mais pas à celui de leur transformation. Celle-ci est conditionnée par le dépôt de demande à la Division provinciale des Mines du ressort où se déroulent les activités minières. En effet, aux termes de l'article 238, alinéa 1, du Règlement minier :

> Dans un délai de deux mois avant les opérations de transformation des produits miniers extraits, la coopérative minière et/ou des produits de carrières agréée dépose une demande de transformation à la Division provinciale des Mines de la zone où l'exploitation artisanale est située.

Après avoir obtenu l'agrément de transformer les produits miniers ou de carrières issus de l'exploitation minière artisanale, il faut connaître la manière dont cette transformation doit se dérouler, c'est-à-dire appréhender sa nature.

II.2. Nature de la transformation

La transformation des produits des mines et/ou des carrières artisanales ne se fait pas de n'importe quelle manière. Elle doit se faire suivant les règles de l'art et par un atelier ou une usine de transformation agréée par le ministre des Mines, ce qui requiert obligatoirement l'utilisation des procédés appropriés.

Pour cette raison principale, il est interdit à une coopérative minière ou des produits de carrières agréée d'utiliser seule, sans recourir à un atelier ou une usine transformation agréée, certains produits chimiques, exclusivement du mercure ou du cyanure, pour transformer les produits de l'exploitation minière artisanale, sans requérir préalablement l'agrément auprès du ministre. Sinon, son agrément fera l'objet de retrait. Ainsi l'article 238, alinéas 3 et 4, du Règlement minier, dispose-t-il que :

> Toute transformation des produits miniers et/ou des carrières par des procédés utilisant soit le mercure, soit le cyanure ou des produits chimiques dangereux ne peut être réalisée que par un atelier ou une usine de transformation agréée par le ministre.
>
> La coopérative minière et/ou de carrières qui entreprend seule la transformation de ses produits en utilisant soit le mercure, soit le cyanure ou des produits chimiques dangereux, sans agrément du Ministre s'expose au retrait de son agrément conformément aux dispositions de l'article 114bis du Code minier.

Pour obtenir l'agrément, dans le but de transformer les produits miniers ou de carrières de l'exploitation minière artisanale, la coopérative minière ou des produits de carrières agréée qui en exprime le désir est appelée à suivre la procédure de l'autorisation préalable établie à cet effet. Autrement dit, l'agrément pour la transformation des produits miniers et de carrières d'exploitation artisanale déroule une procédure précise qu'il faut découvrir dans le point suivant.

II.3. Procédure de l'autorisation préalable de transformation des produits miniers et de carrières de l'exploitation minière artisanale

La procédure de l'autorisation préalable de transformation des produits miniers et de carrières se résume en huit étapes, examinées ci-dessous.

A. Du dépôt de la demande

La demande de transformation est déposée à la Division provinciale des Mines du ressort où se déroulent les activités minières, accompagnée des éléments constitutifs.

B. Des éléments constitutifs de la demande de transformation

La demande de transformation contient les éléments et/ou documents suivants :

- les nom et adresse du requérant ;
- la copie de l'agrément, le cas échéant ;
- les noms et emplacement de la zone d'exploitation artisanale ;
- l'emplacement des opérations de transformation ;
- la description de la transformation considérée : les opérations de transformation réalisées par la coopérative minière et/ou des produits de carrières

agréée ou confiées à un atelier ou une usine de transformation agréés par le ministre des Mines, les procédés de transformation manuels ou l'utilisation d'agents chimiques et la description de la méthode de transformation utilisée ;

- le nom de l'atelier ou de l'usine de transformation qui réalisera pour le compte de la coopérative minière et/ou des produits de carrières agréée, les opérations de transformation et traitement ;
- la description des mesures d'atténuation et de réhabilitation de l'environnement envisagées.

C. De la recevabilité de la demande de transformation

La Division provinciale des Mines vérifie la recevabilité de la demande.

Une demande ne peut être déclarée recevable que si elle contient tous les éléments décrits au point précédent ou précisés à l'article 238 du Règlement minier.

Suivant l'article 239, alinéa 2, du Règlement minier,

> Si la demande est recevable, le requérant paie à la Division provinciale des Mines des frais de dépôt contre un récépissé.
>
> Si la demande n'est pas recevable, la Division provinciale des Mines restitue le dossier de demande au requérant avec mention des pièces omises.
>
> Lors de l'instruction de la demande d'autorisation préalable de transformation des produits de l'exploitation artisanale en consultation avec le Service chargé de la Protection de l'Environnement minier, la Division provinciale des Mines vérifie :
>
> 1) la capacité du requérant à effectuer les opérations de transformation envisagées dans des conditions saines ;
>
> 2) l'adéquation et la conformité des mesures d'atténuation de l'impact néfaste des opérations sur l'environnement ainsi que les mesures de réhabilitation de l'environnement, de l'hygiène et de sécurité aux normes applicables en la matière ;
>
> 3) la capacité financière du requérant nécessaire pour mettre en œuvre les mesures d'atténuation et de réhabilitation.

Il y a lieu de signaler, pour ce qui concerne la province du Sud-Kivu, que la taxe sur la transformation des produits d'exploitation minière ou artisanale est annuellement fixée à 300 USD par autorisation, selon l'arrêté interministériel provincial du 15 janvier 2022.

Dans ce même ordre d'idées, ledit arrêté prévoit une taxe d'incitation à la transformation locale des concentrés des minerais de la province. Cette dernière repose sur la déclaration pour évacuation des concentrés et est ponctuellement fixée à 20 USD par tonne pour la cassitérite, le coltan et la wolframite (WO_4).

D. De l'instruction de la demande de transformation

Aux termes de l'article 239, alinéa 3, du Règlement minier :

> L'instruction de la demande s'achève dans un délai de vingt jours ouvrables à compter de la réception de la demande. En cas de besoin, la Division provinciale des Mines demande au requérant à une seule reprise toute information complémentaire nécessaire à l'instruction de la demande. Auquel cas, le délai de l'instruction est prorogé par le nombre de jours ouvrables entre la notification de la requête d'information complémentaire au requérant et le dépôt de la réponse de ce dernier.

À l'issue de l'instruction, la Division provinciale des Mines émet son avis sur la demande, établit un projet de décision conforme à l'avis, et les transmet au ministre avec le dossier de la demande. Elle notifie l'avis au requérant par le moyen le plus rapide et fiable[54].

E. De la décision

Dans un délai de trente jours ouvrables à compter de la réception du dossier de demande par la Division provinciale, le ministre prend une décision d'octroi ou de refus de l'autorisation préalable de transformation[55].

Toute décision de refus du ministre des Mines est motivée et n'est fondée que sur l'un des éléments suivants :

- la méthode, les procédés ou l'équipement de transformation utilisés ne sont pas conformes avec la réglementation afférente ;
- la méthode, les procédés ou l'équipement de transformation utilisés violent les mesures d'atténuation et de réhabilitation de sécurité appropriées ou en raison de leur emplacement à proximité d'un cours ou point d'eau ou d'habitations qui est susceptible de constituer un danger à l'environnement, à la santé ou à la sécurité publique[56].

[54] Art. 239, al. 4, RM.
[55] Art. 240, al. 1, RM.
[56] Art. 240, al. 2, RM.

F. De la transmission de la décision de transformation

Dans un délai de cinq jours ouvrables à compter de sa décision, le ministre transmet la décision à la Division provinciale des Mines qui l'affiche dans la salle de consultation publique[57].

Cet affichage facilite l'accès à l'information par le grand public. Il s'agit là d'un mode de publicité approprié.

G. De l'inscription de la décision de transformation

La Division provinciale des Mines inscrit la date de la décision d'autorisation préalable de transformation, le nom du requérant ainsi que le type de transformation considérés et le cas échéant, la mention de l'atelier ou de l'usine de transformation que le requérant compte utiliser dans le registre des autorisations préalables de transformation pour les coopératives minières et/ou des produits de carrières[58].

H. De la notification de la décision de transformation

La Division provinciale des Mines notifie au requérant la décision du ministre sans frais par le moyen le plus rapide et fiable[59].

La notification de la décision du refus d'autorisation préalable ouvre la voie au recours administratif prévu aux articles 313 et 314 du Code minier.

En effet, à partir du moment où la notification a au lieu, le délai commence à courir, si tant que la notification comprend bel et bien la voie et le délai de recours.

III. La commercialisation des produits de l'exploitation minière artisanale

La commercialisation des produits de l'exploitation minière artisanale repose sur trois opérations principales : la vente, l'achat et l'exportation.

Cette commercialisation diffère selon qu'il s'agit des substances minérales stratégiques d'un côté, et des substances minérales non stratégiques de l''autre. Cela résulte, rappelons-le, des dispositions de l'article 7*ter* du Code minier susmentionné.

S'agissant des substances minérales stratégiques, certaines motivations, notamment la nécessité de contrôler l'ensemble de la chaîne de valeur de la filière artisanale et d'accroître les recettes de l'État par la maîtrise des cours des substances stratégiques, ont conduit à la signature du décret n° 19/15 du 5 novembre 2019.

---

57 Art. 240, al. 3, RM

58 Art. 241, al. 1, RM.

59 Art. 241, al. 2, RM.

Pour ce qui concerne les substances minérales non stratégiques, le législateur congolais a établi le cadre dans lequel ces différentes opérations doivent se dérouler. Autant dire que les activités découlant de la commercialisation doivent s'inscrire dans les limites des actes déterminés par la loi minière en vigueur. Sinon, les actes posés en marge du Code minier et de ses mesures d'application sont illégaux, ce qui expose son auteur à des sanctions prévues en la matière.

Signalons que « la production artisanale ne contribue pas substantiellement aux recettes de l'État à cause de l'existence des taxes illégales » (Odya Kalinda et Ingonde Botshindo, 2021, p. 131).

III.1. Principe

Le principe qui sous-tend la commercialisation des produits miniers et de carrières trouve sa source à l'article 116 du Code minier.

Il en découle que les exploitants artisanaux ne peuvent vendre leurs produits miniers qu'aux négociants, aux marchés boursiers, aux comptoirs ou organismes agréés ou créés par l'État. Ils peuvent également vendre leurs produits miniers aux artistes agréés par le ministère de la Culture et des Arts, dans les limites des autorisations visées à l'alinéa 2 de l'article 115 du Code minier.

Les négociants agréés ne peuvent vendre les produits de l'exploitation minière artisanale qu'aux comptoirs ou aux organismes agréés ou créés par l'État ainsi qu'aux marchés boursiers.

Les artistes agréés ne peuvent vendre les produits de l'exploitation minière artisanale non travaillés qu'en vertu d'une autorisation spéciale obtenue pour les cas exceptionnels de liquidation des stocks excessifs.

À la suite de ce principe, on peut se demander comment se réaliser effectivement les opérations dans le cadre de l'exploitation artisanale des substances minérales. Ce sont donc les actes de commerce qui les mettent en exergue, lesquels méritent d'être passés en revue.

III.2. Actes de commerce

Les différents schémas ci-dessous en rapport avec la vente (A) et l'achat (B), illustrent les processus suivant lesquels la commercialisation des produits de l'exploitation minière artisanale s'effectue.

A. *Vente des produits miniers ou de carrières*

Il est important de souligner que, suivant les prescrits de l'article 2 du décret n° 19/16 du 5 novembre 2019, les substances minérales stratégiques extraites de l'exploitation minière artisanale sont commercialisables suivant les dispositions du Code minier, à l'exception des produits bruts artisanaux nécessitant une transformation préalable à leur exportation, tels que les minerais de cobalt. Ceux-ci ne peuvent être vendus qu'auprès d'une entité créée par l'État à cet effet. Il s'agit ici de l'EGC.

Cependant, on ne dit pas quel sera le sort réservé aux autres substances minérales stratégiques, dont le coltan et le germanium. Est-ce que ces derniers peuvent être vendus librement ? Là est la question.

Dans ce même élan, G. Bokondu Mukuli et J. Cihunda (2020, p. 8) se sont interrogés : pourquoi le cobalt et non l'or, si l'objectif de l'État est de contrôler les minerais stratégiques et de maximiser les revenus ? En guise de réponse, ils écrivent ceci :

> « On sait que l'or n'a pas été classé comme substance minérale stratégique mais l'importance de sa production et de son commerce frauduleux devrait attirer l'attention des autorités congolaises. Les provinces de l'Est ont des potentialités énormes en minerais de l'or et l'exploitation artisanale est quasiment frauduleuse. Les zones d'exploitation sont éparpillées mais les pays frontaliers de destination sont connus des autorités gouvernementales. Si le souci de l'État congolais était de maximiser les recettes et de maîtriser la production artisanale, ce serait plus dans le domaine de l'or car son exploitation illicite et son exportation frauduleuse font échapper beaucoup de recettes au Trésor public et créent des diffifficultés dans la maîtrise de la production artisanale. »

Il y a lieu de signaler ici que les producteurs miniers artisanaux ne peuvent vendre les substances minérales stratégiques que s'ils disposent de certificats de conformité délivrés par l'ARECOMS. Ainsi que le dit l'article 8 du décret n° 19/15 du 5 novembre 2019 en ces termes :

> L'autorité de régulation et de contrôle veille au respect de la prérogative reconnue à l'entité juridique commerciale visée par le présent décret, pour une période de cinq ans renouvelable, d'acheter des substances minérales stratégiques auprès des producteurs miniers artisanaux et semi-industriels qui disposent de certificats de conformité.

Il en résulte également qu'aucune substance minérale stratégique d'origine artisanale ou semi-industrielle non certifiée ne peut être achetée, vendue, traitée ou mélangée avec des minerais d'origine industrielle ou exportée.

Enfin, l'alinéa 5 de l'article 10 du même décret dispose que tout producteur autre que l'entité juridique commerciale (allusion à l'EGC) qui aurait acheté des minerais d'origine artisanale ou semi-industrielle ne peut être éligible à l'obtention du certificat de conformité.

Soulignons, s'agissant de la province du Sud-Kivu, que l'arrêté interministériel provincial du 15 janvier 2022 a prévu une taxe sur la vente de matières précieuses de production autre que l'or et le diamant. Cette dernière est annuellement fixée à 100 USD par coopérative minière ou des produits de carrières agréée.

Comme on peut s'en rendre compte, la description de la vente reprise ci-dessous ne concerne que la vente des substances minérales autres que celles dites stratégiques.

1) Vente autorisée aux exploitants artisanaux (coopératives minières)

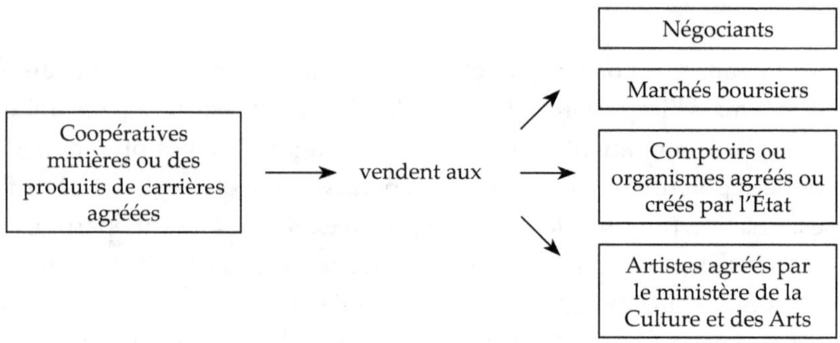

2) Vente autorisée aux négociants

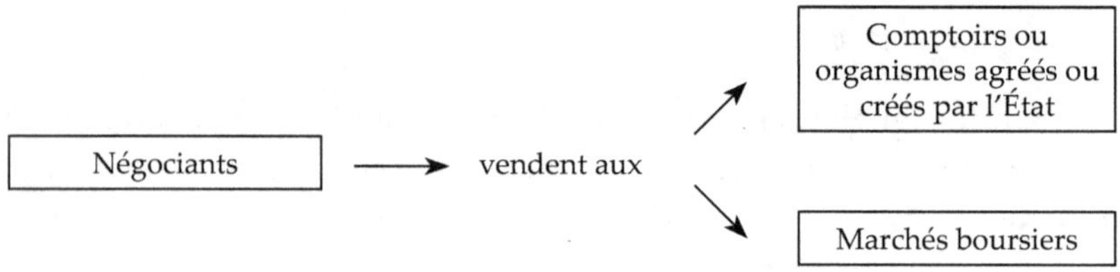

3) Vente autorisée aux marchés boursiers

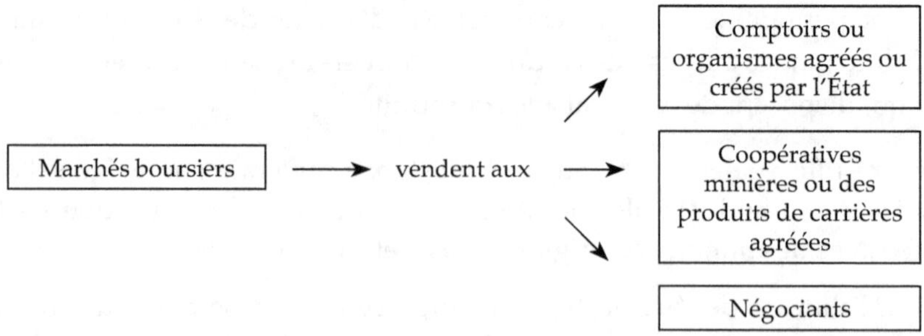

B. *Achat des produits miniers ou de carrières*

Il convient de souligner que l'achat dont il s'agit dans ce point concerne les substances minérales non stratégiques.

En fait, en vertu de l'article 4, alinéa 2, du décret n° 19/15 du 5 novembre 2019, l'EGC est la seule entité créée par l'État ayant l'exclusivité d'acheter tous les minerais stratégiques nécessitant une transformation préalable à leur exportation pour leur traitement et/ou transformation, et leur commercialisation, à l'intérieur ou à l'extérieur du territoire national, pour les produits finis ou semi-finis.

Par ailleurs, on s'aperçoit que l'EGC détient le monopole d'achat de tout le minerai de cobalt produit localement, avant son traitement et/ou sa transformation et sa commercialisation. Grâce à la stricte application des normes, l'EGC et son encadrement, les acheteurs du cobalt et les institutions financières qui les soutiennent ont désormais la garantie que le cobalt fourni par EGC est mis sur le marché de manière responsable. C'est ce qui ressort de l'article 8 du décret n° 19/15 du 5 novembre 2019 qui dispose ce qui suit :

> […] Cette entreprise [EGC] exerce le droit exclusif directement ou par voie de partenaires ou en déléguant tout ou partie de son activité à une ou plusieurs autres entreprises en raison de leurs technicités, expertise, expérience, capacité financière et réputation.

Notons que l'EGC œuvre à la préservation du cobalt congolais issu de la production artisanale en faveur de la croissance économique de la RDC.

Il faut savoir que cet achat est limité au cobalt. Cela peut nous amener à chercher à savoir si les autres substances minérales stratégiques de production artisanale, dans ce cas précis le coltan et le germanium, peuvent être librement achetés par les acteurs miniers. C'est toute la question.

1) Achat à effectuer par les négociants

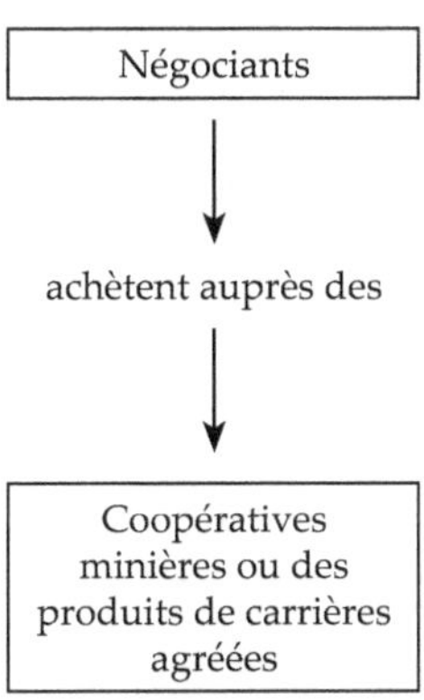

2) Achat à effectuer par les marchés boursiers

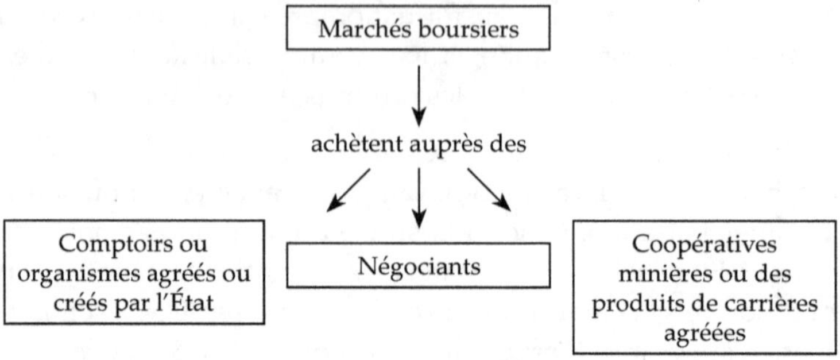

3) Achat à effectuer par les comptoirs ou organismes agréés ou créés par l'État

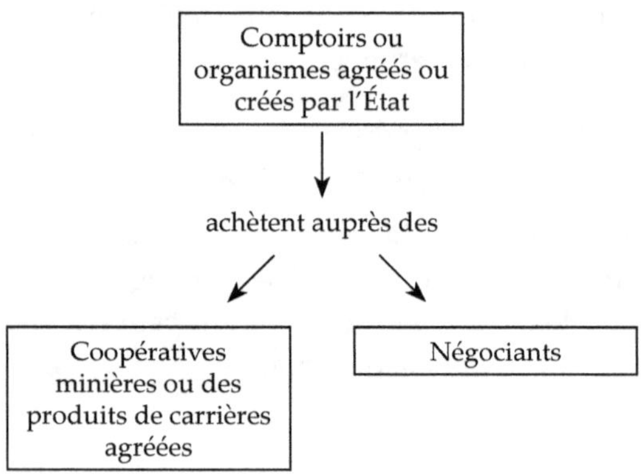

4) Achat à effectuer par les artistes agréés par le ministre de la Culture et des Arts

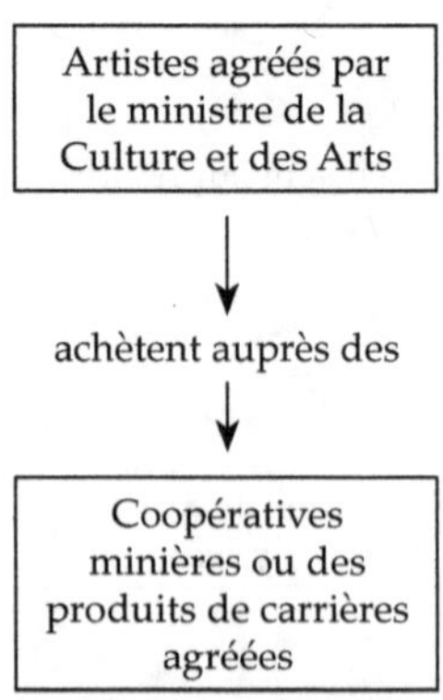

Après cette description schématique des différents achats devant se réaliser à l'occasion de l'exploitation minière artisanale, il y a lieu d'aborder la question de l'achat spécial ou exceptionnel.

Il est dès lors important, pour mieux appréhender cette spécificité d'chat, de l'examiner en détail dans une section distincte.

IV. L'achat spécial ou exceptionnel des produits miniers et/ou de carrières artisanaux par les artistes agréés par le ministère de la Culture

Hormis ces acteurs principaux qui interviennent dans l'artisanat minier, le législateur a voulu, à juste titre nous semble-t-il, que les artistes agréés par le ministre de la Culture et des Arts fassent partie d'une autre catégorie d'acteurs miniers. On peut dire que les artistes agréés par le ministre de la Culture et des arts sont des acteurs miniers exceptionnels qui exercent leurs activités, spécialement par l'achat des produits miniers ou de carrières d'exploitation artisanale dans des cas particuliers bien définis par la loi. Cela sous-entend que les achats qu'ils peuvent effectuer en dehors des limites fixées par la loi seront considérés comme illégaux. Ce qui explique qu'ils ne peuvent pas acheter, par exemple, les produits miniers ou de carrières auprès des comptoirs agréés. Dans ce même élan, ils ne peuvent pas acheter les produits miniers ou de carrières d'exploitation industrielle ou semi-industrielle auprès notamment d'un titulaire du droit minier ou de carrières.

Il est important, pour mieux appréhender cette spécificité d'achat, de l'examiner en détail dans une section distincte. En effet, l'achat des produits miniers et/ou de carrières artisanaux par les artistes agréés par le ministre de la Culture est régi par les articles 251 à 257 du Règlement minier. Il sera examiné par rapport aux conditions d'achat (1), à la procédure d'autorisation spéciale (2), au droit et à l'obligation de l'artiste agréé (3) et au retrait de la carte d'autorisation spéciale (4).

IV.1. Conditions d'achat

Pour acheter les produits miniers et/ou de carrières artisanaux, les artistes doivent :

- être agréés par le ministère en charge de la Culture et des Arts ;
- montrer une carte d'autorisation spéciale d'achat des produits miniers et/ou de carrières artisanaux en cours de validité ;
- obtenir une autorisation spéciale de la Division provinciale des Mines.
- Il sied de souligner que ces conditions sont cumulatives et non alternatives, c'est-à-dire l'une et l'autre, mais pas l'une ou l'autre. Elles sont donc prévues à l'article 251 du Règlement minier qui dispose ceci :

> *Les artistes agréés par le ministère en charge de la Culture et des Arts peuvent acheter les produits miniers et/ou de carrières artisanaux directement aux coopératives minières et/ou des produits de carrières agréées pour les besoins de leurs activités artistiques, sous réserve d'obtenir une autorisation spéciale de la Division provinciale des Mines.*
>
> *Seuls les artistes qui montrent une carte d'autorisation spéciale d'achat des produits miniers et/ou de carrières artisanaux en cours de validité aux coopératives minières et/ou de carrières de la zone d'exploitation artisanale pour laquelle l'autorisation spéciale a été accordée, sont habilités à acheter des produits miniers et/ou de carrières artisanaux.*

IV.2. Procédure d'autorisation spéciale

La procédure d'autorisation spéciale a lieu en huit étapes que nous envisagerons tour à tour, chacune d'elles dans un point distinct.

A. *Du dépôt de la demande*

La demande aux fins d'autorisation spéciale de l'achat des produits de l'exploitation minière artisanale doit être déposée à la Division provinciale des Mines. C'est ce qui ressort de l'article 253, alinéa 1, du Règlement minier qui dispose :

> *La demande est déposée à la Division provinciale des Mines de la province dans laquelle est située la zone d'exploitation artisanale où le requérant souhaite acheter les produits miniers et/ou de carrières artisanaux.*

B. *Des éléments constitutifs de la demande*

Pour éviter l'irrecevabilité de la demande, cette dernière doit comporter les éléments suivants :

- le nom et l'adresse de l'artiste agréé ;
- le nom de la zone d'exploitation artisanale pour laquelle l'autorisation est demandée ;
- l'engagement écrit et signé d'utiliser les produits miniers et/ou de carrières artisanaux achetés pour les besoins de son activité artistique et non pas pour la revente directe de ces produits qui est interdite.

D'autres éléments constitutifs sont également requis et sont prévus aux articles 244 et 245 du Règlement minier. Il s'agit là principalement des éléments et/ou documents qui sont pris en compte lors de la demande de la carte de négociants. Pour rappel, l'article 244 du Règlement minier relatif au formulaire dispose que :

Le formulaire à retirer au bureau de la Division provinciale des Mines compétent comporte les éléments suivants :

- l'identité et l'adresse du requérant ;

- le nom et l'emplacement de la zone d'exploitation artisanale pour laquelle la carte est sollicitée.

Quant à l'article 245 du Règlement minier relatif aux documents à joindre à la demande, il dispose que :

Le requérant joint à son dossier de demande, les documents suivants :

- une copie de sa carte d'identité ;

- une copie de la preuve de son immatriculation au Registre du Commerce et de Crédit Mobilier ;

- l'engagement écrit et signé de n'acheter les produits miniers et/ou de carrières artisanaux que dans la zone artisanale sollicitée, de ne vendre ces produits qu'aux organismes agréés ou créés par État ainsi qu'aux marchés boursiers agréés par l'État et de respecter les mécanismes institués de traçabilité des substances minérales ;

- le cas échéant, sa carte de négociant qui est arrivée à expiration pour toute demande de renouvellement.

C. *De la recevabilité de la demande*

La Division provinciale des Mines vérifie si la demande est recevable. La recevabilité consiste à s'assurer que le dossier de demande comprend tous les éléments décrits aux articles 244 et 245 du Règlement minier.

En cas de recevabilité de la demande, le requérant paie à la Division provinciale des Mines des frais de dépôt. La Division provinciale des Mines délivre un récépissé du paiement des frais de dépôt au requérant.

Si la demande n'est pas recevable, la Division provinciale des Mines retourne le dossier de demande au requérant avec mention des pièces omises.

Il est à noter que la recevabilité de la demande ouvre ipso facto la voie à son instruction par la Division provinciale des Mines.

D. *De l'instruction de la demande*

L'instruction de la demande consiste à vérifier, dans un délai de cinq jours ouvrables à compter du dépôt de la demande, si le requérant est un artiste agréé figurant sur la liste des artistes agréés publiée par le ministère de la Culture deux fois par an et transmise à la Direction des Mines.

E. De la décision

La décision d'autorisation spéciale ou de refus d'autorisation est prise par le chef de Division provinciale des Mines à l'issue de l'instruction de la demande, et ce, dans le délai de dix jours ouvrables. Comme il résulte de l'article 255 du Règlement minier en ces termes :

> *Le chef de Division provinciale rend sa décision d'autorisation spéciale ou de refus d'autorisation dans un délai de dix jours ouvrables à compter de la transmission du dossier de la demande. Toute décision de refus est motivée et ne peut être fondée que sur le fait que le requérant n'est pas un artiste agréé.*

F. De la transmission de la décision

Le chef de la division provinciale des Mines transmet immédiatement sa décision d'octroi au CAMI provincial qui affiche le résultat dans la salle de consultation publique. La décision d'octroi ou de refus est notifiée à l'impétrant, avec comme conséquence la délivrance ou non de l'autorisation spéciale d'achat.

G. De la délivrance de l'autorisation spéciale d'achat

À la demande du requérant, la Division provinciale des Mines délivre l'autorisation spéciale d'achat des produits miniers et/ou de carrières artisanaux moyennant paiement d'un montant dont le taux et les modalités de perception sont fixés par arrêté conjoint des ministres en charge des Finances et des Mines, laquelle autorisation comprend éléments suivants :

- nom, adresse de l'artiste agréé ;
- zone d'exploitation artisanale pour laquelle l'autorisation est établie ;
- pour chaque substance minérale artisanale, mention de la quantité maximum que l'artiste agréé peut acheter par transaction et pour la durée de validité de la carte selon les dispositions de l'arrêté du ministre publié chaque année ;
- date de délivrance de la carte et date d'expiration de la carte ;
- bureau de la Division provinciale des Mines, nom et signature de l'agent ayant délivré la carte de négociant.

La Division provinciale des Mines inscrit le nom de l'artiste agréé et la date de délivrance de la carte d'artiste agréé sur le Registre des Cartes d'Autorisation Spéciale d'Achat des Produits Miniers Artisanaux.

H. Durée de la carte

Aux termes de l'article 252 du Règlement minier, la carte d'autorisation spéciale d'achat est valable pour une période d'un an. Elle est renouvelable pour la même durée indéfiniment, c'est-à-dire sans limite.

IV.3. Droit et obligation de l'artiste agréé

Au regard des actes qu'il est censé poser, le législateur a reconnaît à tout artiste agréé un droit spécial et le soumet, en contrepartie, à une obligation.

A. Droit de l'artiste agréé

La loi reconnaît à l'artiste agréé par le ministère de la Culture et des Arts, détenteur d'une carte d'autorisation spéciale en cours de validité et ayant obtenu une autorisation spéciale de la Division provinciale des Mines, un droit spécial ou exceptionnel d'acheter des produits miniers ou de carrières d'exploitation artisanale.

Ainsi, ce droit lui confère la qualité d'un acteur spécial ou exceptionnel du secteur minier artisanal congolais.

B. Obligation de l'artiste agréé

L'obligation découlant de l'autorisation spéciale d'achat des produits de l'exploitation minière artisanale pour l'artiste agréé repose sur l'interdiction de revente directe.

En effet, en vertu de l'alinéa 1 de l'article 257 du Règlement minier, il est interdit à tout artiste agréé qui achète des produits miniers et/ou de carrières artisanaux de les revendre sans les avoir transformés au préalable en œuvre d'art. Par exemple, il ne peut pas vendre de la malachite à l'état brut, sans l'avoir travaillée en vue de la transformer en un objet d'art, comme un bijou ou un collier de malachite.

La violation des dispositions de cet article n'est pas sans conséquence. Elle conduit donc au retrait de la carte d'autorisation spéciale.

IV.4. Retrait de la carte d'autorisation spéciale

L'artiste qui enfreint l'interdit prévu à l'alinéa 1 de l'article 257 du Règlement minier relatif à l'interdiction de revente directe s'expose au retrait de sa carte d'autorisation spéciale d'achat par le chef de Division provinciale des Mines.

Ce retrait engendre un autre effet qui est l'interdiction de solliciter une autre carte avant l'expiration de la durée de trois ans. Ainsi l'alinéa 3 de l'article 257 dispose-t-il que « *L'artiste dont la carte a été retirée ne peut plus demander une nouvelle autorisation spéciale d'achat des produits miniers artisanaux pendant trois ans* ».

CHAPITRE 3

EXERCICE DES ACTIVITÉS MINIÈRES PAR LA DÉTENTION D'UN TITRE MINIER

Le législateur congolais offre l'opportunité à une coopérative minière ou des produits de carrières agréée, dont les exploitants artisanaux mènent des opérations minières dans une ZEA non fermée, de procéder à la recherche des substances minérales, et non à leur exploitation, en utilisant des procédés industriels ou semi-industriels, et cela par la détention d'un Permis de Recherches (PR). Autant dire donc que la recherche des substances minérales par une coopérative minière ou des produits de carrières agréée est subordonnée à la détention d'un titre minier de recherches, à condition que la ZEA ne soit pas encore fermée. Et ce dernier lui sera délivré à la suite de la procédure d'octroi exceptionnel du PR sollicité.

Effectivement, il peut exceptionnellement être octroyé à une coopérative minière ou des produits de carrières agréée un droit minier de recherches, autrement dit, un PR, le but étant de lui permettre de passer de l'exploitation minière artisanale à l'exploitation minière industrielle ou semi-industrielle.

On s'aperçoit que cet état de choses constitue une exception au principe qui veut que les exploitants artisanaux, qui exercent leurs activités dans une ZEA non fermée, ne soient pas astreints à la détention d'un droit minier, et même d'un droit de carrières.

Ainsi qu'on peut le constater, cet octroi exceptionnel du PR est assorti de certaines règles qu'il faut préalablement de connaître (sous-chapitre premier), avant que soit examiné en détail l'octroi proprement dit de ce droit minier de recherches (sous-chapitre second).

SOUS-CHAPITRE PREMIER

OCTROI EXCEPTIONNEL D'UN PERMIS DE RECHERCHES AUX COOPÉRATIVES MINIÈRES ET/OU DES PRODUITS DE CARRIÈRES

Seront analysées, premièrement, les notions concernant l'octroi exceptionnel du PR (section I) et, deuxièmement, ses conditions et sa procédure (section II).

I. Notions sur l'octroi exceptionnel du PR

Il peut arriver qu'une coopérative minière et/ou des produits de carrières, au moment de son exploitation artisanale, estime qu'elle peut mener des recherches pour une éventuelle découverte d'un gisement qui nécessiterait l'utilisation des procédés industriels. En pareille circonstance, la loi l'autorise à solliciter un PR, comme le ferait toute personne éligible aux droits miniers et de carrières.

Il est à noter que l'éligibilité aux droits miniers et de carrières est prévue à l'article 23 du Code minier. Pour information, ce dernier dispose :

> Sans préjudice des dispositions de l'article 27 ci-dessous, sont éligibles aux droits miniers et de carrières :
>
> a) toute personne morale de droit congolais qui a son siège social et administratif sur le territoire national et dont l'objet social porte exclusivement sur les activités minières ;
>
> b) toute personne morale de droit étranger dont l'objet social porte exclusivement sur les activités minières et qui se conforme aux lois de la République ;
>
> c) tout organisme à vocation scientifique.

Les personnes éligibles visées au littera b du présent article sont tenues d'élire domicile auprès d'un mandataire en mines et carrières établi dans le Territoire National et d'agir par son intermédiaire.

Les personnes morales de droit étranger et les organismes à vocation scientifique cités aux litteras b et c du présent article ne sont éligibles qu'aux droits miniers et/ou de carrières de recherches

Il faut noter que l'octroi exceptionnel n'est prévu que pour la coopérative minière agréée ou des produits de carrières agréée qui travaille déjà dans une ZEA, mais pas pour celle qui vient d'être agréée et qui n'est pas encore installée dans la ZEA venant d'être instituée pour elle.

Aussi faut-il noter que les articles 50 à 58 du Code minier s'appliquent *mutatis mutandis* à l'octroi exceptionnel du PR. De plus, l'expression « octroi exceptionnel » veut juste signifier que le droit n'est pas octroyé à l'une des personnes éligibles, telles que prévues à l'article relatif à l'éligibilité aux droits miniers et de carrières.

II. Conditions et procédure d'octroi exceptionnel d'un PR

Examinons d'abord les conditions de l'octroi exceptionnel d'un PR (1), avant de scruter la procédure de l'octroi exceptionnel du PR (2).

II.1. Conditions d'octroi exceptionnel d'un PR

Les coopératives minières et/ou des produits de carrières agréées qui désirent procéder à la recherche de substances minérales classées en mines et de carrières à l'intérieur d'une ZEA à l'aide de procédés industriels ou semi-industriels sont tenus de solliciter un PR auprès du ministre des Mines.

II.2. Procédure d'octroi exceptionnel du PR

La procédure d'octroi exceptionnel du PR repose sur trois étapes bien spécifiques : formuler la demande, l'instruire et l'octroyer ou non. Décrivons-les ci-dessous.

A. De la demande d'octroi exceptionnel du PR

Les dispositions des articles 95 à 110 du Règlement minier s'appliquent *mutatis mutandis* à la demande et aux modalités d'octroi exceptionnel d'un PR à une coopérative minière et des produits de carrières. Ces articles se rapportent respectivement :

- aux limitations (art. 95 RM) ;

- aux conditions d'octroi (art. 96 RM) ;
- à l'établissement de la demande du PR (art. 97 RM) ;
- au dépôt de la demande de Permis de Recherches (art. 98 RM) ;
- à la preuve de la capacité financière et technique du requérant (art. 99 RM) ;
- à la recevabilité de la demande (art. 100 RM) ;
- au report à titre indicatif du périmètre demandé (art. 101 RM) ;
- à l'instruction cadastrale (art. 102 RM) ;
- à la modification éventuelle de la forme du périmètre demandé (art. 103 RM) ;
- à l'avis cadastral (art. 104 RM) ;
- à la décision d'octroi ou de refus (art. 105 RM) ;
- à l'Inscription du PR ou de la décision de refus (art. 106 RM) ;
- à la notification et à l'affichage de la décision d'octroi ou de refus d'octroi du Permis de Recherches (art. 107 RM) ;
- au paiement des droits superficiaires annuels par carré pour la première année (art. 108 RM) ;
- à la délivrance du Certificat de Recherches (art. 109 RM) ;
- à l'approbation préalable du Plan d'Atténuation et de Réhabilitation (art. 110 RM).

Les éléments de demande du PR prévus aux articles 98 à 99 du Code minier sont à déposer auprès du CAMI central ou provincial.

B. De l'instruction cadastrale de la demande d'octroi exceptionnel du PR

Aux termes de l'article 236 du Règlement minier, lors de l'instruction cadastrale, le CAMI vérifie en plus des éléments prévus aux dispositions de l'article 102 du Règlement minier que les conditions ci-dessous sont remplies :

- la coopérative minière et/ou des produits de carrières requérante du PR est agréée ;
- la coopérative minière et/ou des produits de carrières est constituée selon les règles et principes de l'OHADA sur les sociétés coopératives.

C. De la décision d'octroi ou du refus d'octroi exceptionnel du PR

Suivant l'article 237 du Règlement minier, la décision d'octroi ou de refus du PR, prise conformément aux dispositions de l'article 105 de ce texte réglementaire, est également transmise par le CAMI central dans un délai de quinze jours ouvrables à compter de la réception de la décision.

Puisque la coopérative minière ou des produits de carrières agréée peut être amenée à solliciter l'octroi exceptionnel d'un PR, il paraît important qu'un sous-chapitre soit réservé à l'examen de l'octroi proprement dit d'un PR afin de s'imprégner des règles et principes qui le sous-tendent. Tel est l'objet de ce second sous-chapitre du dernier chapitre de cet ouvrage.

SOUS-CHAPITRE SECOND

OCTROI D'UN PERMIS DE RECHERCHES

Seront successivement étudiées ici les notions du PR (section I), la procédure de demande d'octroi de ce dernier (section II), la procédure de son renouvellement (section III), la procédure de sa transformation (section IV), la procédure de sa renonciation (section V) et la procédure de son extension (section VI).

I. Notions du PR

L'examen des notions du PR porte sur sa définition (1), sa nature juridique (2) et sa portée (3).

I.1. Définition du PR

Le droit minier de recherches, autrement nommé « Permis de Recherches », est toute prérogative d'effectuer la recherche, et non pas l'exploitation, des substances minérales classées en mines conformément aux dispositions du Code minier.

I.2. Nature juridique du PR

Un PR est un droit réel, immobilier, exclusif, cessible et transmissible. Il est constaté par un titre minier dénommé « Certificat de Recherches » (art. 51 CM).

> L'exclusivité qui caractérise le droit minier de recherches « oblige l'Administration aussi bien que les tiers à ne rien faire qui puisse nuire à la personne qui en est activement titulaire. [...] En effet, le droit réel administratif permet à son titulaire de bénéficier de l'exclusivité tant au regard de l'Administration que des tiers dans des conditions voisines du droit civil. Même vis-à-vis de l'Administration, celui-ci [le titulaire] jouit de garanties

légales et d'une situation stable dont la précarité ne se manifeste que par la limitation de sa durée [du droit minier ou de carrières octroyé] » (Akono Minlo Ruben, 2014, pp. 5-6).

Étant un droit immobilier, le PR confère à son titulaire un droit de jouissance exclusive, ce qui lui laisse la possibilité de le céder à un tiers. Car tout détenteur d'un titre minier ou de carrières a le droit d'user, de jouir et de disposer à son gré de son droit immobilier. En ce sens, ce dernier peut non seulement être cédé à un tiers, mais encore faire l'objet de transmission en tout ou en partie en vertu d'un contrat de fusion, et non pour cause de décès, comme il a été souligné à l'article 191 de ce texte de loi.

D'une manière générale, le droit minier de recherches permet à son titulaire d'avoir un droit de préférence et un droit de suite, dans le sens où, d'une part, il peut poursuivre les substances minérales ayant le caractère des produits marchands entre les mains de tiers et, d'autre part, il a droit d'être désintéressé le premier en cas de mise en concours avec d'autres créanciers.

Par ailleurs, le législateur a estimé que le PR, vu sa nature, ne peut pas être loué à un tiers, c'est-à-dire qu'il est un droit non amodiable. Du reste, on peut chercher à savoir quel intérêt aura une personne à louer un droit minier qui n'est qu'au stade des recherches. Après tout, le PR est consacré par un titre dénommé « Certificat de Recherches ».

I.3. Portée du PR

A. *Opération minière et droits attachés au PR*

D'une manière générale, l'opération minière d'un PR repose sur une seule activité : la recherche. Notons ici que l'opération dite « prospection » qui jadis était prévue dans le cadre de recherche, n'est plus de mise, vu qu'elle a été abrogée par l'article 31 du Code minier, à la suite de la modification de celui-ci. Spécifiquement, le PR autorise le titulaire à :

- entrer et occuper le périmètre couvert par son droit minier ;
- extraire, enlever et disposer des rochers, de la terre, du sol ;
- prendre et utiliser l'eau située sur ou coulant à travers ledit terrain pour tout besoin nécessaire aux travaux de recherches ;
- mener tous autres travaux appropriés pour entreprendre les recherches sur le terrain.

B. *Limitation de l'étendue d'un PR*

La superficie du périmètre faisant l'objet d'un PR ne peut pas dépasser un maximum 400 km², soit quatre cent septante et un (471) carrés. Une personne et ses sociétés affiliées ne peuvent détenir plus de cinquante PR. Dans tous les cas, la superficie leur accordée ne peut dépasser 20 000 km² sur l'ensemble du territoire national.

C. Durée de validité d'un PR

La validité d'un PR est de 5 ans renouvelables pour la même durée, et ce, pour toutes les substances minérales.

Il est à noter qu'avec la modification du Code minier, le législateur ne fait plus dépendre de la durée du PR à la nature des substances minérales. En fait, l'article 52 du Code minier fixe la durée de validité du PR à 5 ans et ne la fait plus dépendre de la nature de substance, comme il était le cas avant la modification de ce texte de loi.

En effet, que les recherches portent sur les pierres précieuses (le cas du diamant) ou sur les autres substances minérales (le cas du cuivre ou du cobalt), la durée d'un PR est désormais de cinq (5) ans renouvelable une seule fois, et non plus deux fois.

D. Nombre de carrés et surface maximale

Le nombre de carrés que comporte le PR et la surface qu'il couvre est de 400 kilomètres carrés, soit 471 carrés.

II. Procédure de demande d'octroi du PR

La procédure de demande d'octroi d'un PR repose sur un ensemble d'étapes à mettre œuvre. D'abord, il s'agit de connaître le lieu de dépôt et le service de gestion d'un titre minier de recherches (1), les éléments constitutifs de dossier de demande du PR (2), le délai d'instruction cadastral (3), le délai de décision d'octroi du PR (4), les conditions d'octroi du PR (5). Ensuite, il faut savoir comment ce titre est délivré (6) et si cette délivrance est soumise au paiement des droits superficiaires au *prorata temporis* (7). Enfin, il y a lieu de noter que le PR peut être éteint, pour divers motifs, dont le non-paiement des droits superficiaires annuels (8).

II.1. Lieu de dépôt et service de gestion du titre minier

Conformément à la loi, le dépôt de tout dossier de demande d'un PR a lieu au siège provincial ou central du CAMI[60]. Il est à noter ici que c'est ce dernier qui est

[60] Signalons que jusqu'à ce jour aucune demande de droit minier ou de carrières n'a été réceptionnée au guichet du CAMI/provincial, ce qui ne paraît pas normal.

le gestionnaire des titres miniers et de carrières dont les droits sont octroyés par le ministre des Mines.

II.2. Éléments constitutifs de dossier de demande du PR

Le dossier de demande d'octroi doit comporter les pièces à joindre suivantes :

- formulaire de demande (disponible au CAMI et gratuit) ;
- carte topographique à l'échelle 1/200.000 sur la situation géographique du périmètre, avec désignation des carrés sollicités ;
- liste des coordonnées géographiques des sommets du périmètre et schéma du polygone représentant le périmètre ;
- pièces justificatives de la capacité financière minimum ;
- copie des statuts notariés (l'élément de l'objet social doit exclusivement porter sur l'activité minière), copie de l'immatriculation au Registre de commerce et Crédit Mobilier, et la preuve de publication au Journal officiel ;
- les documents suivants :
    - l'attestation fiscale ou l'équivalent, en cours de validité délivrée par l'Institution compétente du pays d'origine du requérant ;
    - l'attestation de bonne vie et mœurs ainsi que l'extrait du casier judiciaire en cours de validité pour les associés de la personne morale, délivrés par les autorités compétentes du pays d'origine ;
    - l'engagement écrit de déclarer en RDC les profits et revenus réalisés.
- le paiement des frais de dépôt, qui est fixé à 1 000 USD/carré.

  S'agissant de la capacité financière, il sied de souligner que cette dernière ne peut être inférieure à cinquante (50) fois le montant total des droits superficiaires annuels par carré payables pour la période de la validité du PR (art. 58 CM). Elle ne peut être constituée que des fonds propres (art. 80, alinéa 2, RM)[61]. Ce principe s'applique *mutatis mutandis* aux autres droits miniers, et même aux droits de carrières (PE, PER, PEPM, ARPC, AECT et AECP).

61 Avant sa modification, il ressortait de l'article 58, alinéa 2, du Code minier que la capacité financière pouvait être constituée des fonds propres, des fonds empruntés ou encore d'une garantie ou d'une caution bancaire. Il ressortait aussi du point c de l'alinéa 2 de l'article 79

II.3. Délai d'instruction cadastrale

Le Code minier impose un délai de 20 jours ouvrables au maximum au CAMI pour instruction cadastrale, à compter du dépôt du dossier de demande (art. 40, al. 1 CM).

II.4. Délai de décision d'octroi du PR

Le Code minier accorde 30 jours ouvrables au ministre des Mines pour décision d'octroi ou de refus, après réception du dossier transmis par le CAMI (art. 45, al. 7 CM).

II.5. Conditions d'octroi du PR

L'octroi d'un PR est assorti des conditions. Celles-ci reposent sur :

- la satisfaction à la condition de l'éligibilité aux droits miniers (art. 23 CM) ;
- la disponibilité du périmètre sollicité ;
- la justification par le requérant de la capacité financière et de la compétence technique nécessaires pour mener à bien les recherches afférentes du Permis sollicité (art. 56 CM) ;
- la fourniture des documents suivants :
    - l'attestation fiscale ou l'équivalent, en cours de validité délivrée par l'Institution compétente du pays d'origine du requérant ;
    - l'attestation de bonne vie et mœurs ainsi que l'extrait du casier judiciaire en cours de validité pour les associés de la personne morale, délivrés par les autorités compétentes du pays d'origine ;
    - l'engagement écrit de déclarer en RDC les profits et revenus réalisés.
- le non-dépassement des limitations relatives à la superficie ou au nombre de Permis ;
- la satisfaction aux conditions de la recevabilité de la demande conformément à l'article 38 du CM.

du Règlement Minier que les fonds propres, le prêt, la garantie ou le cautionnement constituaient les éléments d'appréciation de la capacité financière. Après la modification du Code minier, toutes ces dispositions ont été abrogées.

II.6. Délivrance du titre

Sur présentation de la preuve de paiement des droits superficiaires au prorata temporis, le CAMI est appelé à établir le Certificat de recherches et à le délivrer au requérant qui devient, par ce fait, titulaire du PR.

II.7. Droits superficiaires à payer par an et par carré

Les taux des droits superficiaires annuels tiennent compte de la périodicité du PR et sont répartis comme suit :

- 4,43 USD pour les deux premières années de la 1re validité ;
- 45,89 USD pour les autres années de la 1re validité ;
- 75,45 USD pour les autres années couvrant la période de renouvellement.

II.8. Extinction du PR

En règle générale, tout droit minier, y compris le droit de carrières, n'est pas un droit permanent. Il a une durée. C'est ainsi que, lorsqu'il arrive à terme, c'est-à-dire à la fin de la durée de sa validité, il expire, sauf s'il est renouvelé dans le délai prévu ou s'il est transformé. Il s'agit là d'un des modes d'extinction des droits miniers et de carrières qui est l'« expiration ».

Aussi le PR peut-il s'éteindre par caducité, renonciation volontaire ou d'office. Qui plus est, il peut s'éteindre par annulation. Enfin, il peut s'éteindre par le retrait, tel qu'il ressort de l'article 48ter du Code minier.

III. Procédure de renouvellement du PR

Pour connaître la procédure de renouvellement d'un PR, il y a lieu d'examiner d'abord sa périodicité et durée de renouvellement (1), ensuite les conditions et le délai de son renouvellement (2), enfin les formalités de son renouvellement (3).

III.1. Périodicité et durée de renouvellement du PR

Aux termes de l'article 52 du Code minier, la durée du PR est de cinq ans renouvelable une fois pour la même durée pour toutes les substances minérales.

Rappelons ici que cet article fixe la durée de validité du PR à 5 ans. Autrement dit, le législateur ne la fait plus dépendre de la nature de substance, comme c'était le cas avant la modification de ce texte de loi.

III.2. Conditions et délai de renouvellement du PR

L'article 62 du Code minier énumère les conditions sous lesquelles le renouvellement du PR doit être effectué.

Ce renouvellement se fait dans les mêmes conditions que celles d'octroi d'une nouvelle demande, c'est-à-dire mutatis mutandis. Autrement dit, il est statué sur la demande de renouvellement du PR dans les mêmes formes et conditions que celles dans lesquelles ce dernier a été initialement accordé.

Tout renouvellement implique la renonciation d'office à au moins 50 %, c'est-à-dire à la moitié ou à plus de la moitié, du périmètre couvert par le PR.

Il est à noter que, sous d'autres cieux – c'est le cas de l'Algérie –, la réduction du nombre des carrés lors du renouvellement n'a pas lieu d'office. C'est ce que dit l'alinéa 3 de l'article 95 de la loi minière algérienne : « Lors de chaque renouvellement, la superficie du permis couverte par l'exploration peut être réduite. » On peut remarquer ici que l'emploi du verbe « pouvoir » laisse sous-entendre la possibilité ou non de cette réduction.

Les articles 125 à 133 du Règlement minier déterminent les modalités du dépôt, de la recevabilité ou de l'irrecevabilité, de l'instruction, de la décision du renouvellement du PR ainsi que son inscription et affichage.

III.3. Formalités de renouvellement du PR

Il est prescrit que, pour renouveler son PR, le titulaire :

- doit joindre à la demande de renouvellement :
    - le Certificat en possession du titulaire ;
    - la preuve de paiement des frais de dépôt pour l'instruction cadastrale ;
- ne doit pas faillir aux obligations de maintien de validité du droit, en déposant :
    - la preuve de certification de commencement des travaux dûment délivrée par le CAMI ;
    - la preuve de paiement des droits superficiaires annuels par carré et de l'impôt sur la superficie des concessions minières et d'hydrocarbures.
- doit payer les frais de dépôt, dont le taux est de 1 000 USD/carré.

IV. Procédure de transformation du PR

Le PR peut faire l'objet de transformation en PE ou en PEPM, et non en PER, car l'accès à l'exploitation des rejets ne peut résulter que des activités d'exploitation et non de recherches. En fait, il s'agit là de l'exploitation des substances minérales contenues dans les rejets solides ou liquides résultant des traitements minéralogiques et métallurgique.

De plus, le titulaire d'un PR peut solliciter la transformation de ce dernier en multiples PR sur la partie du périmètre non transformée en PE ou en PEPM afin de se conformer sur la forme du périmètre tel qu'exige la loi. Il sied de noter ici que la durée des multiples permis est égale à la durée non échue du Permis initial. La partie du périmètre non transformée reste soumise aux termes et aux conditions du PR en cours de validité.

Généralement, le périmètre couvert par le PR est totalement transformé en PE ou en PEPM. Exceptionnellement, la transformation peut avoir lieu dans des cas prévus à l'article 63 du Code minier. Il s'agit principalement de l'un des cas suivants :

- la transformation partielle du PR en PE ou en PEPM pour une partie de la superficie couverte par le PR du titulaire tout en maintenant les droits exclusifs de recherches de celui-ci sur le reste de la superficie, à condition de respecter les dispositions des articles 28 et 29, 69 à 76 et 103 à 105 du Code minier ;
- la transformation d'un PR en PE ou PEPM pour un périmètre qui comprend les superficies de plusieurs PR ;
- la transformation du PR initial en multiples PR sur la partie du périmètre non transformée en PE ou en PEPM afin de se conformer aux dispositions du Code minier sur la forme du périmètre de recherches. Le cas échéant, le titulaire doit respecter la limite sur le nombre de PR qu'une seule personne morale peut détenir.

La transformation se fait dans les mêmes conditions que celles d'octroi d'une nouvelle demande de droit (PE ou PEPM). Notons que le titre doit être valide pour que la transformation ait lieu.

Par ailleurs, la loi exige comme formalités :

- l'établissement de la demande sur un formulaire (disponible au CAMI et gratuit) ;
- le paiement des frais de dépôt pour l'instruction cadastrale ;
- les documents à joindre : copies de la décision d'octroi et du certificat du permis.

La loi n'impose aucun délai pour la transformation d'un PR en PE ou PEPM. Autrement dit, la déclaration d'une telle transformation peut se faire à tout moment, et cela, avant l'expiration de la durée du titre.

V. Procédure de renonciation du PR

En principe, il peut être renoncé à un PR en tout ou en partie. En cas de renonciation partielle, la demande, qui doit porter sur un ou plusieurs carrés entiers, précise les coordonnées de la partie du périmètre renoncée et celles de la partie retenue. Dans tous les cas, la déclaration de renonciation n'est reçue qu'à la condition que le titre soit valide, c'est-à-dire celui dont le titulaire n'a pas failli à ses obligations de maintien de validité, tel que prescrit par l'article 196 du CM.

La déclaration de renonciation est faite sur un formulaire disponible au CAMI. Il faut souligner ici que la loi ne conditionne pas le paiement des frais de dépôt quant à ce. D'ailleurs, le contraire aurait fort surpris d'aucuns. Elle est donc faite à tout moment, en tout ou partie du périmètre.

VI. Procédure d'extension du PR

Le législateur du Code minier a prévu la possibilité pour le titulaire d'un PR d'étendre celui-ci à d'autres substances. Il s'agit de procéder à l'extension du droit minier de recherches aux substances autres que celles pour lesquelles il est octroyé.

Cependant, la demande d'extension ne peut se faire que si le PR est valide et que son titulaire étale les raisons pour lesquelles il sollicite cette extension. Il faut préciser ici que l'extension n'a lieu que pour les substances associées et non pas pour les substances non associées qui, dans ce cas, requièrent l'obtention d'un autre droit minier de recherches distinct. Ce que prévoit désormais le Code minier après sa révision intervenue en 2018. Il en est de même pour les autres droits miniers et de carrières.

Aux temps ancien, sous le régime du décret du 8 juin 1888 sur les mines, la propriété et leur exploitation et concession, peu importe que la substance minérale soit de nature à être associée ou non à la substance pour laquelle un permis est établi, ne donnaient pas lieu à l'extension de ce dernier à cette substance, mais devaient conduire son propriétaire à solliciter un nouveau permis.

Pour mettre en exergue les notions d'extension du PR, il a paru utile de le résumer en une présentation schématique descriptive. Ainsi, les règles d'extension sont reprises dans le tableau synoptique ci-dessous.

<table>
<tr><th colspan="2">Extension</th></tr>
<tr><th colspan="2">Permis de Recherches</th></tr>
<tr><td>Conditions et formalités (pièces ou éléments exigés)</td><td>
▪ Accordé de droit, sur demande du titulaire si :
– la demande est établie sur un formulaire (disponible au CAMI et gratuit) ;
– le Permis est en cours de validité ;
– le paiement des frais de dépôt est effectué.

▪ Le titulaire du PR joint au formulaire :
– la copie de la décision d'octroi du PR ;
– la copie du Certificat du PR ;
– la copie de la quittance ou du récépissé de paiement des frais de dépôt de dossier ;
– l'approbation préalable du Plan d'Atténuation et de Réhabilitation modifié, si la recherche de substances minérales concernées par la décision d'extension du PR implique un changement dans l'envergure, le rythme du programme ou les méthodes de recherches.

En plus, il :
– décrit l'information qui lui fait croire à l'existence d'une ou plusieurs autres substances minérales pour lesquelles l'extension du permis est demandée ;
– donne l'information ou l'indice qui le pousse à croire à la présence d'une ou plusieurs autres substances dans son périmètre.

N.B.
L'instruction technique de la demande d'extension a lieu à la Direction de Géologie (DG). Elle consiste à s'assurer de la bonne foi du titulaire dans la description des indices d'existence des substances minérales concernée à l'intérieur de son périmètre. La DG n'évalue ni la fiabilité des indices ni la théorie géologique développée par le titulaire comme hypothèse (art. 113 RM).
</td></tr>
</table>

CONCLUSION

Cette publication a permis de démontrer que l'exploitation artisanale des substances minérales en RDC est bel et bien formalisée ou organisée, ou encore structurée. Cependant, si dans le domaine minier industriel ou semi-industriel le rôle de l'État est plus visible ou remarquable, dans le secteur artisanal, ce dernier ne semble pas intervenir assez efficacement dans la régulation. L'artisanat minier congolais souffre de manque de normalisation et il convient d'y remédier à tout prix.

En effet, il existe un cadre juridique et institutionnel qui réglemente le secteur des ZEA. Seulement, l'ignorance, la mauvaise compréhension et l'application incorrecte des dispositions du Code minier ainsi que de ses mesures d'application sont principalement à la base du désordre et de l'anarchie qui y règnent en maîtres et peuvent donc laisser penser à l'inexistence dudit cadre.

Au fond, la réglementation de l'artisanat minier a paru nécessaire pour rendre formelles les activités minières qui se déroulent souvent de façon clandestine, sauf lorsqu'elles se développent dans les ZEA légalement instituées. Dans cette perspective, on devrait espérer que l'exploitation minière artisanale ait un impact considérable sur l'économie des provinces à vocation minière et contribue à la survie de populations locales de plus en plus nombreuses qui s'y adonnent instamment.

Le fait de ne pas respecter les règles et principes établis dans l'artisanat minier ne peut pas concourir à la bonne gouvernance. Au demeurant, l'organisation de ce dernier a montré que les mesures prises en faveur des activités minières n'ont pas atteint les meilleurs résultats. Effectivement, une grande partie des sites miniers et de carrières ne sont pas érigés en ZEA, avec comme conséquence que les substances minérales sont subrepticement exploitées. Or cette organisation avait pour objectif de faire rentrer cet artisanat minier dans le secteur formel, selon le vœu du législateur.

Dans cet élan, il a paru nécessaire d'instituer une structure organisationnelle dite « coopérative minière ou des produits des carrières agréée », en tant qu'organe de regroupement des exploitants artisanaux, ce qui est un motif d'encouragement.

Mais, en dépit de l'organisation structurelle à laquelle restent soumis les exploitants artisanaux, ceux-ci peinent à mener convenablement leurs activités minières, notamment à cause du manque de moyens financiers auxquels ils sont confrontés.

Il est patent que l'institution d'une ZEA contribue à ce que les populations locales trouvent les moyens de remédier à leurs difficultés de survie. Les pouvoirs publics devraient toutefois limiter le nombre des ZEA à instituer et devraient encourager, par une bonne politique minière, les exploitants artisanaux, à travers leurs coopératives minières ou des produits de carrières agréées respectives auxquelles ils sont naturellement affiliés, à ne pas rester stationnaires, mais plutôt à s'organiser de manière à passer à une autre échelle d'exploitation, celle de la petite mine, autrement dit, l'exploitation semi-industrielle.

Bien que la coopérative minière ou des produits de carrières agréée s'engage à réhabiliter chaque portion d'une ZEA dès lors qu'elle a cessé d'y travailler – et non pas lorsque toutes ses activités minières sont terminées, et ce, suivant l'alinéa 3 de l'article 3 du Code de conduite de la coopérative minière ou des produits de carrières agréée et de l'exploitant artisanal –, il faut constater que, dans la pratique, les choses ne se passent pas tout à fait comme il se doit. En réalité, la fermeture d'une ZEA n'est pas un processus dynamique et itératif qui intègre les considérations environnementales, sociales et économiques. Ainsi, l'exploitation minière artisanale ne prend malheureusement pas en compte lesdites considérations dès le début du déroulement des activités minières par les exploitants artisanaux. Pourtant, cette fermeture doit être considérée comme partie intégrante des opérations commerciales de la mine.

En fait, on constate que l'artisanat minier congolais est caractérisé par un certain nombre de maux risquant, si l'on n'y prend pas garde, de conduire à des résultats négatifs qui ne tarderont pas à influer sur l'économie du pays, et qui affecteront le rendement et la qualité du milieu de travail de toutes les personnes concernées. Parmi ces multiples vices, on peut épingler entre autres :

- la lourdeur ou la multiplicité des taxes et des charges administratives qui pénalisent les exploitants artisanaux et impactent leur situation financière ;
- l'existence des impôts, droits et taxes illégaux qui ne contribue pas à accroître les recettes de l'État et qui paralyse la production minière artisanale ;
- l'absence d'une chronologie scientifique dans le déroulement des activités minières par les exploitants artisanaux ;
- l'absence de traçabilité et de diligence des minerais d'exploitation artisanale ;
- l'absence d'appui matériel ou financier de l'État qui handicape le bon déroulement des activités minières ou de carrières des coopératives minières ou des produits de carrières agréées ;
- le manque d'accès au crédit bancaire pour les exploitants artisanaux ;

- la clandestinité de certains acteurs de l'artisanat minier, le cas des exploitants artisanaux et des négociants surtout ;
- l'absence des données statistiques des exploitants artisanaux, et par ricochet des coopératives minières ou des produits de carrières ;
- la constitution des coopératives minières ou des produits de carrières en violation de la loi ;
- le non-respect du Code de conduite de l'exploitant artisanal et des règles ou principes en matière de sécurité, d'hygiène, d'utilisation d'eau et de la protection de l'environnement ;
- la présence forte dans les ZEA des personnes non autorisées (étrangers, hommes en uniforme, enfants et femmes en état de grossesse) ;
- le recours à la technique de ramassage et grattage, caractérisant l'exploitation minière artisanale, paraît préjudiciable à l'exploitation minière industrielle ;
- l'utilisation des matériels très primitifs et des produits chimiques sans aucune mesure de protection ;
- le faible encadrement et l'insuffisance de l'assistance des exploitants artisanaux ;
- l'absence des comptoirs d'achat et de vente des substances minérales agréés dans certaines contrées du pays ;
- l'absence d'un mécanisme de reconversion économique des exploitants artisanaux, après la fermeture d'une ZEA ;
- l'envahissement des périmètres miniers ou de carrières par les populations locales, à cause d'absence des ZEA ;
- l'éloignement ou l'inaccessibilité des sites miniers et de carrières ne facilitant leur accès par les services de l'État ;
- le défaut de planification en amont de la fermeture d'une ZEA ;
- l'absence de mesures d'application des articles 109 et 110 du Code minier relatifs à l'institution d'une zone d'exploitation artisanale ;
- l'absence d'une l'évaluation du secteur minier artisanal.

Par ailleurs, on observe que les groupes armés, qui sévissent dans l'Est de la **RDC**, se nourrissent de l'artisanat minier et instituent une économie de la guerre, avec comme conséquence une politisation et une militarisation des exploitations des substances minérales. Il faut admettre que la centaine de ces « hors-la-loi », ayant endeuillé depuis près de vingt ans la Nation congolaise, ont été et sont alimentés, pour ce qu'il en reste, par le recours illicite desdites exploitations minières.

La conséquence de l'exploitation minière anarchique ou illégale sur l'économie du pays apparaît chaque jour plus grave. Le corollaire de cette situation, sur le plan social, est particulièrement inquiétant. Comme c'est le cas de la fraude minière, de la crainte latente de déclenchement de graves épidémies et des risques de troubles sociaux entre habitants des villages pouvant paraître inévitables si cela persiste.

Comme on peut le constater, cet état de choses ne demeure pas sans conséquences tant sur les plans de la santé, de l'hygiène, de l'éducation et de l'environnement que dans le domaine de la gestion du secteur minier artisanal. Pour cela, il siérait d'impulser des nouvelles orientations susceptibles de répondre aux grands défis auxquels ce secteur fait face, depuis belle lurette. Ainsi pourra-t-on peut espérer passer du stade du formalisme à celui de la normalisation de l'artisanat minier tant souhaité.

Il faut rappeler que l'absence de stages de formation en techniques d'exploitation artisanale, qui devraient pourtant être constamment organisés au bénéfice des exploitants artisanaux, n'est pas de nature à contribuer à la bonne gestion du domaine minier artisanal. Si ce dernier devait être relégué au second plan des préoccupations des pouvoirs publics, par rapport au domaine minier industriel ou semi-industriel, il serait difficile d'envisager une solution pérenne aux problèmes qui le gangrènent, dont principalement celui de l'exploitation illicite, illégale ou anarchique des substances minérales.

Puisque tout le monde sait que les mines, y compris les carrières, représentent une grande menace pour la santé et l'environnement des habitants au niveau local et ont un impact positif sur les conditions de vie de ces derniers, il importe qu'une attention accrue soit accordée à l'organisation dudit stage, et cela, si l'on veut réellement que l'exploitation minière artisanale se déroule dans l'ensemble comme prévu. Dès lors, le SAEMAPE et la CTCPM devraient s'y atteler pour remédier à cette insouciance, ou plutôt à cette inapplication des dispositions de l'article 233 du Règlement minier.

Actuellement, les mesures préconisées par les Code et Règlement miniers pour réglementer ou organiser l'exploitation minière artisanale ne sont que rarement et partiellement appliquées ; certaines d'entre elles ne sont même pas ou correctement appliquées. Le défaut d'application desdites mesures a largement contribué à associer l'artisanat minier à l'absence ou à la faiblesse de régulation, ce qui conduit à sa désorganisation ou déstructuration.

En somme, l'État congolais devrait organiser un cadre juridique et institutionnel qui soit davantage en adéquation avec le développement durable visant l'exploitation minière artisanale formalisée et régulée. Pour ce faire, il faudra notamment :

- renforcer les textes légaux et réglementaires sur l'artisanat minier ;
- veiller à l'inapplicabilité des impôts, droits et taxes illégaux et supprimer ceux qui alourdissent inutilement la fiscalité minière artisanale ;

- accorder des mesures incitatives aux coopératives minières ou des produits de carrières agréées ayant des projets fiables de développement de leurs activités, et ce, dans l'optique de la promotion de l'exploitation minière artisanale ;
- promouvoir les mécanismes de traçabilité et de diligence s'appliquant aux minerais ;
- apporter de l'aide aux exploitants artisanaux, en leur montrant une bonne façon de procéder en termes de santé, de revenu et de durabilité ;
- faciliter un meilleur accès aux financements légaux aux coopératives minières ou des produits de carrières agréées, notamment par la mise en place d'un fonds de facilitation d'accès au crédit minier ;
- lutter contre la contrebande, en incitant certains acteurs miniers, œuvrant dans l'illégalité, à sortir de leur clandestinité pour emprunter la voie légale ;
- procéder à l'identification systématique des exploitants artisanaux et des coopératives minières ou des produits de carrières agréées sur tout le territoire national ;
- veiller à la légalité lors de l'agrément des coopératives minières ou des produits de carrières ;
- veiller au strict respect du Code de conduite de l'exploitant artisanal et des règles ou principes en matière de sécurité, d'hygiène, d'utilisation d'eau et de la protection de l'environnement, dont le non-respect devrait conduit au retrait d'agrément ;
- interdire la présence des étrangers, hommes en uniforme, enfants et femmes en état de grossesse dans les ZEA ;
- moderniser le système de production pour l'artisanat minier ;
- conforter les conditions de travail des exploitants artisanaux, en leur fournissant des matériels indispensables pour la production ;
- raffermir les capacités du SAEMAPE, qui est appelé à encadrer et à assister les exploitants artisanaux et à leur assurer un encadrement approprié ;
- mettre en place des structures étatiques dans toutes les contrées pays où il n'existe pas de comptoirs d'achat et de vente des substances minérales agréés ;
- mettre en place une bonne politique de reconversion économique des exploitants artisanaux, à la suite de la fermeture d'une ZEA ;
- instituer des ZEA, à l'effet d'éviter l'envahissement des périmètres miniers ou de carrières couverts des droits miniers ou de carrières par les populations locales ;

- mettre en œuvre un plan de fermeture d'une ZEA dans le but d'obvier aux risques environnementaux et sociaux qui résulteraient des activités minières artisanales ;
- prévoir des mesures d'application des dispositions des articles 109 et 110 du Code minier relatifs, d'une part, à l'institution d'une ZEA et, d'autre part, à la fermeture d'une ZEA, le but étant d'assurer leur bonne mise en œuvre ;
- réaliser de manière systématique l'évaluation de l'artisanat minier congolais, de manière à identifier les problèmes devant être résolus et à permettre d'adopter une nouvelle politique gouvernementale ;
- procéder au diagnostic de l'exploitation minière artisanale en vue d'impulser des nouvelles orientations susceptibles de répondre aux grands défis auxquels ce secteur fait face depuis quelques années.

Il est à remarquer que, sans l'ombre d'un doute, si tous ces objectifs sont atteints, l'artisanat minier congolais prospérera de façon durable dans l'ensemble du pays. De ce fait, ces efforts contribueront sûrement à la normalisation du secteur minier artisanal et apporteront le développement dans les milieux où vivent les différentes populations ou communautés locales.

Pour cette raison, le secteur minier artisanal doit encore exister au vu, particulièrement, de ses capacités d'absorption de main-d'œuvre et d'opportunité d'emplois qu'il offre à ces populations. Il y a lieu ici de convaincre ces dernières et toutes les autres parties intervenant dans l'exercice des activités minières de type artisanal pour qu'elles participent véritablement à la promotion d'un secteur formalisé, gage de paix, de sécurité, de stabilisation et de développement socio-économique. Cette participation devrait passer, surtout, à travers les campagnes de vulgarisation de la loi minière en vigueur.

BIBLIOGRAPHIE

I. Législation et textes connexes

I.1. Textes légaux et réglementaires nationaux

Ordonnance-loi n° 67-231 du 11 mai 1967 portant législation générale sur les mines et hydrocarbures, *Moniteur congolais*, 9e année, 1er mars 1968.

Ordonnance-loi n° 81-013 du 2 avril 1981 portant législation générale sur les mines et hydrocarbures telle que modifiée et complétée par l'ordonnance-loi n° 82-039 du 5/11/1982, *Journal officiel*, n° 22, 15 novembre 1982.

Loi n° 007/2002 du 11 juillet 2002 portant Code minier, *JORDC*, 43e année, numéro spécial, 15 juillet 2002.

Loi n° 09/001 du 10 janvier 2009 portant protection de l'enfant, *JORDC*, 50e année, numéro spécial, 12 janvier 2009.

Loi n° 11/009 du 9 juillet 2011 portant principes fondamentaux relatifs à la protection de l'environnement, *JORDC*, 52e année, numéro spécial, juillet 2011.

Loi n° 007/2002 du 11 juillet 2002 portant Code minier telle que modifiée et complétée par la loi n° 18/001 du 9 mars 2018, *JORDC*, numéro spécial, 59e année, 3 mai 2018.

Décret n° 11/28 du 7 juin 2011 fixant les statuts d'un établissement public dénommé Centre d'Expertise, d'Évaluation et de Certification des substances minérales précieuses et semi-précieuses, « CEEC » en sigle.

Décret n° 17/007 du 16 août 2017 portant interdiction de perception des taxes et frais d'intervention ou administratifs illégaux aux frontières et sur l'ensemble du territoire national, *JORDC*, 1re partie, n° 17, 1er septembre 2017.

Décret n° 038/2003 du 26 mars 2003 portant Règlement minier tel que modifié et complété par le décret n° 18/024 du 8 juin 2018, *JORDC*, numéro spécial, 59e année, 12 juin 2018.

Décret n° 19/15 du 5 novembre 2019 portant mesures de sauvegarde des activités relatives aux substances minérales stratégiques d'exploitation artisanale.

Décret n° 19/16 du 5 novembre 2019 portant création, organisation et fonctionnement de l'autorité de régulation et de contrôle des marchés des substances minérales stratégiques.

I.2. Textes légaux et étrangers

Loi n° 14-05 du 24 Rabie Ethani 1435 correspondant au 24 février 2014 portant loi minière, *JORA*, n° 18, 30 mars 2014.

Loi n° 58/2018 du 13 août 2018 portant exploitation des mines et carrières, *Official Gazette*, n° 33.

Loi n° 036-2015/CTN portant Code minier au Burkina Faso, *Journal officiel*, n° 44, 29 octobre 2015.

Ordonnance n° 93-16 du 2 mars 1993 portant loi minière au Niger, *Journal officiel*, n° 10, 30 avril 1993, pp. 10-24.

II. Actes administratifs

MINISTRE DES FINANCES et MINISTRE DES MINES. Arrêté interministériel n° 0459/CAB.MIN/MINES/01/2011 et n° 295/CAB.MIN/FINANCES/2011 du 14 novembre 2011 fixant les taux, l'assiette et les modalités de perception des droits, taxes et redevances du régime douanier, fiscal et parafiscal applicable à l'exploitation artisanale des substances minérales ainsi que les performances minimales des comptoirs agréés, inédit.

MINISTRE DES MINES ET MINISTRE DES FINANCES. Arrêté interministériel n° 0340/CAB.MIN/MINES/2022 et n° 054/CAB/MIN/ FINANCES/2022 du 2 août 2022 portant fixation des taux des droits, taxes et redevances à percevoir à l'initiative du ministère des Mines, inédit.

MINISTRE DES MINES. Arrêté ministériel n° 0918/CAB.MIN/MINES/01/2015 du 29 octobre 2015 portant mise en œuvre d'un système de traçabilité dénommé Initiative de Traçabilité de l'or d'exploitation artisanale, « ITOA », inédit.

GOUVERNEUR DE PROVINCE DU SUD-KIVU. Arrêté interministériel provincial n° 01/AB/MIN-PRO/MRH/SK/2022 et n° 06/022/GP/SK/CAB/MINFIN. ECO&COM/2022 du 15 janvier 2022 fixant les taux des droits, taxes et redevances à percevoir à l'initiative du ministère provincial des Mines, Ressources hydrauliques et Hydrocarbures en province du Sud-Kivu, inédit.

GOUVERNEUR DE PROVINCE DU SUD-KIVU. Arrêté provincial n° 015/003/GP/SK du 5 janvier 2015 portant fixation de l'assiette des impôts, taxes et redevances à percevoir par l'entité Province du Sud-Kivu et leurs taux applicables au cours de l'exercice 2015, inédit.

GOUVERNEUR DE PROVINCE DE L'ITURI. Lettre n 01/0250/CAB/PROGOU/PI/2021 du 4 octobre 2021 du gouverneur de la province de l'Ituri, inédit.

MINISTRE DES MINES. Lettre référencée n CAB.MIN/MINES/01/1192/2019 du 30 novembre 2018, inédit.

MINISTRE DES MINES. Lettre référencée n° CAB.MIN/MINES/01/0053/2019 du 5 février 2019, inédit.

MINISTRE DES MINES. Lettre référencée n° CAB.MIN/MINES/02/0621/2019 du 12 août 2019, inédit.

MINISTRE DES MINES. Lettre référencée n° CAB.MIN/MINES/MKN/02205/03/2022 du 8 juillet 2022, inédit.

MINISTRE DES MINES. Lettre référencée n° CAB.MIN/MINES/MKN/02198/03/2022 du 8 juillet 2022, inédit.

MINISTRE DES MINES. Lettre n° CAB.MIN/MINES/ANSK/02432/01/2021 du 19 octobre 2021, inédit.

PROVINCE DE LA TSHOPO. Circulaire n° MIN.PRO/FECIPME/PT/BBK/002/2019 du 12 novembre 2019 contenant les taux applicables en matière d'impôts, droits, taxes et redevances en province de la Tshopo pour l'exercice fiscal 2019.

GOUVERNEUR DE PROVINCE DU SUD-KIVU. Arrêté provincial n° 22/068/GP/SK du 23 avril 2022 portant révocation d'un membre du Gouvernement provincial du Sud-Kivu, inédit.

CADASTRE MINIER. Décision n° CAMI/DG/006/2021 du 08 décembre 2021 portant ajustement des montants des droits, taxes, impôts et amendes prévus dans le Code et Règlement minier, 62e année, numéro spécial, 9 décembre 2021.

III. Ouvrages

BETTATI, Mario, *Le droit international de l'environnement*, Paris, Éditions Odile Jacob, 2012.

LEGOUX, Pierre et MARELLE, André, *Les mines et la recherche minière en Afrique Occidentale Française*, Paris, L'Harmattan, 1991.

MULUNGULUNGU NACHINDA, Cim's, *Code minier commenté et annoté*, Louvain-la-Neuve, Academia, 2021.

MULUNGULUNGU NACHINDA, Cim's, *Vade-mecum de l'opérateur minier en République démocratique du Congo*, Kinshasa, Éditions CM, 2021.

MUPANDE KAPWA, Jean-Félix (dir.), *Code minier révisé et annoté de la République démocratique du Congo*, Bruxelles, Bruylant, 2020.

MUPEPELE MONTI, Léonide, *L'industrie minérale congolaise. Chiffres et défis*, Kinshasa, L'Harmattan RDC, 2012.

ODYA KALINDA, Princesse et INGONDE BOTSHINDO, Gédéon, *La fraude et la contrebande minière en RDCongo*, Paris, L'Harmattan, 2021.

OWENGA ODINGA, Émile Lambert, *Droit minier. Régime minier général pour les mines et les carrières*, Kinshasa, Publications pour la promotion du droit congolais, 2014.

PELO, Prosper, *Guide de l'exploitant minier artisanal : aperçus sur la pratique, fiscalité, droits et devoirs ainsi que son encadrement*, Bukavu, MaxImpact, 2015.

SAKATA M. TAWAB, Gary, *Code minier expliqué. Analyse systématique et croisée avec le Code minier*, Louvain-la-Neuve, Academia, 2022, 452 p.

VARASCHIN, Denis. *Risques et prises de risques dans les sociétés industrielles*, Paris, PIE, 2007.

IV. Revues et autres documents

AKONO MINLO, Rubens, « Réflexions sur les droits de l'exploitant de mines en droit camerounais », *Revue de l'ERSUMA : Droit des affaires* – Pratique professionnelle, n° 4, septembre 2014, pp. 5-6.

BARTHÉLEMY, Gérard, *Artisanat et emploi dans les Provinces de Settat et El Jadida*, 2e éd., Genève, Bureau international du Travail, 2002.

BOKONDU MUKULI, Georges et CIHUNDA, Joseph, *Réflexions sur la régulation et le contrôle des minerais stratégiques d''exploitation artisanale en République démocratique du Congo*, Johannesburg, Sarw, 2020.

CECI, *Mise en place d'un fonds de facilitation d'accès au crédit*, Burkina Faso, 2019.

Coordination des plaidoyers de la société civile pour la gouvernance des ressources naturelles, Guide de vulgarisation de la loi n° 18/001 du 9 mars 2018 modifiant et complétant la loi n° 007/2002 du 11 juillet 2002 portant Code minier, Kinshasa, Diaspaul, novembre 2018.

IMPACT, *Les intermédiaires : ces négociants qui compromettent les efforts de la République démocratique du Congo en faveur de la production d'or sans conflit*, IMPACT Transformer la gestion des ressources naturelles, septembre 2020.

JACQUEMOT, Pierre, « Ressources minérales, armes et violences dans le Kivu (RDC) », *Hérodote*, n° 134, mars 2009, pp. 38-68.

JACQUEMOT, Pierre. « L'économie politique de conflits en République démocratique du Congo », *Afrique contemporaine*, n° 230, février 2009, pp. 187-212.

KABWE SABWA, Héribert, *Droit minier en République démocratique du Congo : genèse, évolution et perspective*, Bruxelles, Bruylant, 2019.

KAIGAMA, Yaouba (CORDAID). *Exploitation minière au cœur des zones rurales : quel développement pour les communautés locales ?*, Kinshasa, CORDAID, décembre 2015.

KAMUNDALA BYEMBA, Gabriel. *Exploitation minière industrielle et artisanale au Sud-Kivu Possibilités d'une cohabitation pacifique ?*, Anvers, Colophon, décembre 2012.

KEITA SEYDOU, *Étude sur les mines artisanales et les exploitations minières à petite échelle au Mali*, IIED et WBCSD, 2002.

LWANGO MIRINDI, Patient, *La coopérative minière : instrument de l'ingérence étatique dans la liberté d'association des exploitants miniers artisanaux en République démocratique du Congo ?*, Kinshasa, Librairie africaine d'études juridiques, 2014.

MATTHYSEN, Ken *et al.*, « Mapping artisanal mining areas and mineral supply chains », in *Eastern DRCongo: Impact of armed interference & responsible sourcing*, IPIS & DIIS, avril 2019.

OCDE, *Guide OCDE sur le devoir de diligence pour des chaînes d'approvisionnement responsables en minerais provenant de zones de conflit ou à haut risque*, 3e éd., Paris, OCDE, 2016. http://dx.doi.org/10.1787/9789264253520-fr.

PELO, *Prosper, Guide de l'exploitant minier artisanal : aperçus sur la pratique, fiscalité, droits et devoirs ainsi que son encadrement*, Max Impact, septembre 2015.

RDC – MINISTÈRE DES FINANCES, *Manuel des procédures de traçabilité des produits miniers : d'extraction à l'exportation*, 2e éd., 2014.

RDC. MINISTRE DE L'INTÉRIEUR, SÉCURITÉ ET AFFAIRES COUTUMIÈRES. POLICE NATIONALE CONGOLAISE. *Vade-mecum de la police des mines*, Kinshasa, 2020, inédit.

V. Médiagraphie

V.1. Articles

ENTREPRISE GÉNÉRALE DU COBALT (EGC), « Normes d'approvisionnement responsable de l'EGC », mars 2021, disponible sur le site : https://www.egcobalt-rdc.com/app/uploads/2021/03/20210326-EGC-Responsible-Sourcing-Standards-French.pdf, consulté le 9 mars 2022.

JUSTICE ET PAIX, « Sur les traces de l'exploitation artisanale de l'or à Nyamurhale en République démocratique du Congo », 17 décembre 2019, disponible sur le site : https://www.justicepaix.be/sur-les-traces-de-l-exploitation-artisanale-de-l-or-a-nyamurhale-en-rd-congo/, consulté le 1 mars 2019.

KAMABU NGAVO, Henri *et al.* (2020). « L'exploitation minière artisanale à Beni-Mbau : état des lieux et cartographie des sites miniers », disponible sur le site : chrome-extension : // efaidnbmnnnibpcajpcglclefindmkaj/viewer.html?pdfurl=https%3A%2F%2Fipisresearch.be%2Fwp-content%2Fuploads%2F2020%2F10%2F2010_Lexploitation-minie%25CC%2580re-artisanale-a%25CC%2580-Beni-Mbau_Etat-des-lieux-et-cartographie-des-sites-miniers.pdf&clen=4896020&chunk=true, consulté le 5 décembre 2021.

MUHIYA, Henri. « Conditions de travail dans les industries extractives et dans les exploitations artisanales en République démocratique du Congo », *Dynamiques. Histoire sociale en revue*, n° 15-16 : Travail et conditions de travail en RD Congo hier et aujourd'hui, octobre 2021, mis en ligne le 18 octobre 2021. URL : www.carhop.be.

Rapport final du Groupe d'experts sur la République démocratique du Congo S/2017/672, 10 août 2017, p. 23, § 106, https://www.undocs.org/fr/S/2017/672/Rev.1.

Rapport final du Groupe d'experts sur la République démocratique du Congo S/2014/42, p. 37, § 171, https://www.undocs.org/fr/S/2014/42.

USAID 2015, « Analyse de marché : l'or de l'exploitation artisanale et à petite échelle (EMAPE) de l'Est de la RDC », https://www.levinsources.com/assets/pages/Levin-Sources-Rapport-sur-lanalyse-du-march%C3%A9-de-lor-de-la-RDC_CVCFG.pdf, consulté le 1 mars 2022.

V.2. Ressources électroniques

https://fr.wikipedia.org/wiki/Parall%C3%A9lisme_des_formes, consulté le 22 octobre 2021.

https://www.lelynx.fr/finance/bourse/investir/marche/, consulté le 30 novembre 2021.

https://www.leganews.cd/index.php/analyses/6701-un-marche-boursier-pour-une-republique-democratique-du-congo-emergente/#_ftn3, consulté le 30 novembre 2021.

https://www.lelynx.fr/finance/bourse/investir/marche/, consulté le 30 novembre 2021. https://www.crisisgroup.org/fr/africa/central-africa/democratic-republic-congo/290-mineral-concessions-avoiding-conflict-dr-congos-mining-heartland, consulté le 5 décembre 2021.

https://www.efaidnbmnnnibpcajpcglclefindmkaj/viewer.html?pdfurl=https%3A%2F%2Fwww.igfmining.org%2Fwp-content%2Fuploads%2F2019%2F04%2FFINAL-APEC-Checklist_NC302-PRE_mine-closure_-French.pdf&clen=4371094&chunk=true, consulté le 5 décembre 2021.

https://www.efaidnbmnnnibpcajpcglclefindmkaj/viewer. html?pdfurl=https%3A%2F%2Fwww.industry.gov.au%2Fsites%2Fdefault%2Ffiles%2F2019-04%2Flpsdp-mine-closure-handbook-french.pdf&clen=1340451 6&chunk=true, consulté le 5 décembre 2021.

https://www.ica.coop/fr/coop%C3%A9ratives/quest-ce-quune-cooperative, consulté le 6 décembre 2021.

https://www.ica.coop/fr, consulté le 7 décembre 2021.

http://globaldev.blog/fr/blog/mines-artisanales-impacts-potentiellement-positifs-sur-les-conditions-de-vie-des-communaut%C3%A9s, consulté le 3 janvier 2022.

https://www.egcobalt-rdc.com/app/uploads/2021/03/DP-EGC-FR.pdf, consulté le 3 mars 2022.

https://www.radiookapi.net/2022/07/02/actualite/economie/lualaba-la-societe-civile-appelle-au-retrait-de-tous-les-expatries-des#:~:text=La%20soci%C3%A9t%C3%A9%20civile%20du%20Lualaba,de%20presse%20organis%C3%A9e%20%C3%A0%20Kinshasa, consulté le 3 juillet 2022.

https://cd.usembassy.gov/fr/usaid-and-equity-bank-partner-to-unlock-5m-in-lending-to-artisanal-and-small-scale-mining-operators-in-eastern-drc/, consulté le 4 juillet 2022.

ANNEXE 1

ANNEXE IV DU RÈGLEMENT MINIER CODE DE CONDUITE DE LA COOPÉRATIVE MINIÈRE OU DES PRODUITS DE CARRIÈRES AGRÉÉE ET DE L'EXPLOITANT ARTISANAL

Article 1 : De l'engagement de la coopérative minière ou des produits de carrière agréée et de l'exploitant artisanal vis-à-vis des concessionnaires fonciers ou occupants du sol et des autorités locales

La coopérative minière ou des produits de carrières agréée et l'exploitant artisanal s'engagent à :

- conserver les aménagements apportés par les concessionnaires fonciers ou occupants du sol ou les Autorités locales sur la surface de la zone d'exploitation artisanale ;
- se conformer aux règlements pertinents du territoire et aux législations applicables, ainsi qu'aux mesures coutumières locales du lieu d'implantation de son projet ;
- atténuer l'impact de ses activités sur la faune et la flore, ainsi que les cours et points d'eau ;
- rejoindre la zone d'exploitation artisanale par des routes dont l'impact sur l'environnement est réduit ;
- établir la déclaration de l'exploitant artisanal sur le formulaire ci-joint dûment rempli et signé en deux exemplaires dont un est déposé à la Division provinciale des Mines qui lui a délivré la carte d'exploitant artisanal et l'autre est déposé au bureau de l'autorité locale de l'administration du territoire où se trouve le site de ses opérations ;

- se conformer aux normes nationales, régionales et internationales de transparence, de traçabilité et de certification pour un approvisionnement responsable en minerais.

Article 2 : Des opérations interdites

L'agrément de la coopérative minière ou des produits de carrières et la carte d'exploitant artisanal autorisent uniquement les opérations utilisant des méthodes artisanales à l'intérieur de la zone d'exploitation artisanale précisée. En particulier, l'utilisation des produits suivants est strictement interdite.

Il y est strictement interdit l'utilisation de :

(a) des explosifs ;

(b) du mercure.

Par ailleurs, toute opération de transformation des minéraux par la coopérative minière ou des produits de carrières et l'exploitant artisanal est interdite à moins qu'ils n'aient obtenu l'autorisation préalable prévue à l'article 113 du Code minier.

Article 3 : Du défrichement et de l'aménagement de la zone d'exploitation artisanale

La coopérative minière ou des produits de carrières ou l'exploitant artisanal est tenu de ne pas défricher par le feu. La coopérative minière ou des produits de carrières ou l'exploitant artisanal doit réaliser le défrichement et l'aménagement de la zone d'exploitation artisanale de façon à ce que les racines des plantes ou arbustes soient conservées plutôt que déterrées ou coupées et que les branches ou plantes soient écartées plutôt que taillées.

La coopérative minière ou des produits de carrières ou l'exploitant artisanal est tenu de ne pas couper d'arbres qui ne se trouvent pas directement sur le site d'extraction et à les contourner s'ils présentent un obstacle.

La coopérative minière ou des produits de carrières ou l'exploitant artisanal s'engage à réhabiliter chaque portion de la zone d'exploitation artisanale dès lors qu'il a cessé d'y travailler et non pas lorsque l'ensemble de ses activités minières est terminé. À cet effet, il est tenu de réaliser ces travaux de réhabilitation suivant l'une ou l'autre des étapes ci-après :

- restaurer les contours du relief du paysage afin d'éviter les accidents de ce relief et de minimiser l'érosion ;
- aérer la terre aux endroits où elle est trop compacte ;
- remettre l'humus sur la surface des sites où les opérations ont été achevées.

Article 4 : Des procédés de rassemblement du sol et humus extraits et d'ensevelissement des ordures

La coopérative minière ou des produits de carrières ou l'exploitant artisanal est tenu de :

- rassembler en tas, à une distance minimale de dix (10) mètres de l'endroit où il creuse, le sol et l'humus extraits et de le recouvrir d'une bâche en plastique afin qu'il soit à l'abri du vent et de la pluie ;
- ensevelir les ordures produites lors de ses opérations à une profondeur de 1,5 à 2 mètres, tout en veillant à ce que l'ensevelissement n'affecte pas les eaux souterraines et qu'il soit réalisé à une distance d'au moins 100 mètres des cours d'eau.

Article 5 : De la protection des vestiges préhistoriques ou historiques

La coopérative minière ou des produits de carrières ou l'exploitant artisanal est tenu de suspendre les activités minières en cas de découverte de vestiges préhistoriques ou historiques dans la zone d'exploitation artisanale et d'en aviser immédiatement l'autorité compétente.

Article 6 : Du maintien de campement

La coopérative minière ou des produits de carrières ou l'exploitant artisanal est tenu de maintenir le campement en ordre et à enlever toutes les structures et infrastructures installées par lui lorsque le campement est abandonné.

Article 7 : De l'interdiction des constructions permanentes

La coopérative minière ou des produits de carrières ou l'exploitant artisanal est tenu de ne pas construire de structures permanentes.

Article 8 : De la réalisation des opérations minières bruyantes

La coopérative minière ou des produits de carrières ou l'exploitant artisanal est tenu de réaliser les opérations minières bruyantes seulement pendant la journée afin de ne pas gêner les habitants des localités voisines.

Article 9 : Des tunnels et de la traversée des cours d'eau

La coopérative minière ou des produits de carrières ou l'exploitant artisanal est tenu de ne pas creuser de tunnels et à ne pas réaliser d'excavations de plus de 30 mètres de profondeur. Il est tenu en outre de maintenir un degré d'inclinaison de 15 % et de laisser des bancs horizontaux d'au moins un mètre de largeur tous les 2 mètres de profondeur.

La coopérative minière ou des produits de carrières et l'exploitant artisanal s'engagent à limiter les traversées des cours d'eau.

Article 10 : Des opérations de plongée dans des cours d'eaux et de l'interdiction de la pollution des ressources d'eau

S'il veut réaliser des opérations de plongée dans un cours d'eau, la coopérative minière ou des produits de carrières ou l'exploitant artisanal est tenu de se munir d'équipements appropriés.

Avant toute plongée, il est tenu de se renseigner ou d'observer l'existence d'espèces animales ou végétales dangereuses pour l'être humain.

La coopérative minière ou des produits de carrières ou l'exploitant artisanal est tenu d'éviter la pollution des ressources en eaux utilisées aux fins agricoles, d'abreuvage du cheptel ou d'alimentation.

La coopérative minière ou des produits de carrières ou l'exploitant artisanal est tenu de ne pas effectuer des opérations de plongée, de ramassage ou de lavage des pierres ou des métaux précieux dans les cours d'eau à moins de 500 mètres en amont de tout point de captage ou d'emploi habituel de l'eau de cette source par les populations humaine et animale locales.

La coopérative minière ou des produits de carrières ou l'exploitant artisanal est tenu de ne pas faire des excavations et de ne pas laver des pierres ou des métaux précieux à une distance de moins de 20 mètres de toute source d'eau.

Article 11 : De la signalisation de l'existence de mine et de tout accident ou maladie survenu dans la mine

La coopérative minière ou des produits de carrières ou l'exploitant artisanal est tenu de signaler, avec une barrière en bois, l'existence d'une mine. Cette structure devra être présente constamment à l'emplacement de la mine pour empêcher les êtres humains ou les animaux d'y tomber accidentellement.

La coopérative minière ou des produits de carrières ou l'exploitant artisanal est tenu d'informer immédiatement les autorités locales de tout accident survenu dans la mine ou de toute maladie ou épidémie.

Article 12 : De la formation des exploitants artisanaux

La coopérative minière ou des produits de carrières ou l'exploitant artisanal s'engage à participer au stage de formation en techniques d'exploitation artisanale organisé par les services spécialisés du Ministère des Mines.

Vu et approuvé pour être annexé au décret n° 18/024 du 8 juin 2018 modifiant et complétant le décret n° 038/2003 du 26 mars 2003 portant Règlement minier.

Fait à Kinshasa, le 8 juin 2018
Bruno TSHIBALA NZENZHE
Martin KABWELULU
Ministre des Mines

ANNEXE 2

ANNEXE V DU RÈGLEMENT MINIER DÉCLARATION DE L'EXPLOITANT ARTISANAL

Nom de la zone d'Exploitation Artisanale : ________________________________

Territoire administratif : ____

Nom de l'exploitant artisanal : ____

Post-nom (prénom) : ____

Carte d'exploitant artisanal n° : ____

Âge : ____

Lieu de résidence : ____

Emplacement des opérations : ____

Minerais recherchés : ____

____

____

Méthodes et outils de recherche et d'exploitation à utiliser : ______________

____

____

____

____

Méthodes de séparation du minerai prévues : ______________________________

____

____

____

____

____

Membres de la famille de l'exploitant artisanal vivant avec lui :

Nom et Post-nom	Sexe	Âge	Activité principale	État de santé
1.				
2.				
3.				
4.				
5.				
6.				
7.				
8.				
9.				
10.				
11.				
12.				
13.				
14.				
15.				

Signature : ______________________________

Date : ______________________________

Nom : ______________________________

Vu et approuvé pour être annexé au décret n° 18/024 du 8 juin 2018 modifiant et complétant le décret n° 038/2003 du 26 mars 2003 portant Règlement minier.

Fait à Kinshasa, le 8 juin 2018
Bruno TSHIBALA NZENZHE
Martin KABWELULU
Ministre des Mines

TABLE DES MATIÈRES

www.ingramcontent.com/pod-product-compliance
Lightning Source LLC
LaVergne TN
LVHW050652051026
849532LV00002B/607